일본형법판례 250선

250선

-총론편-

前田 雅英 · 星 周一郎 공저

박상진 · 김잔디 옮김

박영사

소개말

『最新重要判例 250 刑法』은 일본에서 베스트셀러이자 스테디셀러입니다. 이번에 출간된 것이 제12판이니, 1996년에 초판이 발행되어 평균 2~3년 마다 새롭게 판을 개정하고 있는 셈입니다. 지금 제 책상 위에 놓여 있는 책도 네 권(4,10,11,12판)이나 됩니다.

이 책은 형법학습을 위한 교재로 개발되었습니다. 필자인 마에다 마사히데 교수(前田雅英, 1949~)는 다음의 두 가지 점에 착안해 이 책을 저술하였습니다. 첫째, 기존 판례집의 경우는 해설이나 코멘트가 거의 없어 그 판례의 의의나 요지를 파악하기 힘들다는 점과 둘째, 다수의 필자에 의해 집필된 판례집은 상호 일관성이 떨어지는 경향이 있고, 해설이 있는 경우에는 너무 길어 학습자가 부담을 느낀다는 점입니다. 때문에 저자는 판례 1건당 2,000자에서 3,000자 정도에 맞추어 서술하고 있습니다.

저도 오래 전 이 책을 접하고 그 밀도와 짜임새에 깊은 인상을 받았습니다. 일본 형사판례들의 의의와 그 의미를 가장 쉽게 이해할 수 있는 책이라는 생각이 들었습니다. 이후 그동안은 관심 있는 부분들만 발췌하여 보거나 대학원 수업에서 원생들과 세미나 자료로서 부분부분 들춰 봤습니다. 그러던 중 전체를 번역해 국내에 소개하면 의미 있는 일이라 생각이 들었으나 내용이 방대하고 2년 주기로 개정판이 나오니 쉽게 용기가 나지 않았습니다.

그렇게 몇 년을 보내고 제11판 번역을 목적으로 시작은 하였으나 작업은 더디었고 일의 우선순위에서도 계속 밀리고 있었습니다. 다행히 당시 일본 오사카대학에서 학위를 마치고 그곳에서 강의를 하고 있던 김잔디 교수에게 이 작업을 제안했고 김 교수도 기쁜 마음으로 합류해 주었습니다. 그리고 올해 번역을 마무리 짓고 출판으로 이어지게 되니 감사하고 기쁩니다.

우리 형법학이나 실무가 일본으로부터 많은 영향을 받았음에도 불구하고 국내에서는 현재 일본형법판례에 대한 소개가 많지 않고, 더군다나 일본의 중요 형사판례들에 대한 의의를 이렇게 간략하고도 평이하게 그리고 체계적으로 설명한 저서는 없었던 것으로 보입니다. 마에다 교수의 이러한 저술의 특징은 그의 다른 대표 저작인 『刑法總論講義』와 『刑法各論講義』에서도 여지없이 드러나고 그러한 측면에 대한 그의 능력은 타의 추종을 불허합니다.

판례는 '살아 있는 법'으로 사실상의 규범력을 가지고 있습니다. 따라서 규범에 사실을 적용시키는 구체적 작업을 판례로부터 배우지 않으면 안 됩니다. 그런 의미에서 판례에 대한 이해와 학습의 중요성은 아무리 강조해도 지나치지 않습니다. 또한 그런 의미에서 이 저서는 좋은 모델이 되리라 생각됩니다.

이 책을 옮기면서 원서에는 없었지만 독자들의 이해의 편의를 위해 옮긴이들이 몇 가지 작업을 했습니다. ① 「참조조문」 및 「해설」에서 인용되는 주요 조문들을 찾아 각주처리해두었습니다. 또한 ② 「사실」관계나 「해설」에서 설명이 필요한 일본의 상황이나 용어에 대한 해설을 첨부하여 각주를 달았습니다. 그리고 ③ 제1권인 『일본형법판례 250(총론)』 뒷부분에는 가장 최신의 일본형법 전문을 함께 게재해 두었습니다. 원래 『最新重要判例 250 刑法』은 한 권으로 되어 있으나 내용이 방대하여 총론과 각론으로 나누어 출판하게 되었습니다.

끝으로 흔쾌히 번역서 출간을 동의해주신 마에다 교수님과 제12판부터 공저자로 참여하신 호시슈이치로(星周一郎) 교수님께 진심으로 감사드립니다. 그리고 대학원 세미나 수업에 적극적으로 참여해준 박종혁, 홍형주 군을 비롯한 석사과정의 학생들, 알찬 책이 나오도록 편집과 교정을 맡아 주신 박영사의 한두희 과장님께 감사의 마음을 전합니다.

2021년 7월

박 상 진

초판 머리말

본서는 대학에서 형법을 공부할 때 사용될 부교재입니다. 형법을 학습함에 있어 판례의 중요성은 달리 말씀 드릴 필요가 없습니다. 지금까지 뛰어난 학습용 판례집이 다수 출판되어 있어 본서의 간행이 어느 정도 의미가 있을 것인가라는 비판도 예상됩니다. 다만, 학생의 입장에서 볼 때 지금까지의 판례교재는 조금 개선해야 할 점이 있다고 생각합니다. 특히, 혼자서 공부하는 하는 사람의 입장에서 기존의 판례집은 해설이나 코멘트가 없어 불친절한 것으로 생각됩니다. 반대로 코멘트를 첨부하게 되면, 다수 필자에 의해 집필된 판례집은 상호 일관성을 결하는 경향이 있습니다. 해설이 지나치게 긴 경우도 있습니다. 학생이 구하는 정보량은 판례 1건당 2,000자 내지 3,000자 정도라 생각됩니다.

이점에 착안하여 본서에서는 「판례연구」라는 관점에서는 불충분함을 인식하면서, 1건 1면으로 형법총론 · 각론의 중요판례 중 새로운 것을 골라 해설했습니다. 한 면으로 압축하기 위해서 판결의 문언을 상당부분 일부 수정한 점을 양해해주시길 바랍니다. 또한, 원칙적으로 학설의 인용은 삼가지 않을 수 없었습니다(기본적으로 졸저의 페이지만을 내보이게 되었습니다). 참고 문헌도 학생 여러분이 비교적 쉽게 읽을 수 있는 것에 한정했습니다. 또한, 본서에서는 판례가 주인공이며 해설은 조역에 지나지 않습니다. 때문에, 사견은 될 수 있는 한 삼가고 판례의 입장을 논술할 계획입니다.

처음에는 최신의 판례만을 소재로 할 생각이었지만 학습의 편의도 생각하여 새로운 판례가 없는 논점에서는 약간 오래된 판례를 수록한 경우도 있습니다. 단지, 본서는 판례의 발전에 맞추어 기민하게 개정판을 낼 예정입니다. 250건이라는 숫자에 대해서는 지나치게 많다는 의견과 적다는 비판 모두가 예상됩니다. 앞으로 판을 바꿀 때에 「가장 적당한 수」를 모색하고자 합니다.

본서의 출판에 있어 홍문당(弘文堂) 편집부의 마루야마(丸山), 시미즈(清水) 두 분께 많은 신세를 졌습니다. 이글을 통해 깊은 감사의 말씀을 드립니다.

1996년 2월

前 田 雅 英

제12판 머리말

사법시험에서 형법의 출제방식이 2018년부터 크게 변화되었습니다. 보다 「기본에 충실」이라고 보아도 좋겠습니다. 법과대학원은 「이론과 실무」의 가교라는 입장은 바뀌지 않았지만 전자가 지나치게 경시된 것에 대한 「반동」이라고도 말할 수 있을 겁니다. 그 의미에서 「판례의 『규범』만 암기하면 좋다」라는 단순한 태도로는 안 됩니다. 지금까지 학설을 경시해 온 것은 아니지만 무게 중심이 바뀌었습니다. 출제 문장의 「구체적 사실」을 정리·평가하고, 미묘한 차이를 찾아내어 결론을 도출하는 관점은 약간 후퇴했을지도 모릅니다.

다만, 판례의 중요성은 바뀌지 않았습니다. 단답식 문제를 생각하면, 판례의 이해는 한층 더 중요합니다. 그리고 기술 문제의 출제 대상인 중요논점은 기본적으로 판례에서 문제가 된 부분이 중심이 되는 것도 바뀌지 않았습니다. 이 책 제12판에서도 중요한 논점을 포함한 새로운 판례를 망라하고자 했습니다. 단지 그것과 동시에, 학설의 대립을 보다 쉽게 이해하기 위해서 (a)설, (b)설, (c)설이라는 형태로 복수의 학설을 명시했습니다. 학설은 논점에 따라서는 복잡다기하게 갈라지지만 「대립되는 구체적 핵심부분」의 관점에서 정리하였고, 「나무만 보고 숲을 보지 못하는」 경우가 되지 않도록 배려했습니다. 역시 판례에서 문제가 되고 있는 구체적 쟁점이 중요한 것입니다.

「이론중시로 흐름이 바뀌었다」고는 하여도 구파·신파, 결과무가치·행위무가치, 법익보호·자유보장, 필벌주의·형벌겸억주의라는 대립 축을 그대로 사용할 수는 없습니다. 법과대학원시대가 도래하였으므로 이론의 「현실화」는 필연입니다.

제12판에서부터 「저자명」을 星周一郎 교수와 같이하게 되었습니다. 지금까지도 본서의 주요부분에 관여해 왔기에 실태에 맞추기 위해서입니다.

그리고 이번 개정판도 홍문당 편집부의 淸水千좜씨에게 힘입은 바가 큽니다. 내용적으로도 귀중한 지적을 주시었습니다. 여기에 깊이 감사의 말씀을 드립니다.

2020년 2월

前田 雅英

星 周一郎

범 례

1 【판지】는 판례집 등에서 직접 인용한 부분에 대해서는 「 」를 사용했다.
　이 부분에 포함된 판례의 인용은 적절하고도 간략화 하였다.
2 법령·조문의 인용에 대해서는 대부분 관행에 따랐다.
3 판례·문헌 등의 인용에 대해서는 아래의 약어표에 따른다.

약 어 표

● 판례·판례집등

大判 (決)	大審院判決 (決定)
最判 (決)	最高裁判所判決 (決定)
高判 (決)	高等裁判所判決 (決定)
地判 (決)	地方裁判所判決 (決定)
刑錄	大審院刑事判決錄
刑集	大審院刑事判例集, 最高裁判所刑事判例集
裁判集刑	最高裁判所裁判集刑事
裁時	裁判所時報
判裁資料	刑事判裁資料
高刑	高等裁判所刑事判例集
下刑	下級裁判所刑事裁判例集
東高時報	東京高等裁判所刑事判決時報
高裁刑裁特	高等裁判所刑事裁判特報
高裁刑判特	高等裁判所刑事判決特報
高檢速報	高等裁判所刑事裁判速報
大阪高裁刑速	大阪高等裁判所刑事判決速報
刑月	刑事裁判月報
判時	判例時報
判タ	判例タイムズ
判例マスター	判例MASTER (新日本法規出版)
新聞	法律新聞
新論	法律評論
LEX/DB	TKC法律情報データバース
WJ	ウエストロー・ヅヤパソ

● 단행본

前田·最新判例分析	前田雅英『刑事法最新判例分析』(弘文堂·2014)
大コメ	大塚仁＝河上和雄＝佐藤文哉＝古田佑紀編『大コンメンタール刑法〔第2版〕』(1)~(13) (青林書院·1999~2006)
条解刑法	前田雅英編集代表『条解刑法〔第3版〕』(弘文堂·2013)

● 정기간행물 등

金法	旬刊金融法務事情	判評	判例評論 (判例時報)
警研	警察研究	判例セレクト	法学教室別冊
警論	警察学論集	百	別冊ヅコリスト判例百選
J	ヅコリスト	ひろば	法律のひろば
平〇年度重判	ヅコリスト重要判例解説	法教	法学教室
曹時	法曹時報	法協	法学協会雑誌
判解平〇年度	最高裁判所判例解説·刑事篇	法時	法律時報
判時	判例時報	法セ	法学セミナー
判タ	判例タイムズ		

목 차

총 론

● 죄수

● 형벌

각 론

● 직권남용죄

● 뇌물죄

최신중요 일본형법판례 250선

총론편

1 형벌법규의 명확성 – 德島市公安條例事件

* 最大判昭和50年9月10日(刑集29卷8号489頁·判時787号22頁)
* 참조조문: 헌법 제31조[1]), 德島市公安條例 제3조 제3호

헌법 제31조와 명확성의 이론, 명확성이론의 내용

● **사실** ● 피고인 X는 집단시위행진에 참가하여, 선두집단 수십 명과 더불어 본인도 행진을 하였고, 또한 선두 열 부근에서 휴대한 피리를 불거나 양손을 올려 앞뒤로 흔들며 행진을 자극하고 독려하였다. 이에 전자(행진행위)는 도로교통법 제7조 제3항에, 후자(선동)는 토쿠시마시 공인조례 제3조 제3호에 각각 해당된다하여 기소되었다.

제1심 토쿠시마(德島)지방법원은 토쿠시마시 공안조례위반과 관련하여 동조례 제3조 제3호의 규정이 일반적이고 추상적·다의적이기 때문에 이것에 합리적인 한정해석을 가하는 것은 곤란하여 헌법 제31조에 위배된다고 보았으며, 원심도 그 판단을 유지했다. 검찰은 헌법 제31조의 해석적용에 잘못이 있다하여 상고하였다.

● **판지** ● 파기자판. 「토쿠시마시공안 조례 제3조 제3호의 「교통질서유지」에 대한 규정은 그 문언만으로 보면, 단지 추상적으로 교통질서의 유지를 명하고 있을 뿐이고, 구체적으로 어떠한 작위나 부작위를 명하고 있는 것인지 그 의무내용이 분명하지 못하다. …… 입법조치로서 현저히 타당성을 결여한다」. 「그렇지만 무릇 형벌법규에서 규정한 범죄구성요건이 불명확하여 헌법 제31조에 반하여 무효가 된다는 것은, 그 규정이 **통상의 판단능력을 가진 일반인에게 있어 금지되는 행위와 그렇지 못한 행위를 식별하기 위한 기준을 제시하지 못하여** 그 적용을 받는 국민에게 형벌의 대상이 되는 행위를 미리 고지하는 기능을 수행하지 못하고, 또한 그 운용이 이를 적용하는 국가나 지방공공단체 기관의 주관적 판단에 맡겨져 자의로 흐르는 등 중대한 폐해가 발생되기 때문이라 생각된다. …… 그러므로 어떤 형벌법규가 불명확하여 헌법 제31조에 위반되는지 여부는 통상의 판단능력을 지닌 **일반인의 이해로 구체적 경우에 당해 행위가 적용되는지 여부의 판단을 가능케 하도록 하는 기준을 파악할 수 있는지** 여부에 따라 이를 결정하여야 한다」.

「[본 조례 제3조] 제3호에 『교통질서의 유지』로 규정되어 있는 것은 도로에서의 집단행진 등이 일반적으로 질서정연하고 평온하게 행하여질 경우 이에 수반되는 교통질서 저해의 정도를 넘어, 고의로 교통질서의 저해를 가져올 수 있는 행위를 피해야 할 것을 명하고 있는 것으로 해석된다. 그리고 통상의 판단능력을 지닌 일반인이 …… 그 판단에 있어 그 다지 곤란함을 느끼는 것은 아니라 할 것」이기 때문에 집단행진 등에 있어서 도로교통의 질서준수에 관한 기준을 파악하는 것이 가능하고, 범죄구성요건의 내용을 이루는 것으로서 명확성이 결여돼 헌법 제31조에 위배되는 것은 아니라고 판단하였다.

---

1) 헌법 제31조(법정절차의 보장) 누구든지 법률(형사소송법 등)이 정하는 절차에 의하지 않으면, 그 생명 혹은 자유를 박탈당하거나 또는 기타의 형벌을 받지 아니한다.

● **해설** ● 1 죄형법정주의란 (a)「범죄와 형벌은 법률로서 미리 규정되어 있어야 한다」는 원칙으로 **법률주의**와 **사후입법금지**를 기본으로 한다. 그러나 본 판례 이후, (b)「국민의 입장에서 보아 불명확한 문언을 포함하는 형벌규정은 헌법 제31조에 위배되어 무효이다」라는 **명확성이론**이 추가되었다. 명확성의 판단은 통상의 판단능력을 가진 일반인이 구체적 사안에서 당해 행위가 그 적용을 받을 것인지에 대해 판단할 수 있는 기준의 파악가능 여부에 따른다(본 건은 파악 가능한 것이다).

2 조문은 다양한 뉘앙스를 포함하지 않을 수가 없는「문언」으로 구성되는데, 문제는 어느 정도「명확」한가에 있다. ① 명확한 문언을 통해 얻어지는 국민의 행동의 자유에 대한 이익 및 형벌권 남용이 방지되는 이익과 ② 현대사회에서 당벌성이 높은 행위를 처벌함으로 인해 얻을 수 있는 국민의 이익 간의 비교형량이다.

3 **最決平成10年7月10日**(刑集52-5-297)에서 아부라소콤(다랑어 종류로 왁스성분이 이상하게 높은 어류)의 판매가 식품위생법 제4조 제2호의「유해한 물질」을 판매하거나 판매할 용도로 저장한 것에 해당되는지 여부가 다투어 졌는데, 여기서 동조항의 명확성이 문제되었다. 본 판결에서는 추상적 적용범위가 상당히 막연함을 지적하면서,「그 물질 자체에는 독성작용이 없다 하더라도 사람의 건강상태에 물리적으로 위해하거나 불량한 변경을 야기하는 것이 이에 해당된다고 생각하는 일반인의 통상적 이해 가능한 기준」에 기초하여 판단하면 당해 법규의 적용유무에 대한 판단은 가능한 것이다.

4 동경고등재판소와 최고재판소는「유해물질의 판매」라는 구성요건 자체가 모호하진 않으나 본 건 아부라소콤 판매행위가 유해물질 판매행위에 해당된다고 판단하는 것은 충분히 가능한 것으로서 당해 규정의 명확성을 인정하였다. 아무리 불명확한 문언이라 하더라도 누가 보아도 처벌이 당연한 사안만이 기소되는 한, 명확성이론은 문제되지 않는다.

5 **最決平成20年7月10日**(判タ1302-114)에서는 고지(古紙)회수업자가 세타가야구(世田谷區) 청소・리사이클조례에 따른 구청장의 금지명령에 위반하여 동 조례에서 금지하는 구내 쓰레기 집적소에 놓여 있던 고지를 수집한 사안이 조례 제31조의2에서 규정하고 있는「일반폐기물처리계획에서 규정하는 **소정의 장소**」에 대한 명확성이 다투어졌다. 최고재판소는「세타가야구(世田谷區)가 일반폐기물의 수집에 대한 구민 등의 협력을 얻기 위해 구민이 일반폐기물을 구분하여 배출하는 장소로서 규정한 일반폐기물의 집적소를 의미하는 것은 분명하다」고 하여 형벌법규의 구성요건이 불명확하다고는 볼 수 없다고 판시하였다.

6 물론, 불명확한 형벌규정은 그 존재만으로 어떤 행위가 처벌될지 모른다는 불안감을 국민에게 주어 위축효과를 발생시킨다. 때문에 구체적으로 문제가 된 행위의 구성요건해당성 판단이 불가능하지는 않더라도, 위헌이 되어야 할 형벌법규를 관념적으로는 상정할 수 있다. 그러나 그러한 의미에서의 불명확성은 규정이 존재하기 때문에 국민에게 중대한 위축효과가 예상되어지는 경우에 한정되고, 나아가 그러한 규정을 마련할 필요성이 상대적으로 낮은 경우가 아니면 안 된다. 중대한 법익침해를 막기 위한 필요최소한도의 규정의 경우, 문언에 애매한 부분이 포함되지 않을 수 없다면 허용될 수 있는 것이다.

● **참고문헌** ● 前田雅英・J853-52, 香城敏麿・判解平元年度273, 山本雅子・判評485-55, 木村草太・憲法面Ⅰ6版186

2 실질적 구성요건 해석의 한계
– 법문의 어의(語義)와 입법목적

* 最1小判平成8年2月8日(刑集50卷2号221頁・判時1558号143頁)
* 참조조문: 鳥獸保護法 제1조의4 제3항(平14개정전), 昭和53年環境廳告示43号3号リ

화살이 빗나가 조수(鳥獸)를 자기의 실력적 지배하에 두지 못하고, 또한 살상에 이르지 못한 경우에도 「화살을 사용한 포획」에 해당하는가?

● **사실** ● 피고인 X는 법규정의 제외사유가 없음에도 불구하고 S현에 소재한 하천에서 석궁(crossbow)을 사용하여 물오리와 흰뺨 검둥오리를 향해 화살 4발을 발사하였으나 한발도 맞추지 못했다. 조수보호 및 수렵에 관한 법률 제1조의4 제3항은 「환경부 장관 또는 도도부현의 지사는 수렵 조수의 보호·번식을 위하여 필요하다고 인정될 때는 수렵조수의 종류, 구역, 기간 또는 사냥방법을 정하여 포획을 금지하거나 제한할 수 있다」고 규정하고 있으며, 동법 제22조에서는 그 위반에 대해 6개월 이하 또는 30만 엔 이하의 벌금을 부과하도록 규정되어 있다. 그리고 1978년 환경청 고시 제43호 제3항에서는 「화살을 이용한 포획」을 금지하고 있었다. 제1심은 조수보호법에 위배된다고 하였고, 원심도 X의 항소를 기각하였다.

● **판지** ● 상고기각. 「식용의 목적으로 수렵조수인 물오리 또는 흰뺨 검둥오리를 겨냥하여 석궁으로 화살을 쏜 행위는 화살이 빗나가 **조수를 자신의 실력적 지배하에 두지 못하거나 살상에 이르게 하지 못하였더라도** 조수보호 및 수렵에 관한 법률 제1조의4 제3항에 따라 제정된 동 고시 3호의リ가 금지하고 있는 화살을 이용한 **포획에 해당된다**고 본 원판결은 정당하다(最決昭53·2·3刑集32-1-23, 最決昭54·7·31刑集33-5-494 참조)」

● **해설** ● 1 일반적으로 「유추해석은 금지되지만 확장해석은 허용된다」고 하여 허용된 확장해석의 한계는 **문언의 가능한 의미의 범위, 즉 국민의 예측가능성의 범위**를 기준으로 구획된다. 「행위 시의 형벌법규로 보아 국민이 예측불가능한 행위」를 처벌하여서는 안 된다. 다만 「국민이 볼 때 예측가능한 지 여부」는 재판의 시점에서 실질적으로 판단된다. 문언의 가능한 의미의 범위 내에서 취할 수 있는 복수의 해석 중에서 어떤 것이 합리적인지를 도출하기 위해서는 법문의 본래적 의미(핵심부분)으로부터의 거리와 해당 범죄유형의 법익보호 필요성과의 형량이 필요하다. 그리고 그러한 판단을 객관화하기 위하여 범죄론의 체계화, 보호법익에 대한 분석 등이 이루어진다.

2 (a)「포획」이란 통상, 죽이거나 점유하는 것을 의미한다. 따라서 잡고자 했던 것이 도망간 경우, 즉 그 미수 형태는 포함되지 않는 것이 일반적 용법이다. 「포획」을 해석함에 있어 실제로 잡았는지 여부를 묻지 않고 잡으려 한 행위 자체를 당연히 포함시켜 해석하는 것은 문리(文理)상 곤란하다고 말할 수 있다. 이에 대해 본 판결은 (b) 조수를 자신의 실력적 지배 하에 두지도, 살상에 이르게 하지도 못하였음에도 포획에 해당된다고 보았다. (b)는 「포획」의 가능한 의미를 벗어난 것이라 생각된다.

3 하지만 조수보호법에서 언급되는 「포획」 중에는 포획행위 자체를 포함시켜 해석하지 않으면 분명 불합리하다고 생각되는 조항도 있다. 공도(公道)에서 오리를 겨냥해 엽총을 발사하였지만 빗나간 사안에서 最決昭和54年7月31日은 조수보호법 제11조 제3호의 「포획」에 해당되는 것으로 판단하였다. 이는 동조의 보호법익이 발포할 때의 공공의 안전이 포함되어 있음이 명백한 이상 타당한 판단이라 여겨진다.

4 본 건에서 문제가 된 동법 제1조의4 제3항의 규정도 이와 동일하며, 수렵조수의 보호에 악영향을 끼칠 우려가 큰 특정한 수렵을 일반적으로 금지하고자 하는 규정의 취지나 목적에 비추어 볼 때, 고시 제43호에서 열거하고 있는 방법에 의한 포획행위 자체를 금지하는 것으로 해석하지 않을 수 없다. 따라서 본 「포획」에는 포획행위 그 자체도 포함된다고 해석하여야 할 것이다. 일반인을 기준으로 볼 때, 화살이 명중하지 않고 빗나간 것을 포획에 해당되지 않는다고 해석하기 어렵다.

5 그러나 한편으론, 위법포획조수 등의 양도금지에 관한 제20조의 「포획」 등과 같이 포획에 실패한 경우가 포함되지 않는 것이 분명한 규정도 있다. 포획의 「가능한 의미의 범위 내」는 포획행위 자체도 포함된다고 해석한 후에 개개 조문의 보호법익 등을 고려하여 개별적으로 포획의 개념을 확정하여야 할 것이다. 확실히 「동일한 법규에서 사용되는 동일개념은 같은 의미로 해석되어야 한다」고 생각한다.

하지만 형법 제217조[1]와 제218조[2]에서의 「유기(遺棄)」의 개념과 같이 동일한 단어가 다른 의미로 구별되어 사용될 수도 있다. 그러한 해석이 「포획」의 허용된 어의 범위 내에서 이루어진 이상 행위자의 예측가능성을 해하는 것은 아니다. 동일 개념의 통일적 이해라는 형식적인 해석론으로부터 포획 개념을 「가장 통상적인 의미」로 한정하는 것은 본말의 전도이다. 다만 모든 포획 개념에 포획 행위자체가 포함되는 것으로 해석하여서는 안 되는 것도 분명하다.

6 또한 조수보호법 제16조는 시가(市街) 기타 「인가조밀(人家稠密)의 장소」 또는 「많은 사람이 모인 장소」에서 총을 사용하는 사냥 등을 금지하고 있지만 **最決平成12年2月24日**(刑集54-2-106)에서는 인가와 논밭이 혼재된 지역 내에 있고, 발사지점에서 반경 200m 이내에 약 10채의 인가가 있는 장소도 「인가조밀의 장소」에 해당된다고 보았다.

「조밀」이란 「많이 모여 북적거리는 것」을 의미하지만 인가가 어느 정도 모여야 「인가조밀의 장소」라 할 수 있는지에 대해서는 일반인을 기준으로 예측 가능한 범위 내에서 문언의 가장 통상적 의미와 거리, 입법목적(총기사냥에 수반되는 위험의 정도)을 형량하여 판단할 필요가 있다. 대도시의 주택지와 같이 주거가 밀집된 지역이 아니라 하더라도 인가가 모여 있는 장소에서 총을 발사한 경우 건물 안에 있거나 부근을 왕래하는 주민이 총에 맞을 수 있는 일정 정도 이상의 가능성이 있는 장소라면 본 조의 「조밀」에 해당된다고 볼 수 있을 것이다.

● **참고문헌** ● 中谷雄二郎·J1092-72, 鈴木彰雄·判評456-72, 稗田雄洋·J1181-68

---

1) 형법 제217조(유기) 노년, 유년, 신체장애 또는 질병으로 인하여 부조를 필요로 하는 자를 유기한 자는 1년 이하의 징역에 처한다.
2) 형법 제218조(보호책임자유기 등) 노년자, 유년자, 신체장애자 또는 병자를 보호할 책임이 있는 자가 이들을 유기하거나 또는 그 생존에 필요한 보호를 하지 아니한 때에는 3개월 이상 5년 이하의 징역에 처한다.

3 합헌적 한정해석과 명확성의 원칙

* 最3小判平成19年9月18日(刑集61卷6号601頁·判時1987号150頁)
* 참조조문: 憲法 제21조 제1항[1]), 제31조[2]), 広島市暴走族追放条例 제16조 제1항, 제17조, 제19조

> 「공공의 장소에서 당해 장소의 소유자나 관리자의 승인이나 허가를 받지 않고 공중에게 불안 또는 공포를 유발하는 모임이나 집회를 여는 것」 등을 처벌하는 규정의 명확성

● **사실** ● 히로시마(広島)시는 축제 때 「특공복(特功服)」이라 불리는 복장을 한 다수의 폭주족 집단이 시내 광장이나 공원 등을 점거하고, 일부는 복면을 한 상태로 둥글게 모여 앉아 고성을 지르는 등 집회를 반복하여, 시민에게 불안감을 조성한다는 등의 이유로 이들을 사회문제화했다. 히로시마시는 그러한 행동을 규제하기 위해 히로시마시 폭주족 추방 조례를 제정하여 제16조 제1항에 「누구도 다음에 게재된 행위를 하여서는 안 된다」고 규정하고, 동조 제1호에 「공공의 장소에서 해당 장소의 소유자나 관리자의 승낙이나 허가를 받지 않고 공중에게 불안이나 공포를 유발하는 모임이나 집회를 하는 것」이라고 명기하였다. 그리고 동 조례 제17조에서는 「전조 제1항 제1호의 행위는 우리 시가 관리하는 공공장소에서 특이한 복장을 하고 얼굴의 전부 또는 일부를 가리고 원모양으로 모이거나 깃발을 세우는 등 위세를 보여주는 행위를 할 때 시장은 행위자에게 당해 행위의 중지 또는 당해 장소로부터의 퇴거를 명령할 수 있다」고 하였고, 동 조례 제19조에서는 시장의 명령에 위반한 자는 6개월 이하의 징역 또는 10만 엔 이하의 벌금형에 처한다고 규정하였다.

피고인 X는 약 40명의 폭주족 구성원과 공모하여 히로시마 번화가에 있는 공공 광장에서 폭주족의 그룹명을 새겨놓은 「특공복」을 착용하는 등의 위세를 보이며, 공중에게 불안 또는 공포를 불러일으킬 수 있는 집회를 하여 히로시마 시장의 권한을 대리하는 히로시마시 직원으로부터 상기의 집회를 중지하고 광장에서 퇴거할 것을 명받았으나, 이에 따르지 않고 계속하여 동 장소에서 집회를 함으로써 상기의 중지·퇴거명령에 위반하여 기소되었다.

X는 상기 각 규정의 문언이 불명확하고 규제대상이 너무 광범위하고 나아가 동 조례와 같은 집회의 규제는 헌법 제21조 제1항인 집회의 자유를 침해하고, 뿐만 아니라 헌법 제31조, 제21조 제1항에 위배된다고 주장하였다. 제1심·원심도 합헌판결을 내린 것에 대해 X는 동일한 이유로 상고하였다.

● **판지** ● 상고기각. 최고재판소는 ① 본 조례의 폭주족의 정의가 사회통념상의 폭주족 이외의 집단이 포함되어질 수 있는 문언이고, ② 금지행위의 대상 및 시장의 중지·퇴거명령의 대상도 사회통념상의 폭주족 이외의 자의 행위에도 미칠 수 있는 등, 규정의 방법이 적절

---

1) 헌법 제21조(집회·결사·표현의 자유, 검열의 금지, 통신의 비밀) ① 집회, 결사 및 언론, 출판 기타 일체의 표현의 자유는 이를 보장한다. ② 검열은 해서는 안 된다. 통신의 비밀은 이를 침해해서는 안 된다.
2) 헌법 제31조(법정절차의 보장) 누구든지 법률(형사소송법 등)이 정하는 절차에 의하지 않으면, 그 생명 혹은 자유를 박탈당하거나 또는 기타의 형벌을 받지 아니한다.

하지 않고 또한 그 문언대로 적용할 경우 규제의 대상이 광범위하여 헌법 제21조 제1항 및 제31조와의 관계에서 문제가 있다고 언급한 후 아래와 같이 판시하였다.

「본 조례의 목적 규정인 제1조는『폭주족의 폭주행위와 모임, 집회 및 축제 등에서의 시위행위가 시민생활이나 청소년의 건전한 육성에 중대한 영향을 미칠 뿐 아니라 국제평화 문화도시의 인상을 현저하게 해하는』존재로서의『폭주족』을 본 조례가 규정하는 대책의 대상으로 상정한다고 해석된다. 또한 본 조례 제5조, 제6조도 청소년의 가입대상이 되는『폭주족』을 상정하고 있을 뿐만 아니라 폭주행위 자체의 억제를 주안으로 하는 규정도 다수 포함하고 있다. …… 이러한 본 조례 전체로부터 알 수 있는 취지, 본 조례 시행규칙의 규정 등을 종합적으로 보면 **본 조례가 규제의 대상으로 보는「폭주족」은 본 조례 제2조 제7호의 정의에도 불구하고 폭주행위를 목적으로 결성된 집단인 본래적 의미의 폭주족 외에 복장, 깃발, 언동 등에 있어서 이러한 폭주족과 유사하여 사회통념상 폭주족과 동일시 할 수 있는 집단에 한정되는** 것으로 해석되므로 본 조례에 의한 시장의 중지·퇴거명령을 할 수 있는 대상도 X에게 적용되고 있는「집회」와의 관계에서는 본래적인 의미에서의 폭주족 및 상기와 같은 유사집단에 의한 집회가 본 조례 제16조 제1항 제1호, 제17조 소정의 장소 및 태양으로 행해지는 경우에 한정된다고 해석된다.

그리고 이러한 한정적인 해석에 의하면 본 조례 제16조 제1항 제1호, 제17조, 제19조의 규정에 의한 규제는 히로시마 시내의 공공장소에서 공중의 평온을 해하는 폭주족의 집회가 규제와 관련되더라도 그것을 바로 범죄로서 처벌하는 것이 아니라 시장에 의한 중지명령 등의 대상이 된다는 것에 그치고 있고, 그 명령에 위반한 경우에 비로소 처벌해야 한다는 사후적 또는 단계적 규제임을 감안하여 보면 그 폐해를 방지하기 위한 **규제목적의 정당성, 폐해방지 수단으로서의 합리성, 그 규제를 통해 얻을 수 있는 이익과 잃을 수 있는 이익과의 균형의 관점에 비추어 보았을 때 헌법 제21조 제1항, 제31조에 위배된다고 판단될 정도는 아니라**는 점은 最大判昭和49年11月6日(刑集28-9-393), 最大判平成4年7月1日(民集46-5-437)의 취지에 비추어 봤을 때 분명하다」(田原睦夫·藤田宙靖재판관의 반대의견이 있다).

● **해설** ● 1 최고재판소는 동 조례 제16조, 제17조의 명확성에 대해서는「각 규정의 문언이 불명확하다고는 볼 수 없기 때문에 소론은 전제를 결여」한다고 하여 기각하고 있다(【1】참조).

2 문제는 본 조례의「폭주족」을 폭주행위를 목적으로 결성된 본래적 의미의 폭주족과「복장, 깃발, 언동 등에 있어서 사회통념상 이러한 폭주족과 동일시 할 수 있는 집단」에 한정하여 해석하는 것과의 합리성이다. 다수의견은 한정해석의 합리성을 전제로 시장에게 있어 본 조례에 의한 중지나 퇴거명령을 발할 수 있는 대상도 X에게 적용되는「집회」와 관계에서는 본래적 의미의 폭주족 및 상기와 같은 유사집단에 의한 집회가 본 조례 제16조 제1항 제1호, 제17조 소정의 장소 및 태양에서 행해지는 경우에 한정된다고 한다.

3 지금까지 최고재판소의「합헌적 한정해석론」을 답습한 것이지만 반대의견과 같이 목적의 정당성, 폐해방지 수단으로서의 합리성, 규제를 통해 얻을 수 있는 이익과 상실되는 이익과의 형량판단은 쉽지 않다. 다만 전국 각지에서 이와 유사한 조례 제정을 요청하는 문제가 발생하고 있는 상황을 생각하면 실무상 중요한 의미를 가진 판례라 할 수 있을 것이다.

● **참고문헌** ● 前田巖·J1350-84, 渡邊一弘·都大法学会誌49-1-431, 曽根威彦·判評604-34, 前田·最新判例分析19

4 형의 변경과 판례의 불소급변경

* 最2小判平成8年11月18日(刑集50卷10号754面·判時1587号148面)
* 참조조문: 헌법 제39조[1]

행위 시의 판례를 따르면 무죄가 되어야 되는 행위를 처벌하는 것과 헌법 제39조

●**사실**● 이와테(岩手)현 교직원조합의 집행위원장이었던 피고인 X는 1974년 4월 11일에 행하여진 일교조(일본교원노동조합)의 통일행동 시에 지방공무원법상의 쟁의행위를 실제 선동하기도 하고 선동을 꾀하기도 하였다. 당시 최고재판소는 국가·지방공무원의 쟁의행위금지에 관해서 소위 도교조(都敎組)사건과 전사법센다이(全司法仙台)사건의 대법정판결(最判昭44·4·2刑集23-5-305, 刑集23-5-685)에서 쟁의의 선동행위에 대한 처벌요건을 엄격히 규율하는 소위 「이중필터론(二重のしぼり論)[2]」을 채택했지만, 본 건 행위 1년 전 最大判昭和48年4月25日(刑集27-4-547)에서는 국가공무원법위반사건에서 「이중필터」 이론을 부정했다. 단, 지방공무원법위반에 대한 도교조사건 판결은 명시적으로 변경되지는 않았다. 본 건의 실행행위는 마침 이 시점에서 발생한 것이다(지방공무원법위반사건에 있어 「이중필터론」이 부정된 것은 最判昭51·5·21刑集30-5-1178의 「이와교조학력조사(岩敎組學力調査)사건」 판결에 의함).

제1차 제1심 재판소는 피고인에게 무죄를 선고했고, 동 제2심 센다이(仙台)고등재판소도 이를 유지했다. 검찰의 상고를 받은 최고재판소는 무죄판결을 파기하며 사건을 모리오카(盛岡)지방재판소로 돌려보냈다. 제2차 제2심 센다이고등재판소는 선동행위에 관해서는 무죄, 선동을 기도한 것에 대해서는 유죄판결을 내렸다.

피고인·변호인은 본 건 당시에는 지방공무원법상의 쟁의행위의 선동 및 선동을 기도한 것에 관해서는 한정해석을 취하고 있었던 1969년 4월 2일의 도교조사건최고재대법정판결이 지배하고 있었고, 이 도교조사건 판결 하에서 본 건 행위는 적법함에도 불구하고 이를 위법으로 보아 처벌하는 것은 헌법 제39조에서 금지하는 소급처벌에 해당된다고 하여 상고하였다.

●**판지**● 상고기각. 「행위당시 최고재판소 **판례의 법해석에 따르면 무죄가 되어야 하는 행위를 처벌하는 것은** 헌법 제39조에 위배된다는 취지의 점은 그러한 행위라 하더라도 이를 처벌하는 것이 **헌법의 위 규정에 위배되지 않는** 것이 당 재판소의 판례(最大判昭25·4·26刑集4-4-700, 最大判昭33·5·28【72】, 最大判昭49·5·29【100】)의 취지에 비추어 보아 분명하다」라고 판시하였다.

---

1) 헌법 제39조(소급처벌의 금지·이중처벌의 금지) 누구든지, 실행 시에 적법하였던 행위 또는 이미 무죄로 된 행위에 대해서는 형사상의 책임을 지지 아니한다. 또한 동일한 범죄에 대해서는 거듭 형사상의 책임을 지지 아니한다.

2) 이중필터론(二重のしぼり論)이란 쟁의행동을 금지하고 그 선동행위를 처벌대상으로 하고 있는 지방공무원법의 합헌성 논의에 있어서 금지규정을 문자대로 해석할 경우 위헌의 소지가 있기 때문에 이것을 합헌으로 하기 위해서는 합헌 한정해석이 필요하므로 처벌의 대상이 되는 행위는 쟁의행위·선동행위 양자의 높은 위법성이 있는 경우로 제한한다는 이론이다. 芦辺信喜 『憲法第五版』(岩波書店、2013), 270쪽.

● **해설** ● 1　형법 제6조에는 **범죄 후 법률에 의해 형의 변경이 있을 경우에는 가벼운 형에 의한다**고 규정되어 있다. 법률의 시행(공포가 아님)이 **실행행위의 종료 후**에 있었다면 「**범죄 후의 법률**」이 된다. 또한 **형의 일부 집행유예에 관한 규정**(형법 제27조의2～제27조의7)의 신설은 피고인의 재범방지와 개선갱생을 도모하기 위한 선고형의 일부에 대해 그 집행을 유예할 수 있다는 새로운 선택지를 재판소에 부여한 것으로서, 특정 범죄에 대해 부과된 형의 종류나 형량을 변경하는 것은 아니어서 「형의 변경」에 해당되지 않는다(最決平成28年7月27日刑集70-6-571).

2　한편 판례는 「실질적인 법원(法源)」으로서의 기능을 수행해 왔다. 여기서 기존의 판례에 따라 「허용될」 것이라 생각하고 행위한 자가 행위 후의 판례변경으로 인해 처벌된 경우 사실상 「사후 법」에 의해서 처벌되는 것 같이 보인다. 본 건에서는 「처벌범위를 확장하는 방향으로 판례를 변경하고 이를 피고인에게 적용하여 처벌하는 것이 소급처벌을 금지한 헌법 제39조에 위배되는 것은 아닌가」라는 점이 다투어 졌다.

3　근래 (a) 판례를 통해 형성된 법률관계를 신뢰하여 행동한 자를 처벌하는 것은 행위의 예측가능성을 빼앗고, 법적 안정성을 해하는 것으로 보아 판례에 법원성을 인정하거나 혹은 죄형법정주의, 소급처벌금지라는 헌법상의 요청에 근거하여 **판례의 불소급변경의 이론** 즉, 처벌화(중벌화)하는 판례변경은 장래를 향한 선언적 의미를 가지는 것에 지나지 않고, 구체적인 사안에는 적용할 수 없다는 이론이 유력하게 주장되어 왔다(田中英夫 J 536-60 등). 이러한 사고에 따르면 행위 시의 판례보다 불이익한 형벌을 과하는 것은 헌법 제39조에 반하게 된다.

4　이에 반해 실무에서는 (b) 최고재판소의 판례변경이 헌법 제39조에 위배되는 것은 아니라고 본다. 상·하급심을 묻지 않고, 각 재판의 결론은 법원성, 선판결구속성이 없으며, 성문법과는 달리 재판관을 법률상 구속하는 것은 아니라는 원칙을 유지한다(最高裁判所事務總局總務局編·裁判所法逐條解說上卷 40쪽).

5　본 판결은 기존의 최고재판소의 법해석에 따르면 헌법 제39조에 위배되지 않음이 분명하다. 확실히 최고재판소는 피고인에게 불리한 판례변경을 한 뒤, 이에 따라 피고인을 처벌하여 왔다. 예를 들어, 소위 네리마사건(練馬事件)판결(【72】)에서는 공동피고인의 진술은 그것만으로는 완전한 증거능력을 갖지 못한다는 기존의 판례 입장을 공동피고인의 진술을 유일한 증거로서 유죄선고 할 수 있다는 취지로 변경하였으며, 最大判昭和49年5月29日(【100】)에서는 죄수에 관해서 상상적 경합으로부터 병합죄로 처단형을 무겁게 하는 판례변경을 하여 병합죄로 처단한 원판결을 시인하였다.

6　확실히 불리한 판례변경 일반을 구체적 사안에 적용하지 못하는 것은 타당하지 않다. 판결의 상당부분은 피고인에게 보다 유리한 선례가 존재할 수 있기 때문이다.

7　재판소가 사실상의 입법기능을 수행하고 있는 측면을 의도적으로 무시하여 국민에게 불이익을 주어서는 안 되는 것이 당연하지만, 그것은 「고의나 기대가능성의 결여」측면에서 구제되어야 한다. 선례 확정의 정도나 그것에 대한 일반인·피고인의 인식 등을 기초로 피고인에게 발생하는 불이익은 구체적인 고의론 등의 판단이나 양형판단에서 고려되어야 할 것이다.

● **참고문헌** ●　小暮得雄·北大法学論叢17-4-107, 西原春夫「中野次雄還曆」310, 今崎幸彦·J1120-99, 三上潤·判解平28年度170

5 방조행위와 국외범규정

* 最1小決平成6年12月9日(刑集48卷8号576頁·判時1519号148頁)
* 참조조문: 형법 제1조 제1항[1]

국외에서 방조행위를 한 자와 형법 제1조 제1항의 적용

● **사실** ● 대만인인 피고인 X와 Y는 일본인 A들이 대만에서 일본 국내로 각성제를 밀수입할 때, 대만 국내에서 자신들이 공모하여 조달한 약 1.4kg의 각성제를 A에게 건네주었고, 또한 X는 대만 국내에서 약 2kg의 각성제를 A에게 건넸다. 더욱이 X·Y는 A들과 공모하여 약 2.7kg의 각성제를 대만에서 일본으로 밀수입했다. X·Y는 영리목적의 각성제수입죄 및 금제품수입죄 그리고 이러한 죄의 방조죄로 기소되었으나, X·Y의 방조행위가 일본국내에서 행해지지 않았기 때문에 일본 형법의 적용 여부가 다투어졌다.

제1심은 「방조범에 있어 범죄지는 방조행위가 행해진 장소 외에 정범의 행위가 이루어진 장소도 포함한다」고 하여 X·Y에게 방조범 성립을 인정하였고, 원심도 「실행정범의 범죄를 구성하는 사실이 일부라 하더라도 일본 국내에서 발생한 것이라면 방조범도 일본국내에서 죄를 범한 것으로 해석된다」고 하였다.

● **결정요지** ● 상고기각. 「**일본국외에서 방조행위를 한 자**라고 하더라도 정범이 일본국내에서 실행행위를 한 경우 형법 제1조 제1항의 『**국내에서 죄를 범한 자**』에 **해당**한다고 해석해야 한다」.

● **해설** ● 1 형법의 **장소적 효력**과 관련하여 ① 속지주의, ② 속인주의, ③ 보호주의, ④ 세계주의 원칙이 존재하지만 현행 형법전은 ① 속지주의를 원칙으로 하고 속인주의 및 보호주의에 의해 보충된다. 형법 제1조 제1항은 범죄가 일본 국내에서 행해진 경우에 한하여(국내범) 누구든지 형법의 적용을 받는다고 되어 있다. 이것이 형법의 장소적 적용범위의 가장 기본적 원칙인 속지주의이다. 즉 일본영역 외의 행위에 대해서는 특별한 경우를 제외하고 형법의 적용을 받지 아니한다.

2 장소적 효력의 실제상의 문제는 당해 범죄행위가 영역 밖에서 행해졌는지 여부의 해석에 관한 것이다. 일반적으로 「범죄지가 국내」라고 하기 위해서는 구성요건에 해당하는 행위와 결과의 일부가 국내에서 발생하면 족한 것으로 해석된다. 예를 들어 뇌물의 요구는 국내에서 하였지만, 그 뇌물을 국외에서 전달받은 경우 전부를 포괄하여 국내범에 해당한다고 해석되고 있다.

나아가 실행행위나 결과가 발생하지는 않았지만 결과가 일본에서 발생할 예정이었던 경우에도 일본 형법의 적용을 인정해야 한다는 견해도 있다. 하지만 일본에 체재하는 자를 독살할 목적으로 독약을 국외에서 일본으로 송부하고자 했으나 행위자에게 도달하지 않은 경우까지 형법

---

1) 형법 제1조(국내범) ① 이 법률은 국내에서 죄를 범한 모든 자에게 적용한다. ② 국외에 있는 선박 또는 항공기 내에서 죄를 범한 자에 대하여도 전항과 같다.

의 적용을 고려할 필요는 없을 것이다.

행위자가 범죄의 예비적 행위만을 일본에서 하고, 실행의 착수나 결과의 발생이 국외에서 발생한 경우에도 당해 범죄에 대해 일본 형법을 적용하지 않아야 한다. 결과가 국외에서 발생했음에도 불구하고 일본 형법을 적용하기 위해서는 적어도 실행행위가 일본에서 행해질 필요가 있다. 물론 살인예비나 강도예비의 구성요건에 해당하는 예비행위를 국내에서 행한 경우에는 예비죄가 적용된다.

3 공범의 범죄지에 관해서는 국내에서 결과가 발생한 경우 및 정범행위가 국내에서 행해진 경우에는 공범자 전원에게 일본 형법이 적용된다(名古屋高判昭63 · 2 · 19判時1265-156 참조). 본 결정은 최고재판소가 이 결론을 최초로 인정한 것이다. 교사범, 방조범 외에 공동정범도 동일하게 공모공동정범의 경우 국내에서 공모가 행해진 경우에는 일본 형법이 적용된다.「공모」가 실행행위와 주관적 인과성에 의해 밀접히 연결된 것이고 범죄사실의 중요부분을 차지하고 있는 이상 단순히 예비행위가 국내에서 행해진 경우와는 다르다(東京地判昭62 · 8 · 7判夕669-257 참조).

4 교사나 방조를 행한 장소도 교사범 · 방조범의 범죄지가 된다. 이에 대해 정범자로서는 교사 · 방조된 장소는 범죄지가 되지 않는다고 해석된다. 또한 국내에서 교사된 정범의 실행행위가 국외에서 행해진 경우 교사한 자는 국내범으로서 처벌되는 것에 대해 정범자는 국외범 처벌규정이 존재하는 경우를 제외하고 일본에서는 불가벌이 된다. 이에 정범자가 처벌되지 않았음에도 불구하고 공범자가 처벌되는 것은 **종속성의 원칙**에 반한다고 생각된다.

형식적으로는「단순히 정범에게는 형법이 적용되지 않기 때문에 범죄는 성립한다」고 설명될 수 있다. 하지만 정범자가 행위지의 국가에서 형법에 의해 처벌되지 않는 경우 그 교사범을 일본에서 처벌하는 사례를 상정하면 범죄지에서 전혀 처벌되지 않는 행위를 외국에서 교사한 경우까지 처벌을 인정하는 것이 되어 사실상 순수히「교사행위 자체의 악성을 이유로 처벌」하는 것과 비슷하게 되어버린다. 역시 정범행위가 원래 구성요건에 해당하는 것으로 형사책임을 물을 여지가 전혀 없는 경우에는 교사 · 방조를 처벌해서는 안 될 것이다.

◉ **참고문헌** 大渕敏和 · 判解平6年度230, 門田成人 · 平6年度重判140, 只木誠 · 法敎178-88

6 법인의 처벌과 양벌규정

* 最大判昭和32年11月27日(刑集11巻12号3113頁·判時134号12頁)
* 참조조문: 入場税法17条의3(昭22 개정전)

> 종업원이 법인의 업무와 관련해서 행한 범죄행위에 대하여 법인의 사업주가 양벌규정에 의거한 형사책임을 지기 위해서는 선임 감독상의 과실이 필요하다.

● **사실** ● 피고인 X는 입장료를 받고 춤을 추는 카바레를 경영하였다. 같은 클럽의 지배인 I는 전 지배인들과 공모하여 동 클럽의 경영과 관련하여 원장부 외에 실제로 징수한 매월 입장료의 약 3분의 1만을 기재한 세무장부를 작성하고, 이에 근거하여 관할 세무서에 허위신고를 하여, X의 업무에 대해 부정한 방법으로 입장세를 포탈하고자 계획하였다. X는 1947년 2월의 정규입장세액에 대해 세무서에 허위납세신고를 하여 전후 9회에 걸쳐 입장세 합계 80만 595엔을 탈세하거나 탈세하려고 하였다.

원심이 양벌 규정인 1948년 폐지 전의 입장세법 제17조의3을 적용하여 벌금형을 선고하자, X는 지배인의 위법행위에 자신은 전혀 관여하지 않았으며, 자신의 의사에 따라 위법행위를 한 것이 아닌 경우 형사책임을 부과할 수 없다는 헌법 제39조1)의 규정에 따라 자신을 처벌할 수 없으며, 결국 폐지 전 입장세법 제17조의3은 헌법 제39조에 위배된다고 주장하며 상고했다.

● **판지** ● 상고기각. 「소론은 폐지 전의 입장세법 제17조의3의 소위 양벌규정은 헌법 제39조에 위배된다고 주장한다. 그러나 동조는 사업주인, 사람의 『대리인, 사용인 및 그 밖의 종업원』이 입장세를 포탈하거나 포탈하려 한 행위에 대하여 사업주로서 위 행위자들의 선임, 감독 및 그 밖의 위반행위를 방지하기 위하여 필요한 주의를 다하지 아니한 과실의 존재를 추정한 규정으로 해석해야 하며, 따라서 사업주가 위에 관한 주의를 다하였음이 증명되지 아니하는 한, 사업주 또한 형사책임을 면할 수 없다는 법의로 해석하는 것이 상당하다. 그러므로 **양벌규정은 고의·과실이 없는 사업주로 하여금 타인의 행위에 대해 형사책임을 부담하게 한 것이라는 전제에 입각하여 이를 헌법 제39조에 위배된다고 보는 소론은 그 전제가 결여**된 것으로 이유가 없다」.

● **해설** ● 1 형법전에는 법인 처벌에 대한 특별규정이 없지만 행정형법에는 법인을 처벌하는 규정이 많다. 기업에게 범죄에 대한 책임을 귀속시키려면 그 전제로서 법인의 범죄(행위)능력이 문제된다. 사법이나 행정법의 영역에서 법인 등 기업체의 행위를 인정하는 것은 당연한 것으로 받아들인다. 그러나 형법에서는 법인에게는 행위능력이 없고, 자연인의 행위가 법률상 법인에 귀속되는 것에 지나지 않는다는 견해가 유력하다.

---

1) 헌법 제39조(형벌법규의 불소급, 이중처벌의 금지) 누구든지 실행 시에 적법하였던 행위 또는 이미 무죄로 된 행위에 대해서는 형사상의 책임을 지지 아니한다. 또한 동일한 범죄에 대해서 거듭 형사상의 책임을 지지 아니한다.

2 또한, 현재 인정되는 법인처벌은 어디까지나 개인을 처벌할 경우에 있어 사업주를 함께 처벌하는 **양벌규정**임을 주의해야 한다(예를 들면, 最決平7·7·19刑集49-7-813 참조). 즉, 사업주는 종업원이 업무에 관해 범죄를 저질렀을 경우에만 벌금을 부과받을 뿐이다. 그런 의미에서 「개인책임 없이는 기업책임이 없다」는 원칙이 타당하다.

3 이전의 고전적인 구파형법학에 의하면, ① 법인에게는 의사에 근거한 신체의 동정(動靜)이 없는 이상 「행위」는 생각할 수 없다. 더욱이 ② 주체적·윤리적 자기결정도 없어 윤리적 책임 비난을 가할 수 없다. 그리고 ③ 현행의 형법이 생명형과 자유형이 중심인 이상 이를 법인에게 적용할 수 없으며 ④ 법인은 형벌 감수능력이 없다고 보았다.

4 이러한 입장에서는 행정형법에 있어 사업주의 처벌규정은 「종업원 등의 타인의 행위에 의한 결과를 사업주 처벌규정에 따라 정책적으로 법인에 귀속시킨 타인행위에 대한 무과실책임」으로 예외적인 경우에 인정된다고 설명하고 있다. 자신에게 전혀 책임이 없는 것을 처벌하는 것은 책임주의에 반하지만, 행정형법의 특수성에 의해 허용된다고 본 것이다.

5 판례도 (a) **법인이 아닌 그 기관인 자연인을 처벌하는 것이 원칙이며, 법인의 처벌은「타인의 행위에 대한 무과실책임」**으로 보아 왔다(大判昭10·11·25刑集14-1218). 그런데 본 판결에서는 **「사업주의 처벌규정은 행위자의 선임, 감독 및 기타 위반행위를 방지할 주의를 다 하지 못한 과실의 존재를 추정한 규정」**이라고 하여, 자연인인 사업주의 과실이 없으면 처벌할 수 없다고 판시하기에 이른다.

학설도 본 판례를 지지하고 행정범의 형사책임의 특수성 때문에 법인에게도 범죄능력을 인정하는 설이 유력하다.

그러나 행정형법과 일반형법은 질적인 차이가 없고 양적인 차이이며, 그것은 유동적이라고 여겨지고 있다. 더욱이 공해죄(公害罪) 법률 등은 그야말로 형법(특별형법)임에도 불구하고 법인처벌을 포함한 양벌규정을 두고 있다. 그렇다면 차라리 법인의 범죄능력을 정면으로 인정하는 편이 자연스러울 것이다.

6 最判昭和40年3月26日(刑集19-2-83)에서는 본 판결의 취지를 법인에게도 적용하고 법인의 과실을 문제 삼았다. 거기서는 법인의 행위능력이 당연한 전제가 되었던 것이다. 동 판결은 사업주인 법인의 대표자가 아닌 종업원의 위반행위에 대하여, (b) **당해 법인에게 행위자의 선임, 감독 및 그 밖에 위반행위를 방지하기 위하여 필요한 주의를 다하지 못한 과실의 존재를 추정한 규정으로 해석하여야 하고, 사업주가 이에 관한 주의를 다하였음이 증명되지 않는 한 사업주 또한 형사책임을 면할 수 없다**고 하였다. 다만 법인에 선임감독상 의무를 다하지 못한 특별한 사정이 있었던 것을 피고 측에서 거증하면 형사책임은 면할 수 있다. 또한 선임·감독의무 위반의 적극적 입증은 불필요하다(東京高判平11·11·18東高時報50-1＝12-130 참조).

● **참고문헌** ● 岩田誠·判解昭32年度146, 川崎友巴 「企業の刑事責任」66以下

7 간접정범 – 살인의 실행행위

* 最3小決平成16年1月20日(刑集58卷1号1頁·判時1850号142頁)
* 참조조문: 형법 제38조,[1] 제199조,[2] 제203조[3]

> 피해자에게 차에 탄 채로 바다 속으로 빠질 것을 명령하여 실행시킨 행위는 비록 피해자가 차
> 에서 탈출하려고 계획한 경우에도 살인의 실행행위로써 판단할 수 있는가?

● **사실** ● 피고인 X는 위장 결혼한 여성 A를 피보험자로 하는 보험금을 수령하기 위해 자신
을 극도로 두려워하는 A에게 폭행과 협박을 가하면서, 사고사로 위장하기 위해 자살할 것을 집
요하게 강요했다. 그리고 2000년 1월 중순 오전 2시 경 A현 항구에서 A에게 승차한 차와 함께
바다에 빠져 자살하도록 명령하였지만, A는 자살을 결의하지 않은 채 명령에 따라 차와 함께 바
다에 빠진 후 차에서 탈출하여 X로부터 벗어나는 것 이외에 목숨을 건질 방법이 없다고 생각하
여 차와 더불어 바다에 빠질 결의를 하여 실행하였고, 침몰하는 차에서 탈출하여 죽음을 면하였
다. 원심은 살인미수죄의 성립을 인정했다.

이에 대해 변호인은 A 스스로 자유로운 의사에 따른 행동이었기 때문에 그것을 지시한 행위
는 살인죄의 실행행위로는 볼 수 없고, 자살 결의를 부추긴 것에 지나지 않으므로 살인죄의 고
의가 존재했다고는 볼 수 없다고 주장했다.

● **결정요지** ● 상고기각. 「X를 극도로 두려워하여 어쩔 수 없이 복종해 온 A에 대해 범행
전날 항구 현장에서 폭행과 협박을 하며 차에 탄 상태로 바다에 빠져 자살할 것을 집요하게
강요하고, 유예를 애원한 A에게 다음날 실행할 것을 약속 받는 등의 행위를 하여, 본 건 범행
당시 A는 X의 명령에 따라 **차를 몰고 바다에 빠지는 것 이외의 행위를 선택할 수 없는 정신
상태에 놓여** 있었던 것으로 볼 수 있다. X는 위와 같은 정신상태에 놓인 A에게 사건 당일 항
구의 벼랑위에서 차를 몰아 바다 속으로 빠질 것을 명령하고, A에게 **스스로 목숨을 잃을 수
있는 현실적 위험성이 높은 행위에 이르게 한** 것이므로 A에게 명령하여 A가 타고 있는 차를
바다에 빠뜨린 X의 행위는 살인죄의 실행행위에 해당된다」.

「A는 X의 명령에 따라 자살할 생각은 없었고, 이 점에서 X의 기대에 반하였지만 A에 대해
사망의 현실적 위험성이 높은 행위를 강요한 것 자체에 대한 인식은 결여되지 않은 것으로
생각되므로 상기의 내용은 X에게 살인죄의 고의를 부정할 사유가 되지는 않는다」.

---

1) 형법 제38조(고의) ① 죄를 범할 의사가 없는 행위는 벌하지 아니한다. 단, 법률에 특별한 규정이 있는 경우에는
그러하지 아니하다. ② 중한 죄에 해당하는 행위를 하였지만 행위 당시 그 중한 죄에 해당하게 된다는 사실을
알지 못하였던 자는 그 중한 죄에 의하여 처단할 수 없다. ③ 법률을 알지 못하였을지라도 그에 의하여 죄를 범
할 의사가 없었다고 할 수 없다. 단, 정상에 의하여 그 형을 감경할 수 있다.
2) 형법 제199조(살인) 사람을 살해한 자는 사형, 무기 또는 5년 이상의 징역에 처한다.
3) 형법 제203조(미수죄) 제199조(살인) 및 전조(자살관여 및 동의살인)의 죄의 미수는 벌한다.

● **해설** ● 1 실행행위는 반드시 행위자가 자신의 손으로 직접 행할 필요는 없고, 사람을 도구로서 실행하는 경우도 존재한다. 간접정범이란 **사람의 의사를 억압하는 등으로 도구로 취급하고, 직접정범과 동일시할 수 있는 결과발생의 위험성을 가지는 행위**를 하여야 하며, **정범의 의사**를 가져야 한다.

2 총을 겨누면서 청산가리를 삼키도록 명령하는 등 피해자의 행위에 개입하여 사망의 결과가 발생하여도 살인의 실행으로 해석해야 하는 경우가 있다. 종래의 판례 중 最決昭和59年3月27日에서는 술에 취한 피고인들이 폭행을 당해 약해진 피해자를 한겨울 심야 하천 둑으로 끌고 가 3명이서 둘러싸고 「뛰어들 용기가 있는가」 등으로 협박하면서 물가까지 밀어붙이고 더욱이 각목으로 내리치는 시늉을 하여 피해자를 강으로 떨어뜨린 후 약 3~4m의 각목으로 수면을 내리쳐서 익사시킨 사안에 대해 살인죄의 간접정범을 인정했다.

3 다만, 본 건에서는 A에 대해 차에 탄채로 바다 속으로 빠질 것을 명령한 것이고, 바다에 뛰어들게 하기 위해 폭행한 사실은 없으며, 벼랑 위로 오르지 못하도록 하지도 않았다. 여기서 본 건의 객관적 실행행위가 살인보다는 자살관여죄에 해당되는 것은 아닌가하는 문제도 있다. 하지만 협박 등에 의해 피해자가 자살한 경우에도 의사결정의 자유를 빼앗을 정도의 협박을 한 경우에는 살인죄의 성립이 인정된다.

4 본 결정은 X의 명령에 의해 차를 통째로 바다에 빠뜨리는 것 이외의 선택은 할 수 없는 정신적 상태에 놓였음이 인정된다. 차를 운전하여 바다 속으로 뛰어든 행위는 A의 의사에 반하여 강요된 것이다. 단 A는 「바다에 빠진 후에 사망한 것처럼 가장하여 X로부터 벗어나 목숨을 연장하고자 하였다」는 점이 인정된다. 이러한 의미에서 「죽음」을 선택하게 한 것은 아니기 때문에 살해라고는 볼 수 없지 않은가라는 의문이 남는다. 하지만 X가 강요한 행위는 「사망의 위험」을 가지고 있었고, A가 그러한 위험을 인식하면서 어쩔 수 없이 따를 수밖에 없었다고 한다면 살인의 실행행위로 해석할 수 있다.

5 판시에 의하면 벼랑의 상단에서 해면까지 약 1.9m, 수심 약 3.7m, 수온 약 11도라는 상황을 고려할 때, 피해자가 차와 같이 바다 속으로 빠지면 탈출하려고 해도 뛰어들 때의 충격으로 부상을 입는 등 탈출에 실패할 위험이 높고, 탈출에 성공한다 하더라도 낮은 수온으로 인해 심장마비를 일으키거나 심장이나 뇌의 기능장애, 운동신경 저하로 인해 사망할 위험성이 매우 높았다. 그리고 A는 X의 명령에 따라 차에 탄 채로 바다에 빠지는 것 이외에는 선택지가 없는 정신적 상태였기 때문에 살인의 실행행위성은 인정할 수 있다. 비록 A가 죽으려하지는 않았더라도 사망의 위험이 따르는 행위를 선택할 수밖에 없는 협박을 받았다.

6 또한 X는 자살관여의 고의가 있기 때문에 추상적 사실의 착오가 문제가 되어 살인죄가 성립하지 않고, 기껏해야 자살관여죄가 성립되는 것에 지나지 않은 것은 아닌가라는 견해도 보인다. 하지만 X가 인식하고 있으면서 강요한 위험한 행위가 살인의 실행행위에 해당되고 그것 이외의 행위를 선택할 수 없었던 정신상태에 빠지게 한 사정(살인죄를 기초로 한 사정)도 인식한 이상 **살인의 고의가 결여되었다고는 볼 수 없다.**

● **참고문헌** ● 園田寿·囿総7版148, 林幹人·囿総6版148, 藤井敏明·J1275-161

8 실행행위의 개수(個數)와 착수시기

* 最1小決平成16年3月22日(刑集58卷3号187頁·判時1856号158頁)
* 참조조문: 형법 제199조[1]), 제38조[2])

> 익사시킬 계획으로 클로로포름을 흡입시켜 실신시킨 뒤 자동차에 태워 바다에 빠트렸지만 클로로포름의 흡입으로 인해 피해자가 사망한 경우 살인죄는 성립되는가?

● **사실** ● 피고인 X는 남편 A를 사고사로 위장하여 살해한 후 보험금을 수령하고자 피고인 Y에게 살해를 의뢰했다. Y는 Z 등과 3명에서 Z 등이 탄 자동차를 A가 운전하는 자동차에 충돌시킨 뒤, 합의 교섭을 가장하여 차에 들어가 클로로포름으로 실신시킨 후 익사시킬 계획을 세웠다. Z 등은 계획대로 A의 차를 충돌한 뒤, 합의 교섭을 가장하여 A를 Z 등의 차의 조수석에 앉게 하고, 오후 9시 30분경에 다량의 클로로포름을 적신 타올을 뒤에서 A의 코에 갖다 대어 클로로포름을 흡입시켜 기절시켰다(제1행위).

그 후 Z 등은 A를 약 2km 떨어진 항구까지 데려가 오후 11시 30분경에 Y를 불러 움직임이 없는 A를 운전석으로 옮긴 뒤 자동차를 벼랑에서 전락시켜 바다에 잠기게 했다(제2행위). A의 사망원인이 익사에 의한 질식인지 아니면 클로로포름 흡입에 의한 호흡정지, 심정지, 질식, 쇼크 또는 폐기능부전인지 등에 대해서는 명확하지가 않았다.

본 사안에 대해 제1심·원심은 살인기수죄의 성립을 인정했다.

● **결정요지** ● 상고기각. 최고재판소는 Y 및 Z 등이 **제1행위 자체에 의해 A가 사망할 가능성이 있음을 인식하지 못하였다**라고 하면서도, 제1행위에 살인죄의 실행행위성을 인정하여 살인의 고의도 인정했다. 객관적으로 보더라도 제1행위는 사람을 사망에 이르게 할 위험성이 상당히 높은 행위로써 「제1행위는 제2행위를 **확실히 용이하게 행하기 위한 필요불가결한 것**이었다라고 말할 수 있으며, 제1행위에 성공할 경우 그 이후의 살해계획을 수행함에 있어 **장애가 될 특단의 사정이 존재하지 않았던 점**이 인정되며, 제1행위와 제2행위 사이의 **시간적 장소적 근접성** 등에 비추어 보았을 때 제1행위는 제2행위에 **밀접한 행위**이고 실행범 3명이 제1행위를 개시한 시점에 이미 살인에 이를 수 있는 객관적 위험성이 명확하게 인정되기 때문에 그 시점에서 살인죄 **실행의 착수**가 있다고 해석함이 상당하다. 또한 실행범 3명은 클로로포름을 흡입시켜 A를 실신시킨 후에 자동차채로 바다에 전락시킨다는 일련의 살인행위에 착수하여 그 목적을 달성하였으므로 설령 실행범 3명의 인식과는 달리 제2행위 전 시점에서 A가 제1행위에 의해 사망하여도 살인의 고의를 결한 것은 아니고」 따라서 살인기수의 공동정범이 성립한다.

---

1) 형법 제199조(살인) 사람을 살해한 자는 사형, 무기 또는 5년 이상의 징역에 처한다.
2) 형법 제38조(고의) ① 죄를 범할 의사가 없는 행위는 벌하지 아니한다. 단, 법률에 특별한 규정이 있는 경우에는 그러하지 아니하다. ② 중한 죄에 해당하는 행위를 하였지만 행위 당시 그 중한 죄에 해당하게 된다는 사실을 알지 못하였던 자는 그 중한 죄에 의하여 처단할 수 없다. ③ 법률을 알지 못하였을지라도 그에 의하여 죄를 범할 의사가 없었다고 할 수 없다. 단, 정상에 의하여 그 형을 감경할 수 있다.

● **해설** ● 1 고의범은 실행행위를 통해 결과가 발생하고(객관적 구성요건요소), 행위 시에 그 인식이 존재하여야 성립한다(주관적 구성요건요소). 실행행위의 개시시점에 고의가 존재해야 한다. 단 고의의 존부에 대한 판정기준이 되는 실행행위를 어떻게 인정하는가는 곤란한 경우가 많다.

2 ①「A를 익사시키기 위해 다리 위에서 강에 빠뜨렸지만 다리교각에 머리가 부딪쳐 즉사한」경우는 예정보다 빠르게 사망의 결과가 발생하여도 살인죄가 성립하는 것에 대해 논쟁의 여지가 없다. 다만 ②「1년 후에 살해하려고 계획을 세워 독약을 준비하여 숨겨두었는데 당일 A가 그것을 위장약으로 오신하고 복용하여 사망한」경우는 실행의 착수 이전의 단계에서 결과가 발생한 것이기 때문에 실행행위를 인정하지 않는다. 확실히 독약을 숨겨 준비한 것만으로 사망의 위험성은 그다지 높지 않다. 본 건은 ①과 ②의 중간 사례라 할 수 있다.

3 최고재판소는 클로로포름 흡입이 위험성 높은 행위라고 하면서 ① 익사를 확실히 또는 용이하게 하기 위해 필요불가결한 것으로(**필요불가결성**), ② 제1행위에 성공하면 살해계획을 수행하기 위해 장애가 되는 사정이 존재하지 않고(**수행의 용이성**), ③ 두 행위의 **시간적·장소적 근접성** 등을 들어 제1행위는 제2행위에 **밀접한 행위**이고 제1행위 개시시점에 살인에 이를 수 있는 객관적인 위험성이 명확히 인정되므로, 그 시점에 살인죄의 실행착수가 있다고 보았다(제1행위가 위험성이 낮아도 각 행위가 밀접하게 연관되어 있으면 실행의 착수가 인정된다고 생각된다).

4 다음으로 해당 실행행위(개시)시에 살인의 범의가 인정되는지가 문제된다. 최고재판소는「제1행위 자체에 의해 A가 사망할 가능성이 있다는 인식을 가지지는 못하였다」라고 명확하게 인정한 후에「살인의 고의가 결여된 것은 아니다」라고 하여 제1행위 시에 살의를 인정했다. 여기서 인정된 살의는「제1행위를 거쳐 제2행위를 통해 살해하는 것에 대한 인식」이다.

이것이 1개의 살의로서 평가되는 것은 제1행위와 제2행위가 밀접하게 연관되는「1개의 실행행위로 볼 수 있」기 때문이다(반대로 실행행위가 1개로 인정되기 위해서는 일관된 고의가 존재하는 것이 중요하다). 다만 보다 실질적으로는「사람을 살해하고자 하는 행위를 하고 있음을 인식하고 있었던」것이 중요하고, 구체적으로는「제1행위를 거쳐 제2행위를 통해 살해한다」라는 내용은「사람을 살해한다는 위험성 있는 행위에 대한 인식」의 존재를 기초지우는 재료에 지나지 않는다.

5 본 판결은 클로로포름을 흡입시켜 실신시킨 뒤 자동차에 태워 바다에 전락시킨다는 일련의 살인행위에 착수하여 그 목적을 달성한 것이기 때문에, **처음 계획과는 달리 제1행위에 의해 사망하였다고 하더라도 살인의 고의가 결여된 것은 아니다.** 고의에는 결과에 대한 인식과 실행행위에 대한 인식이 필요하지만 인과과정의 인식은 불필요하다. 구상한 인과과정과 크게 다르다 하더라도 고의는 존재한다(【9】참조).

● **참고문헌** ● 古川伸彦·囤総版130, 福田平·判夕1177-123, 平木正洋·J1284-134, 橋爪陸·J1321-234, 林幹人·判時1869-3, 前田·最新判例分析5

9 실행행위의 특정

* 東京高判平成13年2月20日(判時1756号162頁)
* 참조조문: 형법 제199조[1]), 제38조[2])

살인의 실행행위에 착수한 이후에 일반적으로 살해행위로 보기 힘든 행위에 의해 사망의 결과가 발생한 경우의 처단

● **사실** ● 처 A로부터 무능하다고 심하게 비난당하자, 격분한 피고인 X는 주방에서 식칼을 꺼내 A를 향해 갔다. 이에 놀라 도망가려 하는 A를 거실에 넘어뜨린 뒤 올라타 살의를 가지고 A의 흉부 등을 수회 찔렀다(제1행위). 더욱이 X는 중상을 입은 A가 현관에서 도망가려 하자 식칼을 든 채로 쫓아가서 다시 거실로 끌고 와 평상시 의심하고 있었던 A의 애인에 대해 추궁하자 A는 이를 인정하며 사죄했다. 이에 X는 식칼을 돌려놓으러 갔으나 A는 그 사이에 베란다로 도망쳤고, 양 다리를 베란다 난간에 올라타 등을 베란다의 바깥으로 향하게 하고 무릎을 굽힌 상태로 난간을 따라 옆집으로 도망가고자 했다. X는 A를 다시 데려와 가스중독사 시키고자 마음먹고 A를 붙잡으려 하였으나 A가 도망치다 균형을 잃어 베란다에서 바닥으로 떨어지면서 충돌하여 외상성 쇼크사하였다(제2행위).

제1심은 X의 살의는 A가 베란다에서 떨어져 사망하기까지 일관되게 계속되고 있었고, 또한 X가 A를 붙잡은 행위와 A가 전락사한 행위 간에는 인과관계가 성립하기 때문에 살인기수죄가 성립한다고 하였다.

● **판지** ● 항소기각. 동경고등재판소는 **제1행위와 제2행위는 일련의 살인행위로 살인 기수죄의 성립을 인정했다.**

「X는 갑자기 찌르는 행위(刺突行爲)를 끝내고, 본 건 식칼을 개수대에 되돌려 놓은 후에도 A를 자기의 지배하에 두면 출혈다량에 의해 사망에 이를 것이라고 생각했기 때문에, A가 현관에서 도망가고자 한 것을 다시 데려와 가스중독사 시키려고 생각하여 붙잡고자 한 것이다. 자돌(刺突)행위에 의해 상당한 출혈이 있었던 A가 **지상에서 높이가 약 24.1m이었던 베란다**의 난간을 따라 도망가려고 한 것도 이대로 X의 감시 하에 있으면 죽을 수 있다고 생각하여 목숨을 걸고 감행한 것으로 해석된다.

그렇다면 X의 범의는 칼로 찌른 행위 당시에는 찔러서 살해할 예정이었고, 행위 후에는 자기의 지배하에 두어 출혈사를 기다렸고, 더욱이 가스중독사시킬 계획이었고, 그 살해방법은 사태의 진전에 따라 변용한 것이고 **살의로서는 동일한 것으로 볼 수 있으며**, 칼로 찌른 당시부터 피해자를 붙잡으려고 한 행위 시까지 **살의는 계속되었던 것**으로 해석하는 것이 상당하다.

---

1) 형법 제199조(살인) 사람을 살해한 자는 사형, 무기 또는 5년 이상의 징역에 처한다.
2) 형법 제38조(고의) ① 죄를 범할 의사가 없는 행위는 벌하지 아니한다. 단, 법률에 특별한 규정이 있는 경우에는 그러하지 아니하다. ② 중한 죄에 해당하는 행위를 하였지만 행위 당시 그 중한 죄에 해당하게 된다는 사실을 알지 못하였던 자는 그 중한 죄에 의하여 처단할 수 없다. ③ 법률을 알지 못하였을지라도 그에 의하여 죄를 범할 의사가 없었다고 할 수 없다. 단, 정상에 의하여 그 형을 감경할 수 있다.

다음으로 베란다의 난간 위에 있는 A를 붙잡으려 한 행위는 일반적으로 폭행에 그치고 살해행위라고 하기 어렵지만 본 건에 있어서는 X로서는 A를 붙잡아 가스중독사시킬 의도였고, A로서도 X에게 잡히면 죽을 것이라 생각해 전락의 위험에 대해 생각지 않고 손으로 뿌리치는 등의 행위를 하여 X로부터 도망치려고 한 것이다. 또한 칼로 찌른 행위로부터 A를 붙잡으려고 한 행위는 **일련의 행위**이고, X에게는 구체적 내용은 다른 **살의가 계속되고 있는 이상** A를 붙잡은 행위는 가스중독사시키기 위한 필요불가결한 행위이고, 살해행위의 일부로 해석하는 것이 상당하며 본 건 식칼을 돌려놓은 시점에서 살해행위가 종료한 것이라고 해석하는 것은 상당하지 않다」.

● **해설** ●   1   구체적인 사안의 처리에 있어 가장 곤란한 문제 중의 하나가 「실행행위의 특정」이다. 본 건에서는 명확하게 살인의 고의를 가지고 행하여진 사망의 결과를 도출하기 위해 충분히 위험한 제1행위와 피해자를 붙잡으려다 베란다에서 전락사킨 제2행위가 존재하고, 양자는 시간적·공간적으로 일정한 거리가 있었으며 별개의 실행행위로 평가할 수 있다. 형식적으로는 제1행위는 살인미수, 제2행위는 살인기수(살의가 인정된 경우)가 성립된다(【8】 참조).

2   제1행위와 제2행위가 존재하더라도 동일한 결과를 위한 고의가 있는 경우에는 반드시 전술한 바와 같이 형식적으로 나누어 생각할 필요는 없다. 제1행위와 최종결과의 상당인과관계가 인정되면 제1행위의 기수죄가 성립한다(**행위자 자신의 행위가 개재된 경우와 인과관계 →** 【26】).

3   하지만 그 이전에 제2행위에 살인 실행행위성과 고의가 인정되면 결과발생에 가까운 제2행위에 대해 살인기수죄를 인정하여 제1행위의 미수의 죄책은 그것에 모두 평가된 것으로 생각할 수 있다.

본 건에서는 붙잡으려 한 행위 자체에 살의의 실행행위성 및 살의가 인정되는지가 문제가 된다. 특히 「처음 장소로 데려와서 가스중독사시키려고 한 의사」로 붙잡으려고 한 행위를 살인행위로 볼 수 있는가에 있다. 【8】의 최고재판소결정을 토대로 하면 제2행위만으로 살인 기수를 구성하는 것도 불가능하지 않다. 하지만 본 건에서는 그 이전에 식칼로 흉부를 찌른 행위가 존재한다.

4   더욱이 애초에 살해행위를 「자돌행위에서 붙잡으려고 한 행위까지 연속된 일련의 것」으로 해석하는 것을 생각해 볼 수 있다.

본 판결에서는 양자를 일련의 살해행위로 인정하였다. 그 이유는 ① 자돌행위와 붙잡으려고 한 행위와의 시간적 근접성, ② X의 살의가 연속하고 있다고 인정된 점, ③ 붙잡으려 한 행위 자체는 통상의 살해행위로 보기 어렵지만 A를 원 장소로 데려와 의도한 살해방법인 가스중독사시키기 위해서는 필요불가결한 행위인 점, ④ A는 흉부 등을 찔렸기 때문에 X로부터 필사적으로 도망치려다 몸의 균형이 깨져 전락한 것이다. X가 식칼을 돌려놓으러 간 것 등을 생각하면 미묘하지만 동일 건물 안이었기 때문에 일련의 살해행위로 평가한 것은 타당하다고 생각된다.

● **참고문헌** ●   岡野光雄·平13年度重判149, 石井徹哉·現代刑法4-10-89, 前田·最新判例分析2

10 부작위에 의한 살인죄에서 작위의무의 구체적 내용

* 最2小決平成17年7月4日(刑集59卷6号403頁·判時1906号174頁)
* 참조조문: 형법 제199조(平成16年 개정전)[1]

병원에 입원 중인 환자를 퇴원시켜 생명에 구체적인 위험을 발생시킨 후, 적절한 의료를 행하지 않은 자에 대해 부작위에 의한 살인죄가 성립하는가?

● **사실** ● 피고인 X는 환자의 환부를 손바닥으로 두들겨 환자에게 에너지를 불어넣어 자기치유력을 높이는 「샥티퍼트(シャクティパット)」라 불리는 독자적인 기치료법을 가진 특별한 능력으로 신봉자를 모았다. X의 신봉자인 A는 뇌출혈로 쓰러져 의식장애 상태에서 가래제거나 링겔 등을 투여받으며 입원해 있었다. A의 아들 B 역시 X의 신봉자였고, 후유증을 남기지 않고 회복될 수 있다는 기대로 X에게 A에 대한 샥티치료를 의뢰했다.

X는 뇌출혈 등의 심각한 환자를 치료한 경험이 없었지만 B의 의뢰를 받아들여 숙박중인 호텔에서 동 치료를 하기 위해, 퇴원은 위험하다는 주치의의 경고에도 불구하고 자신이 있는 곳으로 옮기도록 지시하였다.

가족들에 의해 호텔로 옮겨진 A에 대한 치료를 위임받은 X는 A의 상태를 보고 그대로 둘 경우 사망할 위험이 있음을 인식하였으나, 자신의 지시에 과오가 있음이 드러나는 것을 피하기 위해 샥티치료를 멈추고 미필적 살의를 가지고 가래제거나 수분의 링겔 투여 등의 생명유지에 필요최소한의 의료행위를 받지 못하게 하였다. 이런 상태에서 A는 약 하루 동안 방치되었고, 이로 인해 가래에 의한 기도폐쇄로 질식 사망하였다.

제1심에서는 병원에서 호텔로 이송한 행위와 호텔에서 필요한 의료조치를 취하지 않고 방치한 부작위의 「일련의 행위」를 실행행위로 보아 살인죄의 성립을 인정했다. 원심은 「호텔로 옮겨진 A의 상태를 인식한 이후」에 살의가 인정되어, 후단의 부작위를 살해행위로 보았다. X측은 살인죄의 불성립을 주장하며 상고하였다.

● **결정요지** ● 상고기각. 최고재판소는 「X는 **자신이 책임져야 할 사유로 인해 A의 생명에 구체적인 위험을 발생시킨** 후 A가 옮겨진 호텔에서 자신을 신봉하는 A의 가족으로부터 **위독한 A에 대한 치료를 전면적으로 위임받은 입장**이었음을 인정했다. 그 때 X는 A의 위독한 상태를 인식하였고 자신이 A를 구명할 수 있는 근거가 없었기 때문에 바로 A의 생명유지를 위해 **필요한 치료조치를 받게 할 의무가 있었다**고 볼 것이다. 그럼에도 불구하고 미필적 살의를 가지고 상기의 의료조치를 받지 않은 채 방치하여 A를 사망시킨 X에게는 부작위에 의한 살인죄가 성립하고」, 살의 없는 A의 친족과의 관계에서는 보호책임자유기치사죄의 한도에서 공동정범이 성립한다고 하였다.

---

1) 형법 제199조(살인) 사람을 살해한자는 사형, 무기 또는 5년 이상의 징역에 처한다.

● **해설** ● 1 본 건을 「안전한 병원의 병실에서 아무런 의료설비도 없는 호텔로 옮긴」 작위 행위로 구성하는 것도 고려해 볼 수 있지만 최고재판소는 「환자의 위독한 상태를 인식하고 이를 스스로 구명할 수 있는 근거가 없었기 때문에 바로 환자의 생명을 유지하기 위해 필요한 의료조치를 받게 할 의무가 있었기」 때문에 그 의무를 다하지 않은 부작위로 구성했다. 최고재판소는 호텔로 옮긴 작위행위의 시점에서는 **살의**가 인정되지 않고, 호텔에서의 부작위 시점에서 살의를 인정했다.

2 한편 佐賀地判平成19年2月28日(裁判所 web site)은 교통사고발생 후 피고인이 피해자를 자신의 차에 태워 사고현장에서 수송하는 도중 피해자를 구호할 의사를 접고 미필의 살의를 가진 채 피해자를 산에 유기하였지만, 피해자가 발견·구출되어 목숨을 건진 사안에 대하여 피고인의 「데려가는(이송) 것」 및 「두고 가는(유기) 것」의 일련의 행위를 **작위**의 살인행위로 인정하였다. 통상적으로 발견·구출이 상당히 어려운 야간에 온도가 낮고 매우 비위생적인 숲에 피해자를 옮긴 뒤 두고 떠난 행위는 피해자의 사망의 결과를 발생시키는 전형적 위험성을 충분히 갖춘 행위이고 객관적으로 살인의 실행행위에 해당한다고 보았다.

3 부작위범을 기초지우는 작위의무에 관하여 학설은 (a) 결과발생과 인과성을 중시하여 선행행위나 위험의 인수를 중시하는 입장과 (b) 행위의 의무위반성을 중시하는 입장으로 정리할 수 있지만 실제상으로는 양자의 종합적 판단에 의한다. 구체적으로는 ① **결과발생의 위험에 중대한 원인을 제공했는가(선행행위)**, ② **위험을 컨트롤 할 수 있는 지위에 있는가(위험의 인수)**, ③ **당해 결과의 방지에 필요한 작위가 가능했는가**, ④ **결과방지가능한 자가 어느 정도 존재하였는가**에 더해 ⑤ **법령이나 계약 등에 기초한 행위자와 피해자와의 관계**, ⑥ **다른 관여자간의 귀책의 분배**를 종합적으로 판단하지 않을 수 없다.

4 본 건에 대하여 최고재판소는 X가 ① **자신이 책임져야 할 사유에 의해 환자의 생명에 구체적 위험을 발생시킨** 후, ② **환자의 가족으로부터 위독한 환자에 대한 치료를 전면적으로 위임받은 입장**이었던 점을 중시하여 즉시 환자의 생명을 유지하기 위해 필요한 의료조치를 받게 할 의무가 있다고 보았다.

① X가 링겔 등을 중지시키고, ② A의 치료를 전면적으로 위임받았고, ③ 의료조치를 받게 하는 것이 충분히 가능했으며, ③ 다른 사람들은 간섭할 수 없었던 이상 살인죄의 실행행위성을 인정한 것은 합리적이었다고 생각된다.

5 부작위에 의한 살인을 인정한 판례로는 교통사고로 중상을 입혀 병원으로 운송하려 했으나 발각될 것이 두려워 방치할 장소를 찾던 중 피해자가 사망한 사안인 東京地判昭和40年9月30日(下刑7-9-1828), 손님을 대하는 종업원의 불량한 태도에 화가 난 음식점 주인이 쇠몽둥이로 동 종업원(여)을 수차례 강타하여 골절을 동반한 상해로 식사를 거의 할 수 없게 되었고, 고열로 위독한 상태였음에도 불구하고 의사에 의한 치료를 못 받게 하여 사망시킨 東京地八王子支判昭和57年12月22日(判タ494-142) 등이 있다.

● **참고문헌** ● 藤井敏明·J1309-127, 鎭目征樹·固総7版14, 山中敬一·固総6版14

11 부작위의 인과관계

* 最3小決平成元年12月15日(刑集43卷13号879頁·判時1337号149頁)
* 참조조문: 형법 제219조[1]

부작위범의 경우, 인과관계 특히 조건관계는 어떻게 판정되는가?

● **사실** ● 폭력단원인 피고인 X는 오후 11시경 각성제와 교환하는 대가로 소녀 A(당시 13세)
와 성관계를 맺기 위해 호텔의 객실에서 오후 11시 10분경 A의 왼쪽 팔에 각성제 약 0.04g을 함
유한 수용액 약 0.25㎤를 주사했다. A는 곧 두통과 가슴통증, 구토 등의 증상을 호소하기 시작하
였고, 점점 심해져 다음날 8일 오전 0시 반경에는「더워서 죽을 것 같다」라고 하면서 옷을 벗었
다. 그리고 2층에 있는 객실 창문 유리를 목욕탕의 미닫이문으로 착각하고 열어서 밖으로 나가려
하고, 객실 안을 무의식속에 걸어 다니는 등 착란상태에 빠져 정상적인 행동이 불가능할 정도로
심신의 상태가 위독하게 되었다. X는 이전에도 A에게 각성제를 주사한 적이 있어 각성제에 의한
강도의 급성 증상이 A에게 발현할 것을 충분히 인식하고 있었음에도 불구하고 A가 착란상태에
빠진 오전 0시 반경 안전에 필요한 구호조치를 취하지 않고 A를 방치한 뒤, 오전 2시 15분경 호텔
에서 나왔다. 이후 같은 날 오전 4시경에 A는 호텔에서 각성제에 의한 급성심부전으로 사망에 이
르게 되었다.

X는 보호책임자유기치사죄로 기소되었지만 제1심은「A가 당시 적절한 구급조치를 받았다면
생명을 구할 가능성을 부인할 수 없지만 현실의 구명가능성이 100%라고 할 수 없다」는 감정을
토대로 유기행위와 A 사망과의 인과관계를 부정하고, 보호책임자유기죄를 인정했다. 이에 대해
원심은 적절한 구명의료를 취하였다면 100%는 아니지만 십중팔구 구명의 가능성이 있었다는
감정에 따라 형법상의 인과관계가 긍정된다고 하여 보호책임자유기치사죄의 성립을 인정했다.
이에 X측이 상고했다.

● **결정요지** ● 상고기각. 직권에 의한 보호책임자유기치사에 관한 검토를 하여 다음과 같
이 판시하였다.「원심 인정에 의하면 피해자 여성이 X에 의해 주사된 각성제에 의해 착란상
태에 빠진 오전 0시 반경 바로 X가 구급의료를 요청했다면 A가 아직 어리고(당시 13세), 생
명력이 왕성하며 특별한 질병이 없었으므로 **십중팔구 A의 구명이 가능했다.** 그렇다면 **A의 구
명은 합리적 의심을 넘는 정도로 확실한 것이었다고 인정되므로** X가 이러한 조치를 취하지
않고 A를 호텔 객실에 방치한 행위와 오전 2시 15분경부터 오전 4시경까지의 사이에 A가 동
객실에서 각성제에 의한 급성심부전으로 사망한 결과 간에는 **형법상의 인과관계가 있다고** 인

---

1) 형법 제219조(유기등치사상) 전 2조의 죄를 범하여 사람을 사상시킨 자는 상해의 죄와 비교하여 중한 형으로
   처단한다.
   형법 제217조(유기) 노년, 유년, 신체장애 또는 질병으로 인하여 부조를 필요로 하는 자를 유기한 자는 1년 이
   하의 징역에 처한다.
   형법 제218조(보호책임자유기 등) 노년자, 유년자, 신체장애자 또는 병자를 보호할 책임이 있는 자가 이들을
   유기하거나 그 생존에 필요한 보호를 하지 아니한 때에는 3월 이상 5년 이하의 징역에 처한다.

정하는 것이 상당하다. 따라서 원판결이 이와 같은 취지의 판단을 하여 보호자유기치사죄의 성립을 인정한 것은 정당하다」.

● **해설** ● 1 부작위범론의 중심 중 하나는 「無에서 有는 생기지 않지 않은가」라는 의문에서 출발한 인과성의 문제이다. 단 부작위를 「절대적 무위」가 아닌 기대된 일정한 작위를 하지 않은 것으로 이해함으로서 그 인과성의 문제가 해결되었다고 여겨지고 있다. 즉 「당해 기대된 작위가 행해지면 결과가 발생하지 않았을 것이다」라는 관계가 인정되면 인과관계가 긍정된다.

이처럼 **부작위의 인과관계**의 경우에는 「무엇인가를 하지 않은 것」과 결과발생과의 인과관계가 문제가 된다. 여기에서는 일정한 가정적 판단이 필요하다는 점에 주의하지 않으면 안 된다.

2 그리고 부작위의 인과성 판단은 작위의 경우와 비교하여 미묘한 면을 가지고 있다. 조건관계의 유무 판정도 상당히 곤란하다. 예를 들어 권총에 의한 살인의 경우 「총알을 가슴에 쏘지 않았다면 죽지 않았다」라는 판단은 명확히 내릴 수 있다. 하지만 부작위의 경우 「기대된 행위가 행해지면 100% 결과가 발생하지 않았음」을 입증할 수 있는 경우는 많지 않다. 본 건의 「십중팔구」의 경우라면 결과를 귀책시킬 수 있다는 판단은 합리적이지만 감정에 의해 80% 내지 90%의 확률을 증명하지 않으면 안 되는 것은 아닐 것이다. 좀 더 폭이 있는 규범적 판단인 것이다.

3 본 건에서 문제가 된 「치료하면 구할 수 있었는가」라는 판단은 그것이 부정되는 경우에는 인과관계의 판단 이전에 **부작위의 실행행위성**에도 관련된 것이라는 사실에 주의하지 않으면 안 된다.

인과관계는 실행행위와 결과를 잇는 문제이지만 부작위범에서는 결과방지(회피)가능성이 없으면 작위의무는 인정되지 않는다. 결과를 방지하는 것이 구체적으로 가능한 작위를 상정할 수 없는 이상 「기대된 작위」를 설정할 수 없다. 그렇다고 하면 결과를 회피할 수 없는 경우에는 인과관계가 결여되어 결과를 귀책시킬 수 없으므로 미수가 된다고 생각할 것이 아니라 실행행위성이 결여되어 무죄가 되는 것이다.

● **참고문헌** ● 岩間康夫・百総7版10, 原田國男・判解平元年度378, 町野朔・警研62-9-17, 山中研一・判夕725-52, 前田・最新判例分析151

12 무허가수출죄의 실행의 착수시기

* 最2小判平成26年11月7日(刑集68巻9号963頁・判時2247号126頁)
* 참조조문: 관세법 제111조 제3항·제1항 제1호[1]

무허가수출죄의 실행의 착수시기

●**사실**● 피고인 X는 A 등과 공모하여 세관장의 허가없이 장어치어를 불법하게 수출하기 위해 나리타국제공항 제2여객터미널에서 홍콩국제공항행 비행기 탑승수속 시 세관장에게 신고하지 않은 장어치어 약 59.22kg이 들어있는 여행가방 6개를 기내용 수화물로 속인 뒤, 그곳에 설치되어 있는 엑스레이 검사를 받지 않고 국제선 체크인 카운터쪽으로 가져갔고, 사전에 의류가 들어있는 여행가방을 위탁수화물로 속여 엑스레이 보안검사를 받은 뒤 심사완료표시 스티커를 받은 후 그 스티커를 떼어 각 여행가방에 붙여 동 카운터 직원에게 본 건 여행가방 6개를 위탁수화물로 운송위탁하는 방법으로 치어를 불법 수출하고자 하였으나 세관직원에 의해 발견되어 그 목적을 이루지 못한 사안이다.

제1심이 무허가수출 미수죄의 범죄사실을 인정함에 대해 원심은 실행의 착수는 「**범죄구성요건의 실현에 이르는 현실적 위험성을 포함한 행위를 개시한 시점**」을 말하며, 본 건에서는 여행가방을 **운송위탁한 시점**으로 보아야 할 것이고, 검사필 스티커를 여행가방에 붙이는 것만으로는 무허가수출의 예비죄가 성립하는 것에 그치는 것으로 보았다.

●**판지**● 검찰 측의 상고에 대해 최고재판소는 무허가수출죄의 미수를 인정하여 원심을 파기하고 항소를 기각하였다.

「입구에 엑스레이 검사 장치가 설치되어 주위와 경계 지어진 체크인 카운터 구역 내에 있는 **검사완료스티커가 붙은 수화물**은 항공기적재를 향한 일련의 수속 중 **무허가수출이 발각될 가능성이 가장 높은 보안검사에서 문제가 없음을 확인시켜주는 것**으로 체크인 카운터에서의 운송위탁 시에도 재확인되지 않고 **통상 그대로 위탁수화물로 항공기에 적재되는 취급을 받고 있다.** 그러면 본 건의 여행가방 6개를 기내 위탁수화물로 탑승예약완료의 항공기에 적재시킬 의도 하에 기내용 수화물인 것처럼 보여 보안검사를 회피하여 동 장소로 들고 가서 부정하게 입수한 **검사완료 스티커를 붙인 시점에 이미 항공기에 적재하기 위한 객관적 위험성이 명확하게 인정되기 때문에** 관세법 제111조 제3항, 제1항 1호의 무허가수출죄의 실행의 착수가 있었다고 해석함이 상당하다」.

---

1) 관세법 제111조 다음 각 호의 어느 하나에 해당하는 자는 5년 이하의 징역 혹은 5백만 엔 이하의 벌금에 처하거나 이를 병과 한다. 제1항 1호 제67조(수출 또는 수입의 허가)(제75조에서 준용하는 경우도 포함. 다음 호 및 다음 항의 경우도 동일)의 허가를 받아야 하는 화물에 대해 그러한 허가를 받지 않고 해당화물을 수출(국내에서 외국으로 향하는 외국화물(임시로 양륙한 화물은 제외)의 환적을 포함. 다음 호 및 다음 항의 경우도 동일)하거나 수입한 자. 제3항 전 2항의 범죄에 실행에 착수하여 이것을 끝마치지 못한 자에 대해서도 제1항 및 제2항의 예에 따른다.

● **해설** ● 1 **미수로 처벌하기 위해서는** 법익침해의 위험성이 구체적 정도(일정 정도) 이상에 이를 필요가 있다. 본 건 원심에서는 「**범죄구성요건의 실현에 이를 현실적 위험성을 포함한 행위를 개시한 시점**」이라 하였는데 거의 같은 취지이다. 문제는 구성요건 실현의 구체적 위험이나 실질적 위험의 내용이다.

2 본 건 원심은 항공기의 탑승수속 시 위탁수화물로서 **운송위탁**을 하면 특단의 사정이 없는 한 자동적으로 항공기에 적재되기 때문에 무허가수출죄의 현실적 위험이 발생되는 것으로 보았다.

이에 반해 최고재판소는 검사완료 스티커를 붙인 수화물을 체크인카운터 구역으로 가져가서 무허가수출이 발각될 가능성이 가장 높은 보안검사에서 문제없음이 확인된 것으로써 체크인 카운터에서의 운송위탁 시에도 다시 확인되지 않고 통상 그대로 위탁수화물로써 항공기에 적재되는 취급을 받게 되므로, 이미 항공기에의 적재에 이를 객관적인 위험성이 명확하게 인정된다고 보았다.

3 한편 절도죄의 경우, 슈퍼에서 상품을 장바구니에 넣어 계산대를 통과하지 않고 계산대 옆 선반에서 계산대 외측의 반출용 카운터 위에 두었다면 상점 밖으로 반출하지 않아도 **기수**가 성립된다(東京高判平4·10·28判夕823-252)는 판결에 대한 이론은 많지 않다. 죄질의 차이는 충분히 고려해야 하지만 검사필 스티커를 붙인 수하물을 체크인 카운터 구역 내로 가져갔다면 무허가수출죄의 착수는 인정될 수 있다.

4 반면 **最判平成20年3月4日**(刑集65-3-123)에서는 외국에서 각성제를 밀수선에 실어 일본 내 바다에 투하한 뒤, 회수담당자가 **GPS**를 갖춘 소형선박으로 회수하여 양륙할 것을 계획하였지만 악천후 등으로 회수할 수 없었던 사안에서 각성제수입죄(및 관세법상의 금제품수입죄)의 실행의 착수가 있었던 것으로 보기는 어렵다고 했다. 악천후 및 그 후의 해상보안청의 경계로 인해 회수선을 출항시킬 수 없었기 때문에 「회수담당자가 각성제를 그 실력 지배하에 두지 못하였거나 그 가능성이 낮고, 각성제가 양륙할 객관적인 위험성이 발생했다고 볼 수 없다」고 하였다.

다만 해상 투하 시에 악천후가 아니고 「실패하지 않았다면 거의 회수할 수 있었다」라는 사정이 존재한다면 해안선에서 상당히 거리가 떨어져 있어도 착수는 인정될 수 있다(또한 절도죄에 관한 最判昭24·12·22刑集3-12-2070은 승무원이 쌓아 놓은 짐을 열차 밖으로 떨어뜨린 시점에서 기수를 인정했다. 점유가 없어졌다는 점이 중시된 것이지만 나중에 용이하게 회수할 수 있으면 적어도 실행의 착수가 인정된다는 판단을 할 수 있다).

● **참고문헌** ● 秋吉淳一郎·判解平26年度29, 前田雅英·搜査研究772-16, 松澤伸·法教別冊425-24

13 실행의 착수시기의 실질적 판단

* 最1小判平成30年3月22日(刑集72卷1号82頁)
* 참조조문: 형법 제43조[1], 제246조 제1항[2]

사기죄의 실행의 착수시기

● **사실** ● 피해자 A(당시 69세)는 2016년 6월 8일 조카로 위장한 성명 불상자가 전화해 업무관계로 현금이 급히 필요하다는 취지의 말을 듣고, 조카가 근무하던 회사의 계열사원이라 자칭하는 사람에게 현금 100만 엔을 교부했다. A는 다음날 오전 11시 2분경 경찰관을 자처하는 사람으로부터 전화를 받았는데 「어제, 수상한 남자를 체포했는데, 그 사람이 당신의 이름을 댑니다」 「계좌에 어느 정도 잔고가 남아 있습니까」 「지금 은행에 가서 전부 찾아 놓는 것이 좋을 것 같네요」 등의 이야기를 들었고(첫 번째 전화), 동일 오후 1시경, 경찰관을 자칭하는 성명 불상자로부터 오후 2시 전에는 도착할 수 있다는 취지의 전화가 왔다(두 번째 전화). 피고인 X는 이날 오후 1시 11분경 성명 불상자로부터 돈을 가지러 가라는 지시를 받고 사취한 돈의 수령자임을 인식한 뒤 A집으로 갔으나 A의 집에 도착하기 전 경찰관으로부터 직무질문을 받고 체포되었다.

제1심이 X에게 사기미수죄의 성립을 인정한 데에 대해 원심은 「형법 제246조 제1항에서 말하는 사람을 기망하는 행위란 재물의 교부를 위해 사람을 착오에 빠지게 하는 행위」를 말한다며, 경찰관을 가장해 A에게 예금을 현금화할 것을 설득하는 행위는 재물교부를 위한 준비행위를 촉진하는 행위이나 인출한 현금교부까지 요구한 것은 아니므로, 사기죄에서 말하는 사람을 기망한 행위로 볼 수 없다고 하여 사기피해의 현실적이고 구체적 위험을 발생시키는 행위로 인정할 수 없다며 제1심 판결을 파기하고 X에게 무죄를 선고했다.

● **판지** ● 최고재판소는 검찰측의 상고에 대하여 원판결을 파기하고 상기 사실인정을 전제로 아래와 같이 판시했다. 「이러한 거짓말을 한 행위는 A로 하여금 본 건 거짓말이 진실이라고 오신케 함으로써 미리 현금을 A의 집으로 이동시킨 후에 A집을 방문해 경찰관을 가장하여 현금 교부를 요구할 예정이었던 X에 대하여 **현금을 교부하게 하기 위한 계획의 일환으로 행해진 것이고, 본 건 거짓말의 내용은 그 범행 계획상 A가 현금을 교부하는지 여부를 판단하는 전제가 되도록 예정된 사항과 관련된 중요한 것으로** 인정된다. 그리고 이러한 단계를 밟으며 거짓말을 거듭하면서 현금을 교부시키기 위한 범행계획 하에서 진술된 본 건 거짓말에는 예금계좌에서 현금을 인출하여 A집으로 이동시킬 것을 요구하는 취지의 말이나 곧 경찰관이 A집을 방문할 것을 예고하는 말은 A에게 현금을 교부하는 행위와 직결되는 거짓말이 포함되어 있고, **이미 100만 엔의 사기피해를 당한 A에게 있어 본 건 거짓말을 진실이라고 오**

---

1) 형법 제43조(미수감면) 범죄의 실행에 착수하여 이를 완성하지 못한 자는 그 형을 감경할 수 있다. 단, 자기의 의사에 의하여 범죄를 중지한 때에는 그 형을 감경 또는 면제한다.

2) 형법 제246조(사기) ① 사람을 속여 재물을 교부하게 한 자는 10년 이하의 징역에 처한다.

신케 하는 것은 A에게 있어 곧 A집을 방문하려던 X의 요구에 응해 바로 현금을 교부해 버릴 위험성을 크게 높이는 것이라 말할 수 있다. 이와 같은 사실관계 하에서는 본 건 거짓말을 일련의 것으로 A에 대하여 진술한 단계에서 A에게 현금 교부를 요구하는 말을 하지 않았다 하더라도, 사기죄의 실행의 착수가 있었던 것으로 인정된다」.

● **해설** ● 1 실행의 착수시기는 **구성요건이 예정한 구체적(현실적) 위험이 발생한 시점**이다. 실행행위를 규범적·실질적으로 이해한다면 착수를 반드시 형식적인 실행행위 시로 인정할 필요는 없으며, 행위자의 손을 떠난 후에도 착수시기를 설정할 수 있다.

2 다만 **일정 정도의 (구체적) 위험성**이라는 기준은 이념적·추상적이고 이론적 설명에 지나지 않을 뿐, 미수범 처벌범위 확정의 구체적 기준으로서의 유용성이 결여된 측면이 있다. 죄형법정주의의 요청으로 보아도 우선 형식적인 실행행위를 기점으로 생각할 필요가 있다(총론).

3 본 건 사기죄의 착수시기도 처음부터「피해 재물 침해의 현실적 위험의 발생시기」를 직접 문제삼은 것이 아니라, 구성요건적 행위인「기망행위」를 실질적으로 개시했는지 여부로 판단하고 있다. **사람을 속이는 행위란 재산적 처분행위 판단의 기초가 되는 중요한 사항을 속이는 것을** 말한다(【181】【182】). 다만, 형식적 실행행위를 엄밀히 해석하는 것이 아니라「접착된 행위」「직전에 위치하는 행위」를 개시하는 것으로 충분하다.

4 본 건에 대해 살펴보면, 기망행위를「재물의 교부를 위해 사람을 착오에 빠뜨리는 행위」로 형식적으로 해석한 후「재물의 교부를 위한 준비행위를 독려하는 행위」는 사기피해의 현실적·구체적 위험을 발생시키는 행위로는 인정할 수 없다는 원심의 결론은 특수사기범의 현상에 비추어 타당하지 않다.

5 본 건과 같이 현금을 교부하게 할 **계획의 일환**으로「경찰관을 가장하여 경찰에 협력하여 예금을 현금화하여 자택에 두도록 지시하는 행위」는 비록 교부를 직접 요구한 것은 아닐지라도, **기망행위**에 해당한다. 실행행위성은 주관적 계획도 고려하여 판단하여야 한다(【8】참조). 이 해석을 실질적으로 설명하면「피해자가 현금을 교부할 위험성을 현저히 높였기 때문에, 사기죄의 실행의 착수가 인정된다」는 것이 된다.

6 사기죄의 실행의 착수에 관한 선례로는 ① 大判昭和7年6月15日(刑集11-859)이 보험금사기에서 방화한 것만으로는 사기죄의 착수는 아니며, 명시적인 보험금 지급청구가 필요하다고 보고 있다. 한편, ② 最判昭和29年10月22日(8-10-1616)은 승부조작 경륜에 관하여 선수가 다른 선수와「승부조작」을 공모한 뒤 선수들이 스타트라인에 섰을 때에 사기죄의 실행의 착수가 인정된다고 보았다. 레이스 개시 시점에서 상당한 확률로 상금을 얻을 수 있는 것이 실질적 근거가 되고 있다.

7 **절도죄**에 관한 것이지만, ③ 名古屋高判平成13年9月17日(高検速報平13-179)은 카드를 이용한 인출행위에 있어서 잔고조회작업에 절도죄의 착수를 인정했다. ATM의 실제적 이용형태로 보면, 잔고조회 작업을 하고 나서 인출하는 경우가 많아, 그 후의 환불이란 유형적으로 일련의 행위였다고도 할 수 있을 것이다.

● **참고문헌** ● 前田雅英·捜査研究810-2, 成瀬幸典·法教454-140, 塩見淳·法教461-49

14 객체의 불능

* 広島高判昭和36年7月10日(高刑14卷5号310頁・判時269号17頁)

* 참조조문: 형법 제43조,[3] 제190조,[4] 제199조[5]

> 살의를 가지고 사체에 대해 사람을 살해하기에 충분한 행위를 한 경우와 살인미수죄

● **사실** ● 폭력단 조직원인 피고인 X는 살의를 가지고 A를 향해 권총을 발사하여 흉복부에 총상을 입히고 계속하여 뒤쫓아가 노상에서 다시 2발을 맞혀 머리 부분도 관통시켰다. X와 같은 조에 속한 피고인 Y는 총소리를 듣고 X에게 가세하기 위해서 칼날의 길이가 60cm인 일본도를 휴대하고 A가 쓰러져 있는 현장으로 달려가, 마지막 숨통을 끊기 위해 얼굴을 위로 젖히고 쓰러져 있는 A의 복부와 흉부 등을 일본도로 찔렀다.

원심은 A 신체에 남아 있는 Y에 의한 자・절창은 A가 사망하기 전에 발생한 것이라는 감정결과를 받아들여, X・Y 모두에게 살인기수죄를 인정했다. 이에 변호인은 Y의 가해 시점에 A는 이미 사망하였기 때문에 Y의 행위는 단순히 사체손괴에 지나지 않는다고 주장했다.

● **판지** ● 히로시마(広島)고등재판소는 「Y가 A에게 원 판시의 상해행위를 가하였을 때에 이미 A는 X의 원 판시 총격으로 인해 사망의 단계에 들어가 있는, 즉 의학적으로는 이미 사망한 것으로 보는 것이 상당하다」고 하여, 원 판결에 사실오인이 있었던 것으로 「A의 **생사에 대해서는 전문가 사이에서도 견해가 갈릴 정도로 의학적으로도 생사의 한계가 미묘한 안건**이기 때문에 단지 Y가 가해 당시 A의 생존을 믿었을 뿐만 아니라, 일반인도 당시 그의 사망을 알지 못하였다는 점, 따라서 Y의 전기와 같은 가해행위로 인해 A가 **사망할 것이라는 위험을 느끼는 것은 모두 어느 정도 지극히 당연**하다고 말할 수 있으며, 그와 같은 경우에 있어 Y의 가해행위 직전에 A가 사망하였다 하더라도, 그것은 의외의 장래로 인해 예상한 결과가 발생되지 않았을 뿐이므로, **행위의 성질상 결과발생의 위험성이 없다고는 말할 수 없기** 때문에, 동 피고인의 소위는 살인의 불능범으로 해석하여서는 안 되고, 그 미수죄를 이와 같이 논하는 것이 상당하다」고 하여 X에게는 살인죄, Y에게 살인미수죄의 성립을 인정했다.

● **해설** ● 1 현재 일본에서는 가벌적인 미수범과 불능범을 구별하는 기준에 관하여, 주관설을 지지하는 학자는 거의 없다. 객관적으로 위험성이 전혀 존재하지 않음에도 단지 본인이 위험한 계획을 품고 있었다는 이유만으로 미수로서 벌할 수는 없기 때문이다. 쟁점은 구체적 위험설과 객관적 위험설 중 어떤 학설을 취할 것인가에 있다.

---

3) 형법 제43조(미수감면) 범죄의 실행에 착수하여 이를 완수하지 못한 자는 그 형을 감경할 수 있다. 단, 자기의 의사에 의하여 범죄를 중지한 때에는 그 형을 감경 또는 면제한다.

4) 형법 제190조(사체손괴 등) 사체, 유골, 유발(遺髮) 또는 관에 넣어둔 물건을 손괴, 유기 또는 영득한 자는 3년 이하의 징역에 처한다.

5) 형법 제199조(살인) 사람을 살해한 자는 사형, 무기 또는 5년 이상의 징역에 처한다.

2　(a) **구체적 위험설**은 「행위 시에 일반인이 인식할 수 있었던 사정 및 행위자가 특히 인식하고 있던 사정을 기초로 하여, 일반인을 기준으로 구체적 위험성의 유무를 판단하는 입장」이다. 예를 들면, 객체의 불능일 경우 일반인의 입장에서도 그 사체가 살아 있었다고 생각하였다면 살인미수이지만, 통상적으로 일반인이 사체라고 생각할 경우에는 불능범이 된다는 것이다. 인과관계론에 있어 상당인과관계설의 절충설에 대응되는 것이다.

구체적 위험설이 행위자가 특별히 알고 있었던 사정을 문제삼는 것은, 예컨대 매우 중증의 당뇨병 환자를 설탕으로 살해한 사례를 가정할 때, 일반인이 피해자의 당뇨병을 알 수 없는 이상 불능범이 되지만, 행위자가 특별히 그 사실을 알고 있었다면 미수범으로서 처벌해야 할 것으로 생각되기 때문이다.

3　(b) **객관적 위험설**의 기본은 위험성을 행위 시에 존재하는 모든 사정을 기초로 하여 객관적으로 판단하는 입장이라고 말할 수 있지만, 한편으로는 (가) **행위 이후의 사정까지 포함하여 사후적으로 순과학적으로 사고할 것을 요구하는 입장**과 (나) 위험성은 어디까지나 **행위시(내지 미수결과발생시)에 일반인을 기준으로 생각하여야** 한다는 **객관적 위험설**로 나뉜다.

4　어떠한 객관적 위험설에 의하더라도 실행시의 객관적 사정을 기초로 판단하는 이상, 실행시의 객관적·유형적 사정을 기초로 재판관이 판단하므로, 소위 객체가 존재하지 않는 객체의 불능인 경우에는 미수가 성립할 수 없다. 객관적 위험설은 「일반인에게는 사람이 서있는 것 같이 보이더라도 실제는 전혀 사람이 존재하지 않고, 나아가 사람이 올 가능성도 없는 곳에 권총을 발사한 경우에 살인미수로 처벌할 필요는 없다」고 하는 규범적 평가로 결부된다. 한편 구체적 위험설은 일반인이 보아 객체가 존재하지 않는 것처럼 보이지만 실제 존재한 경우에는 미수로서 처벌할 가치가 없지만, 일반인이 위험하다고 느낄 경우에는 객관적 위험성이 전혀 존재하지 않더라도 미수의 성립을 인정한다.

5　본 건 판례는 그 의미에서 구체적 위험설에 가깝다. 단 결론은 어쨌든 구체적 사실관계를 전제로 하는 것이다. 히로시마고등법원은 ① 사망과 관련해서는 전문가들 사이에서도 견해가 갈릴 정도로 의학적으로도 생사의 한계가 미묘한 사건이었으며, ② 가해행위시에 A가 사망할 것이라는 위험을 느끼는 것은 지극히 당연한 것으로 인정한 점에 주의하지 않으면 안 된다.

「죽어 있는 사람」을 「살아 있다」고 생각하여 살해하는 행위는 사체인 것이 명백한 시체에 총을 쏜 경우와는 다르다. 생사의 한계는 그것을 과학적으로 인정하는 경우에도 일정한 폭(간격)이 있어 「그레이존(gray zone[6])」이 존재한다. 히로시마고등재판소도 「의학적으로도 생사의 한계가 미묘한 사건」임을 인식하고, 「이미 사망의 단계에 접어들었다」고 인정하였고 피해자에게 일정한 생명현상이 남아있었던 점은 인정된다.

6　구체적 위험설과 객관적 위험설 중 어떤 것이 옳은 것인지 먼저 선택한 뒤, 구체적 사안의 미수 성부를 판단하는 해석방법에는 한계가 있다. 왜 그 학설이 옳은가는 「구체적 사안에 타당한 결론을 도출할 수 있는가」는 테스트의 집적이 우선적으로 이루어질 것을 잊어서는 안 된다.

● **참고문헌** ●　和田俊憲·百総7版136, 町野朔·百総5版134

---

6) 그레이존(gray zone, gray area): 어느 영역에 속하는지 불분명한 영역을 말했다.

15 방법의 불능

* 最2小判昭和37年3月23日（刑集16卷3号305頁・判時292号6頁）
* 참조조문: 형법 제199조1)

살인의 목적으로 정맥에 치사량 이하의 공기를 주사한 경우를 불능범이라 말할 수 있을 것인가?

●**사실**● 피고인 X는 생명보험에 가입되어 있는 조카(여) A를 살해해 보험금을 수령하고자 마음먹고 처음에는 자동차로 살해할 계획이었지만, A의 정맥 내에 공기를 주사해 이른바 공기전색을 일으키게 해서 살해하기로 계획을 변경하고, A를 속여 동녀의 양팔 정맥 내에 물 5cc과 함께 공기를 총 30cc 내지 40cc을 주사했지만, 치사량에 이르지 못하여 살해의 목적을 달성하지 못했다.

제1심판결이 X에게 살인미수의 죄를 인정하자 변호인 측은 이 정도의 공기량으로는 사망의 결과를 발생케 하는 것은 애초에 불가능하다고 하여 항소했다. 그러나 원심판결은 30cc 내지 40cc의 공기 주입만으로는 통상의 사람을 사망시킬 수는 없음을 인정하면서, 「인체의 정맥에 공기를 주사하는 것은 그 양의 다소에 관련 없이 사람을 사망에 이르게 하기에 충분히 그리고 지극히 위험한 행위로 보는 것이 사회통념이다」라고 하여 불능범 주장을 배척하였다.

●**판지**● 상고기각. 「또한 소론은 인체에 공기를 주사하는, 소위 공기전색에 의한 살인은 절대로 불가능한 것이라 주장하지만, 원 판결 및 이를 시인하는 제1심판결은 본 건과 같이 정맥 내에 주사된 공기의 양이 **치사량 이하이더라도 피주사자의 신체적 조건 기타의 사정 여하에 따라서는 사망의 결과발생에 대한 위험이 절대로 없다고는 말할 수 없다**고 판시하고 있어, 위 판단은 원판시에서 거시의 각 감정서에 비추어 긍정적으로 인정함에 충분하기에, 결국 이 점에 관한 소론 원판시는 **상당**하다고 보아야 한다」.

●**해설**● 1 주로 일반인이 인식한 사정을 기초로 행위의 위험성을 판단하는 (a) 구체적 위험설과 행위 시에 존재한 모든 사정을 감안하는 (b) 객관적 위험설의 대립이 실제 문제가 되는 경우는 주로 방법의 불능인 경우이다. 예를 들어 살상능력이 없는 모델총으로 살해하고자 한 방법의 불능의 경우, 구체적 위험설은 객관적으로 확률이 제로이더라도 일반인의 입장에서 볼 경우 위험하기 때문에 처벌해야 할 경우가 존재한다고 주장하며, 객관적 위험설은 탄환이 없는 모델총으로 사람을 살해하고자 한 행위를 살인미수로 처벌할 필요는 없다고 본다.

2 종래, 객관적 위험설의 중심적 견해는 판례의 **절대적 불능·상대적 불능**설로 여겨져 왔다. 판례는 행위 시의 모든 사정을 기초로 행위를 사후적으로 관찰하고, 그 객체 또는 수단의 성질로 보아 결과의 발생이 절대적으로 즉 어떠한 경우에도 불가능한 경우를 불능범이라고 하고, 결과발생이 상대적으로 불가능한 경우는 미수범으로 보는 입장을 취하여 왔다.

---

1) 형법 제199조(살인) 사람을 살해한 자는 사형, 무기 또는 5년 이상의 징역에 처한다.

3 大判大正6年(1917)9月10日(刑錄23-986)은 사람을 살해하기 위해 유황을 먹인 행위를 불능범으로 보아 살인미수의 성립을 부정하였다. 확실히 객관적·과학적으로 사람을 살해시킬 위험이 없는 유황이라고 해도 된장국에 섞어 마시게 하였다면 일반인의 경우 불안감이 생길 수 있다. 그럼에도 불구하고 불능범으로 판단한 판례는 **객관적 위험설에 친근하다**고 말할 수 있을 것이다.

4 그러나 제2차 세계대전 후 혼란기에 이르러 最判昭和26年(1951)7月17日(刑集5-8-1448)에서는 스트리키닌(strychnine)[2]을 음식물에 혼입한 행위는 통상 너무 쓰기 때문에 먹을 수는 없다하더라도 살인미수이며, 10년이 지난 이후인 본 판결에서도 치사량에 미치지 않는 공기를 정맥에 주사한 행위이더라도 살인미수죄에 해당한다고 보았다. 판례가 일반인의 사회통념을 중시하고 있음을 부정할 수 없다. 그리고 대정(大正)기의 미수처리의 범위가 전후에도 유지되어졌다고는 볼 수 없다.

5 방법의 불능에 관한 비교적 새로운 판례로서 岐阜地判昭和62年10月15日(判夕654- 261)이 있다. 동반자살을 하기위해 2명의 딸을 잠들게 한 뒤 가스밸브를 열어 놓고 출입구의 틈은 테이프로 밀봉하는 등 도시가스를 실내에 가득 채워 두 명을 살해하고자 하였지만, 피고인을 찾아온 친구에게 발견되어 그 목적을 이루지 못한 사안에서 천연가스에는 일산화탄소가 없기 때문에 이로 인한 중독사의 우려가 없음은 인정되지만 가스폭발사고의 가능성은 존재하며 나아가 가스 농도가 높아지면 질식사할 위험도 있다고 보아「도시가스를 판시와 같이 누출시키는 것은 실내에 자고 있는 자를 사망에 이르게 할 만큼 지극히 위험한 행위로 인정되며, 따라서 사회통념상 위와 같은 행위는 사람을 사망에 이르게 할 정도의 위험한 행위인 것으로 해석하는 것이 상당하다. 그러므로 피고인의 행위는 도저히 불능범으로 볼 수는 없다」라고 판시하였다.

「가스를 충만케 하는 것은 일반인의 입장에서 보면 위험하다」는 점을 중시한 것이라면 구체적 위험설에 따른 것이라고 말할 수 있을 것이다. 그러나「중독사의 우려는 없지만 전기구나 정전기를 인화(引火) 원인으로 하는 가스폭발의 가능성은 존재하며 또한 가스 농도가 높아지면 산소농도가 떨어져 질식사에 이르기 때문에, 사망의 결과발생에 대한 위험은 충분히 존재한다」고 하여 구체적으로 객관적 위험성을 인정하고 있다. 이러한 의미에서 판례는 현재도 원칙적으로서 객관적 위험설의 사고의 틀을 유지하고, 행위 시를 기준으로 일반인의 위험감이 아니라 객관적 위험성을 문제삼고 있다고 말할 수 있을 것이다.

● **참고문헌** ● 清水一成·百総7版134, 伊藤歩·百総6版134

---

2) 마전(馬錢)나무의 씨에 함유되어 있는 맹독성 알칼로이드.

16 중지의 임의성의 판단기준

* 最3小決昭和32年9月10日 (刑集11卷9号2202頁)
* 참조조문: 형법 제43조 단서[1]

> 피해자가 피를 흘리며 고통스러워하는 모습을 보고 경악하고 겁을 먹어 살해행위를 계속할 수 없었던 경우와 중지

● **사실** ● 피고인 X는 도박 등에 빠져 빚이 커진 결과 어머니에게 심려 끼치는 것을 고뇌한 끝에 자살을 결의함과 동시에 모친을 저승길의 길동무로 하고자 마음먹고, 소등한 뒤 취침 중인 어머니의 머리를 야구 배트로 힘껏 1회 구타한 바, 동녀가 「음음~」 하고 신음소리를 내자 사망한 것으로 생각하고, 인접한 자신의 방으로 들어갔는데 얼마 되지 않아 동녀가 피고인의 이름을 부르는 소리를 듣고 다시 현장으로 돌아왔고, 그곳에서 머리에 피를 흘리고 고통스러워하는 어머니의 모습을 보고 갑자기 공포를 느끼고 경악하여 이후 살해행위를 속행할 수가 없었고, 동녀에게 전치 약 1주간의 두부좌상을 입히는데 그쳐 소기의 목적을 이루지 못하였다. 제1심이 중지미수를 인정함에 반해, 원심은 장애미수를 인정했다.

● **결정요지** ● 상고기각. 「X는 어머니에 대해 어떠한 원한 등의 해악적 감정을 가졌던 것은 아니고, 이른바 연민의 정으로 자살의 동반자로 삼기 위해 살해하고자 한 것이며, 따라서 그 살해 방법도 어머니가 될 수 있는 한 고통을 느끼지 않도록 의도하여 취침 중임을 틈타 앞서 기록한 바와 같이 강타한 것으로 인정된다. 그런데 어머니는 위 타격으로 인해 잠시 동안 의식을 잃었으나 다시 깨어 X의 이름을 계속해서 불렀고, 이에 X는 어머니가 피를 흘리고 고통스러워하는 모습을 눈앞에서 목격하였고, 이와 같은 사태는 X가 전혀 예상하지 못하였으며 더군다나 살해행위를 속행하여 어머니에게 고통을 가하는 것은 자신이 당초 의도한 것과는 다른 것이기 때문에 소론과 같이 X가 **더욱 살해행위를 계속하는 것이 오히려 일반의 통례라고는 말할 수 없다.** 즉 X는 원판결에서 인정하는 바와 같이, 전기 **어머니가 피를 흘리며 괴로워하는 모습을 보고 그제야** 사안의 중대성에 경악하고 공포를 느낌과 동시에 자신의 당초 의도대로 생모 살해 실행의 완수를 할 수 없음을 알았고, 이러한 이유로 인해 살해행위 속행의 의지력이 억압되었으며, 한편 사태를 그대로 두면 당연히 범인은 자신임이 곧 발각될 것이 두려워 원 판시와 같이 일부러 화장실 문이나 창문을 열어 두어 외부로부터의 침입자가 범행을 한 것으로 위장하고자 노력한 것으로 보는 것이 상당하다. 위 의지력의 억압이 논지 주장과 같이 X의 양심회복이나 뉘우침에서 나온 것이라는 것을 원심이 인정하지 않을 뿐만 아니라, 전기와 같은 X의 위장행위에 비추어 보아도 수긍하기 어렵다. 그리고 위와 같은 사정 하에서 X가 범행 완성에 대한 의지가 억압되어 본 건 범행을 중지했을 경우에는 **범죄의 완성을 방해하기에 족한 성질의 장애에 기초한 것**으로 인정하여야 하며, 형법 제43조 단서에서 소위 자신의 의사에 의해 범행을 중지할 경우에는 해당되지 않는 것으로 해석하는 것이 상당하다」.

---

1) 형법 제43조(미수감면) 범죄의 실행에 착수하여 이를 완수하지 못한 자는 그 형을 감경할 수 있다. 단, **자기의 의사에 의하여** 범죄를 중지한 때에는 그 형을 감경 또는 면제한다.

●**해설**● 1 본 판결은 중지미수의 임의성에 관한 리딩케이스이다. 행위자에게 어떠한 주관적 사정이 존재할 때 자신의 의지에 따라 중지했다고 말할 수 있을 것인가와 관련하여 (a) 행위자 본인을 기준으로 사고하는 **주관설**과, (b) 행위자의 표상(나아가 그것에 근거한 동기형성)이 일반인에 있어서 통상, 범죄의 완성을 방해하는 내용의 것인지 여부를 문제삼는 **객관설**이 대립한다. 주관설은 (가) 가령 하고자 하였지만 할 수 없었던 경우가 장애미수이고, 할 수 있었지만 하지 않은 경우가 중지미수라는 설(**프랑크공식설**)과 (나) 광의의 회오(悔悟)나 뉘우침이 필요하다고 보는 **한정(규범적)주관설**로 나뉜다.

2 판례는 광의의 회오를 인정할 수 있는 경우에는 임의성을 긍정하는 경우가 많지만, 그 이외의 경우에는 **통상 결과에 방해가 되는 성질의 사정이 존재하였는지 여부**라는 객관적 사정에 의해 임의성을 판단하고 있으며(最判昭24·7·9刑集3-8-1174), 본 건에서도 「피고인에게 있어서 더욱 살해행위를 계속하는 것이 오히려 일반의 통례」인지 여부가 중시되고 있다.

① 어떤 소리가 나서 중지한 경우나 ② 피해자의 저항행위로 중지한 경우는 장애미수이고, ③ 피해자가 생명을 구걸하거나 애원해서 살인을 중지하거나 ④ 상대방의 표정에서 애정이 생겼거나 신음소리에 가여운 생각이 든 경우 ⑤ 임신한 상태라 불쌍한 마음에 간음을 중지한 경우에는 중지미수가 된다.

3 ⑥ **피를 흘리며 고통스러워하는 모습을 보고 경악 공포하여 중지한 경우**도 원칙적으로는 임의성이 인정될 수 있다(名古屋高判平2·1·25判タ739-243, 名古屋高判平2·7·17判タ739-245, 横浜地判平10·3·30判時1649-176 등 참조). 그러나 본 건은 어머니에 대한 연민의 정으로부터 자살의 동반자로 삼고자 살해한 사안이고, 고통을 느끼지 않도록 의도하였으나 **완전히 예상하지 못한 사태가 발생한 점**이 중요시되어, 「살해행위를 계속하는 것이 오히려 일반의 통례라고는 말할 수 없다」라고 한 점에 주의하지 않을 수 없다.

4 일본에서는 (가) 프랑크 공식설이 유력하지만 「예컨대, 하고자 하였지만 할 수 없었던 경우」라 하더라도 중지를 이끈 인식을 일반인이 가진다면, 결과발생을 바랄 경우에는 장애미수가 아니라 중지미수를 인정하여야 한다. 역으로 「할 수 있었으나 하지 않은 경우」이더라도, 일반인이 바라지 않은 경우이라면 장애미수로 보아야 할 것이다. 또한, 진지한 반성이 존재하면 형을 감경하여야 하지만, 반성하지 않는 한 중지범의 효과를 인정하지 않겠다는 것은 지나치게 엄격하다. 뉘우침의 정이 존재하지 않더라도 책임비난이 감소하는 경우도 생각해볼 수 있다.

5 형사정책적 관점에서 보더라도 임의성의 요건은 단념한 행위자에 대한 포상에 의한 결과방지 목적에 합치하는 것으로 해석하지 않으면 안 된다. 통상적으로 실행에 착수한 일반인이 결과발생을 회피할 것으로 여겨지는 표상·동기가 있을 때에는 포상(감면)을 할 필요가 없다. 중지한 본인이 「가능했음에도 불구하고 중지하였다」고 생각하더라도, 일반인이라면 당연히 중지할 수밖에 없는 상황인 경우에 대해서 감면을 인정하여도 일반예방효과는 그다지 기대할 수 없다. 더욱 감면을 국민일반의 관점에서 납득하는 것도 필요할 것이다.

●**참고문헌**● 足立勝義·判解昭32年度111, 金澤真理·刑法の争点3版92

17 실행행위의 종료시기와 중지

* 福岡高判平成11年9月7日(判時 1691号156頁)
* 참조조문: 형법 제43조,[1] 제199조[2]

살의를 가지고 피해자의 목을 졸랐지만 도중에 그만둔 경우와 중지미수

● **사실** ● 피고인 X는 평소 처 A에게 폭력 등을 행사했고 이를 피해 친정에 있던 A를 찾아가 승용차 안에서 다시 합칠 것을 간청하였으나 거절당하자 격앙하여, 갑작스럽게 양손으로 운전석에 앉아 있던 A의 목을 의식이 희미할 정도까지 힘껏 졸랐으며, 일단 도망친 A를 끌고 온 뒤, 왼쪽 손으로 힘껏 목을 졸라 동녀의 몸이 축 늘어져 의식을 잃은 뒤에도 약 30초간 목을 계속 졸랐다. 그리고 그 후 홀연히 제 정신이 들어 목조르기를 그만두었으나 A를 방치했다.

원심은 X에게 살인미수죄의 성립을 인정했지만, 변호측은 중지범에 해당된다하여 항소하였다.

● **판지** ● 공소기각 「소론은 중지미수의 성부에 관해 X는 실행행위가 끝나기 전에 스스로 자신의 의사로 A의 목을 조르는 행위를 그만두었기 때문에, 그 이상 결과발생을 방지하기 위한 적극적인 행위는 요구되지 않음에도 원심 판결이 X에 대해 A를 병원으로 이송하는 등의 구조 활동을 하지 않음을 이유로 중지미수의 성립을 부정한 것은 부당하다고 주장하고 있다.

하지만, X는 A의 목을 계속해서 조르는 도중에 홀연히 제 정신이 들었고, A가 사망할까 두려워 중지한 것이지만, 그 때에는 전시한 바와 같이 객관적으로 보아 이미 A의 **생명에 대한 현실적인 위험성이 발생하고 있음**이 인정되며(의사 B의 경찰관조서에 따르면 생명에 비상한 위험상태에 빠뜨린 것으로 되어 있다), X에게도 이러한 위험을 발생시킨 자신의 행위, 적어도 A가 기절한 뒤 30초간 그 **목을 힘껏 조른 것에 대한 인식은 존재하였던 것**으로 볼 수 있기 때문에, 그 시점에 본 건의 **실행행위는 종료하였던 것**으로 해석되고, X에게 중지범이 인정되기 위해서는 원심판결이 설시하는 바대로, A에 대한 구호 등 결과발생을 방지하기 위한 적극적인 행위가 필요하며, X가 그러한 행위에 이르지 못한 본 건에서는 중지범의 성립을 인정하지 않은 원심 판결이 정당하다고 본다」.

● **해설** ● 1 **착수미수**의 경우, 중지범에 대한 인정 여부는 임의로 「실행행위」를 중지한 것인지 여부로 판정되지만, **실행미수**의 경우에는 이미 실행행위가 완료되어버렸기 때문에 실행행위를 중지할 수는 없다. 그렇기 때문에 **결과발생에 대한 방지의 노력**이 필요하게 된다.

다만, 착수미수와 실행미수의 구별은 미묘하다. 「실행행위가 종료하였는지 여부」로 판단되지만, 실제 실행행위의 종료시기를 형식적으로 구별하기란 곤란하기 때문이다.

예를 들면, 名古屋高判平成2年7月17日(判タ739-243)은 피해자의 오른쪽 흉부를 1회 찌른 뒤, 스스로 실행행위를 중지하고 의사의 치료를 받게 한 사안에 대해, 실행미수라하여 중지범의

---

1) 형법 제43조(미수감면) 범죄의 실행에 착수하여 이를 완수하지 못한 자는 그 형을 감경할 수 있다. 단, 자기의 의사에 의하여 범죄를 중지한 때에는 그 형을 감경 또는 면제한다.
2) 형법 제199조(살인) 사람을 살해한 자는 사형, 무기 또는 5년 이상의 징역에 처한다.

성립을 인정하고 있지만, 착수미수로 해석할 여지가 없는 것은 아니다.

2 실행미수와 착수미수를 구분함에 있어 결과발생의 개연성이 높은 단계에까지 진행하고 있는 것인지 「결과발생 방지의 노력을 하지 않으면 안 될 정도의 **위험성**이 발생하고 있는 것인지 여부」가 문제된다. 그리고 「중지의 효과를 인정하기 위해서는 단순한 중지를 넘어 결과방지의 노력이 필요한가」라는 관점이 중요하다고 생각된다.

X는 A가 의식을 잃을 때 까지 목을 졸랐고 의식이 30분에서 1시간 동안 돌아오지 않았으며, 더욱이 안면 전체에 울혈이 생겼을 정도의 위험이 발생한 사안으로, 기절한 뒤에도 목을 계속해서 졸랐던 것을 인식하고 있던 X에게 결과방지의 노력이 요청되는 것은 당연한 것이다. 본 건은 실행미수로 평가하여야 한다.

3 이와 비슷하게 실행미수로 본 선례로서는 범행 직전 순간적으로 미필의 살의가 생긴 피고인이 회칼로 피해자의 왼쪽 복부를 1회 찔러 간과 장에 이를 정도인 깊이 12cm의 자상을 입히고, 나아가 피고인은 칼을 뺏기 위해 피해자와 몸싸움을 한 후, 피해자가 복부의 통증을 참을 수 없어 「병원에 데려다 주세요!」라고 애원하자 가까운 병원으로 운송하였으나 사망한 사안에 관한 大阪高判昭和44年10月17日(判夕244-290)이 있다. 1회의 갑자기 찌른 행위 자체로 실행행위는 종료했다고 보았다.

4 이에 대하여, 東京高判昭和51年7月14日(判時834-106)은 공범자 X가 일본도로 피해자 A의 오른쪽 어깨에 1회 상처를 내고, 나아가 계속하여 두 번째 칼을 가격하여 쓰러진 A의 숨통을 끊으려 할 때, 더 이상의 공격을 그만두고 A를 병원으로 이송하여 치료한 Y의 죄책과 관련하여 피고인의 살해행위는 첫 번째의 칼로 상처를 낸 행위로 종료한 것으로는 평가할 수 없는 착수미수이고, 중지미수에 해당되는 것으로 보았다.

또한, 東京高判昭和62年7月16日(判時1247-140)도 살의를 가지고 피해자의 머리를 향해 소잡는 칼을 내려쳐 상처를 낸 바 「목숨만은 살려 주십시오!」라고 애원하자 연민의 정이 들어 중지한 사안에서 「최초의 일격으로 살해의 목적을 달성하지 못했을 경우에는 그 목적을 완수하기 위해 더한 추가 공격에 이를 의도가 피고인에 있었던 것이 분명하다」는 점을 중시하여 살인의 실행행위는 종료하지 않은 것으로 평가하고 있다.

5 실행행위의 종료시기는 ① 실행행위를 **멈춘 객관적 사정**의 존부, ② 종료 시에 **발생을 방지해야 할 결과의 위험성의 존부**, ③ **행위를 계속할 객관적 필연성·필요성**과 ④ **범행의 계획내용과 계속 할 의사의 강약**, ⑤ **범행중단의 용이성** 등을 종합적으로 평가하고 판단하여야 한다. 「실행행위개념의 본질로부터 그 종료시기를 끌어내어, 결과회피노력의 요부를 결정한다」는 형식적·연역적인 논의는 합리적이지 못하다.

● **참고문헌** ● 佐伯仁志·研修565-15, 塩見淳·平11年度重判150

18 결과발생방지행위의 진지성

* 東京地判平成7年10月24日(判時1596号125頁)
* 참조조문: 형법 제43조,[1] 제199조,[2] 제203조[3]

결과발생을 스스로 방지한 것과 동시할 만한 적극적 행위란 어느 정도를 말하는 것인가?

● **사실** ● 피고인 X는 일격에 살해할 의도로 취침 중인 양녀 A(범행당시 13세)의 왼쪽 흉부를 식칼로 1회 찌른 후, 자택에 불을 질렀으나 A가 「아버지, 살려주세요!」라고 애원하자 갑자기 불쌍한 생각이 들어 불길에 휩싸이기 전에 A를 구하기 위해 현관에서부터 집 밖으로 A를 끌어내었고, 이웃 주민 B의 출입구 문을 열고 그 집안까지 끌고 갔지만 그 장소에서 의식을 잃고 쓰러졌다. 그러나 오전 3시 55분경에 우연히 그곳을 지나던 통행인이 이를 발견하고 110번으로 연락하여, A는 병원으로 수송된 뒤, 긴급수술을 받고 생명을 건졌다(A는 약 2개월의 치료를 요하는 상해를 입었다). 본 사안에서 X의 행위는 살인미수죄에 해당하지만, 중지범의 성립여부가 문제가 되었다.

● **판지** ● 동경지방재판소는 본 건은 실행미수에 해당되는 사안이기에 X의 임의적이고도 자발적 중지행위에 의해 현실적인 결과의 발생이 방지되지 않으면 안 된다고 하면서 우선, 임의적이고도 자발적 중지로 볼 수 있을 것인지에 대해서는 소위 연민의 정에 기초한 것으로 이를 긍정하였지만 결과발생방지행위의 유무에 관하여는 아래와 같이 판시하며 중지범 성립을 부정했다.

「X는 A를 X의 집에서부터 B의 집 안까지 끌고 왔지만, 그 이상의 행위에는 이르지 못하고 있는 것으로서 당시의 시간적·장소적 상황에 비추어 볼 때, 위에서 기술한 정도의 X의 행위가 **결과발생을 스스로 방지한 것과 동일시할 만큼의 적극적인 행위**를 행한 것이라고 말하기 어렵고, A가 목숨을 건진 것은 우연히 그곳을 지나던 통행인의 110번 신고에 의해 병원으로 이송되어 긴급수술을 받은 결과에 의한 것임을 고려하면, 본 건이 X의 중지행위에 의해 현실적으로 결과의 발생이 방지된 사안이라고는 볼 수 없다」.

● **해설** ● 1 실행미수에 있어 중지범의 효과를 인정하기 위한 요건으로서 **결과발생방지를 위한 진지한 노력**에 관하여, 名古屋高判平成2年7月17日(判夕739-243)은 피해자의 오른쪽 흉부를 1회 찌른 뒤, 자발적으로 실행행위를 중지하고 의사에게 치료를 받게 한 사안에서 피해자의 사망이라는 결과발생을 방지하기 위해서 적극적이고도 진지한 노력을 한 것으로 보지 않을 수 없다고 판단하였다. 大阪地判平成14年11月27日(判夕1113-281)도 살의를 가지고 상대방의 흉부를 찔렀으나 상대방이 저항하여 칼을 빼앗긴 뒤 3시간 넘게 방치하며 사망하기를 기다리던

---

[1] 형법 제43조(미수감면) 범죄의 실행에 착수하여 이를 완수하지 못한 자는 그 형을 감경할 수 있다. 단, **자기의 의사에 의하여** 범죄를 중지한 때에는 그 형을 감경 또는 면제한다.
[2] 형법 제199조(살인) 사람을 살해한 자는 사형, 무기 또는 5년 이상의 징역에 처한다.
[3] 형법 제203조(미수죄) 제199조 및 전조의 죄의 미수는 벌한다.

중 피해자가 갑자기 격심한 고통을 호소하는 것을 보고 마음을 바꾸어 **110번에 신고하여 목숨을 건진** 사안에 대해 중지미수를 인정하였다.

2 단지, 부상을 입힌 이후 의사가 진찰하게 한 것만으로는 언제나 결과방지의 노력이 인정될 수는 없다. **大阪高判昭和44年10月17日**(判夕244-290)은 자창을 입힌 뒤, 피해자가 애원을 하자 피해자를 자신이 운전하는 자동차에 태워, 가까운 병원으로 이송하여 의사에게 인도한 결과 목숨을 살렸음에도 불구하고, ① 범인이 자기 자신이라는 사실과 분명하게 흉기 등의 설명을 하지 않았고, ② 치료에 대해 자기가 경제적으로 부담할 것 약속하는 등의 구조를 위한 만전의 행동을 취한 것으로는 볼 수 없다는 이유 등을 근거로 그 정도로는 아직 결과발생의 방지를 위해 피고인이 진지하게 노력을 다한 것으로 인정하기에는 부족하다고 판시했다.

3 본 사안에서는 일응 화재로 인한 사망을 막는 행위는 하였다. 단지, X는 A를 일격에 척살하고자 했으며, 현실적으로 왼쪽 흉부를 찔렀음에도 불구하고, 이웃 주민의 부지 안으로까지 끌고 가기에 이른다. 그러나 역시, 칼로 생긴 부상을 치료하기 위한 행위(내지 치료가 이루어질 수 있는 높은 개연성이 있는 상황으로 몰고 간 행위)가 없었다면, 본 건 사안에 대한 중지범의 성립을 인정하기는 어렵다.

4 일반적으로 행위자가 방화한 사안에 있어, 갑자기 겁을 먹고 「불이야!」라고 외쳐 사람들을 불러내고 자신은 도망쳐 버리는 것만으로는, 아무리 제3자에 의해 불길이 잡혔다 하더라도 중지범이 되지는 않는다.

자기 혼자의 힘으로 결과를 방지한 경우로만 한정할 필요는 없지만, 결과방지에 대한 진지한 노력이 보이지 않을 경우에는 중지범을 인정해서는 안 된다. 책임감소는 인정되지 않으며 정책적으로도 일정한 결과방지노력을 요건으로 하는 것은 합리적일 것이다.

이러한 관점에서 의사에게 통보하거나 병원으로 수송했다 하더라도 충분한 책임의 감소는 인정되지 않으며, 스스로 결과발생 방지에 적극적으로 협력한 것으로 평가할 수 있는 일정한 사실이 필요하다고 생각된다. 그 의미에서 본 판결이 중지범의 성립을 부정하는 것은 당연하다고 말할 수 있을 것이다.

5 또한, 책임감소설을 철저히 하면 결과가 발생한 경우일지라도 책임의 감소가 인정되는 이상 형의 감면을 인정해야 한다. 그러나 조문이 명확하게 「미수」에 한정하고 있는 이상 기수에 이른 경우에까지 중지범의 효과를 인정하는 것은 무리일 것이다. 중지범은 책임감소뿐만 아니라 정책적 고려도 포함되어 있다. 결과가 발생한 이상 필요적 감면이라는 「포상」을 주는 정책적 의미는 없다.

● **참고문헌** ● 渡邊一弘·研修591-3, 金澤真理·刑法の争点3版92

19 행위 시에 존재한 피해자의 이상(異狀)과 인과관계

* 最2小判昭和25年3月31日(刑集4卷3号469頁)
* 참조조문: 형법 제205조[1]

> 안면을 발로 차서 전치 10일의 상해를 입혔지만 당시 피해자가 뇌 매독에 걸려 있는 상태에서 비정상적으로 약해진 뇌 조직이 파괴되어 사망한 경우, 상해치사죄는 성립하는가?

● **사실** ● 최고재판소에서 인정한 원판결의 확정된 사실에 따르면, 피고인 X는 피해자 V의 왼쪽 눈 부분을 오른발로 차 상해를 입혀 사망에 이르게 했다. 원심이 증거로써 채용한 감정인 A의 감정서 중 V의 사체 외상으로 좌측 상하 안검(眼瞼)은 직경 약 5cm의 부분이 부어 짙은 보라색이 되었고, 왼쪽 눈 동공의 왼쪽 각막에 직경 0.5cm의 선홍색 멍이 들어 있었다고 기재되어 있어 X의 가격으로 인해 왼쪽 눈의 상처가 생긴 것이 명확해졌다. 그러나 X의 폭행과 그로 인한 상처 자체는 치명적인 것이 아니었지만(의사 B는 10일 정도면 상처가 회복될 것으로 보았다), 당시 V는 뇌 매독에 걸려 뇌에 고도의 병적인 변화를 앓고 있는 상태에서 안면에 심한 외상을 입었기 때문에, 뇌 조직을 어느 정도 붕괴시켜 그 결과 사망에 이르게 되었다는 점이 감정인 A와 C의 각 감정서의 기재로부터 충분히 인정된다.

원심이 상해치사죄의 성립을 인정함에 피고 측이 치사의 결과에 대한 인과관계를 다투며 상고하였다.

● **판지** ● 최고재판소는 아래와 같이 판시하며 상고를 기각했다. 「논지는 위 감정인의 감정에 따르면, 경험칙에 비추어 볼 때 X의 행위로 인해 뇌조직의 붕괴를 일으킨 것이라는 인과관계를 단정하는 것이 불가능하고, 또한 다른 증거를 종합하여 생각해 보면 X의 행위와 V의 사망간의 인과관계를 인정할 수 없다는 주장이다. 하지만 위 감정인의 감정에 의해 X의 행위와 V 사망 간에 인과관계를 인정할 수 있고, 이러한 판단은 조금도 경험칙에 반하는 것이 아니다.

또한 X의 행위가 V의 뇌 매독에 의한 뇌의 고도의 병적 변화라는 특수한 사정이 없었다면 치사의 결과가 발생하지 않았을 것이라고 인정되는 경우에 있어서 **X가 행위 당시 그 특수한 사정이 있었음을 인식하지 못하거나 예측할 수 없었다** 하더라도 그 행위가 그 **특수한 사정과 맞물려서 치사의 결과를 발생시킨 때에는 그 행위와 결과 간에 인과관계를 인정할 수 있다**」.

● **해설** ● 1 본 판결은 제2차 세계대전 후 인과관계론에 있어 매우 중요한 의미를 가지고 있다. 일찍이 유력했던 상당인과관계론의 객관설, 주관설, 절충설은 결론에서 차이가 있지만, 본건과 같이 「행위자가 행한, 얼핏 보면 결과발생의 위험성이 낮은 행위가 사망의 결과를 실현하였다고 평가할 수 있는가」에 관한 문제이다.

2 (a) **객관설**은 행위 시 발생한 모든 사정을 기초로 판단하는 이상, 뇌 조직이 약해진 자에

---

1) 형법 제205조(상해치사) 신체를 상해하여 사람을 사망에 이르게 한 자는 3년 이상의 유기징역에 처한다.

게 폭력을 가하는 것과 사망과의 상당인과관계를 논하기 때문에 치사죄가 성립한다. (b) **주관설**은 행위자가 행위 시에 그러한 특수한 사실을 인식하거나 인식할 수 있었던 경우에 한하여 그 것을 고려한다. 그리고 (c) **절충설**은 행위 시에 일반인이 뇌 조직의 취약화를 인식할 수 있었던 경우와 행위자가 그것을 특별히 알고 있었던 경우를 판단의 기초로 삼는다. 본 판결을 통해 판례는 객관설을 취하고 있는 것으로 보여 진다. 더욱이 인과관계의 상당성을 요구하지 않은 **조건설**을 채용하는 경우도 많았다.

3 그런데 일반인을 기준으로 볼 때, 인식할 수 없는「뇌 매독에 의한 뇌의 고도의 병적 변화」로 인한 사망의 책임을 10일 정도의 상해를 입힌 자에게 돌리는 것은 부당하며, 판례의 인과관계 판단은 너무 엄격하다고 판단되었다. 이후【20】판례의 등장도 있어, 그것으로부터 일반인의 관점을 넣은 (c) 절충설이 한 때 유력화 되었던 것이다.

4 하지만 안면에 **10일간 멍이 남을 정도로 왼쪽 눈을 강하게 발로 찼고 그 결과 뇌에 이상이 발생하여 사망한 경우** 상해치사를 인정하는 것이 부당하다고 생각되지 않는다. 물론「머리를 집게 손가락으로 가볍게 찌른 결과 뇌의 이상으로 인해 사망했다」라고 한다면「치사의 결과에까지 책임을 돌리는 것은 가혹하다」는 결론도 설득력을 가진다. 하지만 그 행위 자체로 사망에 이를 위험성이 높아야만 인과관계가 인정된다는 것은 아니다.

5 이런 유형에서 가장 문제되어 온 것은 폭행을 하였는데 피해자가 심장질환이 있어 심장이 정지하여 사망한 사안들이다. 판례는 도로에 나가떨어지게 한 결과 심장이상을 일으켜 심근경색으로 사망한 경우에도 상해치사죄를 인정하였으며(最決昭36・11・21刑集15-10-1731), 폭행을 가했는데 피해자에게 심장질환이 있어 급성심장사한 경우에도「**폭행이 특수사정과 맞물려치사의 결과를 발생시킨 것으로 인정된다**」고 하여 상해치사죄를 인정하였다(最判昭46・6・17刑集25-4- 567). 본 건을 포함하여 이러한 판례의 결론은 합리적이라고 말할 수 있을 것이다.

6 다만 판례는 객관설이나 조건설을 채용하고 있지는 않다. 하급심이지만 岐阜地判昭和45年10月15日(判夕255-229)은 피해자가 일반인은 알 수 없는 혈우병에 걸려 있어 출혈사한 사안에 대해 인과관계를 부정하고 있다. 구체적으로 발생한 사정을 전부 고려하여(행위 시에 인식한 것으로 가정하여) 인과관계를 인정한 것은 아니다. 결국 **실행행위의 위험성의 정도**와 판단에 있어 기저가 되는 사정(혈우병이나 심장질환 등)의 **이상성 정도**와 **결과에 대한 기여도**의 종합평가인 것이다.

결과를 귀책함에는 **반드시「주된 원인」이나「직접적 원인」일 필요는 없지만 행위가 가지는 위험성이 행위 시의 특수사정이나 이상한 개재사정과 상응하여 결과가 발생된 경우**에 한정된다. 확실히 가해진 행위로부터 거의 발생할 것 같지 않은 결과가 발생한 경우에는 책임을 돌릴 수 없지만, 조건관계가 인정되는 이상 설령 직접적인 사인(뇌 매독에 의한 뇌조직의 취약화, 심장질환)을 예견할 수 없었다 하더라도 사망의 결과를 발생시킬 수 있는 폭행이 가해지면 결과는 객관적으로 귀책될 수 있을 것이라 말할 수 있다.

● **참고문헌** ● 石川才顕・J増刊2-14, 前田雅英「因果関係に関する理論と結論」『川端博古稀(上)』1

20 제3자 행위의 개입과 상당인과관계(1)

* 最3小決昭和42年10月24日(刑集21卷8号116頁・判時501号104頁)
* 참조조문: 형법 제211조1), 제218조2)

> 승용차로 충돌시켜 상해한 뒤, 제3자의 고의행위가 개입되어 사망한 경우와 인과관계

● **사실** ● 재일미군인 피고인 X는 운전면허가 정지되었음에도 불구하고 승용차를 운전하던 중, 과실로 자전거를 타던 피해자 A와 충돌하여 A를 자신의 차 지붕 위로 뛰어오르게 하였다. 이 충격으로 인해 A는 승용차 지붕 위에서 의식을 잃었지만 X는 자신의 자동차 위에 A가 있는 지 모른 채 그대로 질주하였다. 이후 그 지점에서 4Km 남짓 되는 지점에서 승용차에 같이 동승하고 있던 동료 Y가 이를 알아차리고, 시속 10Km로 주행 중의 자동차 지붕에서 A를 거꾸로 끌어내려 아스팔트 위로 내동댕이쳤다. A는 약 8시간 뒤에 이송된 병원에서 머리부위의 타박에 의한 뇌지주막하출혈 및 뇌실질내출혈로 사망했지만, 이 두부타박이 자동차와의 충돌 시에 생겼는지 아니면 아스팔트 위로 내동댕이쳐질 때 발생된 것인지는 확정할 수 없었다.

1심, 2심 모두 X의 행위와 A의 사망 간의 인과관계를 긍정하였다. 이에 상고 취의는 양자 간에 인과관계가 존재하지 않는다고 주장하였다. 한편 Y는 1심에서 구호의무위반과 보호책임자 유기에 대한 집행유예가 확정되었다.

● **결정요지** ● 상고기각.「동승자가 주행 중인 자동차 지붕위에서 피해자를 거꾸로 끌어내려 아스팔트 포장도로에 전락시킨 것은, 경험칙 상 보통 예상되는 것은 아니고, 특히 본 건에 있어 피해자의 사인인 머리 부분의 상해가 최초 피고인의 자동차와 충돌 시에 생겼는지 아니면 동승자가 피해자를 자동차 지붕에서 끌어내려 노상으로 전락시켰을 때에 발생되었는지 확정하기 어려운 것이고, 이런 경우에 피고인의 전기 과실행위로부터 피해자의 사망의 결과가 발생되는 것이 **우리들의 경험칙으로는 당연히 예상할 수 있는 것이라고는 도저히 생각할 수 없다**」고 하여 인과관계를 부정하며 업무상과실치사의 죄책을 부정하였다. 단지 「X는 도로교통법 제72조 1항 전단, 제117조의 구호의무위반의 형에 의해 처단되어질 뿐만 아니라 업무상과실치사와 동상해의 법정형은 동일하기 때문에 범행의 태양 등으로 미루어 보아, 1심 판결에서의 양형이 부당하다고는 인정할 수 없다」.

● **해설** ● 1 본 판결은 일반인의 사회생활상의 경험에 비추어 보아 통상 그러한 행위로부터 그러한 결과가 발생하는 것이 「상당」하다고 인정된 경우에 형법상의 인과관계를 인정하는 상당인과관계설을 최고재판소가 정면으로 채용한 것으로, 이후의 인과관계론에 상당히 큰 영향

---

1) 형법 제211조(업무상과실치사상등) 업무상 필요한 주의를 태만히 하여 사람을 사상에 이르게 한 자는 5년 이하의 징역이나 금고 또는 100만 엔 이하의 벌금에 처한다. 중대한 과실로 인하여 사람을 사상에 이르게 한 자도 같다.

2) 형법 제218조(보호책임자유기등) 노년자, 유년자, 신체장애자 또는 병자를 보호할 책임 있는 자가 이들을 유기하거나 그 생존에 필요한 보호를 하지 않을 때에는 3월 이상 5년 이하의 징역에 처한다.

을 주었다. 무엇보다 소위 「판단기저론」을 문제삼지 않은 점에 유의를 요한다.

2 인과관계의 상당성에서 가장 문제되는 것이 실행행위와 결과발생 사이에 제3자의 행위가 개재한 경우이다. 구제척 논의의 대상이 되는 범죄유형으로는 결과적 가중범(제205조 등)이나 과실범(제211조 등)이 중심이 되며, 보다 구체적인 경우로는 상해행위와 사망의 결과 사이에 의료과오가 개재되는 사안이 눈에 띈다. 그 전형으로는 상해를 치료함에 있어 의사의 과실로 사망에 이른 사안에서 판례는 상해치사죄의 성립을 인정해 왔다(大判大12·5·26刑集2-458, 最決昭35·4·15刑集14-5-591, 最決昭49·7·5刑集28-5-194). 의사의 과오가 개재된 경우에 인과성이 부정되는 경우는 통상 생각하기 어렵다. ABO식 부적합수혈(이상수혈)과 같은 중대한 과오가 개재된 경우에도 결과는 귀책되었다(東京高判昭56·7·27判夕454-158).

3 이에 반해 **고의행위가 개입**한 본 건에 대해, 최고재판소는 개입된 고의행위가 보통 예상할 수 있는 수준의 것이 아니고, 사망의 결과를 경험칙 상 당연히 예상될 수 있는 것이라고는 도저히 말할 수 없다고 판시하였다.

4 다만 행위 후 개재사정이 존재할 경우의 인과관계의 판단은 (a) **행위가 갖는 위험성(결과발생의 확률)의 대소**, (b) **개재사정의 객관적 이상성(異常性)의 정도**(개재사정이 실행행위로부터 유발된 것인가, 관계없이 발생된 것인가) (c) **개재사정의 결과발생에 대한 기여의 정도**에 의해서 판별된다.

5 (b) 개재사정의 이상성은 단순히 「개재사정이 희귀한 경우인지 여부」를 문제삼는 것이 아니라 실행행위와의 관계에서 어느 정도의 통상성을 가지는가를 따져보아야 한다. ① 행위자의 행위로부터 필연적으로 야기되는 것인가, ② 유발되는 것인가, ③ 그와 같은 행위에 부수되어 종종 발생되는 것인가, 아니면 좀처럼 발생되지 않는 것인가, ④ 실행행위와는 완전히 무관하게 발생된 것인가에 따라 점점 인과성이 부정될 가능성이 높아지게 된다. 그 판단에 부과되는 것으로서 개재사정 자체가 얼마나 특수한 경우인가가 고려된다.

6 (c) 개재사정의 결과 발생에 기여한 정도도 인과성의 판단에 있어 중요하다. 이미 실행행위로 인해 발생된 빈사상태에서, 나중에 폭행행위가 가하여져 사망의 시기가 조금 빨라진 경우라면, 사망이 개재행위로 발생된 것처럼 보이더라도 처음의 실행행위에 귀속된다(【21】). 반대로 아무리 중상을 입었다 하더라도 「고의로 사살」한 경우와 같이 선행의 행위를 능가하는 사정이 개재된 경우에는 중상을 입게 한 행위와 사망간의 인과성은 부정된다(【25】).

7 본 사안과 같은 고의행위가 개입된 경우에는 (b) 동승자가 의도적으로 피해자를 끌어내려 내동댕이치는 행위는 피고인의 행위와는 관계없이 이루어진 그야말로 이상행동이며, (c) 주행 중의 자동차 지붕에서 아스팔트 도로로 끌어내려 떨어뜨리는 행위는 사망의 결과발생에 기여도가 높은 행위이다. 본 건 결정에서도 인과관계를 부정하였다. 다만 근래 판례의 흐름으로 보면, 본 건 정도의 이상성이나 기여도라면 결과귀속이 인정될 여지가 있을 것이라 생각된다.

● **참고문헌** ● 海老原震一·判解昭42年度280, 町野朔·警研41-2-109, 大塚仁·判時528-144

21 제3자 행위의 개입과 상당인과관계(2) - 치명상형

* 最3小決平成2年11月20日(刑集44卷8号837頁·判時1368号153頁)
* 참조조문: 형법 제205조[1]

> 심한 폭행으로 의식불명상태에 빠뜨린 후 자재처리장에 방치한 바, 제3자에 의해 가해진 폭행으로 사망의 시기가 앞당겨진 경우와 인과관계

● **사실** ● 피고인 X는 1981년 1월 15일 오후 8시경부터 9시경 사이 자신이 운영하는 미에현 T마을소재의 식당에서 세숫대야와 가죽혁대로 피해자 A의 머리 등을 수회 구타하였다. 그 결과, A는 공포심으로 인한 심리적 압박으로 혈압이 올라 **내인성고혈압성교뇌출혈**로 의식불명상태에 빠지게 되었다. 이에 피고인은 동인을 오사카 스미노에구(住之江區) 남항(南港) 소재의 건재회사의 자재처리장까지 차로 운반하고, 같은 날 오후 10시 40분경에 그곳에 방치한 뒤 떠났다. A는 다음날인 16일 미명, **내인성고혈압성교뇌출혈로 사망에 이르렀다**. 단지, 상기 자재처리장에서 엎드린 상태로 쓰러져 있던 A는 생존 중에 누군가에 의해 다시 각목으로 정수리 부분을 수회 구타당하였다. 그 폭행은 이미 진행되고 있던 내인성고혈압성교뇌출혈을 확대시켰고, 이로 인해 사망의 시기가 어느 정도 앞당겨지는데 영향을 주었다.

제1심은 식당에서의 폭행과 사망간의 인과관계를 인정하였고, 원심도 남항에서 누군가의 폭행행위가 개재되었지만 인과관계는 인정된다고 보았다.

● **결정요지** ● 상고기각. 「이러한 **범인의 폭행에 의해 피해자의 사망의 원인이 된 상해가 형성된 경우에는** 만일 이후 제3자에 의해 더하여진 폭행으로 **사기(死期)가 앞당겨졌다 하더라도, 범인의 폭행과 피해자의 사망 간의 인과관계를 긍정할 수 있으며,** 따라서 본 건에서 상해치사죄의 성립을 인정한 원심의 판단은 정당하다」.

● **해설** ● 1 본 결정은 제3자의 행위가 개재할 경우에 대한 최고재판소 판례이다. 행위 시의 특수사정이나 개재사정이 존재할 경우의 상당성은 행위가 가지는 결과발생 확률의 대소(大小), 개재사정의 객관적 이상성(異常性)의 정도, 개재사정의 결과발생에 대한 기여의 정도에 따라 판별된다.

2 본 건은 머리를 세숫대야 등으로 수회 구타하여 의식을 잃게 한 뒤 자재처리장에 방치한 바, 누군가가 피해자의 머리를 각목으로 다시 구타하여 다음날 피해자가 사망한 사안이며, **실행행위에 내재되어 있는 결과발생의 위험성이 높다**는 점이 특징이다. 최고재판소는 X의 폭행으로 인해 A의 사인이 된 상해가 형성된 것을 중시하고 있다. 그 의미에서 본 건과 같은 유형을 「치명상형(致命傷型)」으로 부를 수 있다.

3 본 건에서는 가령 이후 제3자에 의해 더하여진 폭행으로 인해 **사망의 시기가 빨라졌다 하더라도** 인과관계는 긍정된다. 하지만 (a) 처음부터 아무리 치명상을 가하더라도 흉기에 의한 의

---

1) 형법 제205조(유기치사) 신체를 상해하여 사람을 사망에 이르게 한 자는 3년 이상의 유기징역에 처한다.

도적인 살해행위가 개재된 경우 인과관계는 부정된다. 그 의미에서 (b) 개재사정의 이상성(실행행위와 결부되어), (c) 개재사정의 결과발생에 대한 기여도도 음미하지 않으면 안 된다. (b) 본건에서는 인적이 없는 자재처리장에 의식불명상태의 A를 방치한 것이 각목에 의한 폭행을 유발한 것으로 볼 수도 있으며, (c) 이미 세숫대야 등으로 인한 구타로 사인으로 충분한 정도의 뇌내출혈이 발생하였으며, 각목으로 가한 폭행은 어느 정도 사기를 앞당긴 것에 지나지 않는다는 원심을 전제로 하는 한, 개재사정의 결과발생에 대한 기여도 중대한 것이라고는 말할 수 없다. 따라서 인과관계를 인정한 것은 타당했다고 생각된다(또한, 머리를 각목으로 구타한 사람도 X로 기소되었지만, 그 점에 관해서는 원심에서 합리적 의심을 배제할 정도의 입증은 이루어지지 않았으며, 사안에서 설명하는 바와 같은 공소사실이 문제가 된 점도 주의하지 않으면 안 된다).

4 또한 머리를 각목으로 구타하여 사망의 시기를 앞당긴 제3자가 기소되었을 경우, 살의를 가지고 무저항상태의 사람에 대해 치명적 공격을 가한 이상 그 자도 역시 살인기수죄를 물을 수 있을 것이다.

5 「치명상형」의 선례로는 피해자에게 두개골 골절 등의 상해를 입힌 바, 15분 정도 피고인의 고용인이 피해자의 안면부를 아래로 하여 얕은 강에 투척하는 바람에 뇌진탕으로 반사능력을 상실하여 익사한 사안에서, 치사에 대해서 인과관계를 인정한 **大判昭和5年10月25日**(刑集9-761)이 있다. 두개골 골절 등 중대한 침해행위가 존재하며, 개재행위가 피고인과 전혀 무관하게 이루어진 것은 아니고, 얕은 강에 투척하는 행위는 통상 사람의 사망을 발생시킨다고는 말할 수 없으므로 인과관계를 인정한 것으로 생각된다.

6 더욱, **最決平成16年2月17日**(刑集58-2-169)에서는 깨진 맥주병으로 찔러 다량의 출혈을 발생케 하였지만, 즉시 치료를 받을 수 있어 약 3주간의 치료를 요하는 상태에서, 피해자 자신이 치료용 관을 빼는 등 난폭한 행동으로 치료효과가 떨어질 가능성을 제공했으며, 이후 용태가 급변하여 5일 뒤에 사망한 사안에서, 피해자가 받은 상해는 **그것 자체로 사망의 결과를 초래할 수 있는 신체의 손상**이며, 만일 피해자가 의사의 지시에 따르지 않고 안정을 취하고자 하는 노력을 하지 않은 사정이 개재하였다 하더라도, 상해와 사망 간에는 인과관계가 인정된다고 보았다. 피해자의 불합리한 행동이 자발적인 것이지만 (a) 실행행위가 위험성이 높으며, (b) 환자가 의사의 지시를 따르지 않는 사태도 전혀 고려할 수 없는 것은 아니므로, 위험이 그대로 현실화한 **치명상 유형의 사안**으로 보아도 좋을 것이다.

● **참고문헌** ● 大谷直人·判解平2年度231, 伊東研祐·判評391-60, 高部道彦·研修587-59, 山中敬一·面総7版22, 曽根威彦·法セ437-122

22 제3자 행위의 개입과 상당인과관계(3) – 개재사정 유발형

* 最1小決平成18年3月27日(刑集60卷3号382頁·判時1930号172頁)
* 참조조문: 형법 제1편 제7장(범죄의 불성립 및 형의 감면), 제221조[1]

> 피해자를 승용차 트렁크에 감금한 뒤 도로에 정차하던 중, 후방에서 주행해오던 차가 추돌하여 피해자가 사망한 경우 감금치사죄가 성립하는가?

● **사실** ● 피고인 X는 Y·Z와 공모하여 2004년 3월 6일 오전 3시 40분쯤 승용차 트렁크에 A를 밀어 넣은 뒤, 차를 몰고 호출한 지인과 합류하기 위해 K시내의 한 도로에 정차하였다. 정차 지점은 차도의 폭이 약 7.5m의 편도 1차선의 직선도로였다. 잠시 뒤인 오전 3시 50분 경 후방에서 승용차가 주행해왔고, 그 운전자는 전방부주의로 정차 중인 상기 차량이 근접해 있음을 인지하지 못한 상태에서 시속 60km로 동 차량의 후방에 정면으로 추돌하였다. 이로 인해 트렁크는 그 중앙부가 움푹 파여 트렁크 안에 갇혀있던 A는 제2·제3 경수좌상의 상해를 입고 즉사하였다.

제1심 판결은 「자동차 트렁크에 감금한 뒤 도로를 주행하는 것 자체가 매우 위험한 행위이고, 본 건과 같이 제3자의 과실에 의한 추돌사고로 트렁크에 감금되어 있던 자가 사망하는 것은 경험칙상 충분히 예측할 수 있는 것이다」라고 판시하여 인과관계를 긍정했다. 원심도 「후속차량의 운전자가 한눈을 팔면서 운전하여 전방을 주시하지 않음으로 인해 정지하고 있던 앞차의 뒷부분을 충돌하는 사고태양은 교통사고로써 특이한 사태가 아니다」라는 점 등을 판시하며 제1심 판결을 긍정했다.

● **결정요지** ● 상고기각. 최고재판소도 「……이상의 사실관계 하에서 A의 사망원인이 직접적인 추돌사고를 발생시킨 **제3자의 큰 과실행위에 있다 하더라도** 도로에서 정차중인 승용차 트렁크에 A를 감금한 본 **감금행위와 A의 사망 사이의 인과관계를 긍정할 수 있다.** 따라서 본 건에서 체포감금치사죄의 성립을 인정한 원판결은 정당하다」고 하였다.

● **해설** ● 1 본 건도 제3자의 행위가 개입한 경우이다. 추돌한 자의 과실행위가 경합하여 결과가 발생한 경우이고 추돌자에게 과실책임을 물을 수는 있으나 그것과 더불어 X의 형사책임을 생각하지 않으면 안 된다.

2 실행행위의 위험성이라는 의미에서 도로에 차를 정차시킴으로 인해 사고를 유발하는 것이 반드시 드문 일은 아니다(【23】 참조).

3 더욱이 본 건과 같이 자동차 트렁크에 사람을 가두는 행위는 생명과 신체에 대한 위험을

---

1) 형법 제221조(체포 등 치사상) 전조의 죄를 범하여 사람을 사망 또는 상해에 이르게 한 자는 상해의 죄와 비교하여 중한 형으로 처단한다.

수반한다.

　본 건에서는「노상(路上)」에 정차 중인 차의 트렁크 안에 갇혀있었기 때문에 교통사고를 당하여 사상의 결과가 발생한 것과의 위험성이 문제가 된다. 더욱이 트렁크 내에 무방비로 방치되어 그곳에 외부로부터의 충격이 가해지면 생명신체에 커다란 위험이 발생할 수 있다는 사실이 중요하다(감금행위로 인해 발생한 위험의 크기).

　트렁크에 사람을 감금하여 도로를 달리거나 정차한 경우 추돌사고 등이 발생하면 비참한 결과에 이르리라는 것은 쉽게 상정할 수 있다. 대형의 여행용 트렁크에 피해자를 묶어 감금한 뒤 시정을 하고 그것을 좁은 도로에 방치한 위 행위를 상정해 보면 생명에 대한 위험성은 분명히 존재한다.

　또한, 트렁크 안은 상당히 높은 온도로 인해 사망의 결과가 발생할 가능성도 있고 탈출을 위해 무리하다 다치는 경우도 생각해 볼 수 있다.

　4　게다가 도로에 정차 중인 자동차에 추돌하는 형태의 사고는 드문 것이 아니다(**개입사정의 통상성**). 본 건 원심도 지적하는 바와 같이, 후속 차량의 운전자가 전방 부주의로 인해 정차 중인 앞차의 뒷부분을 충돌하는 사고태양은 도로교통사고에서 그리 특이한 사태는 아니다.

　본 건은 심야 시가지의 편의점 부근에서 편도 1차선의 도로상에 정차하여 감금한 것이고 그 시간적 장소적 요소도 같이 고려하면 충돌의 위험은 어느 정도 현실적인 것이라 생각된다.

　5　확실히 최종적인「사망」을 직접 야기한 것은 추돌행위이지만 개재된 것은 어디까지나 과실행위이고 그것에 의해 사망의 결과를 다 평가할 수는 없다. 트렁크 내에 감금하여 발생된 위험과는 무관계한 새로운 사망을 발생시켰다고 볼 수는 없다. 추돌이라는 과실행위는 트렁크에 감금하는 행위의 위험 속에 반영된 것으로 평가해야 하는 것은 아니지만 본 건의 추돌사고로 인한 사망의 결과는 역시 감금행위로 인한 것으로 귀책되어야 할 것으로 평가된다.

　6　본 결정은 중대한 과실행위가 개재되더라도 인과관계가 긍정된 것으로 이 점에 대해서는 예를 들어 교통사고로 인해 1개월 정도의 치료를 요하는 상해를 입은 자에게 의사가 이형수혈(異型輸血)을 한 사안에서「부적합 수혈이 사망원인으로써 경합하더라도 형법상 인과관계가 인정된다」고 본 東京高判昭和56年7月27日(判夕454-158)이 참고가 된다.

● **참고문헌** ●　木村光江·囲総7版24, 島田総一郎·平18年度重判157, 多和田陸史·J1333-122

23 실행행위가 유발한 제3자에 의한 복수의 개재사정의 존재의 처리

* 最3小決平成16年10月19日 (刑集58卷7号645頁・判時1879号150頁)
* 참조조문: 형법 제1편 제7장(범죄의 불성립 및 형의 감면), 제211조[1]

> 고속도로 위에서 자차 및 타인이 운전하는 차를 정지시킨 과실행위와 자차가 지나간 후에 후속
> 차가 추돌한 교통사고로 인해 발생한 사상과의 인과관계

● **사실** ● 피고인 X는 오전 6시경 승용차의 조수석에 여성을 태우고 고속도로(단측 3차로)
를 주행하던 중 트레일러를 운전하던 A의 운전 태도에 화가 나 A차를 정지시킨 뒤, 따지고 사
과 받고자 마음먹었다. X는 전조등이나 깜빡이를 점멸하기도 하고 차를 붙이거나 창문을 통해
오른손을 내밀어 A에게 정지할 것을 요구했다. A도 X가 집요하게 정지를 요구해오자 X 차량의
감속에 맞추어 감속하고, 오전 6시경 X가 3차선에 자차를 정지시킨 후 A도 X차의 후방에 자차
를 정지시켰다. 현장 부근은 조명시설이 없는 어두운 장소이며, 어느 정도 교통량이 있었다.

X는 하차해 A차까지 걸어가서 「사과해!」라고 고함을 지르고 스텝에 올라가 자동차 키를 빼
앗기 위해 손을 뻗기도 하고, A의 얼굴을 주먹으로 구타했다. A는 X로부터 키를 빼앗길 것을
우려하여 키를 뽑아 바지 주머니에 넣어 두었다.

X는 A를 자차까지 끌고 가서 동승녀에게 사과를 시키고, 그러고 나서도 분이 풀리지 않자 A
의 허리 등을 걷어차고 구타하였다. 이에 A는 X의 안면에 박치기를 하고 코 윗부분을 때리는
등의 반격을 가했다. X가 상기 폭행을 가하고 있을 즈음, 본 건 현장 부근 도로의 3차선을 달리
고 있던 B차 및 C차는 A차를 피하려다 2차로로 차선변경을 했는데, C차가 B차를 들이받으면서
C차는 3차선 앞쪽에, B차는 C차 앞쪽에 각각 멈췄다.

X는 앞서 오전 6시 17분쯤 동승자 여성이 자신의 차를 운전하게 하고 본 건 현장에서 떠났
다. 이후 A는 자차를 출발시키려 했으나 주머니에 넣어둔 사실을 깜박 잊고 키를 찾지 못해 차
를 이동시키는 것이 늦어졌다. 더욱이 A는 전방에 C차와 B차가 정지하고 있어, 자차를 3차로로
충분히 가속해 안전하게 발진시킬 수 없다고 판단하여 C차와 B차에 진로를 내어줄 것을 요청하
고자 다시 자차에서 내려 C차를 향해 걷기 시작한 오전 6시 25분쯤 정차 중이던 A차 뒤편에서
이 통행로를 따라오던 승용차가 충돌해 이 차의 운전자 및 동승자 3명이 사망하고 동승자 1명
이 전치 약 3개월의 중상을 입은 사안이다.

● **결정요지** ● 상고기각. 「A에 대해 불평을 토로하고 사죄받기 위해 동트기 전의 어두운
고속도로 상의 3차로에서 자차 및 A차를 정지시킨 X의 본 건 과실행위는 그 자체로 후속차
추돌 등으로 인한 인명사고로 이어질 **중대한 위험성을 가지고 있었던 것**으로 보아야 할 것이

---

1) 형법 제211조(업무상과실치사상 등) 업무상 필요한 주의를 게을리하여 사람을 사상에 이르게 한 자는 5년 이하
의 징역이나 금고 또는 100만 엔 이하의 벌금에 처한다. 중대한 과실에 의하여 사람을 사상에 이르게 한 자도
이와 같다.

다. 그리고 본 사고는 X의 상기 과실행위 후, A가 스스로 자동차 키를 바지 주머니에 넣은 사실을 잊고 주위에서 찾는 등 X차가 본 건 현장을 떠난 뒤 7, 8분 뒤까지, 위험한 본 건 현장에 자차를 계속 정지시킨 점 등 **타인의 행동 등이 적지 않게 개재하여 발생된 것으로 그것들은 X의 상기 과실행위 및 이와 밀접하게 관련된 일련의 폭행 등으로 유발된 것**으로 알 수 있다. 그렇다면 X의 과실행위와 피해자들의 사상 사이에는 인과관계가 있다고 보아야 한다」.

● **해설** ● 1 동트기 전 고속도로 위에서 자차 및 A차를 정지시킨 과실행위와 4명의 사상의 결과 간의 인과관계를 검토할 때에는 X의 A에 대한 폭행행위(그에 대한 A의 반격)의 문제는 별도로 하고 ① X가 A의 운전태도에 화가 나서 A차를 정지시킨 행위의 위험성 정도, ② A가 자동차 키를 어디에 두었는지 몰라 트레일러를 장시간 정차시켜 피해자의 충돌로 이어진 행위, ③ C차가 B차를 추돌하고, C차·B차가 3차로에 정차해 A차의 이동을 어렵게 한 행위, 나아가 ④ 정차하고 있던 A차에 추돌한 피해자의 행위에 대해 각각 과실을 생각할 수 있다.

2 판례는「일반인의 사회생활상의 경험에 비추어 통상 그런 결과가 발생하는 것이 상당하다고 인정되는 것에 대하여 인과관계를 인정한다」는 상당인과관계설을 채용하는 것이 아니라(【20】참조), 행위 후에 특수한 사정이 개재하여 결과가 발생한 경우 등에 대해서는「실행행위가 **특수사정·개재사정과 맞물려 결과를 초래한 것으로 인정되는지 여부**를 문제로 한다.

3 상당인과관계설과 같이「그 사정이 예견가능하였는지 여부」로 인과관계의 유무를 판단하는 것이 아니라(【20】참조), (1) 실행행위에 존재하는 결과 발생 확률의 크기, (2) 개재사정의 이상성의 크기, (3) 개재사정의 결과에 대한 기여의 대소의 3가지를 조합함으로써 인과관계 유무를 판단하는 것이다.

4 그리고 (1) 위험성이 높은 행위가 실행된 경우에는(치명상형), (2) 실행행위와 개재사정의 관련성의 강도 및 (3) 개재행위의 결과에 대한 기여도를 검토할 필요도 없이 귀책이 인정된다(참고문헌·上田 논문 참조).

5 실행행위의 위험성이 결정적으로 큰 경우가 아니더라도 실행행위가 **개재사정을 유발했다고 평가할 수 있다면(유발형)** 원칙적으로 인과관계가 인정된다(행위 후의 개재사정에 관해서만 문제가 된다). (2) **실행행위와 개재사정의 연관이 강하고(유발), (3) 개재한 피해자 등의 행위가 현저하게 부자연스럽고 불상당하지 않은 이상, 인과성이 인정된다.** 그리고 개재사정이 상당하지 않은지 여부에 따라 결과에 대한 기여도가 중요한 판단요소가 되는 것이다.

6 본 건에서는 X의 과실행위는 인신사고로 이어질 중대한 위험성이 있었다고 판단한 것으로 치명상형 사안이 아니라 유발형의 전형으로 볼 수 있다. ④ 피해자의 과실은 ①이 유발했으므로 물론 인과성을 부정하는 사정이 될 수 없다(【24】참조). ②, ③의 개재사정은 바로 ①에 의해 유발된 것이며 또한「현저하게 엉뚱하고 부당한 것」이라고는 볼 수 없다. ②의 자동차 키의 소재를 잊어버린 것도 ①에 영향이 있는 것이다.

● **참고문헌** ● 上田哲·J1299-161

24 피해자 행위의 개입과 인과관계

* 最1小決平成4年12月17日(刑集46卷9号683頁·判時1451号160頁)
* 참조조문: 형법 제21조[1]

피해자의 과실행위가 개재된 경우와 과실범의 인과관계

● **사실** ● 스쿠버다이빙 강사 X는 보조자 3명을 지휘하면서 비가 내려 시야가 흐리고, 풍속 4m 전후의 바람이 불던 밤에 A 등 6명의 수강생에게 강습을 하였는데, 보조자 2명이 지시에 따르지 않고 있음을 알아차리고, 처음 시작한 지점으로 돌아왔지만 보조자 1명과 수강생 6명을 발견할 수 없었다. 동 보조자는 수강생들과 함께 앞바다로 수중이동 하던 중, A의 압축공기탱크의 공기잔압량이 적어지고 있음을 확인하고, 일단 바다 위로 올라왔지만 풍파 때문에 수면이동이 곤란하다고 판단하여 다시 수중이동을 지시하였다. 이를 따르던 A는 수중이동 중에 공기를 다 써 버려서 공황상태에 빠졌고, 스스로 적절한 조치를 취하지 못한채 익사했다.

A와 보조자의 과실이 개재하고 있어, X의 주의의무위반과 익사 간의 인과관계가 문제가 되었다.

● **결정요지** ● 최고재판소는 수강생 6명이 잠수 중 압축공기탱크의 공기잔압량을 자주 확인하여 공기잔압량이 적어졌을 경우에 바다 위로 부상할 것 등의 주의사항은 지도받았지만, 아직 초급자로 혼자서 적절한 조치를 취하지 못할 우려가 있었고, 보조자들도 야간잠수 경험은 적었으며, 바다 속에서 일행을 놓쳤을 경우 바다 위로 올라온 뒤 대기하도록 하는 일반적 주의 이외에 구체적 지시는 없었음을 인정한 뒤, 「X가 야간잠수의 강습 지도 중 수강생들의 동향을 예의주시하지 못하고 부주의하게 이동시키다가 수강생들로부터 떨어져 이들을 놓치는 것에 이른 행위는 그것 자체가 지도자로부터의 적절한 지시나 유도가 없으면 상황에 맞는 조치를 강구할 수 없는 우려가 있었던 A로서, 바다 속에서 공기를 다 소진하고 혼자서는 적절한 조치를 강구할 수 없어 어쩔 수 없이 사망의 결과를 야기할 위험성을 지니는 것이어서, X를 놓친 후의 **보조자 및 A의 부적절한 행동이 있었던 점은 부정할 수 없지만, 그것은 X의 위 행위로부터 유발된 것**이기에 X의 행위와 A의 사망 간의 인과관계를 긍정함에 방해되지 않는다」고 판시하였다.

● **해설** ● 1 인과관계가 문제가 되는 사안 중, 피해자 자신의 행위가 개재할 경우에는 **개재 사정의 평가**가 문제되는 경우가 많다. 결과발생의 위험성이 높은 행위를 실행했을 경우에는 실행행위와 개재사정의 관련성의 강도나 개재행위의 결과에 대한 기여도를 검토하지 않고 귀책이 인정되지만(치명상형【21】), 실행행위의 위험성이 그 정도까지 이르지 못한 경우에는 ① 개재사정이 피고인의 행위로 **유발**된 것인가, ② **상황 상 현저하게 부자연스럽고 상당하지 못했**

---

1) 형법 제211조(업무상과실치사상등) 업무상 필요한 주의를 태만히 하여 사람을 사상에 이르게 한 자는 5년 이하의 징역이나 금고 또는 100만 엔 이하의 벌금에 처한다. 중대한 과실로 인하여 사람을 사상에 이르게 한 자도 같다.

는지가 음미된다.

2 대심원은 의사에게 진찰받지 않고 상처에 천리교의 「신수(神水)」를 발라 단독증(丹毒症)
으로 이환하여 상처가 악화된 사안에서 중한 상해결과에 대해 상해죄를 인정하였다(大判大12·
7·14刑集2-658). 최고재판소도 의사자격이 없는 유도정복사가 피해자로부터 감기기운이 있다라
는 진찰의뢰를 받고, 열이 높아지면 잡균을 죽일 수 있다고 생각하여, 피해자에게 열을 내어 땀
을 흘릴 것을 지시하여 이를 충실히 이행하다 탈수증상을 일으켜 폐렴으로 사망한 사안에서 「환
자 측이 의사의 진료를 받지 않고 위 지시를 따른 과실이 있지만, 위 지시와 환자의 사망 간에는
인과관계가 존재한다」고 판시하였다(最決昭63·5·11刑集42-5-807). 피해자에게 이상행위를 유
발케 한 점을 중시한 사례라 생각된다.

3 폭행을 피하기 위해서 피해자 스스로가 수중으로 뛰어들어 사망한 경우에도 상해치사죄
의 성립을 인정하였다(大判昭2·9·9刑集6-343, 最判昭25·11·9刑集4-11-2239, 最決昭46·9·
22刑集25-6-769, 東京高判昭55·10·7判タ443-149). 나아가 피해자가 피고인들의 폭행을 더 이
상 참을 수 없어 연못으로 뛰어들다 뛰어나온 암석에 머리를 부딪쳐 사망한 경우에도 폭행과
사망 사이에 인과관계를 인정하였다(最決昭59·7·6刑集38-8-2793).

4 본 건도 바다에서의 A 등의 부적절한 대응은 X의 과실행위에서부터 유발된 것이며, 또한
A의 반응은 일반적으로 예상할 수 있는 것이어서 개재사정의 이상성(異常性)이 적어 인과성은
인정된다.

5 피해자의 행위가 개재된 사안 중 가장 중요한 판례는 最決平成15年7月16日(刑集57-7-
950)이다. 여러 명이 B에게 장시간에 걸쳐 끊임없이 심한 폭행을 가하였고, 나아가 맨션 거실로
끌고 가 같은 폭행을 가한 바, B가 틈을 이용해 맨션 거실에서 구두를 신은 채 도주하였다. 도
주를 시작한 뒤 약 10분 후 극도의 공포심을 느끼며 추적으로부터 벗어나고자 맨션에서 약
800m 떨어진 고속도로로 진입하였으나 질주하던 자동차와 충돌하였고 이어 후속의 자동차에
치여 사망하였다.

최고재판소는 「B가 도주하고자 고속도로로 진입한 것 자체가 지극히 위험한 행위이지만, B
는 피고인들로부터 장시간 격렬하고도 집요한 폭행을 당하였고, 피고인들에 대한 극도의 공포
심을 가지고, 필사의 도주를 꾀하는 과정에서 순간적으로 그러한 행동을 선택한 것이 인정된다.
따라서 피해자의 그러한 행동이 피고인들의 폭행으로부터 벗어나는 방법으로서 **현저하게 부자
연스럽고 상당하지 못하다고는 말할 수 없다.** 그렇다면, B가 고속도로에 진입해서 **사망한 것은
피고인들의 폭행에 기인하는 것**으로 평가」할 수 있다고 보아, 상해치사죄의 성립을 인정했다.

고속도로로 진입한 개재행위는 일반적으로는 생각하기 어렵지만, 피고인 등의 행위로 유발된
것은 명확하며, 또한 극도의 공포심 하에서 현저하게 부자연·불상당했다고는 볼 수 없다. 폭행
을 피하기 위해서 피해자 스스로가 수중으로 뛰어들어서 사망한 사안과 같이 상해치사죄의 성
립을 인정하는 것이 타당하다.

● **참고문헌** ● 井上弘通·判解平4年度205, 葛藤力三·百総7版26

25 실행행위의 위험성을 능가하는 결과에 대한 기여도가 높은 고의행위의 개재

* 最1小決昭和53年3月22日 (刑集32巻2号381頁·判時885号172頁)
* 참조조문: 형법 제199조[1], 제211조[2]

사람을 곰으로 오인하여 엽총 2발을 발사해 빈사의 중상을 입게 한 후, 살의를 가지고 추가로 엽총 1발을 발사하여 즉사시킨 경우의 처단

● **사실** ● 수렵 면허가 있던 피고인 X는 동트기 전에 곰 사냥을 나갔는데, 산장에 있던 동료를 곰으로 오인해 엽총 2발을 발사하여 피해자 A의 하복부와 하지서혜부에 각각 명중시켰다. 감정결과에 따르면, 하복부의 손상은 장 등에 구멍을 낸 총창, 서혜부의 손상은 가슴·위·간장을 관통하여 심장·좌우 폐에 총창을 각각 초래했다. 그리고 서혜부의 상처는 길어야 10분~15분 정도이면 사망에 이르게 되며, 또한 총상이 심장에 까지 미쳐 수술 자체가 불가능하였다. 또한, 하복부의 상처는 방치할 경우, 2, 3일 안에 사망에 이르게 된다.

X는 빈사의 중상을 입힌 뒤, 오발임을 알아차리고 어차피 도움을 구할 수도 없을 뿐만 아니라 목격자도 없는 상황이므로 차라리 죽여서 조금이라도 빨리 편안하게 해준 뒤 도망가기로 마음먹고, 다시 1발을 발사하여 A의 흉부에 맞춰 즉사시킨 뒤, 사체를 잡목림에 유기하였다.

조사관의 해설에 따르면, 이 세 번째 발사에 의한 상처는 그것 자체로는 반나절이나 하루밖에 살 수 없는 것이었다(아직 생활반응은 있었다). 이상의 3발에 의한 총상은 모두 사망에 원인을 준 것이다. 사인의 주된 것은 상기 서혜부의 창상에 의한 과다출혈이지만, 다른 부위의 상처도 사망의 결과에 영향을 주었고 출혈로 인해 사망의 결과를 앞당기고 있었다.

제1심은 **업무상과실치사, 살인, 사체유기의 공소사실**에 대하여, **업무상과실상해, 살인, 사체유기를 인정**해 양자를 병합죄로 결정했다. 원심은 주의의무의 내용에 관해서만 제1심 판결과 다른 인정을 했지만 제1심 판결을 유지하고, 치사의 결과가 발생하지 않은 시점에 살인의 실행행위가 행하여진 것이기에 업무상과실상해죄와 살인죄가 성립하고, **양자는 책임조건을 달리하는 관계상 병합죄가 된다**고 판시하였다.

변호인은 ① 살인의 실행행위와 사망의 결과 사이에 인과관계가 없다(살해행위(3번째 발사)가 사망의 결과에 준 영향의 유무를 확정할 수 없다)고 하였다. 또한 ② 원심이 업무상과실상해와 살인기수의 성립을 인정하고 양자를 병합죄로 한 점은 最決昭和35年4月15日 (刑集14-5-591), 大判昭和5年10月25日 (刑集9-761), 大判大正12年4月30日 (【26】)에 위배된다며 상고했다.

---

1) 형법 제199조(살인)   사람을 살해한 자는 사형, 무기 또는 5년 이상의 징역에 처한다.
2) 형법 제211조(업무상과실치사상 등)   업무상 필요한 주의를 게을리하여 사람을 사망 또는 상해에 이르게 한 자는 5년 이하의 징역이나 금고 또는 100만 엔 이하의 벌금에 처한다. 중대한 과실에 의하여 사람을 사망 또는 상해에 이르게 한 자도 같다.

● **결정요지** 상고기각. 최고재판소는 변호인의 주장은 모두 형사소송법 제405조의 상고이유에 해당되지 않는다고 본 뒤「**본 건 업무상과실상해죄와 살인죄는 책임조건을 달리하는 관계상 병합죄의 관계에 있는 것으로 해석하여야 한다고 한 원심의 죄수 판단은 그 이유에 수긍할 수 없는 점이 있지만, 결론에 있어서는 정당하다**(最大判昭49·5·29【100】, 最大判昭51·9·22刑集30-8-1640 참조)」고 판시하였다.

● **해설** ● 1 본 건의 의의는 사안으로서 제시된 사실을 전제로 업무상과실상해죄와 살인죄가 병합죄의 관계에 있음을 나타낸 점에 있다하겠다. 죄수에 관한 판례의 큰 움직임(【100】참조)이 있은 이후, 최고재판소가 병합죄의 한계를 어떻게 판단할지가 주목되었다.

원심은 과실범과 고의범은 책임조건이 다르다는 이유로 양자는 병합관계에 있다고 봤지만, 본 결정은【100】의 기준에 따라 2발의 오발행위와 살의가 있는 3발째의 발사행위는 사회견해상 1개의 행위로 볼 수 없다고 보아 상상적 경합이 아닌 병합죄가 되는 것으로 본 것이라 말할 수 있을 것이다.

2 본 결정은 인과관계의 관점에서도 흥미롭다. 본 건의 1, 2발째의 오발행위는 그로 인해 중상을 입히고, 나아가 X자신의 3발째의 발사행위를 유발해서 A를 사망케 한 것이기 때문에 상해치사죄로도 볼 수 있다. 「차라리 죽여서 빨리 편안케 해준 뒤 도망치자」고 결의하고 흉부에 총을 쏘아 즉사시킨 것이기 때문에 조건관계는 인정된다. 최초의 오발행위가 없었으면, 살의를 가지고 3번째 발사를 하지 않았을 것이기 때문이다. 실제로 검찰은 「업무상과실치사죄」로 기소하였다.

3 그러나 본 건 과실행위에는 범인 자신의 살해행위에 의해 초래된 결과는 귀책시킬 수 없다는 점에 대해 판례상 다툼은 없다. 「실행행위가 특수사정·개재사정과 더불어 결과를 발생케 한 것」은 인정할 수 없기 때문이다. 보다 실질적으로는 (1) 본 건 오발행위는 과실행위이기도 하고, 그것만으로 상당인과관계를 인정할 만큼의 위험성이 있었다고는 볼 수 없고, **(2) 실행행위가 개재사정(사살행위)을 유발했다고 말할 수도 있지만, (3) 개재된 고의살해행위는 예외적으로만 발생할 수 있는 것은 물론, 사망의 결과에 기여도가 압도적인 것**이었으므로 인과관계가 부정되는 것이다.

4 본 건에서 조사관은 인과관계에 관하여 논하지만, 상해치사죄의 성부가 아니라 3번째의 엽총발사 행위와 사망과의 결부를 논하고 있다(상해치사죄가 성립하지 않는 것은 당연한 전제이다).

「형법상 살인의 인과관계가 인정되기 위해서는 고의에 의한 살인의 실행행위인 3번째의 발포와 A의 사망 간에 정형적인 인과관계가 있을 것을 요하지만, 종전 판례에 따르면, 이 점에 대해서는 소위 **조건관계가 있으면 충분하다**는 입장을 취하는 것으로 해석된다」고 하며, 행위가 경합한 경우에 그 행위가 결과발생의 조건이면 충분하고, 결과의 발생을 조장하거나 촉진한 것에 지나지 않을 때라도 인과관계가 인정되는 것을 방해하지 않고, 직접성·유일성을 필요로 하지 않는다는 점이 매우 흥미롭다.

● **참고문헌** ● 礒辺衛·曹時34-1-268, 仲道祐樹·□総7版30, 島田総一郎·□総5版22

26 행위자의 행위의 개입과 행위의 단복(單複)

* 大判大正12年4月30日(刑集2卷378頁)
* 참조조문: 형법 제199조1), 제210조2)

> 행위자 자신의 행위가 개입한 경우에, 실행행위를 어떻게 인정하고 결과로서의 인과관계를 어떻게 판단할 것인가?

● **사실** ● 피고인 X는 남편의 전처 자식인 A를 살해하고자 마음먹고, 오전 2시경 숙면중인 A의 목을 가는 줄로 졸랐다(제1행위). A가 움직이지 않게 되자 사망한 것으로 생각한 X는 범행 발각을 막을 목적으로, 가는 줄을 풀지 않은 채 A를 1km 이상 떨어진 해안의 모래 위로 옮겨 방치한 채 귀가하였다(제2행위). 그러나 A는 해안의 모래를 흡인하여 사망하기에 이른다.

원판결은 살인기수죄의 성립을 긍정했지만, 변호인은 상고하였다. 사망의 원인이 된 모래사장 위에 방치한 시점에 피고인은 살인의 고의가 없었으므로 살인미수죄와 과실치사죄(의 경합죄)밖에 인정할 수 없다고 주장했다.

● **판지** ● 상고기각. 「X의 살해목적을 위해서 행위를 한 후 X가 A는 이미 사망하였다고 생각하고 범행 발각을 막을 목적으로 해안으로 운반하여 모래사장에 방치한 행위에 대하여 이 행위가 없었더라면 모래의 흡인을 야기하는 일이 없었을 것은 물론 본래 살인의 목적을 가지고 한 행위가 없었다면 범행발각을 방지할 목적으로 모래 위에 방치하는 행위도 발생하지 않았을 것이며 사회생활상의 보통 관념에 비추어 X의 살해의 목적을 가지고 한 행위와 A의 사망 사이에 **원인결과의 관계가 있다는 것을 인정하는 것을 정당하며 X의 오인으로 인해 사체유기의 목적으로 한 행위로 조금도 상기의 인과관계를 차단할 수 없기 때문에** 피고의 행위는 형법 제199조의 살인죄를 구성하므로 이 경우에는 살인미수죄와 과실치사죄의 병존을 인정할 수 없다.

● **해설** ● 1 행위자는 **제1행위로 결과를 발생시켰다고 생각하여 제2행위를 나아간 바, 실제로는 제2행위에 의해 비로소 결과가 실현된 사안**을 처리할 경우에 있어, 제1행위와 제2행위를 1개의 실행행위로 평가할 수 있을지를 검토하지 않으면 안 된다. 그리고 고의도 인정하지 않으면 안 된다. 물론, 성립할 범죄의 고의는 실행의 착수 시에 인정되어야 한다. 상정한 것과 다른 인과경과를 따라간 것은 고의의 성부에는 영향을 주지 않는다(【8】 참조). 완전히 1개의 실행행위로서 평가할 수 있을 경우에는 결과와의 인과관계의 문제는 발생하지 않는다.

2 일응 나누어서 생각되는 본 건과 같은 경우에는 **행위자의 행위가 개입되었을 경우의 인과관계의 존부**를 문제삼아야 한다. 대심원은 「인과관계를 차단한다고 볼 수 없기 때문에 X의 행위는 형법 제199조의 살인죄를 구성하는 것」으로 판단한 것이다. 여기에서는 제1행위가 살인

---

1) 형법 제199조(살인) 사람을 살해한 자는 사형, 무기 또는 5년 이상의 징역에 처한다.
2) 형법 제210조(과실치사) 과실로 인하여 사람을 사망에 이르게 한 자는 50만 엔 이하의 벌금에 처한다.

의 실행행위로 파악되고, 사망과의 인과관계가 고려되었다. 본 건의 경우, 개재사정의 이상성(異常性)이 적다고 볼 수 있을 것이다. 또한, 개재행위의 결과에 대한 기여도도 절대적이지 않다. 때문에 인과관계의 상당성을 인정한 판단은 타당하다.

3 최근의 판례에서 살의를 가지고 피해자의 배후에서 등을 칼로 수회 찔러 살해하고자 하였고, 이후 **죄증을 은멸하기 위해서 가옥에 방화**한 바, 비록 피해자가 빈사상태였지만 여전히 생존하고 있어, 집을 전소시키는 동시에 **피해자를 소사케 한** 경우에 칼로 찌른 행위와 사망간의 인과관계가 문제가 되었다. 빈사상태에까지 이르게 한 자상행위가 있고, 살해 현장에서 증거인멸을 위해 방화하는 것도 종종 볼 수 있는 바, 자상행위와 피해자의 사망 사이에는 인과관계가 인정된다(水戸地判平17·3·31 裁判所 web site). 여기에서도 자상행위로부터 소사까지가 일련의 살해행위로 파악되었다. 살의가 인정되는 것은 분명하다.

4 대심원은 피해자를 살해하고자 벼랑에서 강으로 밀쳐 떨어뜨렸으나, 낙하 도중 나무에 걸려 피해자는 인사불성에 빠지게 되었다. 행위자는 자신의 행위를 은폐·가장하기 위해 피해자를 돕고자 하였으나 자신도 추락할 것 같아 손을 놓아 사망에 이르게 되었다고 항변한 사안에서도 살인미수죄를 인정하였다(大判大12·3·23刑集2-254).

최고재판소도 쇼크 상태에 빠진 강간 피해자를 이미 사망한 것으로 오인하여 옥외에 방치하여 동사시킨 사안에서, 最決昭和36年1月25日(刑集15-1-266)은 강간치사죄의 성립을 인정했다. 옥외에서 강간하여 쇼크상태를 일으키고 방치한 것이기 때문에, 강간행위에 사망의 결과를 귀책시킬 수 있다.

5 이에 반해 【25】는 권총을 잘못 쏘아 피해자에게 중상을 입힌 자가 피해자가 너무나 고통스러워하여 총으로 사살한 사안에 대해서는 오발행위와 사망간의 인과관계를 부정했다. 도중에 개재한 의도적 사살행위의 이상성과 결과발생에의 기여도의 정도로부터, 인과관계가 부정되는 것은 당연하다고 말할 수 있을 것이다.

6 학설 중 일부는 본 건과 같은 사안을 베버(Weber)의 개괄적 고의의 문제라 부르며 인과관계와는 별개의 문제로 취급해 왔다. (a) 제1행위와 제2행위를 별개로 평가하여 제1행위의 고의범의 미수와 제2행위의 과실범의 성립을 인정하는 입장과 (b) 제2행위는 일련의 범죄행위의 부분에 지나지 않고, 최초에 예견한 사실이 결국은 실현되었으므로 제1행위의 기수성립을 인정하는 입장, 나아가 (c) 최초에 예견한 사실이 실현되었지만 당초 예견하였던 것과 다른 인과경로를 밟은 것이기 때문에, 인과관계의 착오문제로서 처리하자는 입장 등이 있다.

그러나 제1행위와 제2행위를 별개 독립적으로 평가할 것인지 여부는 구체적 사안에 따라야 한다. 또한 「인과관계의 착오 유무는 주관과 객관의 엇갈림이 상당인과관계의 범위를 벗어난 것인지 여부에 따른」다고 하고 있으므로, 실질적으로는 제1행위와 결과 간의 인과관계 판단은 거의 중첩되는 것이다.

● **참고문헌** ● 髙山佳奈子·百総5版30

27 고의의 성부와 위법성인식

* 最3小判平成元年7月18日(刑集43卷7号752頁·判時1329号190頁)
* 참조조문: 형법 제38조[1] 公衆浴場法 제8조 1호, 제11조

무허가 영업의 인식의 구체적 인정

●**사실**● 대표이사 피고인 X는 S시에서 S현 지사의 허가를 받지 않고 1966년 6월 6일부터 1981년 4월 26일에 걸쳐 무허가 공중목욕탕을 운영한(공중욕장법 제11조·제8조 1호·제2조 1항) 사안이다. 이 공중탕은 원래 X의 아버지 Y가 1966년 3월 12일에 S현 지사로부터 영업허가를 받아 영업을 시작하였으나 같은 해 6월 6일부터는 X가 사실상 경영하게 되었다. 하지만 풍속영업등단속법 및 S현의 동법 시행 조례의 개정으로 인해 본 건 목욕탕이 독실욕탕의 영업금지구역의 범위에 포함되게 된 결과, 피고회사가 새롭게 허가를 받을 수도 없게 되었다.

이런 상황에서 X는 Y명의의 허가를 피고회사명의로 변경하고자 하였지만, 공중욕장법에서는 영업의 양도·상속의 경우에 다시 새롭게 허가를 받도록 되어 있어 현의회의원을 통해 현의 담당자에게 진정하고, 1982년 11월 18일에는 최초의 허가신청자를 Y에서 피고회사로 변경하는 취지의 공중목욕탕영업허가신청사항변경신고를 현에 제출하였다. 같은 해 12월 12일 동 변경신청이 지사에게 수리되어, 공중목욕탕대장의 기재가 정정되었다. 그러나 피고회사에 공중목욕탕업의 허가증이 교부되지는 않았었다.

원심이 상기의 변경신청수리에는 중대하고도 명백한 하자가 있어 무효이므로 이것에 의해 피고회사가 영업허가를 받았다고는 볼 수 없고, 또한 X에게는 변경신청수리 이후에도 무허가 영업에 대한 인식이 있었다고 보아 유죄를 인정하자 변호인이 상고했다.

●**판지**● 파기자판.「변경신청수리에 의해 피고회사에 대한 영업허가가 있었다고 볼 수 있는 것인지 여부에 대한 문제는 일단 접어두고 …… 기록에 의하면 X는 1972년이 되어 Y의 건강이 악화되자 본 건 목욕탕에 대해 피고회사명의의 영업허가를 얻고 싶다는 취지를 S현의 회의원 H를 통해서 S현위생부에 진정하고, 동 부서 **공중위생과장 보좌 K로부터 변경신청 및 이것에 첨부되는 서류 등의 교시를 받아 작성**하여 S시 남부보건소에 제출하였지만, 그 수리 전에 동 과장 보좌 및 동 **보건소장 M으로부터 현이 이것을 수리할 방침이라는 취지는 들었고**, 수리 직후 그것이 H현의회를 통하여 연락받았기 때문에 X로서는 이 **변경신청수리에 의해 피고회사에 대한 영업허가가 이루어진 것으로 인식하였던** 점, 변경신청수리 전후를 막론하고 X 등 피고회사관계자는 본 건 목욕탕을 운영하고 있는 것이 피고회사임을 은폐하려고 한 적은 없지만, 1981년3월에 S시의회에서 변경신청수리가 문제가 되어 신문 등에 보도될 때까지는 본 건 욕장의 정기적 검사 등을 실시한 S시 남부보건소는 물론 누구에게서도 피고회

---

1) 형법 제38조(고의) ① 죄를 범할 의사가 없는 행위는 벌하지 아니한다. 단, 법률에 특별한 규정이 있는 경우에는 그러하지 아니하다. ② 중한 죄에 해당하는 행위를 하였지만 행위 당시 그 중한 죄에 해당하게 된다는 사실을 알지 못하였던 자는 그 중한 죄에 의하여 처단할 수 없다. ③ 법률을 알지 못하였을지라도 그에 의하여 죄를 범할 의사가 없었다고 할 수 없다. 단, 정상에 의하여 그 형을 감경할 수 있다.

사의 영업허가가 문제된 적이 없었던 점, 1981년 5월 19일에 S현 지사가 피고회사에 대하여 변경신고 또는 그 수리가 무효라는 취지의 통지가 이루어진 점, 피고회사는 그 이전의 같은 해 4월 26일에 자발적으로 본 건 목욕탕의 경영을 중지하였던 점 등 이상의 사실이 인정되어 **X가 변경신청수리에 의해 피고회사에 대한 영업허가가 있었던 것으로 인식하여 본 건 목욕탕의 경영을 담당하였던 것은 분명하다**고 본다.

● **해설** ● 1 본 사안에서 X는 변경신고수리는 인식하였고 정식으로 허가가 나지 않고 있는 사실도 인식하고 있는 이상, 무허가에 대한 인식은 존재하였던 것이어서 금지된 무허가 영업을 「허용된」 것으로 잘못 믿은 **법률의 착오** 문제라 생각된다.

2 법률의 착오와 관련하여 (a) 위법성인식이 결여되면 고의도 결여된다고 보는 **엄격고의설**를 지지하는 자는 거의 없고 (b) 위법성인식에 대한 가능성이 결여되면 고의(책임)가 결여된다고 보는 **제한고의설(책임설)**이 유력하다.

그러나 최고재판소는 (c) **사실의 착오**로 취급하여 무허가 영업에 대한 인식의 결여로 고의가 없다고 보았다. 판례는 제한고의설이나 책임설을 채용하지 않고, 위법성인식의 가능성을 음미하기 전에 고의가 인정되어질 수 있는 사실의 인식을 인정할 수 있는가를 음미한다.

3 사실의 착오와 법률의 착오의 구별(그리고 고의의 존부)은 자연적인 사실의 인식 유무의 심사에 의해 형식적으로는 결정할 수 없다.

본 건에서도 무허가영업죄의 고의비난을 기초지우는 사실의 인식은 ① 권한이 있는 자에게 문의해서 허가 신청을 하고, ② 현의회의원 등으로부터 허가신청이 수리되었음을 들었으며, ③ 허가가 무효인 취지의 통지가 있기 이전에 경영을 중지하고 있는 점 등의 사실이 인정되는 것이다.

4 판례의 이와 같은 법률의 착오에 대한 처리와 관련해서는 법규의 제정에 의해 비로소 위법의 내용이 결정되는 측면이 강한 행정형벌법규의 경우에는 구성요건해당사실의 인식만으로는 일반인은 행위의 위법성을 알 수 없는 경우가 상당히 많으며, 판례의 입장에 설 경우에는 가혹한 결론에 이른다는 비판이 제기되어 왔다.

그러나 추월금지구역에서의 추월을 예로 생각하면, 판례는 차를 추월한다는 인식에 더해서, **추월금지에 대한 인식**이 필요하다고 본다(東京高判昭30·4·18高刑83-325). 같은 맥락에서, **수렵금지구역에 대한 인식**이나 수렵금지기간에 대한 인식이 없으면 금지구역·기간 내의 사냥행위로서 처벌할 수는 없다고 본다(東京高判昭35·5·24高刑13-4-335).

5 판례는 고의책임을 묻기 위해서는 위법성에 대한 인식까지 요구하지 않지만 「일반인이라면 그 죄의 위법성을 인식할 수 있을 만한 중요한 범죄사실의 인식」은 요구한다. 그것을 구체적인 범죄유형마다 음미하는 것이 실무상의 고의이론의 중핵이며, 형식적으로 「범죄사실의 인식」을 인정한 뒤에 위법성인식가능성의 유무에 의해 「고의」 「책임」의 유무를 판단하는 것은 실천적이지는 않다(大阪高判平21·1·20判夕1300-302 참조).

● **참고문헌** ● 香城敏麿·判解平元年度254, 大谷實·判評379-70, 松尾誠紀·囩総7版94, 菊池則明『新実例刑法(総論)』218

28 무면허운전의 고의에 필요한 사실의 인식

* 最3小決平成18年3月27日(刑集60卷2号253頁·判時1929号124頁)
* 참조조문: 형법 제38조 제1항·제3항[1]), 도로교통법 제64조[2]), 제117조의4[3])

> 일부가 떨어져 나가 10인승 이하의 좌석이 된 대형자동차를 보통자동차면허로 운전할 수 있다고 생각하여 운전한 경우, 대형차에 대한 무면허운전의 고의가 인정되는가?

● **사실** ● 길이 502cm, 폭 169cm, 높이 219cm로 본래는 운전석을 포함한 좌석 합계가 15인승의 대형이었지만 이전부터 후방의 6좌석을 떼어 낸 본 건 차량을 보통자동차면허만을 가지고 있는 자가 운전한 행위가 무면허운전죄에 해당되어 기소되었다. 본 차량의 자동차검사증에는 본 건 운전 당시에도 승차정원이 15인으로 기재되어 있었다.

피고인 X는 자신이 가지고 있는 보통자동차면허로 대형자동차를 운전할 수 없다는 것을 알고 있었고, 양자의 구분을 대형자동차는 크다는 정도로만 생각하고 있었기 때문에 상기와 같이 본 차량 좌석의 상황을 인식하면서도 본 건 차량의 승차정원에 대해 각별한 관심을 갖지 않은 채, 회사 상사로부터 사람을 승차시키지 않으면 보통자동차면허로도 본 건 차량을 운전해도 된다는 말을 들었고, 본 건 차량에 비치된 자동차검사증의 자동차 종별란에 「보통」이라고 기재되어 있음을 본 것 등으로부터 본 건 차량을 보통자동차면허로 운전할 수 있다고 생각하여 운전을 하였다.

● **결정요지** ● 상고기각. 도로교통법시행규칙 제2조는 「대형특수자동차, 대형자동이륜차, 보통자동이륜차 및 소형특수자동차 이외의 자동차로 차량 총중량이 8000kg 이상의 것, 최대적재량이 5000kg 이상의 것 또는 승차정원이 11인 이상의 것을 대형자동차로 하고 그 외의 것을 보통자동차로 정하고 있는바, **승차정원이 11인 이상인 대형자동차의 좌석 일부가 떨어져 나가 실제 좌석이 10개 이하가 된 경우에도, 승차정원의 변경에 대해 국토교통부장관이 행하는 자동차검사증의 기입을 받지 않은 경우에는 그 차량은 여전히 도로교통법상 대형자동차에 해당**되므로 본 건 차량은 동법상의 대형자동차에 해당된다고 보아야 할 것이다. 따라서

---

1) 형법 제38조(고의) ① 죄를 범할 의사가 없는 행위는 벌하지 아니한다. 단, 법률에 특별한 규정이 있는 경우에는 그러하지 아니하다. ③ 법률을 알지 못하였을지라도 그에 의하여 죄를 범할 의사가 없었다고 할 수 없다. 단, 정상에 의하여 그 형을 감경할 수 있다.

2) 도로교통법 제64조(무면허운전의 금지) ① 누구라도 제84조 제1항의 규정에 의한 공안위원회의 운전면허를 받지 않고(제90조 제5항, 제103조 제1항 또는 제4항, 제103조의2 제1항, 제104조의2의 3 제1항 또는 제3항, 또는 동조 제5항에서 준용하는 제103조 제4항의 규정에 의해 운전면허의 효력이 정지된 경우도 포함), 자동차 또는 원동기장치자전거를 운전해서는 안 된다.

3) 도로교통법 제117조의4 : 다음 각 호의 어느 하나에 해당한 자는 1년 이하의 징역 또는 30만 엔 이하의 벌금에 처한다. 1. 제51조의3(차량 이동보관 관계사무의 위탁) 제2항, 제51조의12(방치차량 확인 기관) 제6항, 제51조의15(방치 위반금 관계사무의 위탁) 제2항, 제108조(면허관계 사무의 위탁) 제2항 또는 제108조의2(강습) 제4항의 규정을 위반한 자. 2. 제89조(면허의 신청 등) 제1항, 제101조(면허증의 갱신 및 정기 검사) 제1항 또는 제101조의2(면허증의 갱신 특례) 제1항의 질문표에 허위로 기재하여 제출하거나 제101조의5(면허를 받지 않은 자에 대한 보고 징수) 또는 제107조의3의 2(국제운전면허증 등을 소지한 자에 대한 보고 징수)의 규정에 의해 공안위원회의 요구가 있었던 경우에 허위로 보고한 자.

전기의 사실관계 하에서는 **본 건 차량의 좌석 현황을 인식하면서 그것을 보통자동차면허로 운전한 X에게는 무면허운전의 고의가 인정된다**고 보아야 할 것이다」.

● **해설** ● 1 구성요건적 고의가 인정되기 위해서는 원칙적으로 범죄구성요건에 해당되는 객관적 사실의 중요부분을 인식함과 동시에 그 의미의 인식이 필요하다. 다만 객관적 구성요건 요소의 어느 부분을 어느 정도로 구체적으로 인식할 필요가 있는가에 대해서는 구체적으로 검토하지 않으면 안 된다.

2 본 건에서는 보통면허로는 운전할 수 없는 「대형차」에 대한 인식의 유무, 실질적으로는 **고도의 기술이 없으면 운전이 허가되지 않는 차량인 것에 대한 인식의 유무**가 문제된다. 여기서 본 건과 같은 크기이지만 어떠한 개조도 하지 않은 버스를 보통자동차면허로 운전할 수 있다고 생각한 경우에는 아무리 위험성을 인식하지 못하였다고 하더라도 고의가 인정됨에는 다툼이 없을 것이다.

3 다만 본 건에서는 좌석이 9석 밖에 없었고 X는 상사로부터 사람을 승차시키지 않으면 보통면허로 운전해도 괜찮다는 말을 들었다. 또한 자동차검사증의 자동차 종별란에 「보통」이라고 기재되어 있음을 인식하고 있었다(단 자동차검사증의 자동차종별란의 「보통」 기재는 도로운송차량법의 규정에 의해 구별되고 도로교통법상의 보통자동차의 개념과는 다르다).

4 하지만 최고재판소는 본 건의 위와 같은 사실관계 하에서 그 사실에 대한 인식이 존재하면 본 죄의 고의성립을 결하는 것은 아니라고 보았다.

자동차검사증의 승차정원란의 기재가 10인 미만으로 변경된 것을 인식했던 경우는 객관적으로는 「대형자동차」였다고 하더라도 고의를 부정할 여지가 있다. 하지만 본 건에서는 승차정원은 확인되지 않았고 단순히 좌석의 일부가 떨어져 나가 좌석이 대형자동차에 상당하는 수가 아니라는 인식이 있었던 것에 지나지 않는다. 설령 좌석의 일부가 떨어져도 소형버스와 보통면허로 운전할 수 있는 보통자동차로써 일반인이 상정하는 것은 실질적으로 상당히 차이가 있다고 말하지 않을 수 없다. 좌석을 떼어내는 것은 비교적 용이하고 개조가 종종 행해진 것은 인식하고 있었다 할 수 있다. 적어도 일반인은 단지 소형버스 좌석의 일부가 떨어져 나간 것을 인식한 것만으로는 정원이 변하여 대형자동차가 아닌 것이 되었다고 생각하지 않는다.

또한 상사가 보통면허로 운전가능하다고 설명한 것도 육운국(陸運局: 차량등록사업소) 등에 확인하는 것과는 다르고 고의를 부정할 사정이 될 수 없으며, 자동차검사증의 자동차종별란의 「보통」의 개재도 이와 같다.

5 「고의에 기초한 인식」으로는 東京地判平成14年12月16日(判時1841-158)의 판례가 중요하다. 동경지방재판소는 민간 차량검사장의 직원에게 뇌물을 준 사안에 관하여 동 차량검사장이 육운국과 같은 법적 효과를 발생시키는 검사를 하고 있음을 인식하였다면 직원이 형법 적용에 대해 **간주 공무원(みなし公務員)**으로 간주될 것을 직접적으로 몰랐다고 하더라도 그 실질적 근거가 되는 사실에 대한 인식은 있었다고 볼 것이고, 뇌물죄를 성립시키는 위법의 실질을 기초로 사실의 인식이 결여된 것은 아니라고 하였다.

● **참고문헌** ● 松原久利·平18年度重判159, 上田哲·判解平18年度145, 星周一郎·信大法学論集 12-14

29 고의성립에 필요한 인식과 개괄적 고의

* 最2小決平成2年2月9日(判時1341号157頁・判夕722号234頁)
* 참조조문: 형법 제38조1)

> 각성제를 일본에 수입한 자에게, 일본으로의 반입이 금지되어 있는 화장품이라고 설명한 경우
> 에 각성제수입죄의 고의가 인정될 것인가?

● **사실** ● 피고인 X는 타이완에서 Y로부터 「화장품」 운반을 의뢰받았다. 그런데 당해 화장품은 일본으로의 반입이 금지된 것이었기 때문에 복대 안에 숨겨 들어가도록 지시받았다. X는 외부 감촉으로 보아 분말상태로 되어 있음을 알았고, 그것을 복대 안에 넣어 검색대를 통과하여, 각성제 3kg을 일본에 밀수입하였다. 그리고 그 중 2kg을 도내의 호텔에서 소지했다.

X는 각성제에 대한 인식은 없었다고 주장했지만, 제1심은 운반 시 상황이나 그 물건의 형상 등으로 보아, X는 「일본으로 반입해 들어오는 것이 금지되어 있는 위법한 약품이라는 인식은 가졌던 것으로 인정된다」라고 하여 「각성제라는 명확한 인식은 없었다하더라도 X에게 있어 각성제단속법위반죄의 고의는 성립한다」고 판시하였다. 그리고 원심도 「확정적으로 각성제임을 인식할 필요까지는 없고, 위법 유해한 약품으로서 각성제를 포함하는 수종의 약품을 인식 예견했지만, 구체적으로는 그중 어떤 종류인지 불확정하더라도 소위 **개괄적 고의**가 성립한다고 보아, 각성제수입죄·동소지죄의 성립을 인정하였다.

● **결정요지** ● 상고기각. 최고재판소는 「X는 본 건 물건을 밀수입하여 소지할 때, **각성제를 포함한 신체에 유해하여 위법한 약품류라는 인식은 있었다고 보이기 때문에 각성제일지도 모르고, 그 밖의 신체에 유해하여 위법한 약품일지도 모를 것이라는 인식은 존재하였던 것으로 결론지을 수 있다.** 그렇다면 각성제수입죄·동소지죄의 고의가 결여되지는 않는다」고 하여 원판결의 판단을 유지하였다.

● **해설** ● 1 고의란 구성요건사실의 인식과 용인이다. 그런데 본 건에서 최고재판소는 각성제수입죄에 있어 「각성제를 포함한 신체에 유해하고 위법한 약물류」라는 인식만 존재하면 고의가 인정된다고 본다(최고재판소는 약물사범에 대한 고의내용을 이전부터 느슨하게 파악하여 「각성제를 수입하고 있다」는 인식까지는 요하지 않았다.【32】참조). 위법한 약물임을 알면서도, 그것이 구체적으로 어떠한 규제약물에 해당하는지에 대한 인식없이 행위한 경우에도, 예를 들면 「마약이나 각성제류에 해당된다」는 인식만 존재하면, 그 범위에서 대상약품의 성질에 대응하는 고의가 있다.

2 ① 「약물 이외의 무언가 위법한 것」으로 생각하며 일본으로 반입했다 하더라도 각성제수

---

1) 형법 제38조(고의) ① 죄를 범할 의사가 없는 행위는 벌하지 아니한다. 단, 법률에 특별한 규정이 있는 경우에는 그러하지 아니하다. ② 중한 죄에 해당하는 행위를 하였지만 행위 당시 그 중한 죄에 해당하게 된다는 사실을 알지 못하였던 자는 그 중한 죄에 의하여 처단할 수 없다. ③ 법률을 알지 못하였을지라도 그에 의하여 죄를 범할 의사가 없었다고 할 수 없다. 단, 정상에 의하여 그 형을 감경할 수 있다.

입죄의 고의는 인정되지 않지만 ②「각성제」라고 생각하며 일본으로 반입한 것이 법률상 금지되지는 않는다고 생각하더라도 고의가 인정된다. 다만 ③「각성제」라고 들었음에도 각성제가 약물이라는 사실을 모르고 「고가의 화장품」으로 인식하였다면 각성제수입죄에 대한 고의는 없다.

3 각성제수입죄의 경우 「엄격한 법규제의 대상이 되고, 의존성 약리작용을 하는 심신에 유해한 약물(類)이라는 인식」은 있었지만, 각성제(種)인 줄은 몰랐을 경우이더라도 각성제소지죄에 대한 고의가 인정된다(「類」는 「種」의 상위계념으로 많은 「種」을 포함한다). 그리고 그러한 인식은 「최소한 그러한 인식이 있으면, 원칙적으로서 당해 범죄에 대한 고의비난이 가능해 진다」라는 의미에서 **미필의 고의, 고의의 하한의 인식**이라고도 부를 수 있을 것이다.

다만 고의는 어디까지나 「구성요건사실」의 실질적 인식이 아니면 안 된다. 세세한 부분에 걸친 정확하고도 구체적 인식까지는 요하지 않지만, 실질적으로 구성요건해당 사실의 인식이 있었다고 평가할 수 있어야 한다. 형법상 위법한 것은 모든 법익침해나 위험이 아니라 구성요건에 해당하는 법익침해나 위험만이기 때문이다. 본 사안의 경우도 법규에 규정된 물질명의 인식까지는 불요하며, 그 속성에 대한 인식이 있으면 족하다.

4 따라서 「각성제에 대해 인식하지 못하였다고 고의가 없다」라고 보는 것은 잘못된 것이다. 그러나 동시에 「마약의 일종」이라는 인식만으로는 각성제의 고의를 인정할 수 없으며, 달리 말하면 「유해한 의존성 약물일반」에 대한 인식만으로 부족하고, 무거운 각성제소지죄의 고의로는 「특히 유해」한 것에 대한 인식을 요하는 것이다. 단지, 본 건에서는 밀수의 수단이 과장되어 Y 등이 상당히 막대한 비용을 지불하고 있는 점, X는 본 건 물건이 분말상태였던 것에 대한 인식이 있었으며, 게다가 X는 코카인의 흡입경험이 있었던 점 등이 실질적으로 각성제의 고의 긍정에 크게 영향을 주고 있다. 정말로 **당해 상황에 놓여진 일반인이라면 각성제수입죄의 위법성을 인식할 수 있는 정도의 사실의 인식**이 있었을 경우라고 말할 수 있을 것이다.

5 또한 千葉地判平成8年9月17日(判時1602-147)은 영리목적으로 마약인 헤로인을 밀수입했지만, 피고인이 밀수한 물건이 마약인줄 몰랐다고 주장한 사안으로 「헤로인이라는 확정적인 인식이 있었다고까지는 인정할 수 없다. 그러나 위 인식에는 헤로인을 제외하는 취지라든가 또는 그것이 헤로인 이외의 마약에 해당한다고 인식한 사정은 없기 때문에 헤로인도 마약의 일종인 이상, 피고인에게는 헤로인 수입의 고의가 인정됨에 충분하다」라고 판시하고 있다. 역시, 「類」의 인식만으로 충분한 것이다(最決昭61·6·9刑集40-4-269 참조).

6 그리고 톨루엔(toluene) 등을 함유하는 시너(thinner) 소지죄에 대해, 시너이지만 톨루엔은 포함되지 않았던 것으로 인식하였던 경우에 고의는 부정된다(東京地判平3·1219判タ795-269). 톨루엔이라고 하는 극물(劇物)의 명칭을 모르더라도 신체에 유해하고 위법한 약품을 함유하는 시너에 대한 미필적 인식은 필요하며, 당해 시너에는 톨루엔이 함유되지 않았(위법한 약품이 들어 있지 않은)다고 명확하게 인식하고 있었다면 고의가 부정된다. 大阪地判坪城21年3月3日(裁判所 web site)에서도 마약으로 지정되기 전에 구입하였었던 메칠의 잔량을 소지하고 있었던 사안에 대해서, 해당약품이 메칠이라는 인식은 있었지만, 마약 등의 위법한 약품이라는 인식은 없었던 취지의 피고인의 변명을 배척할 수 없다고 하여 무죄를 선고하였다.

● **참고문헌** ● 岡上雅美·固総7版82, 原田國男·J958-80, 木村光江·判例セレクト90年34

30 고의와 위법성인식가능성

* 最1小決昭和62年7月16日(刑集41卷5号237頁·判時1251号137頁)
* 참조조문: 형법 제38조[1] 通貨及證券模造取締法1條

경찰관의 조언을 신뢰한 행위와 위법성인식가능성

●**사실**● 피고인 X는 자신이 경영하는 음식점을 홍보하기 위해 100엔 지폐와 같은 크기, 같은 도안, 거의 같은 색으로 디자인하고, 상하 2곳에 작게 「서비스권」이라는 글자와 상호명, 전화번호 등을 기재하였고, 뒷면은 광고를 기재한 서비스권을 인쇄하였다. 단지, X는 서비스권 작성 전에 인쇄소로부터 문제가 되지 않겠는가라는 지적을 받은 까닭에 경찰서에 찾아가 알고 지내던 순경들에게 문의한 바, 그들은 통화및증권모조단속법의 조문을 보여주며 지폐로 혼동하기 쉬운 외관의 서비스권은 불가하다는 구체적인 조언을 하였다.

하지만 X는 경찰관들의 태도가 호의적인 것 등으로 미루어, 그 조언을 무게 있게 받아들이지 않고, 처벌되지 않을 것이라 낙관하고 서비스권을 작성하였다. 더욱이 이후 만들어진 서비스권을 동 경찰서에 배포하였지만 별다른 주의나 경고를 받지 않게 되자 점점 안심하게 되어 서비스권을 계속해 만들어 냈다. 한편, 피고인 Y도 X의 말을 전적으로 신뢰하여, 서비스권을 작성함에 있어 독자적으로 조사하지 않고, 별다른 불안감 없이 자신이 경영하는 음식점의 선전용으로 서비스권을 작성하였다.

제1심과 항소심은 위법성착오에 대해 상당한 이유가 없다고 보아, X와 Y를 각각 통화및증권모조단속법 제1조 위반으로 유죄에 처했다. 이에 대하여 변호인은 위법성착오에 있어 상당한 이유가 존재하고 있음을 주장하며 상고하였다.

●**결정요지**● 상고기각. 「위와 같은 사실관계 아래에서, 피고인 X가 제1심 판시 제1의 각행위의 또한 피고인 Y가 동 제2의 행위에 대한 각 위법성인식을 결여하였다 하더라도, 그것에 대해 모두 **상당한 이유가 있는 경우에는 해당되지 않는다**고 본 원판결의 판단은 이를 시인할 수 있기 때문에, **행위의 위법성인식을 결하는 것에 관하여 상당한 이유가 있으면 범죄는 성립하지 않는다는 견해의 채용 여부에 관한 검토를 기다릴 것 없이**, 본 건 각 행위를 유죄로 본 **원판결의 결론에 잘못은 없다**」.

●**해설**● 1 실무상의 고의가 「일반인이라면 그 죄의 위법성을 인식할 수 있을 만큼의 사실의 인식」인 이상(前田『刑法總論講義 7版』161쪽), **원칙적으로 고의가 존재하면 위법성인식은 가능하다.** 그러나 고의가 있다 하더라도 언제나 책임비난이 가능한 것은 아니다. 「위법성인

---

1) 형법 제38조(고의) ① 죄를 범할 의사가 없는 행위는 벌하지 아니한다. 단, 법률에 특별한 규정이 있는 경우에는 그러하지 아니하다. ② 중한 죄에 해당하는 행위를 하였지만 행위 당시 그 중한 죄에 해당하게 된다는 사실을 알지 못하였던 자는 그 중한 죄에 의하여 처단할 수 없다. ③ 법률을 알지 못하였을지라도 그에 의하여 죄를 범할 의사가 없었다고 할 수 없다. 단, 정상에 의하여 그 형을 감경할 수 있다.

식의 가능성」이 완전하게 「범죄사실의 인식」 속에서 해소되는 것은 아니다. 고의는 「『그 죄』의 위법성을 인식할 수 있을 만큼의 사실의 인식」이 아니면 안 된다. 때문에 위법성인식가능성을 결하는 사정 중에는 「고의」 안에 전부 포함될 수 없는 부분이 생길 수 있는 것이다.

2 그 경우에는 예외적으로 책임조각을 인정할 필요가 생길 수 있다. 예를 들면, 당해 행위가 일반적으로 범죄에 해당될 것이라는 인식은 충분히 있었지만, 경찰이나 검찰에 문의한바 「현시점에서는 정당한 행위다」라는 취지의 회신을 받고 그것을 믿은 사안에서는 책임이 부정될 수 있다(단지, 무허가행위가 처벌의 대상이 될 경우에는 행정담당자의 조언에 의해 「허용된다」라고 생각했을 경우의 대부분은 「허가되었다」고 인식한 것이어서, 고의의 레벨로 처리되게 된다).

3 다만 하급심판결에서는 예를 들어, 東京高判昭和44년9월17日(判時571-19)과 같이, 「영화 상영도 또 형법상의 음란성을 띠는 것이 아니고, 법률상 허용된 것으로 믿은 것에 대해, 상당한 이유가 있었던 것으로 보아야 하며 …… 피고인들은 모두 형법 제175조(음란물반포 등)의 범의를 결하는 것으로 해석하는 것이 상당하다」라고 하여, 위법성인식가능성을 결하여 고의가 없다고 본 것도 보인다. 그러나 그것은 예외적인 것이며, 고의규정의 전제로서 위법성인식가능성을 요구하지는 않고, 고의를 「위법성인식을 가능성으로 하는 사실의 인식」로 해석한다(【27】참조).

4 본 결정은 가정적이기는 하지만 고의의 존부 판단에 있어서 「위법성인식의 가능성」을 문제 삼고 있다. X는 경찰로부터 「지폐로 혼동되기 쉬운 외관의 서비스권은 불가하다」는 구체적인 조언을 받았음에도 이를 중시하지 않고 서비스권 甲을 작성하여 동경찰서에 배포하였지만 별다른 주의도 받지 않아 서비스권 乙도 작성하였으며, Y는 X가 「경찰에서 문제없다」라고 하므로, 서비스권 丙을 작성했다고 하는 사실인정 하에, 최고재판소는 「위법성인식을 결하였다하더라도, 그것에 대해 모두 다 상당한 이유가 있는 경우에 해당되는 것은 아니라는 원판결의 판단은 이를 시인할 수 있다」라고 판시하였다. 단 **「행위의 위법성인식을 결함에 있어 상당한 이유가 있으면 범죄는 성립하지 않는다」라는 견해의 채용여부에 대해 논의를 피하였던** 것이다. 그 의미에서 최고재판소가 제한고의설이나 책임설을 채용하지 않은 것은 분명하다. 어디까지나 위법성인식을 결하고 있었던 것에 대해 상당한 이유는 없다고 본 것에 지나지 않는다.

5 만약, 경찰이 처음부터 「이 정도의 것은 형식적으로 범죄에 해당하지만, 허용된다」라고 설명하고 있었더라면, 모조죄의 고의는 인정할 수 있지만, 책임비난을 할 수 없다고 생각된다(책임조각). 단, 영화윤리위원회의 허가가 있으면 「음란성에 대한 인식이 결여된다」라고 처리하는 쪽이 타당한 것 같이, 이 경우에도 경찰관이 「모조지폐가 아니다」라고 언명한 것이라면, 그것을 들은 일반인은 「모조지폐」에 대한 인식은 결한 것이며, 고의가 없는 것으로 처리되어져야 한다.

● **참고문헌** ● 曽根威彦・判評352-53, 仙波厚・J899-82, 阿部純二・昭62年度重判155, 斎野彦弥・固總7版98

31 구체적 사실의 착오와 고의

* 最3小判昭和53年7月28日 (刑集32卷5号1068頁・判時900号58頁)
* 참조조문: 형법 제38조[1], 제240조[2]

> 한 명을 살해하고자 하였으나 2명에게 사망의 위험을 발생케 한 경우, 두 개의 살인미수죄가 성립하는가?

● **사실** ● 피고인 X는 게릴라 투쟁을 위해 경찰관이 소지하는 권총을 탈취하고자 신주쿠역 서쪽입구 부근에서, 주위에 인적이 드물어진 틈을 타 순찰 중인 경찰 A의 배후 약 1m까지 접근하여 콘크리트 벽에 못을 박는 건설용 총을 개조한 격침총을 한 발 발사하여, A에게 약 5주간을 요하는 우측흉부관통총창을 입혔지만, 권총탈취는 하지 못하고 그대로 도주하였다. 그런데 A를 관통한 격침이 마침 A의 오른쪽 전방 약 30m 앞에서 통행 중이던 은행원 B의 신체를 관통하여 약 2개월을 요하는 상해를 입혔다.

검찰은 X에게 A・B에 대한 살의가 있었다고 보아 강도살인미수의 상상적 경합으로 기소했으나 제1심은 A에 대한 살의를 부정하고, 강도상해죄의 상상적 경합으로 보았다. 이에 원심인 동경고등재판소는 검찰의 주장을 받아들여 A에 대해 강도살인미수죄의 상상적 경합을 인정하였다. 그러나 동경고등재판소는 B의 상해에 관한 과실의 존재를 지적하는 한편, A에 대한 살의에 의거하여 B에 대하여도 강도살인미수죄가 성립한다고만 진술하였기 때문에, 변호인은 B에게 고의범인 강도살인미수죄를 인정한 점에 판례위반이 있다고 보아 상고하였다.

● **판지** ● 상고기각. 「범죄의 **고의**가 있다고 하기 위해서는 **죄가 되는 사실의 인식**을 필요로 하지만, **범인이 인식한 죄가 되어야 할 사실과 현실적으로 발생한 사실이 반드시 구체적으로 일치할 것을 요하는 것은 아니고, 양자가 법정의 범위 내에서 일치하는 것으로 충분하다**고 해석해야 …… 하기 때문에, 사람을 살해할 의사 하에 살해행위로 나온 이상, 범인이 인식하지 못하였던 사람에 대하여 결과가 발생했을 경우에도 위 결과에 대한 살인의 고의가 있는 것이다」. 「피고인이 사람을 살해할 의사 하에 수제장약총을 발사해서 살해행위로 나간 결과, 피고인이 의도한 순경 A의 우측흉부관통총창을 입게 하였지만 살해에 이르지 못하였기 때문에, 동 순경에 대한 살인미수죄가 성립하고, 동시에 피고인이 예상하지 못한 통행인 B에게 복부관통총창의 결과가 발생하고, 또한 위 살해행위와 B의 상해결과 간에 인과관계가 인정되기 때문에, 동인에 대한 살인미수죄 또한 성립한다. …… 더욱이 피고인의 위 살인미수의 소위는 동 순경에 대한 강도의 수단으로서 행하여진 것이기 때문에, 강도

---

1) 형법 제38조(고의) ① 죄를 범할 의사가 없는 행위는 벌하지 아니한다. 단, 법률에 특별한 규정이 있는 경우에는 그러하지 아니하다. ② 중한 죄에 해당하는 행위를 하였지만 행위 당시 그 중한 죄에 해당하게 된다는 사실을 알지 못하였던 자는 그 중한 죄에 의하여 처단할 수 없다. ③ 법률을 알지 못하였을지라도 그에 의하여 죄를 범할 의사가 없었다고 할 수 없다. 단, 정상에 의하여 그 형을 감경할 수 있다.

2) 형법 제240조(강도치사상) 강도가 사람을 상해에 이르게 한 때에는 무기 또는 6년 이상의 징역에 처하고, 사망에 이르게 한 때에는 사형 또는 무기징역에 처한다.

와의 결합범으로서 피고인의 A에 대한 소위에 관해서는 물론, B에 대한 소위에 관해서도 강도살인미수죄가 성립한다고 보아야 한다. 따라서 원판결이 위 각 소위에 대해서 형법 제 240조 후단, 제243조를 적용한 점에 잘못은 없다」.

● **해설** ● 1 구체적 사실의 착오에 관한 학설은 (a) 인식한 내용과 발생한 사실이 구체적으로 일치하지 않으면 고의를 인정할 수 없다고 보는 **구체적 부합설**과 (b) 양자가 구성요건의 범위 내에서 부합하면 고의를 인정하는 **법정적 부합설**이 대립한다. 현실적으로 주장되어지는 **구체적 부합설**은 객체의 착오는 중요하지 않은 것으로서 고의범의 성립을 인정하며, 방법의 착오는 고의범의 성립을 부정한다.

2 최고재판소는 구체적 사실의 착오에 있어 **법정적 부합설**을 취하고 있다. 본 판결과 같이 A를 노려 B에게도 결과가 발생한 경우, A·B에 대한 고의범을 인정한다(**數故意說**).

이에 대하여 X가 A를 살해하고자 하였으나 A와 B 모두를 살해한 경우, 구체적 부합설은 A에 대한 살인기수와 B에 대한 과실치사를 인정한다. 구체적 부합설에서는 A를 노린 유탄이 옆에 있던 B을 살해했을 경우에, 살인죄의 성립을 인정할 수 없다고 하는 불합리가 존재한다. 또한 예를 들어, 신용카드를 소매치기하고자 하였으나 잘못하여 면허증을 훔친 경우, 신용카드에 대한 절도미수(불능범의 가능성도 높다)와 면허증에 대한 과실절도(무죄)가 되어버린다. 그러나 「그 사람의 물건」을 도둑질하고자 하여 「그 사람의 물건」을 도둑질한 경우에는 기수를 인정해야 할 것이다. 또한 오른팔을 베고자 하였으나 잘못하여 왼팔을 벤 경우에 오른팔에 대한 상해미수(폭행죄)와 왼팔에 대한 과실상해로 보는 것은 타당하지 않다.

3 한편, 본 건과 같은 사안에 있어 법정적 부합설에 대해서는 고의의 내용 이상의 형사책임을 인정하는 것은 아닌가라는 비판이 있다. 거기에서 법정적 부합설을 취하면서도 고의의 개수를 문제삼고, 1개의 살의로 2명을 살해한 사안은 A에 대한 살인기수죄와 B에 대한 과실치사죄의 성립을 인정한다(**一故意說**). 하지만 일고의설에 대해서는 X가 A를 살해하고자 하여 A에게 중상을 입히고 나아가 B을 살해한 경우, 동설에서는 B에 대한 살인기수를 먼저 인정하여, 1개의 고의를 다 써 버려버린 이상, A에 대해 과실상해를 인정하는 문제가 있다. 그런데 이후 중상이었던 A가 사망했을 경우에는 A에 대한 살인기수로 B에 대한 과실치사를 인정하게 된다. 고의의 내용이 이렇게 변화되는 것에 대하여 역시 비판이 강하다.

4 법정적 부합설에 의해 2개의 살인을 인정하더라도 1개의 행위인 이상 **상상적 경합**이 되어 살인죄의 법정형 범위에서 처단되고, 구체적으로 문제는 발생하지 않는다. 제38조 제2항에도 저촉되지 않는다. 물론 2명을 살해한 것이 양형판단에 반영되지만 그것은 당연한 것으로서 결코 부당한 결론에 이르는 것은 아니다.

5 또한 살의를 가지고 A를 향해 권총을 발사하였으나 A 이외에 B에게도 명중한 경우, 양자에 대하여 2개의 살인죄가 성립하는가, 그 양형판단에 있어서는 「A를 A로서 B를 B로 인식하여, 각각의 살해를 의도한 사안」과는 동일하게 평가할 수 없는 것은 당연하다. 살의의 확정도(確定度) 등도 양형에서는 중시된다(東京高判平14·12·25判タ1168-306 참조).

● **참고문헌** ● 中山研一·判評241-29, 野村稔·判タ371-39, 町野朔·囸総2版108

32 추상적 사실의 착오와 구성요건의 중첩(1)

* 最1小決昭和54年3月27日(刑集33卷2号140頁·判時922号13頁)
* 참조조문: 형법 제38조[1], 痲藥取締法 제64조 제2항[2], 覺せい取締法 제41조 제2항[3],
  關稅法 제109조 제1항[4], 제111조 제1항[5]

각성제를 일본으로 수입하고자 하였으나 마약을 수입한 경우에 마약수입죄의 고의를 인정할 수 있는가?

● **사실** ● 피고인 X는 법정의 제외사유가 없음에도 Y 등과 함께, 영리목적으로 각성제를 일본으로 수입할 것을 공모하고, X가 태국에서 구입한 (몰핀류)마약분말 약 90g을 각성제로 오인하여 휴대한 채, ① 항공기를 통해 자국으로 수입하고(마약수입죄와 각성제수입죄는 모두 10년 이하의 징역), ② 세관장의 허가를 받지 않고, 수입금제품인 마약을 각성제(당시에는 수입금제품은 아니었다)로 오인하여 수입한 사안이다.

제1심은 ① 마약수입죄의 공동정범에 해당되지만, 범정이 가벼운 각성제를 수입할 의사로 범하였기 때문에, 형법 제38조 제2항, 제10조에 의해 각성제단속법의 각성제수입죄의 공동정범의 죄의 형으로 처단하였다. ② 무허가 각성제를 수입할 의사로 수입금제품인 마약을 수입하였기에, 경한 무허가수입죄의 형으로 처단하였다. 원심도 이 판단을 유지하자 X가 상고하였다.

● **결정요지** ● 상고기각. ①에 대하여, 마약과 각성제의 단속은 마약단속법 및 각성제단속법에 의해 각기 이루어지고 있지만「양법은 그 단속의 목적이 동일하며, 또한 단속방식이 매우 유사하며, 수입, 수출, 제조, 양도, 양수, 소지 등과 같은 태양의 행위를 범죄로 하고 있고, 나아가 그 단속대상인 마약과 각성제란 모두 그 남용으로 이에 대한 정신적 내지 신체적 의존(소위 만성중독) 상태를 형성하고, 개인 및 사회에 대해 중대한 해악을 가져올 위험이 있는 약물이며, 외관상으로도 유사한 점을 고려하면, **마약과 각성제간에는 실질적으로 동일한 법률에 의한 규제에 따르고 있는 것으로 볼 수 있는 유사성이 있다고 말할 수 있다**」고 하였으며, 각성제수입죄를 범할 의사로 마약수입죄를 범한 본 건의 경우「**양 죄는 그 목적물이 마약 아니면 각성제인지의 차이가 있을 뿐이며, 그 외의 범죄구성요건요소는 동일하며 그 법**

---

1) 형법 제38조(고의) ① 죄를 범할 의사가 없는 행위는 벌하지 아니한다. 단, 법률에 특별한 규정이 있는 경우에는 그러하지 아니하다. ② 중한 죄에 해당하는 행위를 하였지만 행위 당시 그 중한 죄에 해당하게 된다는 사실을 알지 못하였던 자는 그 중한 죄에 의하여 처단할 수 없다. ③ 법률을 알지 못하였을지라도 그에 의하여 죄를 범할 의사가 없었다고 할 수 없다. 단, 정상에 의하여 그 형을 감경할 수 있다.
2) 마약및향정신약물단속법 제64조 제2항: 영리의 목적으로 전항의 죄를 범한 자는 무기 또는 3년 이상의 징역에 처하거나 정황에 따라 무기, 3년 이상의 징역 또는 천만 엔 이하의 벌금에 처한다.
3) 각성제단속법 제41조 제2항: 영리의 목적으로 전항의 죄를 범한 자는 무기 또는 3년 이상의 징역에 처하거나 정황에 의해 무기, 3년 이상의 징역 또는 천만 엔 이하의 벌금에 처한다.
4) 관세법 제109조 제1항: 제69조의11 제1호에서 제6호까지(수입금지화물)에 게재되어 있는 화물을 수입한 자는 10년 이하의 징역 또는 3천만 엔 이하의 벌금에 처하거나 이를 병과 한다.
5) 과세법 제111조 제1항: 다음 각 호에 해당하는 자는 5년 이하의 징역 또는 5백만 엔 이하의 벌금에 처하거나 이것을 병과 한다. 1. 제67조(수출 및 수입의 허가)(제75조에 있어서도 준용하는 경우를 포함. 각호 및 각항에 있어서도 동일)의 허가를 받아야 하는 화물에 대해 당해 허가를 받지 않고 당해 화물을 수출(본국에서 외국을 향하여 가는 외국화물(임시로 양육(陸揚)된 화물은 제외)의 환송을 포함. 각호 및 각항도 동일)하거나 수입한 자. 2. 제67조의 신고 또는 검사 시에 위조한 신고 또는 증명을 하거나 위조한 서류를 제출하여 화물을 수출하거나 수입한 자.

정형도 동일한바, 전기와 같은 마약과 각성제의 유사성을 고려해 볼 때 이 경우 **양 죄의 구성요건은 실질적으로 완전히 중첩되는 것으로 보는 것이 상당**하기 때문에 **마약을 각성제로 오인한 착오는 발생한 결과인 마약수입죄에 대한 고의를 조각하는 것은 아니다**」.

②에 관하여서는 통관절차를 이행하지 않고 화물을 수입한 행위에 대하여 관세법은 수입금제품인 경우에는 관세법 제109조 1항(5년 이하의 징역), 일반수입화물의 경우에는 동법 제111조 제1항(3년 이하의 징역)에 의하여 처벌되지만, 「밀수입과 관련된 화물이 각성제인지 마약인지에 따라 관세법상 그 벌칙의 적용을 달리하는 것은 각성제가 수입제한물건(관세법 제118조 제3항)임에 반해, 마약이 수입금제품이다」라는 이유뿐이며, 「각성제를 무허가로 수입하는 죄와 수입금제품인 마약을 수입하는 죄는 모두 **통관절차를 거치지 않은 유사화물의 밀수행위를 처벌대상으로 하는 한도에 있어서 그 범죄구성요건은 중첩되는 것으로 해석하는 것이 상당**하다」고 하여, X는 각성제를 무허가로 수입할 의사였기 때문에 수입금제품인 마약이라는 중대범죄에 대한 인식이 없으며, 수입금제품인 마약을 수입하는 죄의 고의를 결하는 것으로 동죄의 성립은 인정되지 않지만, 「양 죄의 **구성요건이 중첩되는 한도에서 가벼운 각성제를 무허가로 수입한 죄의 고의가 성립**하여, 동죄가 성립한다」고 하여 금제품수입죄의 성립을 인정하여 가벼운 무허가수입죄의 형으로 처단한 원심은 잘못되었다.

● **해설** ● 1 발생된 범죄사실과는 다른 구성요건에 해당하는 사실을 인식한 추상적 사실의 착오에 관하여는 (a) 법정적 부합설이 압도적이며 (b) 추상적 사실의 착오의 지지는 적다. 다만 법정적 부합설에 의하더라도 **양 구성요건이 중첩되는 범위에서 경한 죄의 고의가 인정되는 것으로 설명된다.** 본 건 ② 무허가수입죄와 금제품수입죄도 중첩되어 전자의 죄로 처벌된다(【33】참조).

다만 본 건 ① 사실에 관한 판시는 그것을 벗어난 내용을 담고 있다. 범정이 가벼운 각성제수입죄의 범위로 중한 마약수입죄를 범한 경우에는 중한 후자의 죄를 인정한다. 마약수입죄의 인식이 있는 것으로 인정할 수 있기 때문이다.

2 본 결정은 마약수입죄와 각성제수입죄는 다른 법률에 규정되어 있어 그 의미에서 완전히 별개의 구성요건임에도 불구하고, 각성제수입에 대한 인식이 있었으면 마약수입죄의 고의가 인정될 수 있다고 본 것이다. 종래 추상적 사실의 착오론에서는 양 죄가 실질적으로 중첩할 경우에는 본 건 1심이나 원심과 같이 범정이 가벼운 각성죄수입죄가 성립하는 것으로 보았다. 그러나 이와 같이 양 죄의 유사성이 인정되는 경우에는 다른 죄의 인식이 있더라도 성립한 죄의 고의가 인정될 수 있다.

3 이 최고재판소의 **실질적 고의론**은 학계로부터 강한 비판을 받은 뒤 정착하게 된다. 「마약이 아니라 각성제로 생각하였다 하더라도 고의로 마약을 수입한 죄가 성립한다」는 결론이 정착하였다. 그 결과 「고의란 구성요건요소의 인식이다」라는 형식적 설명을 다시 생각하지 않을 수 없게 되었다. 구성요건의 인식 대신에 「불법·책임사실의 인식」이나 「불법사실의 인식」이라는 형태로 고의를 실질적으로 이해하는 견해가 유력해지게 되었다.

4 추상적 사실의 착오론에 의하더라도 결론적으로 고의범의 성립을 인정하는 이상은 「중첩」이라는 명목 하에 고의비난을 가능하게 할 뿐이라는 인식을 인정한 것이다. 단 본 건에서 문제가 된 「각성제」와 「마약」은 구성요건의 중심부분이고, 마약수입죄의 성립에 「마약」의 인식이 결여되더라도 좋다는 것은 형식적 범죄론으로부터는 받아들이기 어려운 결론인 것이다.

● **참고문헌** ● 岡次郎·判解昭51年度35, 福田平·判時938-184, 町野朔·警研61-11-3, 大谷實·昭54年度重判183

33 추상적 사실의 착오와 구성요건의 중첩(2)

* 東京高判平成25年8月28日(高刑66卷3号13頁)
* 참조조문: 형법 제38조[1], 관세법 제109조 제1항[2], 제111조 제1항[3]

> 수입이 금지된 각성제를 수입에 허가가 필요한 다이아몬드의 원석으로 오인하여 수입한 경우에 무허가수입죄는 성립되는가?

● **사실** ● 피고인 X는 A국 소재의 B공항에서 각성제 599.5g이 숨겨진 보스턴백을 가지고 동 공항에서 출발하는 나리타국제공항행의 항공기에 탑승하였다. 이후 나리타공항에서 내려 공항 내의 도쿄세관지서여구검사장에서 신고하지 않은 각성제가 발각된 사안이다. 검사관은 각성제를 밀수입한 혐의로 피고인을 각성제단속법 위반 및 금제품수입죄(관세법 제109조)로 기소하였지만 X는 보스턴백의 은닉물이 각성제가 아니라 다이아몬드 원석인 것으로 생각하였다고 주장했다.

제1심은 은닉물을 다이아몬드 원석으로 오신하고 있었던 가능성을 배척할 수 없고, 각성제 밀수입의 고의를 인정하기 위해서는 의문의 여지가 있다. 하지만 다이아몬드 원석의 경우도 신고가 필요한 것이므로 대상을 오신하고 밀수하였다고 하여도 금제품수입죄와 무허가수입죄(관세법 제111조)의 구성요건이 경합하는 한도에서 후자의 죄의 고의가 인정된다고 보았다.

이에 대해 변호인은 最決昭和54年3月27日을 인용하여 객체 등의 유사성이 있는 경우에 범죄구성요건은 경합된다고 해석하고 있으므로 다이아몬드 원석의 무허가수입죄와 각성제의 금제품수입죄 사이에는 구성요건의 경합이 인정되지 않는 것 등을 이유로 항소했다.

● **판지** ● 항소기각. 「[관세법] 제111조와 제109조는 모두 관세법 목적의 하나인 화물의 수출입에 대해서 통관절차의 적정한 처리를 도모하기 위해 규정된 것이고, 제111조가 무허가 수출입을 금지하는 밀수출입범에 대한 원칙적 규정이고 제109조는 특히 단속의 필요성이 높은 금제품의 밀수입에 대해 그 책임비난가능성이 큰 것을 고려하여 특히 그것을 중하게 처벌하는 규정으로 해석할 수 있다. 확실히 제111조는 무허가 수출입행위를 처벌의 대상으로 하고 있고, 제109조는 허가의 유무에 관계없이 금제품의 수입행위를 처벌대상으로 하고 있는

---

1) 형법 제38조(고의) ① 죄를 범할 의사가 없는 행위는 벌하지 아니한다. 단, 법률에 특별한 규정이 있는 경우에는 그러하지 아니하다. ② 중한 죄에 해당하는 행위를 하였지만 행위 당시 그 중한 죄에 해당하게 된다는 사실을 알지 못하였던 자는 그 중한 죄에 의하여 처단할 수 없다. ③ 법률을 알지 못하였을지라도 그에 의하여 죄를 범할 의사가 없었다고 할 수 없다. 단, 정상에 의하여 그 형을 감경할 수 있다.

2) 관세법 제109조 제1항: 제69조의11 제1항 제1호에서 제6호까지(수입 금지 화물)에서 규정한 화물을 수입한 자는 10년 이하의 징역 또는 3000만 엔 이하의 벌금에 처하거나 이를 병과 한다.

3) 관세법 제111조 제1항: 다음 각 호의 어느 하나에 해당하는 자는 5년 이하의 징역 또는 500만 엔 이하의 벌금에 처하거나 이를 병과한다. 1. 제67조(수출 또는 수입의 허가)(제75조에서 준용하는 경우를 포함. 다음 각 호 및 다음 각 항에서 같음)의 허가를 받아야 하는 화물에 대하여 그러한 허가를 받지 않고 화물을 수출(국내에서 외국을 향하는 외국 화물로(임시로 양륙된 화물은 제외)의 환적을 포함. 다음 각 호 및 다음 항에서 같음)하거나 수입한 자. 2. 제67조의 신청 또는 검사에 있어 위조한 신고 혹은 증명을 하거나 위조한 서류를 제출하여 화물을 수출하거나 수입한 자.

점에서 대상이 되는 행위의 대상이 다른 것처럼 보이고, **금제품의 수입이 허가되었다고 하는 것은 통상 있을 수 없으므로 통관절차를 이행하지 않은 화물의 밀수입행위를 대상으로 하는 정도에서 범죄구성요건이 경합한다고 할 수 있다**」.【32】의 최고재판소 결정도「허가의 유무라는 사정에도 불구하고 각성제를 무허가로 수입하는 죄와 수입금지품인 마약을 수입하는 죄와의 사이에 범죄구성요건의 경합을 인정하고 있고, 변호인이 지적하는 차이가 구성요건의 경합의 판단에 영향을 주는 것은 아니다. 그리고 금제품도 수입의 대상물이 될 때는 화물인 것에 변화는 없다. 이상으로부터 **제111조의 무허가수입죄와 제109조 금제품수입죄는 함께 통관절차를 이행하지 아니한 화물의 밀수입행위를 처벌대상으로 하는 한도에서 범죄구성요건이 경합**한 것으로 해석할 수 있다」.

● **해설** ● 1 본 건에서는 허가 없이 다이아 원석을 수입한다는 인식으로 수입금제품인 각성제를 수입한 행위의 죄책이 다루어졌다. 관세법상의「무허가수입죄」와「금제품수입죄」는 별개의 구성요건이고, 인식한 범죄유형과 다른 범죄유형에 속한 결과가 발생한 경우를 처단하기 위해 **추상적 사실의 착오론**으로 처리하게 된다.

2 다른 범죄사실을 인식하고 있어도 추상적 사실의 착오로서 양 구성요건이 **동질적인 것으로 중첩되는 범위**에서 가벼운 죄의 고의가 인정된다고 설명되어 왔다(**법정적 부합설**). 본 건에서도 무허가수입죄와 금제품수입죄가「중첩」되는지가 쟁점이 되었다.

3 추상적 사실의 착오 문제의 실질은「성립을 인정하고자 하는 범죄유형의 고의가 성립하기 위해서는 어느 정도의 인식이 필요한가」라는 고의론과「그 고의로 구체적으로 발생한 결과에 귀책시킬 수 있는가」가 문제가 된다. 실행된 금제품수입죄의 고의가 인정될 수 없는 본 건의 경우「다이아원석의 무허가 수입」이라는 고의 내용에 상응하는 무허가 수입죄가 객관적으로 인정될 수 있는가를 검토한다.

4 본 판결이「통관절차를 이행하지 않은 화물의 밀수입행위라는 한도에서 무허가수입죄와 금제품수입죄의 구성요건이 경합하고 있다」고 한 것은【32】의 ①사실에 관한 판시에 따른 것이다. 본 건에서 변호인은【32】의 ①사실에 관한 판시를 고려하여 외관도 포함하여 **실질적으로는 동일한 법률에 의한 규제에 따르고 있다고 볼 수 있는 유사성**이 필요하다고 주장했지만, 이 주장은【32】의 ①사실에 대하여, 발생한 범정(犯情)의 중한 죄의 고의 인정을 위해 요구되는「양 범죄의 유사성」과 ②사실에 대하여 가벼운 무허가수입죄의 성립을 인정하는 데 필요한「**구성요건의 경합**」을 혼동한 것이다.

5 【32】는 각성제로 오인하고 있었음에도 불구하고 현재 실행한 마약수입죄의 고의를 인정하기 위해서는 약물로서의 유해성이나 외견도 포함한 **실질적으로는 동일한 법률에 의해 규제에 따르고 있다고 간주할 만한 유사성**이 필요하다고 하였다.【32】도 무허가수입죄와 금제품수입죄는「**통관절차를 이행하지 않고 행한 유사한 화물의 밀수입행위**」의 처벌이라는 의미에서 범죄구성요건이 경합하고 있다고 본 것이다(最決昭61·6·9刑集40-4-269 참조).

● **참고문헌** ● 長井長信·平26年度重判155, 佐藤拓磨·刑事法ジャーナル40-152, 前田雅英·捜査研究766-19

34 과실의 주의의무와 작위의무

* 最1小決平成28年5月25日(刑集70巻5号117頁·裁時1652号1頁)
* 참조조문: 형법 제211조 전단[1]

> 메탄가스 누출로 인한 온천시설 폭발사고에 대한 시설설계 담당자의 주의의무의 내용

● **사실** ● 피고인 X는 S온천시설의 건설도급을 받은 건설회사의 설계업무 담당자이다. 설비의 보수관리를 설명하는 직책에 있어, 온천관리자와 시공 담당자에게 그 내용을 정확히 설명해야 하는 위치에 있었다. 본 건 온천시설은 객실용 온천시설 A동과 온천의 온도조절 등을 하는 처리시설 B동으로 구성되어 있었으며, 끌어올린 온천수는 B동 가스분리기를 통해 메탄가스와 분리되어 A동으로 공급되었다. 동시에 분리된 메탄가스는 가스 배출 배관을 통해 A동 측에서 옥외로 방출되는 구조로 되어 있었다. 가스가 빠지는 배관은 낮은 위치에 있어, 메탄가스가 배관 안쪽을 지날 때 맺힌 결로수가 그곳에 모이는 구조였고 결로현상에 의해 배기배관이 막히는 것을 방지하기 위해, 배기배관의 하부에 결로 배수 밸브가 설치되어 있었다.

X는 메탄가스의 폭발사고를 방지하기 위해서는 결로수의 배출이 중요함을 인식하였지만 다른 이들에게 결로수 배출의 이유 등을 설명하지 않았고, 온천수를 끌어올린 때부터 본 건 폭발사고에 이르기까지 배수밸브가 열린 적은 한 번도 없었다. 그 결과, 결로수에 배관이 막혀 갈 곳 잃은 메탄가스가 B동 지하로 누출·체류되었고, 스위치의 불꽃으로 인화·폭발하여 3명이 숨지고 3명이 부상을 입었다. X는 시공 담당자에게 배기가스 처리를 위한 지침서로 손으로 그린 스케치를 송부했지만, 결로수 배출의 의의와 필요성에 대한 명시적인 설명은 없었다. 또 본 건 스케치의 배수밸브는 통상 열어 둘 것을 표시하는 「常開」로 기재되어 있었지만, 그것이 결로수 배출을 위한 것이라는 설명은 없었다. 그 후, X는 시공 담당자가 배수밸브를 「常開」하면 황화수소가 누출될 수 있다고 지적하자 **「常閉」로 변경하도록 지시**했다. 그 결과, 수작업으로 각 배수밸브를 열어 결로수를 배출할 필요성이 생겼지만 X는 배수작업의 필요성 등에 대해서는 전혀 설명하지 않았다. 제1심과 원심 모두 X에게 업무상 과실치사상죄의 성립을 인정한 것에 대해, 변호측이 상고했다.

● **결정요지** ● 상고기각. 「X는 그 건설 공사를 도급받은 본 건 건설회사의 배기배관설비를 포함한 온천 1차 처리시설의 설계담당자로서 직무상 동 시설의 보수관리에 관한 설계상의 유의사항을 시공부문에 전달해야 할 지위에 있었으며, **스스로 배기배관에 설치된 배수밸브의 개폐상태에 대해서 지시를 변경하여,** 메탄가스의 폭발이라는 위험발생을 방지하기 위해서 안전관리상 중요한 의의를 가지는 각 배기배관으로부터 결로수의 배수작업이라는 **새로운 관리사항을 발생시켰다.** 그리고 배수밸브에 관한 지시변경과 그것에 수반되는 배수작업의 의의 및 중요성에 대해서 시공부문에 정확하고도 쉽게 전달할 수 있어서 상기 폭발의 위험발생을 회피할 수 있었다. 때문에, X는 배수작업의 의의나 필요성 등에 관한 정보를 본 건 건설회사의 시공 담당자를 통해 혹

---

1) 형법 제211조(업무상과실치사상 등) 업무상 필요한 주의를 게을리하여 사람을 사상시킨 자는 5년 이하의 징역 혹은 금고 또는 100만 엔 이하의 벌금에 처한다. 중대한 과실에 의해 사람을 사상시킨 자도 같다.

은 스스로 직접, 본 건 부동산회사의 담당자에 대하여 확실하게 설명하고, 메탄가스의 폭발사고가 발생하는 것을 방지해야 할 업무상의 주의의무를 지는 입장에 있었다고 보아야 할 것이다. 본 건에서는 이 전달을 소홀히 한 점에 의해서 메탄가스의 폭발사고가 발생할 수도 있음을 예견할 수 있었기 때문에, 이 주의의무를 소홀히 한 점에 대해서, X의 과실을 인정할 수 있다」.

시공담당자가 시설관리자에게 적절한 설명을 할 것이라고 신뢰하는 것이 허용된다는 주장에 대하여는 「X는 본 건 건설회사의 시공 담당자에 대하여, 결로수 배출의 의의 등에 관한 기재가 없는 본 건 스케치를 송부하는 것에 머무르고, 그 후도 배수밸브에 관계되는 지시 변경과 그것에 수반되는 배수작업의 의의나 필요성에 관해서도 충분한 정보를 전달하지 않고 있었기 때문에, 시공담당자의 적절한 행동에 의하여 본 건 부동산 회사에, 배수작업에 관한 정보가 정확하게 전달될 것이라고 신뢰하는 것에 대한 기초가 결여되어 있었던 것은 분명하다」고 하며 업무상 과실치사상죄의 성립을 인정했다.

● **해설** ● 1 과실처벌에 필요한 **예견가능성은 부과된 결과회피의무를 기초**로 하지 않으면 안 된다. 일반인이라면 예견할 수 있었다고 말할 수 있는 사정의 존부와 예상되는 피해의 중대성이나 결과발생가능성 등과의 상관만으로는 결정할 수 없다.

2 본 건에서는 행위 시에, 본 건 폭발 발생의 구체적 과정에 관한 예견가능성이 없었고, 결로수의 유출 작업의 필요성이 시공담당자를 통해 시설관리자에게 전달될 것이라는 사실도 예견 불가능했다는 점이 쟁점이 되었지만, X가 **「常閉」로 변경지시**한 이상, 폭발사고가 발생하는 것을 방지해야 할 업무상의 주의의무를 부담하고, 폭발사고의 예견가능성도 인정된다. 스스로 변경전달을 태만이 한 것이 사상결과발생 예견의 「중요한 중간항」이 되었다고도 말할 수 있다.

3 예견가능성의 판단이 어느 정도 구체적이어야 하는 것처럼 과실의 실행행위인 「주의의무 위반의 행위(부작위)」도 결과발생에 대한 일정정도의 **위험성을 내포하는 구체적인** 것이어야 한다. 본 건에 대해 살펴보면 「메탄가스로 인한 폭발을 방지할 주의의무」라는 것은 추상적이어서, 「시공담당자에 대하여 직접 그 사실을 전해주는 동시에 이러한 시공담당자를 통해 혹은 스스로 직접, 상시 패쇄될 경우의 배수작업의 의의나 필요성 등의 정보를 해당부동산회사의 담당자에게 확실하게 고지하고 설명해야 할 업무상의 주의의무」가 설정되었다. 여기에는 부작위범에 있어서의 작위의무에 관한 것과 통하는 판례의 사고가 나타나 있다(【10】).

4 이 작위의무를 도출하기 위해서는 ① X가 설비의 보수관리에 대해서 설명하는 직책을 지고, 시공담당자에 대하여도 **설계상의 유의사항을 전달해야 할 입장**에 있었던 점, ② 스스로 배수 작업이라는 새로운 중요 관리사항을 발생케 한 **선행행위**가 존재하는 점, ③ **전달을 정확하고도 용이하게 행할 수 있었던** 점을 인정할 수 있는 것이 중요하다.

5 본 건에서 X는 전체적으로 보아 가스폭발에 이르는 과정을 예견할 수 있었고, 지배할 수 있는 입장에 있었기 때문에, 가스누설 발생에 직접 관여한 온천관리자나 시공담당자 등의 관계에서 신뢰의 원칙은 작용하지 않는다.

● **참고문헌** ● 前田雅英・捜査研究787-67, 川田宏一・判解平28年度69, 古川伸彦・平28年度重判 126, 橋爪隆・警論70-4-157

35 신뢰의 원칙

* 最2小決平成16年7月13日(刑集58卷5号360頁 · 判時1877号152頁)
* 참조조문: 형법 제211조[1]

> 교차로에 시차식 신호기(時差式信号機)가 설치되어 있었지만 이를 인식하지 못한 자가 반대
> 차선의 대면 신호도 적색으로 바뀌어 상대 차량이 이에 따라 정지할 것으로 신뢰하여 우측으
> 로 진행한 것은 허용되는가?

● **사실** ● 피고인 X는 승용차를 운전하여 이른바 시차식 신호기가 설치된 교차로에서 우회
전하기 위해 동교차점 앞의 한쪽 2차선의 간선도로 중앙선 쪽 차선으로 진행 중 맞은 편 동 교
차로의 신호가 파란신호에서 황색신호로 바뀌는 것을 보고, 더욱이 자차의 앞바퀴가 동교차로
의 정지선을 넘어설 때 동 신호가 적색표시로 바뀐 것을 인식하였고, 동시에 맞은 편 차선을 시
속 약 70km 내지 80km로 운행해 온 A운전의 오토바이(이하 「A차」라고 함)의 라이트를 전방
50m 정도의 지점에서 순간적으로 보았지만 맞은 편 차선의 대면신호도 빨간신호로 바뀌었고,
A차가 이에 따라 정지할 것으로 판단하여 A차의 움직임에 주의하지 않고 우회전하여 실제로는
맞은 편 파란신호에 따라 진행해 온 A차와 충돌하여 A가 사망했다. 본 건 교차로의 신호기는
시차식 신호기였음에도 불구하고 이 점에 대한 표시가 없었고, X는 이 대면신호와 동시에 A차
의 대면신호도 빨간색으로 바뀌어 A차가 이에 따라 정지할 것이라고 신뢰하여 우측으로 진행하
였기 때문에 과실이 없다고 주장하였다.[2]

제1심 판결은 대향차의 교차점 진입에 관한 X의 예견의무를 부정하여 X를 무죄로 함과 동시
에 시차식의 표식표시가 있었으면 사고가 발생하지 않았을 가능성이 있다고 지적했지만 원심판
결은 X의 동정주시의무위반을 인정하여 파기유죄로 자판했다.

● **결정요지** ● 상고기각. 「X는 A차가 본 건 교차로에 진입해 오는 것을 예견할 가능성이
있었고, 그 동정을 주시해야 할 주의의무를 가지고 있었다는 원심판단은 상당하다. 소론은 본
건 교차로에 설치되어 있는 신호기가 이른바 시차식 신호기였음에도 불구하고 이에 대한 표
시가 없었기 때문에 X는 그 대면신호와 동시에 A차의 대면신호도 적색표시로 바뀌어 A차가
이에 따라 정지할 것이라 신뢰하여 우회전하였고, 그 신뢰에 과오가 없었기 때문에 X에게는
과실이 없다고 주장하고 있다. 하지만 자동차운전자가 본 건과 같이 교차점을 우회전함에 있

---

1) 형법 제211조(업무상과실치사상등) 업무상 필요한 주의를 게을리하여 사람을 사망 또는 상해에 이르게 한 자는
   5년 이하의 징역이나 금고 또는 50만 엔 이하의 벌금에 처한다. 중대한 과실에 의하여 사람을 사망 또는 상해에
   이르게 한 자도 같다.
2) 본 사안을 이해함에 주의할 점은 우리는 운전석이 왼쪽에 있고 우측통행으로 운행함에 반해 일본은 우리와 달리
   운전석이 오른쪽에 있고 좌측통행으로 운행하고 있는 점이다. 그리고 우리나라에는 없는 시차식 신호기가 있는
   곳이 있다는 점이다. 우회전 수요가 많은 교차로에서 상행(전방향 신호)과 하행(적색 신호) 도로의 신호가 다르
   게 표시되는 것을 시차식(時差式) 신호라 한다. 보통 신호등 옆에 시차식 신호기임을 알리는 표지판이 붙어있지
   만 신호 점등 방식이나 지역에 따라서 표지판이 없는 경우도 있다.

어서 **자기와 대면하는 신호기의 표시를 근거로 하여** 맞은 편 차량의 대면신호의 표시를 판단
하여 그것을 근거로 **맞은 편 차량의 운전자가 이에 따라 운전할 것이라고 신뢰하는 것은 허
용될 수 없다**고 함이 마땅하다.」

● **해설** ● 1 신뢰의 원칙이란 **피해자 내지 제3자가 적절한 행동을 취할 것을 신뢰하는 것
이 상당한 경우에는 설령 이러한 자들의 부적절한 행동으로 인해 범죄결과가 발생하더라도 이
에 대한 형사책임을 묻지 않는다는 이론**이다. 신뢰의 원칙은 최고재판소에서도 받아들여져 이제
는 일본 형법이론의 하나로 정착되었다(最判昭41·12·20刑集20-10-1212, 最判昭42·10·13刑集
21-8-1097). 그리고 이 원칙의 적용영역은 교통사고에 한정되지 않고, 기업활동이나 의료활동에까
지 확장되고 있다(札幌高判昭51·3·18高刑29-1-78).

2 신뢰의 원칙이 작용되는 경우, 즉 제3자가 적절한 행동을 취할 것을 신뢰하는 것이 상당
한 경우는「피해자 등의 부적절한 행동을 일반인이 예견할 수 없는 경우」로 해석할 수 있다. 여
기서 (a) 구과실론으로부터 동 원칙은 「**형법상의 예견가능성의 유무를 판별하는 기준**」으로써
설명되어 진다.

3 하지만 신뢰의 원칙은 (b) **결과회피의무를 한정하는 것으로 사고하는 주의의무한정설**이
유력하다. 이 주의의무한정설은 행위자 자신에게 교통법규위반이 있으면 상대에 대한 신뢰를
인정하지 않는 클린 핸드(clean hand)의 원칙과 결합되기 쉽다. 예견가능한정설에서는 사실상
예견가능성이 낮은 이상 신뢰를 허용하게 되는 경향이 있다. 이 점에서 최고재판소는 행위자에
게 위반이 있는 경우에도 신뢰의 원칙을 인정하고 있는 사실에 주의하지 않으면 안 된다(전게
最判昭42·10·13).

4 전게 最判昭42年10月13日은「본 건 피고인과 같이 중앙선의 좌측에서 우측신호를 보내
면서 우회전을 하려고 하는 오토바이 운전자로서는 후방에서 오는 다른 차량의 운전자가 교통
법규를 지키고 속도를 낮춰 자신의 우회전을 기다리고 진행하는 등, 안전한 속도와 방법으로 진
행할 것으로 신뢰하여 운전하면 족하고, 본 건 피해자와 같이 일부러 교통법규를 위반하여 빠른
속도로 중앙선의 우측을 넘어 자신의 차를 추월하려고 하는 차량이 있는 것까지 예견하여 오른
쪽 후방에 대한 안전을 확인하여, 사고의 발생을 미연에 방지해야 할 업무상의 주의의무는 없다
고 해석함이 상당하다」고 하여 도로교통법 위반에 대해서 형법상의 주의의무의 존부와는 관계가
없다고 하였다.

5 본 결정은 자기가 대면하는 신호기의 표시를 근거로 대향차선의 대면신호의 표시를 판단
하여, 그것에 기초하여 대향차량의 운전자가 이것에 따라 운전할 것이라고 신뢰하는 것은 허용
되지 않는다고 판단했다. 이 점은 예견가능성의 문제로서 설명하는 편이 쉽다. 시차식 신호기의
그 지역에서의 침투도(익숙함의 정도) 등에도 의하지만 현 상황에서는 언제나 대향차의 대면신
호가 자차의 대면신호와 같은 색이고 그것에 따라 운행하는 것으로 한정하지 않는 것의 예견은
가능하다고 생각된다.

● **참고문헌** ● 前田雅英·法教293-142, 大野勝則·J1872-124, 古川伸彦·J1341-183, 阿部雅人·早
稲田法学81- 2-201

36 위험의 인수와 허용된 위험

* 千葉地判平成7年12月13日(判時1565号144頁)
* 참조조문: 형법 제211조[1]

다트트라이얼(dart trial) 사고에 있어 동승의 위험을 인수한 자를 사망시킨 자에게 과실치사죄가 성립하는가?

● **사실** ● 피고인 X는 다트트라이얼(dart trial) 장내에서 약 7년 정도 경험이 있는 A를 동승시켜 다트트라이얼 차를 운전하던 중, 전방의 전망이 곤란한 왼쪽으로 심하게 굽은 급경사 쪽으로 들어서게 된다. 운전기술이 미숙한 X는 코스상황도 충분히 파악하지 못한 상태에서 시속 약 40km로 주행하다 당황하여 좌우로 급회전과 급제동를 반복하다 방향감각을 잃어버린다. 그런 상황에서 결국 X는 자동차를 폭주시켜 코스 오른쪽에 놓여 있던 통나무로 만든 방호 울타리를 격돌하고 차를 전복시켰다. 이로 인해, 동승한 A는 통나무가 흉부 등을 덮쳐 질식사한다. 이로 인해 X는 (당시) 업무상과실치사죄로 기소되었다.

● **판지** ● 치바(千葉)지방재판소는 「본 건에 있어 차량폭주의 원인은 X가 자신의 운전기술을 과신한 채 고속상태에서 내리막길의 급커브 장소로 들어간 점에 있다고 판단되며, 동승자가 있는 이상 X는 동승자의 사상을 피하기 위하여 속도조절 등을 하였어야 했다는 검찰의 주장도 이유가 있다고 생각된다」고 하면서도, 「적어도 ① 상급자가 초심자의 운전을 지도하는 경우나 ② 상급자가 보다 고도의 기술을 습득하기 위해 보다 상급자에게 운전 지도를 받을 경우에 있어, 동승자 입장에서는 다트트라이얼 주행의 전기 위험성에 관한 지식을 갖추고 있으며, 기술 향상을 목표로 하는 운전자가 자신의 한계나 이를 뛰어 넘는 운전시도나 폭주, 전도 등의 일정한 위험을 무릅쓰리라는 것을 예견할 수 있는 것이다. 또한, 그러한 동승자에게는 운전자에게 조언을 통해서 일정 한도에서 그 위험을 제어할 기회도 있다. 따라서 이러한 인식이나 예견 등의 사정 하에서 동승하였던 자에 대해서는 **운전자가 위 예견의 범위 내에서 운전방법을 취할 것을 용인한 뒤, 그것에 수반되는 위험을 자신의 위험으로 받아들인 것으로 볼 수 있으며, 위 위험이 현실화된 사태에 대해서는 위법성의 조각을 인정**」할 수 있으며, 본 건 A의 사상결과에 대해서는 X의 중대한 과실에 의한 경우를 제외하고 자신의 위험으로 인수한 뒤에 동승하였음이 인정되며 그리고 X에게 중대한 과실이 있었다고까지는 볼 수 없다.

나아가, 다트트라이얼 경기는 이미 사회적으로 정착한 모터스포츠로 다른 스포츠와 비교해서 특별하게 위험성이 높다고는 말할 수 없으며, 스포츠 활동에 있어 인수한 위험 내에 사망이나 중대한 상해가 포함되어 있어도 상당성을 부정할 수는 없다고 보아 「A를 동승시킨 본 건 주행은 사회적 상당성을 결한 것은 아니다」라고 하여 X의 행위는 위법성이 조각된다고 보았다.

---

1) 형법 제211조(업무상과실치사상 등) 업무상 필요한 주의를 게을리하여 사람을 사망 또는 상해에 이르게 한 자는 5년 이하의 징역이나 금고 또는 50만 엔 이하의 벌금에 처한다. 중대한 과실에 의하여 사람을 사망 또는 상해에 이르게 한 자도 같다.

● **해설** ● 1 과실범의 실행행위는 결과가 발생할 일정 정도의 가능성 있는 행위이다. 사회생활을 영위함에 있어 법익침해의 위험은 불가피하며, 일정한 위험이 수반되더라도 사회생활상 허용되는 행위가 존재한다. 다트트라이얼도 그 하나의 예라 할 수 있다. 그러나 그러한 의미에서 「사회적으로 상당하다」는 것만으로 X의 행위가 허용될 수는 없다. 본 건에서는 위험을 받아들여 동승한 피해자의 **위험인수**가 중요한 의미를 가진다. 과실범에서도 피해자의 결과에 대한 완전한 동의를 생각해 볼 수 있지만, 많은 경우는 결과가 발생할지 모를 위험을 인식하면서 당해 행위를 허용하는 위험의 인수가 문제된다.

2 고의범의 경우에 생명을 부정하는 피해자의 동의를 불가벌로 할 수는 없다(제202조[2]). 하물며, 생명에 대한 위험의 승낙은 그것만으로는 피고인의 무죄를 끌어낼 수는 없다(목숨을 구하기 위해 성공률 50%의 수술에 동의하였으나 사망한 경우와 같이, 가치 있는 행위를 행한 경우와는 다르다). 하지만 과실범의 경우는 위험의 인수만으로 불가벌을 주장하는 견해가 있다. (a) 객관적 주의의무가 부정된다는 견해와 (b) 인수한 위험이 현실화 한 결과는 객관적으로 귀책되지 않는다는 견해이다. 그러나 술자리의 흥취로 나이프(knife) 던지기의 과녁을 자청한 피해자를 나이프로 살해한 자를 불가벌로 할 수는 없다.

3 본 건 판지도 (b)의 사고를 따른 것 같이 보이지만, 위법성을 조각하는 근거에는 인수위험의 현실화에 더해, 다트트라이얼이 스포츠로서 정착하고 있는 점에 있다. X의 행위가 일정한 가치를 가지는 것이 가미가 되어 비로소 정당화된 것으로 생각할 수 있을 것이다(**허용된 위험론**). 허용된 위험론이란 행위 시를 기준으로 행위가 가지는 가치가 예상되는 위험의 크기에 결과발생의 개연성을 곱한 것보다 우월한 범위에서 정당화될 수 있다는 사고이다. 예를 들면, 생명이 위독한 환자를 구하기 위해 위험을 무릅쓰고 질주하는 앰블런스라든지, 열차전복사고 시에 의대생이 응급한 치료가 필요한 상황에서 가능한 조치를 취하였지만 사망한 경우에 정당화된다.

4 이 점, 본 건 X의 운전행위는 그러한 가치나 이익을 부담하지는 않는다. 하지만 위험의 인수가 존재함에 따라 비교형량되는 「위험」이 축소 평가되어, 보다 경미한 행위의 가치(스포츠로서의 유용성)도 정당화될 수 있는 것이다. 단지, 위험인수로 인해 위법성이 감소할 수 있는 것은 본 판결에서 나타난 바와 같이 인수**위험의 사정(射程) 내의 결과**가 발생했을 경우에 한정된다. 단, 사정 외의 결과는 예견가능성을 결하기에 불가벌이 된다.

● **참고문헌** ● 塩谷毅・固総7版120, 島田総一郎・固総6版114, 荒川雅行・平8年度重判147, 十河太郎・同支社法学50-3-341

---

2) 형법 제202조(자살관여 및 동의살인) 사람을 교사 또는 방조하여 자살하게 하거나 사람을 그 촉탁을 받거나 승낙을 얻어 살해한 자는 6월 이상 7년 이하의 징역 또는 금고에 처한다.

37 중간항의 예견 – 近鐵 生駒터널 화재사고

* 最2小決平成12年12月20日(刑集54卷9号1095頁·判時1735号142頁)
* 참조조문: 형법 제117조의2[1], 제211조[2]

> 특수한 발화의 직접 원인이 예견 불능할 경우에 화재로 인한 사상 결과의 예견가능성을 인정할 수 있는가?

● **사실** ● 전력케이블 부설을 청부받은 전기설비회사 대표 X(피고인)는 종업원 2명을 고용하여, 1976년 3월 23일부터 26일에 거쳐 킨테츠 동오사카선 이코마(近鐵 東大阪線 生駒) 터널 내의 전기설비공사를 하였다. 당시 케이블을 Y분기 접속기(2종류의 케이블을 접속해 1종에 분기시키는 Y자형의 기구)로 접속했지만, 통전(通電)으로 인해 유기(誘起)된 전류를 어스 단자를 통해서 대지로 흘려보내는 통로를 확보하지 않아, 4월 21일 이후 동케이블에서 2만 2000볼트의 전압이 과전(課電)되어 유기된 전류가 Y분기 접속기 내부의 반도전층부(半導電層部)로 누설되었고, 이것을 서서히 가열해 탄화시킨 뒤, 아크 방전을 발생시켜 9월 21일에는 동 반도전층부를 태웠다. 그리고 이것이 전력케이블의 외장부로 연소되어 연기와 유독가스를 가득차게 하여 공공의 위험을 발생시켰다. 나아가 터널 안으로 진입한 열차승무원 1명을 사망시키고 승객 42명에게 상해를 입게 하여 업무상과실치사상죄(및 업무상실화죄)로 기소되었다.

제1심은 Y분기 접속기에 탄화도전로가 형성되었다고 하는 사실이, 본 건 화재발생에 이르는 일련의 인과경로의 기본부분을 구성하는 것이라 말할 수 있으며, 상기사실에 대한 예견이 불가능하므로 X에게는 과실책임을 물을 수 없다고 보았다.

그러나 원심은 「인과경로의 기본부분이란 어찌되었든 그것과 그것에 의해 동 부분이 발열되어 발화에 이른다고 하는 최종적인 결과에 이른 것이며, 이러한 현상을 큰 흐름으로 보아 예견, 인식할 수 있었다고 판단되는 이상, 예견가능성이 충분히 존재하며, 반도전층부에 계속해서 흐른 유기전류가 초래한 탄화도전로의 형성, 확대, 가연성 가스의 발생, 아크 방전을 계기로 화재의 발생이라고 하는 프로세스의 자세한 항목을 구체적으로는 예견, 인식할 수 없었다 하더라도 예견가능성이 부정되는」 것은 아니다 라고 하여, 결과의 예견가능성을 인정했다.

● **결정요지** ● 상고기각. 「킨테츠 일본철도 동오사카선 이코마 터널 내의 전력 케이블접속 공사 시, 시공자격을 가지고 그 공사를 담당한 X가 케이블에 특별 고압전류가 흐를 경우에 발생하는 유기전류를 접지하기 위한 대소 2종류의 접지 동판 중 1종류를 Y분기 접속기에 접지하는 것을 소홀히 함으로서 위 유기전류가 대지로 빠지지 않고, 본래 흐르지 말아야 할 Y분기 접속기 본체의 반도전층부로 흘러서 탄화도전로를 형성하고, 장기간에 걸쳐 동부분에

---

1) 형법 제117조의2(업무상실화 등) 제116조(실화) 또는 전조(격발물파열) 제1항의 행위가 업무상 필요한 주의를 태만함으로 인한 때 또는 중대한 과실에 의한 때에는 3년 이하의 금고 또는 150만 엔 이하의 벌금에 처한다.
2) 형법 제211조(업무상과실치사상 등) 무상 필요한 주의를 게을리하여 사람을 사망 또는 상해에 이르게 한 자는 5년 이하의 징역이나 금고 또는 50만 엔 이하의 벌금에 처한다. 중대한 과실에 의하여 사람을 사망 또는 상해에 이르게 한 자도 같다.

계속 집중해서 흐름으로 인해, 본 건 화재가 발생한 것이다. 위 사실관계 하에서 X는 위와 같은 탄화도전로가 형성되는 **경과를 구체적으로 예견할 수 없었다 하더라도 위 유기전류가 대지로 빠지지 않고 본래 흐르지 말아야 할 부분에 장기간에 걸쳐 계속해서 흐름으로 인해 화재발생에 이를 가능성이 있음을 예견할 수는 있었던 것으로 보인다**. 따라서 본 건 화재발생의 예견가능성을 인정한 원판결은 상당하다」.

● **해설** ● 1 본 건에서는 접속기내에 탄화도전로가 형성되어 장기간 동 부분에 집중해서 전기가 계속해서 흘러 화재가 발생한 것이지만, 그 구체적인 인과는 예견할 수 없었던 점이 인정되었다. 그러나 화재발생의 예견가능성을 긍정한 것이다.

2 전차가 왕래하는 터널 안에서의 사상(死傷)의 경우, 내부에서 화재가 발생하는 것에 대한 예견이 가능하면, 사상의 예견은 가능하다. 그렇다면 화재발생의 예견가능성을 인정하기 위해서는 어떤 사정이 필요한 것인가. 본 건 제1심은 **접속기 일부의 탄화에 의한 도전로의 형성**이 인과경과의 기본적 부분(**중간항**)으로서 예견가능하지 않으면 안 된다고 보아 그것이 결여된다고 하여 과실책임을 부정했다.

3 그러나 그 예견이 가능하다면, 전체로서의 예견가능성을 인정할 수 있는 「인과경과의 기본적」 부분은 그 예견이 있을 때 일반인이라면 최종결과의 인식이 가능한 것으로서 설정되지 않으면 안 된다. 그것을 전제로 비로소 기본적 부분의 예견가능성을 결과의 예견가능성으로 바꿔 놓을 수 있다. 단지, 설정할 수 있는 중간항 중에서는 가장 추상적인 것으로 족한 것이다.

4 이 점, 미나마타병[3) 형사항소심판결(福岡高判昭57·9·6判時1059-17)에서는 공장배수의 유독물질로 인해 오염된 어패류를 섭식함으로써, 미나마타병에 걸려 사상의 두려움이나 우려에 대한 예견이 있으면, 유독물질이 일정한 뇌증상을 보이는 특정한 화학물질인 것에 대한 예견을 요하는 것은 아니라고 판시하였다. 다시 말해, 미나마타병 발증의 인과경과 가운데에서 중요한 의미를 가지는 유기수은이 원인물질인 것의 예견은 불필요하다고 본 것이다.

5 본 건에서도 **대량의 전기가 본래 흐르지 말아야 할 부분에 장기간에 걸쳐 계속해서 흐른 것이 중간항**이라 말할 수 있을 것이다. 그리고 그로 인해 동부분이 발열하여 발화에 이른 것은 일반인에게 있어서 충분히 예견가능한 것이다. 「어스(접지) 불량으로 케이블류에서 발화된다」고 하는 것이 인과경과의 「기본부분」이라 생각할 수 있다. 본 건과 같은 커다란 용량의 전류가 문제가 될 경우에, 어스 불량으로부터 케이블 그것으로부터 발화되었을 경우, 어느 부분으로부터 발화될 것인가라고 하는 점이 예견의 대상이 아닌 것은 거의 다툼이 없을 것이다.

● **참고문헌** ● 朝山芳史·判解平12年度192, 島田総一郎·J1219-165, 北川加世子·平12年度重判143

---

3) 미나마타병(みなまたびょう: 水俣病); Minamata disease은 수은 중독으로 인해 발생하며, 다양한 신경학적 증상과 징후를 특징으로 하는 증후군이며, 이와 유사한 공해병을 통칭하는 경우도 있다. 1956년 일본 구마모토 현의 미나마타 시에서 메틸수은이 포함된 어패류를 먹은 주민들에게서 집단적으로 발생하면서 사회적으로 큰 문제가 되었다. 문제가 되었던 메틸수은은 인근의 화학공장에서 바다에 방류한 것으로 밝혀졌고, 2001년까지 공식적으로 2,265명의 환자가 확인되었다.

38 예견가능성의 대상

* 最2小決平成元年3月14日(刑集43卷3号262頁·判時1317号151頁)
* 참조조문: 형법 제38조,[1] 제211조[2]

> 업무상과실치사죄의 성립에 필요한 예견가능성의 대상은 어느 정도 구체적이어야 하는가?

● **사실** ● 피고인 X는 업무로서 보통화물자동차(경사륜)를 운전하던 중, 최고속도가 시속 30km로 지정되어 있는 도로를 시속 65km로 운전하다 맞은 편 차량을 발견하고 당황하여, 왼쪽으로 급하게 핸들을 틀다가 방향감각을 상실한 채, 도로좌측에 설치된 신호기둥에 화물칸부분을 격돌시켜, 그 충격으로 인해 화물칸에 동승하고 있었던 A와 B 두 명을 사망시킨 사안이다. 그런데 X는 뒤쪽 화물칸에 사람이 동승하고 있었던 사실을 인식하지 못하고 있었다.

제1심은 A 및 B에 대한 업무상과실치사죄의 성립을 긍정하였다. 이에 피고인 측에서는 두 명의 화물칸승차에 대한 인식이 없는 X에게는 두 명이 전락하여 사망할 수 있다는 결과에 대한 예견가능성이 없고, 따라서 과실책임은 인정될 수 없다고 항소하였다. 그러나 원심은 X의 행위·사고태양은 자차(조수석·짐받이)의 동승자는 물론, 그에 더해 보행자, 다른 차량의 운전자 및 그 동승자 등에 대한 사상의 결과를 야기하는 데에도 충분한 위험성이 있는 것이며, 이것은 자동차운전자로서 당연히 인식할 수 있는 바이기에 A 및 B의 화물칸 승차에 대한 인식이 없었다 하더라도 두 명에게 대한 업무상과실치사죄의 성립이 방해받지 않는다고 판시하였다.

● **결정요지** ● 상고기각. 「X는 업무로서 보통화물자동차(경사륜)를 운전하던 중, 제한속도를 지키고, 핸들이나 브레이크 등을 정확하게 조작해서 진행해야 할 업무상의 주의의무를 소홀히 하고, 최고속도가 시속 30km로 지정되어 있는 도로를 시속 65km의 고속으로 운행하다 맞은 편 차량을 발견하고 당황하여, 핸들을 왼쪽으로 급회전한 과실로 인해, 도로좌측의 가드레일에 충돌하였고, 더욱 당황하여 오른쪽으로 급회전하다 방향감각을 상실한 채 폭주시켜, 도로 좌측에 설치해 있는 신호기둥에 차량의 좌측후부화물칸을 격돌시켜 그 충격으로 인해, 뒤쪽 화물칸에 동승하고 있었던 A 및 B 두 명을 사망에 이르게 하였고, 더욱이 조수석에 동승하고 있던 C에 대하여도 전치 약 2주간의 상해를 입게 한 것이지만, X가 자차의 뒤쪽 화물칸에 위의 두 사람이 승차하고 있던 사실을 인식하고 있지는 못하였다.

그러나 X에게 있어, 위와 같은 **무모할 정도로 자동차운전을 하면 사상(死傷)을 수반하는 어떠한 사고가 발생할 수 있음은 당연 인식할 수 있었던** 것으로 보아야 하기 때문에, 가령 X가 자차의 후부화물칸에 전기 두 명이 승차하고 있던 사실을 인식하지 못하였다 하더라도,

---

1) 형법 제38조(고의) ① 죄를 범할 의사가 없는 행위는 벌하지 아니한다. 단, 법률에 특별한 규정이 있는 경우에는 그러하지 아니하다. ② 중한 죄에 해당하는 행위를 하였지만 행위 당시 그 중한 죄에 해당하게 된다는 사실을 알지 못하였던 자는 그 중한 죄에 의하여 처단할 수 없다. ③ 법률을 알지 못하였을지라도 그에 의하여 죄를 범할 의사가 없었다고 할 수 없다. 단, 정상에 의하여 그 형을 감경할 수 있다.

2) 형법 제211조(업무상과실치사상 등) 업무상 필요한 주의를 게을리하여 사람을 사망 또는 상해에 이르게 한 자는 5년 이하의 징역이나 금고 또는 50만 엔 이하의 벌금에 처한다. 중대한 과실에 의하여 사람을 사망 또는 상해에 이르게 한 자도 같다.

위 두 명에 관한 업무상과실치사죄의 성립이 방해받지 않는다고 해석하여야 하며, 이것과 같은 취지의 원 판단은 정당하다」.

● **해설** ● 1 판례와 다수설은 구체적 예견가능성설을 취한다. 단지 **구체적 예견가능성**을 문자 그대로 철저히 하면, 특정한 피해자가 몇 년 몇 월 며칠에 사망한 것의 예견을 문제삼아야 되지만, 이는 불합리하며 일정한 추상화가 필요한 것으로는 일치하고 있다. 확실히 강력한 소형 폭탄을 열차에 잊고 두고 와 승객 다수가 사망했을 경우, 잊고 두고 온 장소조차 망각하고 있어도 과실치사죄의 책임은 면할 수 없다.

처음부터 구성요건결과(사망)의 예견은 필요하지만 그 이상의 구체적 내용에 대한 예견이 불가능하더라도 과실책임은 물을 수 있다. 또한, 결과의 개수를 중시해서는 안 된다. 위험한 행위로 인해 다수를 사망케 했지만, 1명의 사망만이 예견가능했을 경우에, 1명에 대한 과실치사죄만이 성립한다고 생각하는 것은 합리적이 못하다.

2 고의범에 대해서 생각해 보면, 조수석의 사람을 살해하고자 트럭에 폭탄을 장치하는데 화물칸에 있던 사람까지 살해한 경우, 후자에 대해서도 살인죄의 성립을 인정하는 **법정적 부합설**이 판례의 입장이다(【31】). 최고재판소는 동일구성요건의 범위 내에서 인식 대상의 추상화를 인정하고 있다. 그렇다고 한다면, 과실범의 경우에도 실제로 발생한 「구체적 결과」의 예견가능성은 반드시 필요하지는 않다. 단지, 고의범과 과실범을 완전히 같게 생각하지 않으면 안 될 필연성은 없다.

3 본 결정은 「사람의 사상을 수반하는 어떠한 사고를 야기할 지도 모르는 것」에 대한 인식가능성을 근거로 화물칸에 승차하고 있는 사실을 인식하지 못하였다 하더라도 업무상과실치사상죄의 성립은 방해받지 않는다고 했다. 조수석에 사람을 태우고 있어, 그 자에 대한 사망의 예견가능성은 존재한 셈이다. 이에 대하여 구체적 예견가능성을 엄격에 요구하고, 더욱 「구체적 부합설」에 입각하여 생각하면, 화물칸에 사람이 승차하는 것에 대한 예견가능성은 필요할 것이다. 그러나 무모한 운전으로 인해 맞은 편 차에 자차를 충돌시켜, 뒷좌석에 정원 초과로 인해 몸을 숨겨 타고 있었던 자만을 사망시킨 경우를 상정하면, 그 자의 존재에 대한 인식이 불가능했다 하더라도 운전자에게 과실치사죄가 성립하는 것은 분명하다. 그 의미에서 실제로 발생한 결과에 관한 예견가능성은 불요한 것이다.

4 그러나 「사람의 사망」이 예견불가능한 경우에는 과실책임을 물을 수 없다. 본 건 사안을 수정하여, 「약간 난폭운전이지만 조수석의 사람이나 통행인 등을 사망에 이르게 할 예견은 불가능했는데도, 화물칸에 숨어 있던 피해자가 갑자기 일어서는 바람에 차에서 떨어져 사망했을 경우」를 상정하면, 운전행위로부터 사람의 사망을 예견하는 것은 곤란하므로, 운전자에게 과실책임은 물을 수 없다. 그 경우에 과실치사죄를 귀책하기 위해서는 사람이 화물칸에 승차하고 있는 것에 대한 인식가능성이 필요하다.

● **참고문헌** ● 安廣文夫·J941-97, 曽根威彦·判評373-68, 内田浩·囿総7版106

39 모래사장함몰사고와 중간항의 예견

* 最2小決平成21年12月7日(刑集63卷11号2641頁 · 判時2067号159頁)
* 참조조문: 형법 제211조[1]

> 인공모래사장의 모래층 내에서 형성되어 커진 구멍 위로 걸어가던 피해자가 구멍의 붕괴로 매몰되어 사망한 사고에서 모래사장의 관리 등의 업무에 종사한 자에게 예견가능성이 인정되는가?

● **사실** ● 인공 모래사장의 모래가 사방판(砂防板)의 파손으로 점점 바다로 쓸려가 모래층 내에 형성되고 커진 구멍 위로 종종걸음으로 이동하던 피해자가 구멍의 붕괴로 생긴 구멍에 매몰되어 사망한 사고에서 모래사장 등을 관리하고 있던 피고인 X들, 사고당시의 국교성(国交省) 직원 및 아카이시시(明石市) 직원의 과실책임이 문제되었다.

결과의 예견가능성에 관하여 제1심 판결은 모래층 내의 구멍 발생은 토목공학상 잘 알려진 일반적인 현상이 아니고, 본 건 사고 현장 부근의 모래사장에서 위험을 느낄 만한 함몰은 발견되지 않았기 때문에 구멍의 존재는 인식불가능하다고 했다. 이에 대해 원심은 예견가능성을 인정하여 제1심 판결을 파기하고, X 등이 취해야 할 결과회피조치나 양형에 관한 증거조사를 위해 사건을 고베지방재판소로 환송한 것에 대해 X가 상고했다.

● **결정요지** ● 상고기각. 최고재판소는 사실관계를 아래와 같이 정리했다.「본 건 사고는 동측 돌제(突堤) 중앙 부근의 케이슨(caisson) 목지부의 사방판이 파손되어 모래가 바다로 쓸려나감에 따라 모래층 내에 형성되고 커진 깊이 약 2m, 직경 약 1m의 구멍 위를 피해자가 종종걸음으로 이동하던 중 구멍의 붕괴로 인해 생긴 구멍에 전락하여 매몰된 것에 의해 발생한 것이다. 그리고 X 등은 본 건 사고 이전부터 남측 돌제 주변의 모래사장 및 동측 돌제 주변 **남단부근의 모래사장이 반복하여 생긴 함몰에 대해서 인식하고** 그 원인이 사방판의 파손에 의해 모래가 쓸려나간 것이라고 생각하고 **대책을 강구하였지만** 남측 돌제와 동측 돌제와는 케이슨 목지부에 방사판을 설치하여 모래가 쓸려나가는 것을 방지한다는 기본적인 구조는 동일하였고, 본래 내용(耐用) 연수가 약 30년 정도인 방사판이 약 몇 년 만에 파손되고 있는 것이 판명되었을 뿐 아니라, 실제로 본 건 사고 이전부터 동측 돌제 주변의 모래사장의 남단 부근뿐 아니라 북쪽 장소에서도 복수의 함몰하는 이상한 상태가 발생하고 있었다」.

그리고 쟁점이 된 결과의 예측가능성에 관하여「이상의 사실관계 하에서 X 등은 본 건 사고 현장을 포함한 동측 돌제 주변의 모래사장에서 **방사판의 파손으로 모래가 쓸려 나간 것에 의하여 함몰이 발생할 가능성**이 있다는 것을 인식할 수 있었다고 할 것이다. 따라서 본 건 사고 발생의 예견가능성을 인정한 원판결은 상당하다」고 판시했다.

---

1) 형법 제211조(업무상과실치사상 등) 업무상 필요한 주의를 게을리하여 사람을 사망 또는 상해에 이르게 한 자는 5년 이하의 징역이나 금고 또는 50만 엔 이하의 벌금에 처한다. 중대한 과실에 의하여 사람을 사망 또는 상해에 이르게 한 자도 같다.

● **해설** ● 1 판례는 인과경과의 기본부분의 예측가능성을 문제삼고 있지만, 그 취지는 그 예견이 가능하다면 전체로서의 예측가능성을 인정해야 하는「인과경과의 기본적 부분」을 예견할 수 있으면 좋을 것으로 해석해야 한다. 인과경과의「가장 중요한 부분」의 예측가능성은 반드시 필요하지는 않다.

2 이코마(生駒)터널사고에 관한【37】도 발화에 직접적인 원인이 된「탄화도전로가 형성되는 경로를 구체적으로 예견할 수 없었다고 하더라도, 유기전류가 대지로 흐르지 않고 본래 흘러서는 안 될 부분에 장기간 계속해서 흐른 것에 의해 화재가 발생할 가능성이 있는 것을 예견하는 것은 가능하다고 보아야 할 것이다」라고 하고 있다. 피고인이 접지단자를 통하여 대지에 흐르는 도통로를 확보하지 않은 것은 인정되고 있으며 접지 불량으로 케이블로부터 발화한 경우 어느 부분으로부터 발화되는가하는 것까지의 예견가능성은 요하지 않는다.

3 본 결정도 조금 떨어진 모래사장에서 반복하여 발생한 함락을 인식하고 그 원인이 방사판의 파손에 의해 모래가 쓸려나가는 것이라고 생각하여 대책을 강구하였고, 연수가 약 30년인 방사판이 몇 년 안되어 파손되고 있는 것이 판명된 이유로 본 건 사고 현장을 포함한 모래사장에서「방사판의 파손으로 모래가 쓸려나가는 것에 의한 함몰이 발생할 가능성이 있는 것을 예견하는 것은 가능했다」고 판시했다.「사방판 파손으로 모래가 쓸려나감」이라는 **중간항**을 추가하는 것에 의해 일반인이라면 결과의 예견이 가능했다고 보았다.

4 今井功재판관의 반대의견은「조금 떨어진 곳에서 수차례 함몰이 발생하였음에도 불구하고 현장 부근에서는 그러한 현상을 발견할 수 없었다」라는 사실은 그 원인이 무엇이었는지 명확히 밝혀지지 않았다 하더라도 엄연한 사실로써 신중히 받아들일 필요가 있다. 확실히 파도의 세기 등으로 모래의 유출량이 크게 다를 수 있다. 하지만 같은 구조로 구축되어 같은 사방판이 사용되고 있는 이상 연속하여 모래 일부의 함몰이 발생하고, 그 원인이 사방판의 파손이라는 것을 인식하였으면 동일한 사방판이 사용되고 있으므로 모래가 쓸려나감에 따라 구멍이 생긴다는 중간항은 예견가능하다고 보아야 할 것이다. 그리고 그것은 형사과실을 기초지우는 것이라 말할 수 있다. 다만 고등재판소와 최고재판소는 제1심 판결에서 사고발생현장에서 가까운 장소에서 함몰의 존재를 인정하고 있었다는 점에 주의하지 않으면 안 된다.

5 또한 **最決平成26年7月22日**(刑集68-6-775)은 국교성의 과장이고 효고현 오사카만 연안, 하리마(播磨)연안 및 아와지(淡路)연안에 대해, 해안에 관한 공사의 실시계획, 실시설계, 조사, 실시의 조정, 시행, 감독 및 검사, 공사의 실시 상 필요한 보안 및 위해예방, 공사개시로부터 공사완성까지의 공사용지의 관리에 관한 사무나 해안의 관리에 관한 사무 등의 업무에 종사하는 자에게도 동 모래사장에 관한 안전 조치를 강구해야 하는 업무상의 주의의무가 있다고 하였다.

● **참고문헌** ● 家令和典·J1406-146, 前田·最新判例分析50, 塩谷毅·平22年度重判198

40 혼잡 경비와 감독 과실

* 最1小決平成22年5月31日(刑集64巻4号447頁·判時2083号157頁)
* 참조조문: 형법 제211조 전단1)

하나비(불꽃)대회에서 다수의 참가자가 뒤엉켜 넘어져 사상자가 발생한 사고에 대해, 혼잡경비
를 지휘하는 입장에 있었던 자들의 형사책임의 유무

● **사실** ● A시의 여름 축제인 하나비대회에 모여든 다수의 관객이, 대회가 열리는 공원과
가장 가까운 역과 이어진 보도교에 집중되어 과밀한 체류 상태가 되었다. 이로 인해 강력한 군
중압력이 생기어 다수의 사람들이 서로 엉켜 넘어지는 소위 군중사태가 발생하여 11명이 사망
하고, 183명이 부상하는 사고가 발생하였다. 이에 대해 하나비대회를 실질적으로 주최한 A시
직원 3명 이외에 A경찰서지역관(현지경비본부지휘관) X 및 경비원의 총괄책임자 Y 등 합계 5
명이 업무상과실치사상죄로 기소되었다.

제1심 판결은 5명을 유죄로 하였고 항소심도 4명의 항소를 기각하였다(1명은 항소 취소). X와
Y는 예견가능성, 결과회피의무 및 그 이행 유무를 다투며 상고했다. 원심은 ① 공원과 가장 가까
운 역은 보도교로 이어져 있으며, 보도교의 형상, 더욱이 야시장의 존재로부터도 군중이 체류하
는 점, ② 대회종료 전후에 귀가하려는 군중이 보도교로 쇄도해 쌍방향의 인파의 흐름이 부딪쳐
체류가 한층 심해질 것으로 예상할 수 있으며, 게다가 ③ 카운트다운 하나비대회에서 상당수의
110번 신고가 있었을 만큼의 혼잡 밀집 상태가 된 경험이 있었음에도 불구하고, ④ 그것을 훨씬
상회하는 군중이 예상되는 하나비대회에서 혼잡 방지의 유효한 방책을 강구하지 못하였고, 또한
혼잡한 상태 이후의 구체적인 계획도 마련되어 있지 못하였던 점을 인정한 뒤에, X 등에게는 유
입규제 등을 행하거나 기동대에 출동 요청조치를 강구하지 못한 과실이 있다고 하였다.

● **결정요지** ● 상고기각. 최고재판소는 X 등이「늦어도 오후 8시경까지는 보도교의 혼잡
상태가 A시 직원 및 경비원의 자주경비로는 대처할 수 없는 단계에 이르게 되어, 그 시각까
지는 상기 각 사정에 비추어 보아도 X·Y 두 명 모두, 즉시 기동대의 보도교로의 출동이 요
청되어 이것에 의해 보도교에 유입규제 등이 실현되지 않으면, 오후 8시 30분경에 예정된 하
나비대회 종료 전후부터 보도교내에서 쌍방향을 향하는 군중들의 흐름이 겹치고, 혼잡 사고
가 발생하리라는 것을 쉽게 예견할 수 있음이 인정된다. 그렇다면, X는 오후 8시경 시점에서
즉시 **부하경찰관을 지휘**하는 동시에, **기동대의 출동을 A경찰서장 등을 통해 직접 요청함으로
써 보도교로의 유입 규제 등을 실현하여 혼잡사고의 발생을 미연에 방지해야 할 업무상 주의
의무**가 있다고 보아야 하며, 또한 Y는 오후 8시경에 즉시 A시 담당자들에게 경찰관의 출동을
요청하거나 스스로 자주경비 측을 대표해서 경찰관의 출동 요청을 하여 보도교로의 유입 규
제 등을 실현해서 혼잡 사고의 발생을 미연에 방지해야 할 업무상의 주의의무가 있었다고 보

---

1) 형법 제211조(업무상과실치상 등)　업무상 필요한 주의를 게을리하여 사람을 사망 또는 상해에 이르게 한 자는
5년 이하의 징역이나 금고 또는 50만 엔 이하의 벌금에 처한다. 중대한 과실에 의하여 사람을 사망 또는 상해에
이르게 한 자도 같다.

아야 한다」고 했다. 그리고 오후 8시 10분경까지 그 출동 지령이 있었다면, 본 건 혼잡 사고는 회피할 수 있었던 것으로 인정된다고 했다. 그리고 X는 자신의 판단에 의해 기동대를 출동시킬 수 있었고, Y는 A시 담당자들에게 경찰관의 출동을 요청할 수 있었으며, 더욱이 스스로가 자주경비 측을 대표해서 경찰관의 출동을 요청할 수도 있었다고 인정하여, X·Y 모두 오후 8시경에 상기의무를 이행하였다면 본 건 사고를 회피하는 것은 가능했다고 보아 업무상 과실치사상죄의 성립을 인정한 원심을 유지했다.

● **해설** ● 1 본 건은 경찰관 등을 지휘 감독할 때의 과실이 문제되고 있으며 광의의 감독과실이라고도 말할 수 있다. **감독과실**이란 「법익침해의 결과를 직접 발생시킨 자를 감독해야 할 의무 있는 자의 과실책임」이다. 단지, 「대피계획을 세우고 그것을 실시케 할 감독의무」 등도 포함되고, 그 위에 **물적인 안전체제확립·안전대책의 구축** 등에 관한 과실도 감독과실과 결부시킬 수 있다. 다만, 본 건에서는 오후 8시경의 시점에서 기동대의 출동 요청과 보도교로의 유입규제를 소홀히 한 부작위를 X의 「실행행위」로서 파악하고, Y에 대해서는 「보고의무」를 문제삼은 것이다.

2 화재사고에서 예견가능성의 인정상 중요한 의미를 가지는 **중간항(中間項)**(【37】 참조)은 「출화의 예견가능성」이다. 화재로 인한 사상의 경우, 출화에 대한 예견가능성이 없으면, 사상의 예견가능성은 부정되지만, 호텔 내에서 출화가 예견되면, 방화체제 등으로부터 사상의 결과에 대한 예견가능성은 충분히 가능한 것이다. 본 건에 있어서 그것에 대응하는 것이 「보도교 상의 극도의 혼잡상태」이다.

3 형법 제211조의 예견가능성을 인정하기 위한 중간항으로서의 극도의 혼잡상태란 소위 군중사태가 발생하여 사람이 사망할 수 있을 정도가 아니면 안 된다. 최고재판소는 오후 8시경에는 이미 발생하고 있던 혼잡상황의 보고, 현장의 상황에 관한 지식, 과거의 경험 등으로부터 쌍방향을 향하는 군중들에 의한 극도의 혼잡 상황이 발생할 것을 쉽게 예견할 수 있었음을 인정하였다. 즉, 사상의 예견가능성이 인정된다고 본 것이다. 그리고 그것을 근거로 유입규제 의무와 기동대 출동요청 의무를 인정한 것이다(결과회피가능성도 인정되고 있다).

4 다만, 예견가능성만으로 감독과실의 성립범위를 한정하려고 하면 처벌의 범위가 부당하게 넓어진다. 혼잡 사고의 예견이 가능한 관계자는 다수 존재했겠지만, 기동대출동 요청 등의 **진언의무(進言義務)**가 있는 자는 본 건의 경우에는 Y와 같은 입장의 자에 한정된다. 스프링클러가 설치되어 있지 않은 여관의 화재로 다수의 사망자가 발생했을 경우, 주방장에게도 화재발생을 인식하고 스프링클러 설치의 진언을 해야 했다고 해서 과실처벌을 지게 해서는 안 된다. 그는 방화의무를 지는 관리자가 아니어서 작위의무가 없기 때문이다.

● **참고문헌** ● 三浦透·判解平22年度86, 林幹人·曹時63-12-1, 土本武司·判評630-33

41 자동차부품 결함으로 인한 리콜과 예견가능성의 대상

* 最3小決平成24年2月8日(刑集66卷4号200頁·判時2157号133頁)
* 참조조문: 형법 제211조[1]

부품 결함으로 발생한 사고의 사상 결과에 대한 업무상 과실치사상죄에 대한 판단

● **사실** ● 2002년 1월 10일 오후 3시 45분경, Y시내의 도로를 시속 50km로 주행 중이던 미츠비시사 대형 트럭의 좌측 앞바퀴허브(D허브)가 둥글게 잘리는 파손으로 인해 좌측 앞바퀴 타이어 휠·브레이크가 빠져, 빠진 좌측 앞바퀴가 왼쪽전방 길에 있던 A녀(당시 29세)의 뒤에 추돌하여 두개저골절 등으로 사망케 했다. 또한 같이 있던 아동 2명도 그 충격으로 도로에 넘어져 전치 약 7일의 상해를 입혔다. 이 사고로 인해 미츠비시자동차공업의 품질보증부문의 부장 X와 그 부하직원 Y는 동종 허브를 장비한 차량에 대한 리콜 등의 필요한 조치를 취할 업무상 주의의무를 게을리한 혐의를 받고 업무상과실치사상죄로 기소되었다(허브는 트럭이나 버스 등의 앞바퀴 타이어 휠 등과 차축을 결합시키기 위한 부품으로 그 파손을 예상하기 힘든 중요한 안전부품이다).

제1심은 이미 많은 사고가 발생하였고, 적어도 1999년의 주고쿠(中國) JR버스의 사고시점에서 허브의 강도(强度) 부족을 의심할 만한 객관적 정황이 있었고, 리콜을 하지 않고 방치하면 **둥글게 잘리는 파손 사고**가 발생하여 인명피해가 발생할 수 있음이 예견가능하다고 보아 X·Y의 과실책임을 인정하였다. 원심도 허브의 강도 부족에 대한 의심으로 리콜을 하였다면, 사고가 확실히 발생하지 않았다고 하여 **사고 원인이 마모에 의한 것이었다고 가정해도** 사고발생을 방지할 수 있었기 때문에 결과회피가능성을 인정하여 결과회피의무와 인과관계도 긍정된다고 보아 제1심판결의 결론을 지지하였다.

이에 대해 X·Y는 ① 주고쿠 JR버스 사고 당시 D허브의 강도부족을 의심하는 것은 불가능했고, ② X·Y에게는 리콜해야 한다는 업무상과실치사상죄의 의무가 있었다고 보기 어렵고, ③ 사고차량의 사용 정황 등에 비추어 보아 리콜을 하더라도 사고를 피할 수 없었으며 X·Y의 부작위와 사고 간에 인과관계가 결여되어 있다는 점 등을 주장하며 상고하였다.

● **결정요지** ● 최고재판소는 아래와 같이 판시하며 상고를 기각했다.
우선 **예견가능성**에 대하여 Y는 허브가 둥글게 잘리는 파손사고를 담당하였고, 본 사고 발생에 대한 보고는 받았으며, 주고쿠 JR버스 사고 시점에서「미츠비시자동차공업제의 허브에 강도부족의 우려가 있음을 충분히 인식하고 있었던 것으로 인정되고, 주고쿠 JR버스 사고를 포함한 과거의 허브가 둥글게 잘리는 파손 사고의 사고태양의 위험성 등을 감안한다면 **리콜 등의 개선조치를 강구하지 아니한 채 강도부족의 우려가 있는 D허브를 장착한 차량의 운행을**

---

[1] 형법 제211조(업무상과실치사상 등) 업무상 필요한 주의를 게을리하여 사람을 사망 또는 상해에 이르게 한 자는 5년 이하의 징역이나 금고 또는 50만 엔 이하의 벌금에 처한다. 중대한 과실에 의하여 사람을 사망 또는 상해에 이르게 한 자도 같다.

방치하면 D허브의 파손으로 인신사고가 발생할 수 있음을 쉽게 예측할 수 있었다」고 하여 X 에게도 동일하게 인명사고에 대한 위험을 충분히 예측할 수 있었다고 보았다. 그리고 주고쿠 JR버스 사고에서는 허브의 비정상적인 마모가 인정되었고, 그것이 원인이 되었기 때문에 강도 부족을 의심하는 것은 불가능하였다고 주장한 것에 대해서는 이미 허브의 파손 사고가 계속 발생하고 있는 이상 허브의 강도부족을 인식할 수 없었다고는 보기 어렵다고 하였다.

　　결과회피의무에 대해서는 주고쿠 JR버스사고 시점에서 허브의 강도부족 위험성의 크기, 예 측되는 사고의 중대성, 다발성과 함께 미츠비시자동차공업이 허브의 파손사고를 비닉(秘匿) 정보로써 취급하고, 사고관계의 정보를 혼자서 파악하고 있다는 것을 고려하여 개선조치에 관한 업무를 담당하는 자에게 형사법상 리콜 등의 개선조치를 취하여 「강도부족에 기인한 D 허브가 둥글게 잘리는 파손사고의 재발을 방지할 주의의무가 있었다」고 보았고, Y에 대해서 는 X에게 리콜 등의 개선조치를 행하는 수속을 하도록 제안하고, 운륜성(運輸省) 담당자관에 게 리콜 등의 실시에 필요한 조치를 취하여 파손사고의 재발을 방지할 업무상의 주의의무가 있다고 하여, X에 대해서도 Y에 대해서도 철저한 원인조사를 하여 리콜 등의 사내 절차를 밟 아 운륜성담당자에 대해 조사결과를 정확하게 보고하는 등 리콜 등의 개선조치를 위해 필요 한 조취를 취하여 파손사고가 다시 발생할 것을 방지할 업무상의 주의의무가 있다고 보았다.

　　결과회피가능성, 인과관계에 대해서는 원심 판단이 반드시 상당하지 않다고 하면서 ① 파 손되는 것이 기본적으로 예상되지 않은 허브가 약 10년 사이에 40건이나 둥글게 잘리는 파손 이 있었고, ② 사고 후의 실주행실동응력시험(実走行実働応力試験)에서 강도부족의 결함을 추측할 수 있는 실험결과를 얻었고, ③ 미츠비시자동차공업 트럭・버스 부문이 2004년 3월에 신고한 리콜에서 허브에 강도 부족이 있었음을 시인하였고, ④ 본 건 사고에 있어서 이상(異 常)・악질의 정비, 사용 등의 정황이 있었다고는 볼 수 없어,「지금까지의 사정을 종합하면 D 허브에는 설계 또는 제작 과정에서 강도부족의 결함이 있음이 인정되고, 본 건 사고도 본 건 사고 차량의 사용자 측의 문제만으로 발생했다고 할 수 없고, D허브의 강도부족에 기인하여 발생하였다고 인정할 수 있다」고 하여 사고는 의무위반에 근거하여 위험이 현실화된 것으로 볼 수 있으므로 양자 사이에 인과관계를 인정할 수 있다고 판시하였다.

● **해설** ● 1 본 건 예견가능성판단에 있어 중간항(【37】 참조)은 「**강도부족으로 인한 허브 의 파손사고**」이다. 과거의 파손사고로부터 리콜 등의 주의의무를 다하였다면 사상의 결과는 발 생하지 않았을 것이라고 하지만 문제는 **리콜 등의 조치를 요청하는 정도의 위험성의 인식**으로 족한가라는 점이다. 원심은 리콜을 하면 원인이 마모에 의한 파손이라고 하더라도 그 발생을 방 지할 수 있었으므로 과실을 인정했다.

　　2 다만 「어떻게 사용하였는지 알 수 없다」「어떠한 일이 발생할지 알 수 없다」라는 사정만 으로는 리콜 등의 개선조치의 의무만을 지게하는 「결과발생의 가능성」으로써는 불충분할 것이 다. 최고재판소는 본 건의 주의의무는 어디까지나 **강도부족에 기인하는 D허브의 파손사고가 다 시 발생하는 것을 방지할 업무상의 주의의무**에 있다고 본 것이다.

● **참고문헌** ●　矢野直邦・判解平24年度54, 前田・最新判例分析42, 橋爪陸・警論70-4-157

42 실질적 위법성의 판단기준

* 最2小決判平成17年12月6日(刑集59卷10号1901頁·判時1927号156頁)
* 참조조문: 형법 제35조[1]), 224조[2])

> 아내와 이혼소송 중인 남편이 유형력을 사용하여 아내의 감호양육 하에 있는 2살의 아동을 데리고 간 행위에 대하여 실질적인 위법성이 조각될 여지가 있는가?

● **사실** ● B는 피고인 X와의 사이에서 C가 태어나 혼인한 뒤, 동경에서 3명이 생활하였지만 X의 폭력 등으로 B는 2살배기 C를 데리고 아오모리현에 있는 친정으로 피신하였다. 그리고 X를 상대로 부부관계조정의 조정 및 이혼소송을 제기하고 계쟁 중이었다(본 건 당시 C에 대한 X의 친권 내지 감호권에 대하여 이것을 제약하는 법적처분은 없었다).

X는 C를 B로부터 데려와 자신의 지배하에 두고 감호양육을 하기로 결심하고, 하치노해(八戸) 시내의 보육원의 남측보도상에서 B를 대신해 손자를 데리러 온 B의 모친 D가 자신의 자동차에 C를 태울 준비를 하고 있는 틈을 이용하여, C를 낚아챈 뒤 안고 자동차까지 전력질주하여 C를 태운 뒤 운전하여 달아났다(X에게는 C를 적절히 감호할 조건이 충분치 못하였다).

제1심과 원심은 미성년자약취죄가 성립한다고 보았고 이에 X측이 상고하였다.

● **결정요지** ● 상고기각. 최고재판소는 X가 아이를 데리고 달아난 행위가 미성년자약취죄의 구성요건에 해당함이 명확하다고 밝힌 후, X가 **친권자의 한명이라는 사실이 그 행위의 위법성이 예외적으로 조각될 수 있는지의 판단에서 고려해야 할 사정**이라고 해석하며,「X는 이혼계쟁중인 타방친권자인 B에게서 C를 탈취하여 자신의 보호 하에 두려 한 것으로, 이러한 행위를 한 것에 대해 C의 감호양육상 이것이 현재에 필요하다고 인정되는 특단의 사정은 인정되지 않으므로 이 행위는 친권자가 행한 것이라 하여도 정당한 것으로 볼 수 없다.

또한 본 건의 행위태양이 난폭하고 강제적인 것, C가 자신의 생활환경에 대해 판단·선택할 능력이 없는 2살의 유아이고, 그 연령상 항시 감호양육이 필요하지만, 약취 후의 감호양육에 대해 확실한 양육계획이 있었다고 보기는 어렵다고 보아 **가족 간의 행위로써 사회통념상 허용되는 범위에 그친다고 평가하기는 곤란하다**」고 하여 본 건 행위에 대하여 위법성이 조각될 사정은 인정되지 않는다고 판시하였다.

● **해설** ● 1 피납치자의 감호권, 친권을 가지는 자도 미성년자약취죄의 구성요건에 해당함에는 다툼이 없다.

2 **실질적 위법성조각사유**의 판단기준으로 (a) 법익침해의 결과와 행위가 짊어지는 가치의 형량을 중심으로 하는 사고와 (b) **행위의 사회적 상당성을 중시하는 입장**이 대립하지만 판례는 (c) **양자를 종합적으로 고려하는 입장**이다.

---

1) 형법 제35조(정당행위) 법령 또는 정당한 업무에 의한 행위는 벌하지 아니한다.
2) 형법 제224조(미성년자 약취 및 유괴) 미성년자를 약취하거나 유괴한 자는 3월 이상 7년 이하의 징역에 처한다.

최고재판소는 ① 목적의 정당성, ② 수단의 상당성, ③ 법익의 형량, ④ 법익침해의 (상대적) 경미성, ⑤ 필요성·긴급성을 종합적으로 형량하여, 그것이 법질서 전체의 견지에서 허용될 수 있는지 여부를 판단한다.

3　또한「실질적 위법성조각사유」는 어떠한 경우에도 정당방위나 긴급피난 이상으로 엄격한 요건이 필요한 것은 아니다. 긴급행위는 생명을 빼앗아도 정당화되는 사유이고, 따라서 필요성·긴급성, 나아가 보충성이 요구된다. 하지만 법익침해가 상대적으로 경미한 경우에는「긴급성」은 필수가 아니다.「초법규적(실질적) 위법성조각사유는 항상 긴급피난보다 엄격한 요건이 필요하다」고는 말할 수 없다.

4　**목적의 정당성**을 인정할 수 없으면 구성요건해당성이 부정될 정도로 경미한 사안이라고 평가되는 경우 외에 불가벌이 될 여지는 없다. 단 목적은 행위자의 심정·동기 그 자체를 문제로 하는 것이 아니라「행위가 객관적인 가치를 가지고 있는 것」이라는 의미로 해석되어야 할 것이다. 그리고 그 가치와 법익침해가 실질적으로 형량될 것이다.

본 건의 경우 단순히 타인의 아동을 납치한 것이 아니라 공동친권자가 자신의 자식을 감호할 목적으로 자신의 지배하에 둔 것이고, 최고재판소가「X가 친권자의 한명이라는 사실은 그 행위의 위법성이 예외적으로 조각될 수 있는지에 관한 판단에서 고려해야 할」사정이라고 해석하고 있는 것처럼 정당화를 논할 여지가 있는 사안이다. 다만 이혼계쟁 중의 타방 친권자인 B로부터 C를 탈취하여 자신의 보호하에 두려 한 것으로 그러한 행동을 할 때 C의 감호양육상 그것이 현재 필요하다고 할 특단의 사정이 인정되지 않는 이상, 형법 제35조에서 말하는 정당한 친권자의 행위에 해당된다고 볼 수 없다.

5　실질적 위법성의 판단에 있어서는 **수단의 상당성**이 가장 중요한 요건이다. 이 수단의 상당성 판단에서 실질적인 이익형량이 행해진다. 여기서는 구성요건에 해당하는 행위를 굳이 할 필요성이 있는지 여부도 고려된다. 그리고 당해 목적을 위해서 다소 과도했다 하여도 처벌할 정도로 위법성이 남아있지 않으면「실질적으로 정당화된다」고 보아도 좋다.

6　본 결정은 친자에 대한 애정에 기인한 것으로 그 수단과 방법이 법질서 전체의 정신에 비추어 보았을 때 사회관념상 시인될 정도인 경우에 한하여 실질적 위법성을 결여한다고 하는 소수 의견에 따른 것이다. 단 문제는 친자의 애정에 기인한다고 하여도 그 수단과 방법이 법질서 전체의 정신에 비추어보았을 때 시인되는가이다. 행위태양이 강제적인 것으로 C가 아직 2살 유아로 항시 감호양육이 필요함에도 불구하고, 약취 후 감호양육에 대한 확실한 양육계획이 없었던 점을 감안하면 실질적 위법성을 부정하기는 곤란하다고 생각된다.

● **참고문헌** ●　前田雅英·研修693-3, 前田巖·判解平17年度671, 内海朋子·囷各7版26

43 의사의 비밀유지의무와 정당한 업무행위

* 最2小決平成24年2月13日(刑集66卷4号405頁·判時2156号141頁)
* 참조조문: 형법 제35조[1], 제134조[2]

의사의 지식, 경험을 토대로 진단을 포함한 의학적 판단을 내용으로 하는 감정을 명령 받은 의사가 알게 된 타인의 비밀을 누설한 행위는 정당화되는가?

● **사실** ● 소년이 자택에 방화하여 가족 3명을 살해한 사건과 관련하여 가정재판소로부터 당해 소년의 정신감정을 명령받은 정신과의사 X(피고인)가 재판소로부터 감정자료로 받은 수사기록 등을 기자의 취재의뢰를 받아들여 이들에게 위 기록 등을 열람시켜 업무상 알게 된 소년 및 그 부친의 비밀을 누설한 사안이다.

제1심과 원심은 X가 가정재판소로부터 소년사건에 대해 「① 소년이 본 건 비행에 이른 정신의학적 배경, ② 소년의 본 건 비행 시 및 현재의 정신상태, ③ 기타 소년의 처우 상 참고가 되는 사항」이라는 감정사항에 대해 정신과의사로서의 지식이나 경험을 토대로 진단을 포함한 정신의학적 판단을 내용으로 하는 감정을 명령 받아 실시할 때, 감정자료로써 소년의 진술조서 등의 복사본을 받아 정당한 이유 없이 동 감정자료나 감정결과를 제3자에게 열람시켜 소년 및 그 부친의 비밀을 누설한 행위가 비밀누설죄(제134조 제1항)에 해당한다고 하였다. X측은 공소권의 범위 등을 다투며 상고했다.

● **결정요지** ● 상고기각. 「소론은 감정의가 행한 감정은 어디까지나 『감정인의 업무』이며 『의사의 업무』가 아니고, 감정인이 업무상 알게 된 비밀을 누설해도 비밀누설죄에 해당하지 않고, 본 건에서 소년과 그 부친은 X에게 업무를 위탁한 자가 아니므로 비밀누설죄의 고소자에 해당하지 않는 점을 주장했다.

하지만 본 건과 같이 의사가 의사로서의 지식이나 경험을 토대로 진단을 포함한 의학적 판단을 내용으로 하는 감정을 명령받은 경우에는, **그 감정의 실시는 의사가 그 업무로써 행한 것이라고 말할 수 있기 때문에 의사가 당해 감정을 행하는 과정에서 알게 된 타인의 비밀을 정당한 이유 없이 누설한 행위는 의사가 그 업무상 취급한 것에 대해 알게 된 타인의 비밀을 누설한 것으로서 형법 제134조 제1항의 비밀누설죄에 해당한다**고 해석함이 상당하다」(더욱이 『『타인의 비밀』에는 감정대상자 본인의 비밀 외에 동 감정을 행하는 과정에서 알게 된 감정대상자 본인 이외의 자의 비밀도 포함되어야 한다. 따라서 이러한 비밀을 누설한 자는 형사소송법 제230조에서 말하는 『범죄에 의한 피해를 입은 자』에 해당하고 고소권을 가지는 것으로 해석된다」고 판시했다).

---

1) 형법 제35조(정당행위) 법령 또는 정당한 업무에 의한 행위는 벌하지 아니한다.
2) 형법 제134조(비밀누설죄) ① 의사, 약제사, 의약품 판매업자, 조산사, 변호사, 변호인, 공증인 또는 이것들의 직에 있었던 자가 정당한 이유가 없음에도 그 업무상 취급한 것에 대해 알 수 있는 타인의 비밀을 누설한 자는 6월 이하의 징역 또는 10만 엔 이하의 벌금에 처한다.

● **해설** ● 1 쟁점은 X가 누설한 비밀은 감정이라는 의사의 업무상 지득한 것이 어디까지나「감정인」이 업무상 지득한 것으로서「의사」가 업무상 지득한 것은 아니며 따라서 감정인에 대해서는 비밀유지의무에 관한 규정이나 벌칙규정이 없는 이상, X의 행위는 형법 제134조 제1항에는 해당되지 않는 것이 아니냐라는 점에 있다.

2 본 결정은 비밀누설죄에 있어서「그 업무상 취급했다」라는 요건은 의사에 대해서는 그 면허를 전제로 전문적 식견 및 경험을 토대로 계속적으로 행한 사무에 관하여 타인의 비밀을 취급하는 것으로 해석되기 때문에 X가 소년에 대해 행한 정신감정은 비밀누설죄에서 의사의「업무」에 해당한다. 구성요건을 점점 확장하는 해석이지만 최고재판소에 의해서 확정된 것이다.

3 본 건에서 제1심 이후 가장 격렬히 다투어진 것은 정당화 사유의 유무이다. X는 (a) 소년에 대한 잘못된 세간의 인식을 바로잡아 소년의 이익을 도모하고자 한 목적이나 취재에 대한 협력이라는 공적 목적으로 기자에게 공술조서 등을 열람시킨 **누설행위는 정당한 이유가 있다**고 강하게 주장했다.

이에 제1심은 소년들에 관한 잘못된 세간의 인식을 바로잡도록 하고자 한 생각이 아직 주관적인 것에 그친 이상 소년심판절차의 진행 중에 그 기록을 자유롭게 열람시켜 소년들의 프라이버시 등에 관한 내용도 누설한 것에 비추어보면 (b) **취재협력행위라고 보아도 정당한 이유에 기초한 것으로는 인정되지 않는다**고 보아 정당화되지 않는다고 했다.

4 헌법학의 영역에서는 표현활동이 중시되며, 매스컴과 관련된 이익을 중시하는 경향도 보이지만 적어도 본 건 사안에 있어서는 X의 행위가「취재에 대한 협력이라는 공익적 목적」등으로 정당화되지 않는 것에 대해서 이론은 적을 것이다.

5 공무원의 비밀유지의무위반에 관련하여 보도기관의 취재활동이나 보도행위의 정당화가 다투어진 最決昭和53年5月31日(【45】)에서는 오키나와 반환에 관한 비밀전문을 외무성 직원을 교사하여 누설시킨 신문기자의 행위가 문제가 되었지만 최고재판소는「보도를 위해서 취재의 자유도 또한 헌법 제21조의 정신에 비추어보았을 때 충분히 존중할 만하다」고 한 후에「그 수단과 방법이 법질서 전체의 정신에 비추어보았을 때 상당한 것으로써 사회통념상 용인되는 것인 한 실질적으로 위법성을 결여한 정당한 업무행위라고 보아야 할 것이다」고 판시했다.

최고재판소는 정보입수를 할 때 피고인이 정교관계(情交關係)를 이용한 점을 고려하여 수단이 상당하지 않아 정당화를 인정하지 않았다. 기본적으로는 피고인 행위의 목적인 보도의 이익과 그것으로 인해 발생한 국가의(즉 국민전체의) 불이익이 형량되어야 하며, 또한 비밀을 굳이 공표하지 않으면 안 되는 필요성이나 긴급성이 어느 정도 있었는지, 다른 수단이나 방법은 없었는지 등을 종합적으로 고려하여 실질적 위법성이 판단되어야 하는 것이다.

● **참고문헌** ● 前田·最新判例分析168, 矢野直邦·判解平24年度89, 辰井聡子·メディア囿総2版 12, 佐久間修·医事法囿2判56

44 위험물휴대의 정당한 이유

* 最1小判平成21年3月26日(刑集63卷3号265頁·判時2042号143頁)
* 참조조문: 경범죄법 제1조 제2호[1]

> 경범죄법 제1조 제2호 소정의 기구에 해당하는 최루 스프레이를 건강상의 이유로 심야 노상에서 사이클링을 할 때에 은닉휴대한 행위가 「정당한 이유」에 해당되는가?

● **사실** ● 피고인은 정당한 이유 없이 2007년 8월 26일 오전 3시 20분경 동경도 신주쿠구내 노상에서 사람의 생명을 해하거나 사람의 신체에 중대한 해를 가할 수 있는 최루 스프레이 한 개를 바지 왼쪽 주머니에 휴대하였다가 약식기소되었다.

제1심 및 원심은 휴대한 최루 스프레이가 경범죄법 제1조 제2호에서 말하는 「사람의 생명을 해하거나 사람의 신체에 중대한 해를 가할 때 사용될 수 있는 기구」에 해당되고, X는 이것을 바지 왼쪽 앞주머니에 넣어두고 있었기 때문에 동호에서 말하는 「은닉휴대」에 해당되며, 더욱이 X가 동 스프레이를 은닉휴대한 것에 대해 동호에서 말하는 「정당한 이유」에도 해당되지 않는다고 했다.

● **판지** ● 파기자판. 최고재판소는 본 건 스프레이에 대해 ① 옥외라 하더라도 바람의 영향을 받기 어렵고 물총과 같이 목적물을 향하여 분사하는 것이 가능하며, ② CN가스는 최루성이 매우 강하고, 사람에게 분사될 경우 0.3ppm으로 눈을 자극하고 피부의 약한부위가 붉게 되고, 고농도가 되면 결막염으로 실명할 수 있으며, ③ 「본제품은 호신용입니다. 자기방위나 호신이외의 목적으로 사용하지 마십시오」 등의 표시가 있다 하더라도 본 호에서 말하는 「사람의 생명을 해하거나 사람의 신체에 중대한 해를 가할 때 사용되는 도구」에 해당하는 것은 명확하다고 보았다.

그리고 「① X는 회사에서 경리일을 담당하고 있어, 유가증권이나 다액의 현금을 서류가방에 넣어 동경도 나카노구에 있는 본사와 신주쿠구에 있는 은행 사이를 전차나 도보로 운반하는 경우가 있어 괴한 등으로부터 공격을 당할 때 자신이나 유가증권 등을 지킬 필요를 느껴 호신용으로써 본 건 최루스프레이를 구입했다. ② X는 보통 가방 안에 본 건 스프레이를 넣어 나카노구에 있는 자택에서 출근하고 업무상 은행에 갈 때에는 동 스프레이를 꺼내 휴대하고, 자택으로 돌아갈 때에는 동 가방 안에 넣은 상태 그대로였다. ③ X는 건강상의 이유로 의사로부터 운동을 추천받았고 런닝머신이나 사이클링 등의 운동을 하고자 노력했는데 본 건 당일 밤은 그 전날인 2007년 8월 25일 저녁에서 밤까지 자버렸기 때문에 다음날 26일 오전 2시 정도 자택에서 신주쿠 방면으로 사이클링으로 나가려고 했지만 그 때 만일의 경우를 생각하여 호신용으로 전기 가방 안에서 스프레이를 꺼내어 바지의 왼쪽 주머니에 넣어 본 건에 이르게 된 것이다」라는 사실을 인정한 후에 아래와 같이 판시했다.

---

1) 경범죄법 제1조 제2호: 좌측의 각호의 하나에 해당하는 자는 구류 또는 과료에 처한다. 제2호 **정당한 이유** 없이 칼, 철봉 기타 사람의 생명을 해하거나 사람의 신체에 중대한 해를 가할 때 사용될 것 같은 기구를 숨기고 휴대한 자.

「본 호에서 말하는 『정당한 이유』가 있다는 것은 본 호 소정의 기구를 은닉휴대하는 것이 **직무상 또는 일상생활상의 필요성으로부터 사회통념상 상당하다고 인정되는 경우**를 말하며 이것에 해당되는지 여부는 당해 도구의 용도나 형상·성질, 은닉휴대한 자의 직업이나 일상 생활과의 관계, 은닉휴대의 일시·장소, 태양 및 주위의 현황 등의 객관적 요소와 은닉휴대의 **동기, 목적, 인식 등의 주관적 요소를 종합적으로 감안하여 판단해야** 할 것이라고 해석하면 서, 본 건과 같이 직무상의 필요로 전문업체에 의해 호신용으로 제조된 비교적 소형의 최루 스프레이 한 개를 X가 건강상의 이유로 심야 노상에서의 사이클링을 할 때 오로지 방위용으 로써 바지 주머니에 넣어 은닉휴대한 사실관계 하에서 동 은닉휴대는 사회통념상 상당한 행 위이고, 상기 『정당한 이유』에 의한 것으로 보아야 하기 때문에 본 호의 죄는 성립하지 않는 다고 해석하는 것이 상당하다」고 하여 원심 및 제1심 판결을 파기하고 무죄를 선고했다.

● **해설** ● 1 방범용품으로 최루스프레이가 널리 판매되고 있지만 그러한 스프레이가 범죄 에 사용되는 경우도 드문 일이 아니다. 그런 의미에서 경범죄법이 그것의 은닉휴대를 단속할 필 요성 및 합리성은 명확하다. 불법행위의 목적으로 최루스프레이를 은닉휴대하는 행위가 처벌돼 야 하는 것은 당연하고, 이러한 필요성이 없는 경우에도 사람이 다수 모이는 장소 등에서 최루 스프레이를 은닉휴대하는 행위는 원칙적으로 위법하다(甲斐中辰夫재판관의 보충의견).

2 일본의 형사사법에 있어서 경범죄법 제1조 제2호는 대단히 중요한 역할을 한다. 수사의 단서로서 직무질문에 있어서 「소지하는 것」에 대한 질문이 커다란 무게를 차지한다. 그리고 경 범죄법 제1조 제2호는 「정당한 이유」가 있으면 휴대행위를 정당화한다.

3 본 판결은 「정당한 이유」라 함은 은닉휴대하는 것이 **직무상 또는 일상생활상의 필요성으 로부터 사회통념상 상당하다고 인정되는 경우**라 하여 해당 도구의 용도나 형태·성질, 은닉휴대 한 자의 직업이나 일상생활과의 관계, 은닉휴대의 일시·장소, 태양 및 주위의 현황 등, 휴대의 동기, 목적, 인식 등을 종합적으로 감안하여 판단해야 한다고 했다.

4 본 건에서는 ① 직무상의 필요로 입수한 호신용의 비교적 소형의 최루스프레이이고, ② 건강상의 이유로 야간 노상에서 사이클링을 할 때 오로지 방위용으로써 바지 주머니 안에 넣어 휴대한 경우에는 정당한 이유에 해당된다고 보았다.

어떠한 사태를 상정하여 최루스프레이를 선택한것인가 더욱이 그 경우에 그러한 이유를 포함 하여 「정당한 이유」의 유무는 신중하게 판단되어져야 하지만, 최고재판소의 판단에서는 업무상 필요로 인해 스프레이를 구입하였다는 특수한 사정이 강하게 영향을 미친 것으로 생각된다.

● **참고문헌** ● 木村光江·平21年度重判191, 松田俊哉·J1394-96, 井阪博ほか 『実務のための軽犯 罪法解説』47

45 취재 활동의 한계 - 외무성 기밀누설 사건 -

* 最1小決昭和53年5月31日(刑集32卷3号457頁·判時997号17頁)
* 참조조문: 형법 제35조[1], 국가공무원법 제111조[2], 제109조 제12호[3]

> 비밀을 누설하도록 부추긴 신문 기자의 취재 활동은 어느 범위에서 실질적 위법성이 조각되는 것인가?

● **사실** ● 신문기자 X는 외무성 심의관부의 여성비서 Y와 육체관계를 가진 후, 「취재에 곤란을 겪고 있다, 돕는다고 생각하고 오키나와(沖繩) 관련 비밀문서를 넘겨 줘!」라고 간절히 부탁하고, 동녀와의 육체적 관계를 계속하면서 심리적 영향을 주어, 수십 회에 걸쳐 비밀문서를 반출시켰다. 검찰은 「비밀누설을 부추겼다」고 하여, 신문기자 X를 국가공무원법 제111조·제109조 제12호 위반의 죄로 기소하였다.

제1심은 국가공무원법 제111조의 죄의 구성요건해당성을 긍정하면서, 그 행위는 수단방법의 상당성은 결여된 점이 있지만, 목적의 정당성의 정도 및 이익의 비교형량 등을 고려하였을 때, 정당행위에 해당한다고 하여 무죄를 선고했다. 이에 대하여, 원심은 제1심 판결을 파기자판하여 X에게 유죄를 선고하였다.

● **결정요지** ● 상고기각. 「보도기관의 국정에 대한 취재행위는 국가기밀의 탐지라는 점에서 공무원의 비밀유지의무와 대립·길항(拮抗)하는 것이며, 때에 따라서는 유도(誘導)·사유(唆誘) 성질을 수반하는 것이기 때문에, 보도기관이 취재의 목적으로 공무원에 대하여 비밀을 누설하도록 부추겼다 하더라도 그것만으로 즉시 당해 행위의 위법성이 추정된다고 해석하는 것은 상당하지 않으며, 보도기관이 공무원에 대하여 집요하게 설득하거나 요청을 계속하는 것은 그것이 진정으로 **보도의 목적이고, 그 수단과 방법이 법질서전체의 정신에 비추어 상당한 것으로써 사회관념상 용인되는 것인 한, 실질적으로 위법성을 결하는 정당한 업무행위**라고 해야 한다.

그렇지만 보도기관이라 할지라도 취재에 관해서 타인의 권리나 자유를 침해할 수 있는 특권을 가지는 것이 아님은 말할 필요도 없고, 취재의 수단과 방법이 뇌물이나 협박, 강요 등의 일반적 형벌법령에 저촉되지 않더라도, 취재 대상자 개인으로서의 인격의 존엄을 현저하게 유린하는 등 법질서전체의 정신에 비추어 사회관념상 시인할 수 없는 태양인 경우에는 정당한 취재활동의 범위를 일탈한 위법성을 띠는 것이라 하지 않으면 안 된다.

이것을 본 건에 비추어 보면 …… X는 당초부터 비밀문서를 입수하기 위한 수단으로써 이용할 의도로 위 Y와 육체관계를 가지고, Y가 위 관계로 인해 X의 의뢰를 거부하기 어려운 심

---

1) 형법 제35조(정당행위)　법령 또는 정당한 업무에 의한 행위는 벌하지 아니한다.
2) 국가공무원법 제111조: 제109조 제2호에서 제4호까지 및 제12호 또는 전조 제1항 제1호, 제3호에서 제7호까지, 제9조에서 제15조까지, 제18호 및 제20호에 게재되어 있는 행위를 도모하고, 명하고 고의로 이것을 용인하고, 교사하거나 방조한 자는 각조의 형에 처한다.
3) 국가공무원법 제109조 제12호: 제100조 제1항, 제2항 또는 제106조의12 제1항의 규정에 위반하여 비밀을 누설한 자.

리상태에 빠진 것을 이용하여 비밀문서를 반출시켰지만, Y를 이용할 필요가 없어지자 Y와의 상기 관계를 청산하고 그 후는 Y를 뒤돌아보지 않아, 취재 대상자인 Y의 개인으로서의 인격의 존엄을 현저하게 유린한 것이라 하지 않을 수 없고, 이러한 X의 취재 행위는 그 수단과 방법에 있어서 법질서전체의 정신에 비추어 사회관념상, 도저히 용인할 수 없는 불상당한 것이다」

● **해설** ● 1 의사의 의료행위, 스포츠행위, 변호사의 변호활동이나 목사의 목회활동 등 사회 생활상의 지위에 근거해서 반복·계속되는 행위를 업무행위라고 한다. 업무행위는 형법 제35조에 의해 정당화된다. 다만 업무행위도 기본적으로는 (a) **우월적 이익설**, (b) **사회적 상당성설** (c) **정당목적설** 등의 실질적 판단에 의해 정당화되는 것이다. 때문에 본 결정에도 나타난 바와 같이 업무활동이라면 모두 정당화되는 것은 아니고, 가벌성 판단에 있어서는 구체적인 실질적 위법성 판단이 필요하다.

2 즉, **업무**라고 모두 정당화되는 것은 아니고「올바르게 행하여 진」업무만이 정당화된다. 예를 들면, 업무로서 행하는 프로복서의 행위는 정당하지만 아마추어의 복싱은 업무가 아니라고 하여 폭행죄나 상해죄가 성립되는 것은 아니다. 또한 업무행위라 하더라도「업무」자체가 중요한 것이 아니라「올바르게 행하여졌는지」여부가 문제된다.

3 보도기관의 **취재활동**이나 보도행위의 정당화에 관해서는 우월적 이익의 존재 여부가 정면으로 문제된다. 취재 활동은 때로는 개인의 명예나 공무원의 비밀유지의무를 침범하게 된다. 그러한 경우에 어느 범위에서 위법성을 조각할지는 정말로 실질적 위법성조각 판단을 통해 판단해야 한다.

4 이 점에 관하여, 본 결정은 보도를 위한 취재의 자유도 헌법 제21조의 정신에 비추어 충분히 존중할 가치가 있는 것으로,「진정으로 보도 목적으로 유래한 것이며, 그 수단과 방법이 법질서전체의 정신에 비추어 상당한 것으로서 사회통념상 용인되는 한, 실질적으로 위법성을 결한다」라고 하였다.

최고재판소는 **정당한 목적에 기초한 상당한 수단이었는가를 실질적으로 종합형량한다는 목적설(비례원칙)에 따라 위법성을 판단한다.** 본 건에서 최고재는 정보입수에 즈음해 X가 정교관계를 이용한 점을 포착하여, **수단이 상당하지 못하다** 하여 정당화를 인정하지 않았다. 그러나 기본적으로는 피고인 행위의 목적인 보도의 이익과 그것으로 인해 발생하는 국가의 (즉 국민전체의)불이익이 형량되어야 하며, 또한 비밀을 굳이 공표하지 않을 수 없는 필요성이나 긴급성이 어느 정도 있었는지, 다른 수단이나 방법은 없었는지 등 실질적 위법성을 판단해야 하지만 수단이 국민의 눈으로 볼 때「상당하지 못한」경우에는 위법성이 높은 것이 된다.

● **참고문헌** ● 堀籠幸男·判解昭53年度129, 丸山雅夫·囧総7版38, 平野龍一·警研58-1-50, 中山研一·判夕365-5, 米田泰連·J693-186

46 피해자의 동의와 동의 상해

* 最2小決昭和55年11月13日(刑集34卷6号396頁·判時991号53頁)
* 참조조문: 형법 제204조[1]

피해자의 동의를 얻어 상해한 행위의 가벌성

● **사실** ● 피고인 X는 K·T·S와 공모하여, X운전의 경자동차를 K가 운전하고 T·S가 동승한 라이트밴(station wagon)에 고의로 추돌시켜, 이것을 X의 과실에 의한 교통사고처럼 가장하여 보험금을 편취함과 동시에 신체장애자이었던 T에게도 입원치료의 기회를 주고자 계획하고 교차로의 적신호에서, K운전의 차가 정지하고 이어서 제3자 A운전의 경승용차가 정지했을 때 자차를 A차의 뒷부분에 추돌시켜 A에게 약 2개월의 입원치료를 요하는 경추염좌의 상해를 입게 한 것 이외에, K 등에게도 상해를 입혔다.

X는 업무상과실상해죄로 금고 8월·집행유예 3년에 처해지고 판결은 확정했다. 하지만 이후 진상이 발각되어 K·T·S의 상해는 극히 경미했음에도 중상으로 가장하여 입원급부금 등 총액 약 112만 엔을 편취하여 사기죄로 유죄(실형)판결을 받았다. 이에 X는 상기 업무상과실상해 사건에 대해, 본 건은 고의의 추돌이며 과실범은 아니며 K·T·S의 동의가 있어서 상해죄도 성립하지 않는다고 주장하며 재심을 청구했다.

제1심 결정은 K·T·S의 상해는 경미해서 피해자의 승낙에 의해 위법성이 조각될 여지가 있어도 A에 대해서는 고의의 상해죄가 성립하기 때문에 재심청구의 이유에 해당되지 않는다고 보아 청구를 기각하고, 그 즉시항고에 대한 원심결정도 거의 같이 즉시항고를 기각했다. 이에 대한 특별항고를 기각한 것이 본 결정이며, 최고재판소는 항고이유에 해당되지 않는다고 한 뒤, 다음과 같이 판시하였다.

● **결정요지** ● 「피해자가 신체상해를 승낙했을 경우에 상해죄가 성립할 것인지 여부는 단순히 승낙이 존재한다는 사실뿐만 아니라, 위 승낙을 얻은 동기나 목적, 신체상해의 수단, 방법, 손상의 부위, 정도 등 제반의 사정을 대조해서 결정해야 할 것이지만, 본 건과 같이 과실에 의한 자동차 충돌사고처럼 가장하여 보험금을 편취할 목적을 가지고, 피해자의 승낙을 얻어 그 자에게 고의로 자신이 운전하는 자동차를 충돌시켜서 상해를 입게 했을 경우에 위 승낙은 보험금을 편취하고자 하는 **위법한 목적으로 이용하기 위해 얻은 위법한 것**이며, 이것에 의해 당해 상해행위의 위법성이 조각되지는 않는다고 해석하는 것이 상당하다. 따라서 본 건은 원판결이 인정한 업무상과실상해죄로 돌아가서 중한 상해죄가 성립하게 되기 때문에, 동법[형사소송법 필자 주] 제435조 제6호의『유죄를 선고받은 자에 대하여 무죄를 선고하거나 또는 원판결에서 인정한 죄보다 가벼운 죄를 인정』해야 할 경우에 해당되지 않는 것이 명확하다. 본 건 재심청구는 위의 점에 있어서 이미 이유가 없다」.

---

1) 형법 제204조(상해) 사람의 신체를 상해한 자는 15년 이하의 징역 또는 50만 엔 이하의 벌금에 처한다.

● **해설** ● 1 일반적으로 피해자의 동의(승낙)가 인정되면, 이익흠결의 원리에 의해 침해행위의 위법성이 부정된다. 더욱이 많은 경우 구성요건해당성이 부정된다(체포감금죄, 명예훼손죄, 절도죄 등). 피해자 동의가 있는 사안의 가벌성이 실제로 다투어지는 경우는 상해죄이다. (a) 자기결정권을 중시하고 결과무가치론을 철저히 한다면 **진지한 동의가 있는 이상 불처벌**이 된다. 조문의 해석으로서도 살인죄에서는 피해자의 동의가 존재해도 여전히 처벌하는 형법 제202조[2])가 있지만, 상해죄에는 동조에 상당하는 규정이 없으므로, 입법자는 동의상해를 불처벌로 처리했다고 해석할 수 있다(이 경우에는 구성요건해당성이 부정된다고 해석할 수 있을 것이다. 여전히, 제202조는 결과무가치론을 철저히 하면 설명이 곤란하게 된다). 그러나 조문의 해석으로서는 (b) 제202조는 살인의 경우에 동의가 있으면 형을 가볍게 하는 규정을 두고 있지만 상해의 경우에 그것에 대응되는 규정이 없다는 것은, **상해죄의 통상의 형으로 처벌하는** 것으로 해석하는 것도 논리적으로는 가능하다.

2 학설에 있어서는 이러한 형식적인 해석의 중간적 사고가 유력하다. (c) 다수설은 **동의가 있다 하더라도 사회적으로 상당한 행위, 즉 선량한 풍속에 반하지 않는 행위에 한정하여 정당화** 된다고 본다. 예를 들면, 야쿠자의 「손가락 절단」은 위법하지만 수혈은 정당하다고 설명한다. 다만, 사회적 상당성은 위법성조각사유의 일반원리이며, 최종적으로 행위태양의 사회적 상당성으로 위법성의 유무가 결정되는 것이라고 보면, 동의는 위법성 판단에 있어서 「종된 역할」밖에 수행하고 있지 않게 된다. 이 설의 가장 큰 특징은 피해자의 동의를 경시하는 점에 있다고 보아도 좋다.

3 이에 대해, (a) 결과무가치론적인 견해는 「생명에 영향을 미치는 중대한 상해 이외는 동의가 있으면 그것만으로 위법성이 조각된다」고 본다. 제202조가 생명에 관해서는 동의가 있어도 그 침해를 처벌한다고 명시하고 있는 이상, 생명침해와 동시할 수 있는 중대한 침해는 위법하다고 생각한다. 이 설에 따르면, 다툼이 되는 「손가락 절단」 등은 생명에 영향을 미치지 않는 이상 불가벌이 된다.

4 이 점 최고재판소는 **목적의 위법성**을 중시하여 승낙이 존재해도 위법성은 조각되지 않는다고 판단했다. 본 결정의 정당화의 판단에 있어서 결정적인 것은 동의가 없고 「제반의 사정」 특히 「정당한 목적」인 것이다. 보험금사기라는 범죄행위의 일부에 갖추어진 「동의」는 아무리 진의에 근거한 것이어도 행위를 정당화하는 재료로는 생각하기 어렵다고 판단한 것으로 생각된다.

仙台地石卷支判昭和62年2月18日(判夕632-254)도 피해자의 승낙에 의한 손가락 절단을 위법으로 보고 있다(무엇보다 진정한 승낙이 있었던 것인지 여부가 미묘한 사안이었던 점에 주의를 요한다). 판례는 행위의 반사회성의 정도를 중시하고 있다고 할 수 있을 것이다.

● **참고문헌** ● 神作良二·判解昭55年度235, 松宮孝明·囸総7版46, 伊東研祐·警研53-9-57, 古田佑紀·ひろば34-3-53

---

2) 형법 제202조(자살관여 및 동의살인) 사람을 교사 또는 방조하여 자살하게 하거나 사람을 그 촉탁을 받거나 승낙을 얻어 살해한 자는 6월 이상 7년 이하의 징역 또는 금고에 처한다.

47 침해의 급박성과 방위의 의사

* 最3小判昭和46年11月16日(刑集25卷8号996頁·判時652号3頁)
* 참조조문: 형법 제36조[1]

> 정당방위에 있어서「급박성」은 법익의 침해가 현존하거나 직전에 임박함을 의미한다. 방위행위는 방위의 의사를 가지고 행할 필요가 있다.

● **사실** ● 피고인 X는 이전에 구타를 당한 적이 있어 겁을 먹고 있던 동숙인 A와 여관에서 말다툼을 하게 되어 일단 여관을 나와 선술집에서 술을 마시다가 A에 대해 사과하고자 하는 마음이 들어 다시 동 여관으로 들어갔다. 그러나 A가 자리에서 일어나 갑자기 주먹으로 2회 정도 구타를 하며 계속 공격을 가하자 뒷걸음질 쳐 카운터 옆의 8첩방으로 밀려들어갔으나 A가 누르고 미는 바람에 등이 그 8첩방 사이 서측 미닫이에 부딪쳤다. 그 때 예전부터 자신의 방 벽에 구멍을 뚫어 옆방을 들여다볼 목적으로 사 두었던 주머니칼이 있음을 기억하고 이 칼을 찾아내 A의 왼쪽흉부를 찔렀다. 이로 인해 A는 심장우실대동맥관통의 자상을 입게 되어 현장에서 자창에 기한 심장눌림증(心囊タンポナーゼ)으로 사망하였다.

제1심은 과잉방위에 의한 살인을 인정하였지만 원심은 X에게는 방위의사가 없었고, A에 의한 법익의 침해가 급박하지도 않은 것으로 보아 과잉방위를 부정하여 X에게 징역 5년의 실형판결을 선고하였다.

● **판지** ● 파기환송. 「형법 제36조에서 말하는 **『급박』이란 법익의 침해가 실제로 존재하거나 또는 침해 직전임**을 의미하며, 그 침해가 미리 예상된 경우라 하더라도, 그때부터 바로 급박성을 상실하는 것으로 해석하여서는 안 된다. 이를 본 건에 비추어보면 피고인은 A와 말다툼 끝에 일단 숙식하던 여관에서 나왔지만, 동인에게 사과하고 화해하고자 생각하고 여관으로 돌아 왔으나 A는 X에게 『X 너 또 왔냐!』 등으로 트집을 잡으며 일어나 갑자기 주먹으로 2회 정도 X의 안면을 구타하고, 뒷걸음질 치는 X에게 맞선 것은 원심도 인정하는 바이며, 그 때 A는 X에게 가료 10일의 안면좌상 및 우결막하출혈의 상해를 입혔으며 나아가 구타하고자 덤벼들었던 기록에 비추어보면, 이 A의 가해행위가 X의 신체에 대해 『급박부정한 침해』에 해당되는 것은 말할 필요도 없다」.

「형법 제36조의 **방위행위는 방위의사를 필요로 하지만 상대방의 가해행위에 격분 또는 발끈하여 반격을 가하였다 하더라도 바로 방위의사를 결한 것으로 해석하여서는 안 된다.** 이를 본 건에 미루어보면, 앞서 설시한 바와 같이 …… 더욱이 방까지 쫓아와 구타하자 주머니칼로 동인의 왼쪽 흉부를 찌른 기록으로 보아, X가 A에 대하여 **예전부터 증오의 마음을 갖고 있다가 공격받는 틈을 이용하여 적극적인 가해행위로 나가는 등의 특별한 사정이 인정되지 않는 한, X의 반격행위는 방위의 의사를 가지고 이루어졌던 것으로 인정하는 것이 상당**하다」.

---

1) 형법 제36조(정당방위) ① **급박부정한** 침해에 대하여 자기 또는 타인의 권리를 방위하기 위하여 부득이하게 행한 행위는 벌하지 아니한다. ② 방위의 정도를 초과한 행위는 정상에 따라 그 형을 감경 또는 면제할 수 있다.

● **해설** ● 1 형법 제36조에 말하는 **급박**이란 본 판결이 명시하는 바와 같이, 법익의 침해가 실제로 존재하고 있든지 또는 침해 직전에 임박함을 의미한다. 급박성의 요건은 **과거의 침해와 장래의 침해**를 정당방위의 대상으로부터 제외하는 것이다.

2 더욱이 본 판결은 침해에 대해서 단순한 예상이 존재하는 것에 지나지 않는 경우에 관하여 「그 침해가 미리 예상된 경우라 하더라도 그것으로부터 바로 급박성을 상실하는 것으로 해석하여서는 안 된다」고 하였다.

확실히 아무리 미리 예상을 하였다 하더라도 급박성이 없어지는 것은 아니다. 예를 들면, 강도가 자주 출몰하기 때문에 호신용 목검을 준비하고 있었다 하더라도, 실제로 습격당한 경우에는 급박하다고 하지 않을 수가 없다. 그런 의미에서 침해를 예상하였다 하더라도 급박성을 인정한 판례는 합리적이다. 단 침해발생의 예견은 급박성의 유무 판단에 강하게 영향을 준다(【49】참조).

3 그런데 최고재판소는 이후, 급박성과 관련하여 주목할 만한 판결을 내놓았다. 最決昭和52年7月21日(【48】)에서 「급박성은 당연히 또는 거의 확실한 침해가 예상된 경우이더라도 상실되는 것은 아니지만, 그 기회를 이용하여 적극적으로 상대방에게 가해행위를 가할 의사로 침해에 임한 경우에는 상실된다」고 한 점에 주목하여야 한다.

4 본 판결은 정당방위의 요건인 「방위하기 위해」란 **방위의사**로 행위할 것을 의미함을 명시한 최고재판소 판례라는 점에서 중요하다. 방위의사의 내용을 방위 의도나 목적으로 해석할 것인지, 아니면 방위에 대한 인식만으로 충분한가에 관해서는 다툼이 있으나 본 판결은 「격분 또는 발끈하여 반격을 가하였다 하더라도 바로 방위의사를 결한 것으로 해석하여서는 안 된다」고 하여 방위 의도나 목적까지는 요하지 않는다고 하였다.

5 다만 「예전부터 증오의 마음을 갖고 있다가 공격받는 틈을 이용하여 적극적인 가해행위로 나가는 등의 특별한 사정」이 존재하면 방위의사가 결여된다고 판시하고 있다. 그러나 방위의사를 방위의 인식으로 해석하면 적극 가해행위로 나간 경우라 하더라도 급박부정한 침해 등의 존재에 대한 인식이 결여된 것은 아니므로 이러한 결론을 인정하기 위해서는 방위의사에 「인식을 넘어선 의사적 요소(방위의 목적)가 포함되어 있다」고 해석하여야 할 것이다(大阪高判平11·10·7判夕1064-234 참조). 이 점에 관하여 【48】 참조.

● **참고문헌** ● 鬼塚賢太郎·判解昭46年度242, 前田雅英·警研49-9-57

48 급박성의 의의 – 적극적 가해의도가 있는 경우의 처리

* 最1小決昭和52年7月21日 (刑集31巻4号747頁 · 判時863号33頁)
* 참조조문: 형법 제36조[1], 제204조[2]

> 방위상황 발생 전부터 방위자에게 적극적 가해의사가 존재할 경우에 침해의 급박성이 결여되는가?

● **사실** ● C에 속한 피고인 X 등은 집회 장소에 붉은 깃발과 헬멧, 쇠파이프 등을 가지고 들어가 집회를 준비하던 중, K파 조직원 십수명이 내습해 오자 목검과 쇠파이프로 K파 1명에게 공격을 가하자 K파는 물러났다. 그러나 K파가 반드시 다시 습격해 올 것으로 생각한 X 등은 집회장 입구에 바리케이드를 구축하였다. 이에 K파가 내습하여 바리케이드 너머로 쇠파이프로 찌르거나 던지자 X들도 철봉으로 되치는 등 응전하던 중, 급히 출동한 경찰관에 의해 체포되었다.

제1심은 X 등의 공동폭행에 대해, K파의 습격이 미리 예견되어서 투쟁용 도구를 미리 준비하고 있었다고 하더라도 그것으로부터 바로 급박성이 상실되지는 않는다고 보아 정당방위의 성립을 인정하고 투쟁용 도구의 준비도 방위목적 이상의 공동가해목적을 결하여 흉기준비집합죄를 구성하지 않는다고 보았다.

이에 원심은 제2의 공격은 X 등이 당연히 예상하고 있었던 바이며, 부정한 침해라 하더라도 급박성은 없었던 것으로 보아서 파기환송하였다. 변호인은 【47】에 반한다고 보아 상고했다.

● **결정요지** ● 상고기각. 「소론인용의 판례(最判昭和46年11月16日【47】)는 어느 정도 상대방의 침해가 예상되어지고 있었다 하더라도 그것으로부터 바로 정당방위에 있어서의 침해의 급박성이 상실되는 것은 아니라는 취지를 판시하는 것에 지나지 않으며, 소론과 같이 침해가 예기되었다는 사실은 급박성의 유무의 판단에 있어서 어떠한 의미도 가지지 못하는 취지를 판시하고 있는 것이 아니라고 해석된다 ……. **형법 제36조가 정당방위에 대해서 침해의 급박성을 요건으로 하고 있는 것은 예견된 침해를 피해야 할 의무를 부과한다는 취지가 아니기 때문에, 당연히 또는 거의 확실하게 침해가 예견되더라도, 그것으로부터 바로 침해의 급박성이 상실되는 것은 아닌 것으로 해석하는 것이 상당**하며, 이것과 다른 원심의 판단은 그 한도에 있어서 위법이라고 할 수밖에 없다. 그러나 동조가 침해의 급박성을 요건으로 하는 취지로부터 생각해보면 단지 예상되는 침해를 피하지 않았다는 것에 머물지 않고, 그 기회를 이용해 적극적으로 상대에 대하여 가해행위를 가할 의사로 침해에 임한 경우에는 이미 침해의 급박성 요건을 충족시키지 못한 것으로 해석하는 것이 상당**하다. 그리하여, 원심에 의하면, X는 상대의 공격을 당연히 예상하면서 단순한 방위의사가 아니라 적극적 공격, 투쟁, 가해의 의도를 가지고 임했다는 것이기 때문에 이것을 전제로 하는 한 침해의 급박성 요건을 충족치 못한 것이라고 보아야 하며, 그러한 취지의 원심판단은 결론에 있어서 정당하다」.

---

1) 형법 제36조(정당방위)　① **급박부정한 침해**에 대하여 자기 또는 타인의 권리를 방위하기 위하여 부득이하게 한 행위는 벌하지 아니한다. ② 방위 정도를 초과한 행위는 정상에 따라 해당 형을 감경 또는 면제할 수 있다.
2) 형법 204조(상해)　사람의 신체를 상해한 자는 15년 이하의 징역 또는 50만 엔 이하의 벌금형에 처한다.

● **해설** ● 1 급박성이란 **침해가 직전에 임박한 것**을 의미한다(【47】). 그리고 침해가 예상되더라도 급박성은 상실되지 않는다. 본 결정도 「급박성은 당연히 또는 거의 확실하게 침해가 예견되는 것만으로는 상실되는 것은 아니다」라고 하면서, **그 기회를 이용해 적극적으로 상대방에 대하여 가해행위를 가할 의사로 침해에 임했을 때에는 상실된다**」고 보았다.

2 그런 기회를 이용해서 적극적 가해의사로 행위에 임할 때에는 **적극적인 침해일 뿐이며 도저히 방어라고는 말할 수 없어 급박성이 결여된다**고 본다(香城敏磨「正当防衛における急迫性」判夕768-29). 적극적 가해의사가 존재하면, 방위(방어)행위가 아닌 침해행위로 변질되는 것이다. 단순히 강한 공격「의사」가 존재한다고 해서 상대방 공격의 급박성이 감소되는 것은 이해하기 어렵지만, **침해가 예견되는데도 긴급상황에 군이 임해 반격행위를 행한 경우의 일부에 대해서 정당방위의 성립을 부정**하는 판단은 타당한 것이다.

3 적극적 가해의사가 있어 긴급성이 결여된다고 보는 판례는 (a) 침해를 예견하고 적극적으로 가해할 의사로 상대방에게 가서 가해행위를 한 경우나, (b) 침해를 예견하고 그 기회를 이용해 상대방에게 적극적으로 가해할 의사로 침해를 준비하고 기다려 가해행위를 한 경우, (c) 자제하면 침해를 초래하지 않을 상황임에도 적극가해할 의사로 상대방의 도발을 이용하거나 또는 상대를 도발하여 침해를 초래하게 한 뒤 상대방에게 가해행위를 했을 경우이다(香城·前揭判夕768-28).

4 이상의 내용을 다시 정리하면, ① **중대한 침해행위를 예견하고 있는 경우로** ② **그 침해가 발생할 개연성이 높고,** ③ **그 자리로 나갈(준비하고 기다리는) 필요성이 낮음에도 불구하고, 급박부정한 침해를 피하지 않고 반격행위를 했을 경우**이다.

적극 가해 의사로 상대방에게 나아가서 가해행위를 하는(침해를 기다림) 것은 그「의도·의사」가 중요한 것이 아니라 ③의 요건이 중요하다. ①, ②, ③의 요건에 따라서는 침해상황으로 빠지지 않도록 대피할 의무가 인정된다. 그 결론은 일본형(日本型)의 정당방위개념으로는 타당한 것이라 말할 수 있을 것이다(【49】참조).

5 본 결정은 「적극적 가해의사」가 존재한 사안에 대해서 급박성이 결여된다고 하지만, 【47】은 **중오심을 가지고 공격당하는 것을 기회로 적극적인 가해행위를 행한 특별한 사정이 존재하면 방위의 의사가 결여된다**고 하였다. 또한, 最判昭和60年9月12日(刑集39-6-275)이 **오로지 공격할 의사로 나아간 것이면 방위의사가 결여된다**고 보았다.

6 판례는 (a) 부정한 침해에 대하여 실제로 반격행위에 이른 시점, 즉 **방위(반격)행위의 실행 시**에 있어서의 본인의 의사내용에 대해서는 방위의사의 문제이며, (b) 부정한 침해를 예견한 사전의 시점, 즉 **반격행위에 이르기 이전(반격행위의 예비 또는 준비단계)**에 있어서의 의사내용이 문제될 경우에는 급박성의 문제로 정리하는 것이 가능하다(安廣·참고문헌 305쪽).

● **참고문헌** ● 香城敏磨·判解昭52年度235, 曽根威彦·判時886-158, 安廣文夫·曹時41-3-305

49 정당방위 규정의 취지와 대피 · 회피가능성과 급박성

* 最2小決平成29年4月26日 (刑集71巻4号275頁 · 判時2340号118頁)
* 참조조문: 형법 제36조[1], 제204조[2]

> 방위자에게 적극적 가해의사가 존재할 경우에 침해의 급박성이 결여되는가?

● **사실** ● 피고인 X는 오후 4시 30분쯤 지인 A(당시 40세)가 부재중인 자택(맨션)의 현관문을 소화기로 여러 차례 두드리고, 수십 회에 걸쳐 전화로 「지금 바로 갈 테니 기다려!」라고 고함을 치거나, 동료들과 함께 공격하겠다고 협박 등 트집을 잡아 화를 내었다. 다음날 오전 4시경 A는 X에게 전화를 걸어 지금 맨션 앞에 와 있으니 내려오라 하였고, X는 타올로 칼(칼날 길이 약 13.8cm)을 감싸고 바지 오른쪽 허리춤에 찬 후 아파트 도로로 향했다. X를 발견한 A는 해머를 들고 달려들었지만, X는 A에게 바로 흉기로 위협하지 않고 다가가다가, 해머로 공격 해 오는 A를 팔과 허리를 당겨 막은 뒤, 칼을 꺼내 살의를 가지고 A의 좌측흉부를 1회 강하게 찔러 살해했다.

제1심과 원심은 적극적 가해의사(【48】 참조)가 인정된다며 정당방위의 성립을 부정했다.

● **결정요지** ● 상고기각. 형법 제36조는 급박부정한 침해라는 긴급상황 하에서 **공적 기관에 의한 법적 보호 요청을 기대할 수 없을** 경우에, 침해를 배제하기 위한 사인에 의한 대항행위를 **예외적으로 허용**한 것이다. 따라서, 행위자가 침해를 예상한 후에 대항행위에 이른 경우, **침해의 급박성** 요건에 대해서는 침해를 예기하였다고 이것이 바로 상실된다고 해석해서는 안 되고(【47】 참조), 대항행위에 선행된 사정을 포함한 행위 전반의 상황을 비추어 검토해야 한다. 구체적으로는 사안에 따라 **행위자와 상대방과의 종전의 관계, 예상되는 침해의 내용, 침해예상의 정도, 침해회피의 용이성, 침해 장소로 나갈 필요성, 침해 장소에 머물 상당성, 대항행위의 준비사항**(특히 흉기의 준비유무나 준비한 흉기의 성질이나 상태 등), **실제 침해행위의 내용과 예상한 침해와의 이동(異同), 행위자가 침해에 임한 상황 및 그 당시의 의사내용** 등을 종합적으로 고려하여 행위자가 그 기회를 이용하여 적극적으로 상대방에 대해 가해행위를 할 의사로 침해에 임한 경우(【48】 참조) 등 전기와 같은 형법 제36조의 취지에 비추어 허용된다고 볼 수 없는 경우에는 침해의 급박성 요건을 요하지 않는다」고 하고, 본 건에 따르면 「X는 A의 호출로 현장으로 향하면서, A가 흉기로 **폭행을 가할 것을 충분히 예상**하고 있어 A의 **호출에 응할 필요가 없었고**, 자택에 머물며 **경찰의 지원을 받을 수 있었음에도** 불구하고, **칼을 준비한 뒤 A가 기다리는 장소로 가** A가 해머로 공격해 오자 위협적인 행동을 하지도 않은 채 A에게 접근해 **왼쪽 흉부를 강하게 찌른 것이** 인정된다. 이러한 선행행위를 포함한 본 건 행위의 전반의 상황에 비추어 볼 때, X의 본 건 행위는 **형법 제36조의 취지에 비추어 허용되는 것으로는 인정되지 않으며, 침해의 급박성 요건을 충족하지 못한다」**고 판시하였다.

---

1) 형법 제36조(정당방위) ① **급박부정한 침해**에 대하여 자기 또는 타인의 권리를 방위하기 위해서 부득이하게 행한 행위는 벌하지 아니한다. ② 방위의 정도를 초과한 행위는 정상에 따라 그 형을 감경 또는 면제할 수 있다.
2) 형법 제204조(상해) 사람의 신체를 상해한 자는 15년 이하의 징역 또는 50만 엔 이하의 벌금에 처한다.

● **해설** ● 1 본 결정의 의의는 정당방위가 **공적 기관에 의한 법적 보호를 기대할 수 없을 때에 예외적으로 허용된다**고 하여 일본의 정당방위 판단의 가장 큰 특징인 「퇴피(退避)해야 할 경우」를 확인했다는 점에 있다. 부정한 침해에 대응한 공격이라도 **회피·퇴피가 가능하고 용이한데 굳이 방어 상황에 임한 경우나 방위 상황을 스스로 야기했을 경우**에는 정당방위의 성립을 부정해야 하는 경우가 있다.

2 정당방위해석의 지침으로서 (a) **정의의 실현**을 중시하는 학설도 많다. 그러나 판례는 국민 생활의 유지·안정을 위해, 방위자의 「법적으로 보호할 만한 이익」과 공격자의 이익의 **조정·조화**를 가능한 한 고려해야 하고, (b) **급박상태**(침해자·방위자의 이익 중 어느 것도 부정할 수 없는 상황)는 **회피하는 것이 바람직하다**고 본다. 회피해야 할 것인지 아닌지는 ① 회피의 용이성(침해의 예상 정도), ② 도발 등의 방위자의 긴급상태 발생에 대한 관여도(그 부당성), ③ 피해자의 「침해행위」의 중대성 등에 따른다.

3 침해의 예견과 급박성과의 관계에 대해서는【48】의「침해를 예상하였다 하더라도 급박성이 없어지지 않지만, 행위자에게 적극적 가해의사가 인정될 경우에는 급박성이 결여된다」는 기준이 실무상 정착되어 왔다. 본 결정은 「적극가해의사」라는 주관중심의 구성을 **객관·주관의 종합적 형량**으로 이행시키는 것이다.

4 구체적으로는 ① 종전의 관계에서 **중대한 위해(危害)의 예상 정도가 높고, 회피가 용이할수록 회피 요청이 높아지고,** ② 방위자가 **피해자의 부정한 침해의 계기에 영향을 준 경우(도발 등)**에도 그 관여 정도에 따라 **회피의 요청이 높아지며,** ③ 대항수단의 준비의 주도성, ④ **주관적인 가해목적이 발생한 단계와 그 명확성**에 따라 급박성이 제한된다(①과 관련하여 실제 침해행위의 내용이 예상된 침해와 같으면 회피의 요청이 높아지고, 현장으로 나아가는(머무는) 사안에서는 그 필요성이 낮으면 급박성이 부정된다).

5 정당방위의 한계가 문제된 사례로는 (가) 도발하여 상대방으로부터의 위해가 예견된 경우(【48】: 반격행위를 쉽게 피할 수 있었음에도 적극적으로 가해), (나) 적극적 가해의사까지는 아니지만 **고의**로 도발한 경우(【50】), (다) **과실**로 「자초」한 경우나 고의적 도발로 일련일체의 행위라고까지는 말할 수 없는 경우(급박성은 부정할 수 없지만, 자초이므로 상당성이 결여되어 과잉방위가 되는 경우가 많다) 등이 존재한다. 본 건의 기준은 주로 (가)를 염두에 둔 것이지만, (나)의 사안에도 미친다고 할 수 있을 것이다.

6 【50】은 침해를 자초한 경우에는 **반격행위에 나서는 것이 정당하다고 볼 수 없다**고 하여 정당방위성을 부정하였으나, 이 기준에는 실무에서의 비판도 강하여 (【50】해설 참조) 이를 대신하는 것으로서 본 건 급박성기준이 제시되었다고 말할 수 있을 것이다. 향후에는 자초침해의 경우도 4에서 제시하는 실질적 기준을 이용하여 「급박성의 존부」라는 틀에서 처리될 수 있을 것이다.

● **참고문헌** ● 中尾佳久·曹時71-2-232, 前田雅英「正当防衛の緊急性判断と主観的違法要素」『日高義博古稀(上)』213頁, 橋爪陸·論究ジュリ29-198, 成瀬幸典·法教444-158, 松原芳典·法教461-38

50 자초한 침해와 반격에 나서는 것이 정당화되는 상황

* 最2小平成20年5月20日 (刑集62卷6号1786頁 · 判時2042号159頁)
* 참조조문: 형법 제36조[1], 제204조[2]

상대방에게 먼저 폭력을 가하여 스스로 침해를 자초한 경우와 정당방위

● **사실** ● 피해자 A는 오후 7시 30분경 자전거에 걸터탄 채로 보도에 설치된 쓰레기 집적소에 쓰레기를 버리고 있었는데, 길을 가던 피고인 X가 수상하게 보여 말을 걸었고, 이는 말다툼으로 발전하게 되었다. 그러던 중 X가 갑자기 A의 왼쪽 뺨을 주먹으로 1회 구타하고 도망쳤다(제1행위). 이에 A는 「거기서!」라고 외치며 자전거로 X를 쫓아 상기 구타현장에서 약 26.5m 앞을 좌회전하여 약 60m 쫓아 보도 상에서 X를 따라잡아 자전거를 탄 채 수평으로 뻗은 오른팔로 후방에서 X의 등과 목 부근을 강하게 구타했다(제2행위).

X는 상기 A의 공격으로 전방으로 쓰러졌지만 다시 일어나 호신용으로 휴대하고 있던 특수경찰봉을 의복에서 꺼내 A의 얼굴과 왼쪽 팔을 수회 구타하여 전치 약 3주간을 요하는 안면좌상 및 왼쪽 새끼손가락 중절골 골절의 상해를 입혔다(제3행위). 제3행위가 상해죄에 해당한다 하여 기소되었다. X는 정당방위를 주장하였지만 원심은 A의 공격(제2행위)은 급박한 침해에 해당되지 않아 정당방위상황이 아닌 것으로 보았다. 이에 X는 정당방위를 주장하며 상고하였다.

● **결정요지** ● 상고기각. 「전기 사실관계에 의하면 X는 A가 공격하기 전에 A를 폭행한 것이고, A의 공격은 **X의 폭행으로 촉발**되었고, 그 직후에 근접한 장소에서의 일련, 일체의 사태라 말할 수 있으며, X는 자신의 **부정한 행위로 인해 스스로 침해를 초래한 것으로 볼 수 있으므로** A의 공격이 X의 전기 폭행의 정도를 크게 넘는 정도는 아니라는 점 등의 본 건 사실관계 하에서 X의 본 건 상해행위는 X에게 있어서 일정한 **반격행위로 나아가는 것이 정당화되는 상황 하에서의 행위로 볼 수는 없을** 것이다. 따라서 정당방위의 성립을 부정한 원심의 결론은 정당하다.」

● **해설** ● 1 처음부터 **가해의사**를 가지고 예정되는 반격에 대한 「방위행위」를 한 사안은 많은 경우 방위자 스스로가 상대의 반격행위를 유인하는 것이 되어 **자초침해**로 불리는 경우도 많다(**광의**).

2 단 **자초침해**는 (1)【48】과 같이 전형적인 적극적 가해 유형 외에 (2) 본 건과 같이 고의행위로 도발한 경우(적극적 가해의사까지는 인정할 수 없음), (3) 과실로 도발해버린 경우 등 다양한 태양이 존재한다.

3 처음부터 **적극적 가해의사**를 가지고 반격(공격)한 (1)의 유형에 관해서는 【48】이후 「적극적으로 상대에 대한 가해행위를 할 의사로 침해를 한 경우에는 급박성 요건이 충족되지 않는

---

1) 형법 제36조(정당방위) ① **급박부정한 침해**에 대하여 자기 또는 타인의 권리를 방위하기 위하여 부득이하게 행한 행위는 벌하지 아니한다. ② 방위의 정도를 초과한 행위는 정상에 따라 그 형을 감경 또는 면제할 수 있다.
2) 형법 제204조(상해) 사람의 신체를 상해한 자는 15년 이하의 징역 또는 50만 엔 이하의 벌금에 처한다.

다」고 하여 정당방위성을 부정해 왔다.

확실히 상대방의 침해 반격을 계획에 넣고 스스로 도발행위를 개시한 경우에는 상대방의 침해에 대한 방위행위와 같이 보여도 처음부터 「일련 일체의 공격」으로 평가할 수 있는 것이어서 방위행위로 볼 수 없다. 판례는 이런 유형은 「급박성」이 결여되어 있다고 설명했다.

4 그것에 대해 본 결정은 (2)의 유형에 관하여 A의 공격(제2행위)은 X의 제1행위로 **촉발된 그 직후에 근접한 장소에서의 일련, 일체의 사태**로 X는 자신의 부정한 행위에 의하여 **스스로 침해를 초래한 것**이라고 할 수 있으므로 X의 제3행위는 **반격행위로 나서는 것이 정당화된 상황에서의 행위**라고는 말할 수 없다고 하였다.

그리고 행위의 일련일체성에 더해 A의 공격이 X의 폭행의 **정도를 크게 초과한 것은 아니**라고 하였다. 정도를 크게 초과하면 제2행위가 X의 방위행위를 가능하게 하는 만큼의 위법성을 가지는 것이 된다.

5 본 결정은 정당방위 부정의 근거를 급박성 결여에서 구하지 않고 「반격행위로 나가는 것이 정당화되는 상황(정당방위 상황)」이 결여된 것으로 보았다. 제2행위가 정당(부정이 아님)하다고는 단언할 수 없으며, 【48】과 같이 「급박성을 결여한다」고도 말하기 어렵다고 생각된다.

다만 그 이상으로 「급박성에 관한 적극적 가해의사론【48】」은 재판원에게 정확하게 이해받는 것이 곤란하다는 지적(司法研修所編 『難解な 法律概念と 裁判員裁判』 19쪽 이하)이 있으며 「정당방위가 인정되는 상황인지 여부」라는 「알기 쉬운 판단대상」으로의 수정이 요청되었다.

6 본 결정의 등장으로 인하여 요건을 세밀화하는 것이 아니라 재판원에게 판단하기 용이한 「반격행위를 하는 것이 정당한지」「정당방위 상황성」이라는 요건을 이용하는 것이 재판실무의 주류가 될 것이라고 예상된다.

7 하지만 그 후 「정당방위 상황성」이라는 추상적 설명으로는 재판원은 본질적인 것을 이해하여 의견을 논할 수 없다는 비판이 유력한 실무가로부터 제기되었다(『大コンメ刑法[第3版](2)』258쪽). 당사자와 재판원에 대하여 당해 사안에서 어떠한 요소를 검토해야 하는지를 명확하게 설시하지 않고 「정당방위 상황성」에 관하여 심리·평가를 하는 것은 무리라는 지적이다.

8 그 결과 【49】가 ① 행위자와 상대방과의 종전의 관계, ② 예기된 침해의 내용, ③ 예기의 정도, ④ 침해 회피의 용이성, 현장에 나갈 필요성·머무를 상당성, ⑤ 대항수단 준비의 정도, ⑥실제 침해행위의 내용과 예기된 침해의 이동, ⑦ 침해에 임한 상황 및 그 때의 의사내용 등을 종합적으로 교량하여 급박성의 문제로 판단해야 한다고 판시하였다.

9 본 건 사안은 【49】와 같이 「침해의 예견」이 문제가 된 것은 아니지만 ① 도발한 이상 공격은 예상되었던 것이라 말할 수 있으며, 제2폭행은 그것을 크게 초과하는 침해가 아니었고, ③ 특수경찰봉을 준비하고 있었으며, ④ A가 새로운 공격을 한 것은 아니므로 【49】의 기준으로 보아도 급박성이 부정될 것이다.

● **참고문헌** ● 三浦透·判解平2年度404, 橋爪陸·平20年度重判174

51 적극적인 가해의사에 근거하지 않은 도발과 급박성

* 東京高判平成27年6月5日 (判時2297号137頁)
* 참조조문: 형법 제36조[1]

적극적 가해의도는 없지만 도발의 결과로 생긴 상대방의 침해는 급박성을 가지는가?

●사실● 폭력단원과 교우관계에 있던 피고인 X는 정월 명절에 술을 마시던 중, A조직의 W에게 약 60만 엔을 빌려줬던 것이 생각나 이를 돌려받고자, 1월 2일 오후 9시경에 사무소에 전화를 걸어 W에게 알려줄 것을 의뢰했다. 당시 A조직원 U·V는 X가 정월 초부터 본부 사무실에 전화를 걸어온 것에 화가 나 오후 9시 12분경 X와의 통화에서 호통을 치자 X는 U에게 A조직을 무시하는 듯한 격한 발언과 함께 「지금 와라!」는 발언을 했다. 이에 분노한 V 등은 오후 9시 반경 X쪽으로 이동하고자 급히 승용차에 올라탔다. 한편 X는 동생인 조폭 Y에게 A조직 사람과 전화로 크게 다투었기 때문에 내습해올지도 모른다며 도움을 청했다.

V는 X가 있는 곳에 도착하자 차에서 내려 Y에게 다가가 「네가 우리조직을 바보 취급했냐!」며 Y의 머리와 안면을 구타하는 폭행을 가하고 엎드려 있는 Y를 짓밟으며 동인의 등 뒤쪽 부근을 걷어찼다.

한편 부엌문 근처에서 X와 U가 몸싸움을 벌였다. U는 X의 머리와 얼굴을 구타하는 폭행을 가한 뒤, 정원 쪽으로 끌고 가 다시 발로 차 엎드리게 하고 X의 등과 허리, 머리 등을 발로 짓밟듯이 폭행을 가했다. 그리고 W가 U의 명령을 받고 X를 꽉 누르고 있자, X는 포복으로 기어가 부엌 테이블 아래에 준비해 둔 「시스 나이프」(칼날 몸체 약 20cm)를 꺼낸 뒤 그것을 잡고 일어섰다. 그리고 Y의 등 부근에 오른발로 밟고 서 있던 V을 향해 V의 오른쪽 뒤에서 칼날이 지면과 수평이 되도록 해 시스나이프를 오른손으로 잡고, 왼손바닥을 자루 끝에 받쳐 자신의 배로 밀어내 V의 오른쪽 옆구리를 찔렀다. 이 결과 V는 이날 오후 11시 32분경 시내 병원에서 복부 자창에 의한 출혈성 쇼크로 사망했다.

제1심은 ① X는 A조직에 대해 도발적으로 보이는 발언을 하였지만 자초침해로서 정당방위가 허용될 수 없을 정도의 잘못은 아니고 ② V 등이 X 쪽으로 확실히 내습해 올 것이라고 인식하였다고는 인정되지 않으며 나아가 ③ 시스나이프의 준비도 만일을 위해 대비하고 있었을 뿐 적극적으로 V 등에 대한 살상행위에 사용하고자 했던 것으로는 인정되지 않는다고 밝혔다. 그리고 ④ X 및 Y가 V 등에 대해 취한 행동은 V 등의 선제공격에 따른 것이며, 그 태양도 V 등의 공격에 비해 미약하며 대등한 입장에서 격투할 상황은 아닌 것으로 보아 본 건은 정당방위가 인정되는 상황에 있었다고 보았다. 단지, 부득이한 행위였다고는 볼 수 없어 과잉방위를 인정하여 징역 7년 6월에 처했다.

---

1) 형법 제36조(정당방위) ① **급박부정한** 침해에 대하여 자기 또는 타인의 권리를 방위하기 위하여 부득이하게 행한 행위는 벌하지 아니한다. ② 방위의 정도를 초과한 행위는 정상에 따라 그 형을 감경 또는 면제할 수 있다.

● **판지** ● 파기자판. 동경고등재판소는「본 건에서 X는 V 등을 도발하여 X에게 폭력을 가하기 위해 V 등이 X쪽으로 오는 사태를 초래했고, V 등이 X쪽으로 와서 폭행을 가할 가능성이 상당히 높음을 인식하였음에도, 그러한 사태를 초래한 자신의 발언에 대해 V 등에게 사과의 뜻을 전하고, 그러한 사태를 해소하도록 노력하거나 그러한 사태가 발생하고 있음을 경찰에 알려 구조를 요청하는 것이 가능했음에도 불구하고 그러한 조치를 취하지 않았고, V 등이 폭행을 가할 경우 반격할 생각으로 V 등과 다른 폭력단에 속하는 Y를 X쪽으로 호출한 것과 더불어, **살상능력이 높은 본 건 시스 나이프를 반격하기 쉬운 장소에 준비하여 대응하고,** V 등으로부터 폭행을 당하자 이에 대한 반격으로서 본 건 칼을 사용한 행위에 이른 것이며, V 등에 의한 Y 및 X에 대한 폭행이 X 등이 예상한 폭행의 내용이나 정도를 넘는 것이 아님을 감안할 때 본 건 칼을 들고 돌진한 행위는 정당방위나 과잉방위의 성립에 필요한 급박성이 결여된다」면서「급박한 침해」가 없음에도 과잉방위의 성립을 인정한 원판결에는 판결에 영향을 미친 것이 명백한 사실오인이 있다고 보아 파기자판하고 X를 징역 13년에 처했다.

● **해설** ● 1 판례는 처음부터 반격을 예기·예정할 수 있어 회피가능함에도 굳이 적극적으로 가해한「적극가해형(【48】)」이외에 **고의유발(도발) 사안에 대해서도 정당방위를 제한한다** (【50】). 그리고 최고재판소는「**반격행위로 나아가는 것이 정당화되는 상황에서의 행위**」라는 판단기준을 제시하였으나 본 건 동경고등재판소는 이를 취하지 않고「급박성이 결여되었다」고 하였다. 그 이유는 X 등의 행위가 근접 장소에서의 일련 일체의 사태라 하기 어려우며, 도발 후 급박한 사태를 회피하도록 노력했어야하며, 경찰에 구조 요청이 가능한 측면이 있었기 때문이라 생각된다.

2 그 후에 【49】는 급박성의 판단기준으로 ① **행위자와 상대방과의 종전의 관계,** ② **예상되는 침해의 내용,** ③ **예상의 정도,** ④ **침해 회피의 용이성, 침해장소로 나갈 필요성·침해장소에 머물 상당성,** ⑤ **대항행위의 준비상황,** ⑥ **실제 침해행위의 내용과 예상된 침해의 이동(異同),** ⑦ **행위자가 침해에 임한 상황 및 그 때의 의사내용 등**을 종합적하여 판단해야 한다고 판시하였다.

3 본 건을 【49】의 기준에 맞추어 보면 ① 폭력단원끼리라는 점이 고려되며 ② 도발로부터 가열(苛烈)한 공격이 ③ 고도의 개연성을 가지고 예견되었으나 ④ 자체를 해소하려는 노력을 하지 않았고, 또한 공적 기관의 보호를 구하지 않았으며 ⑤ 시스나이프를 준비하였고 ⑥ A조직 등의 침해행위는 상정의 범위를 크게 초과하였다고 볼 수 없는 등의 사정이 있어 급박성을 인정하지 않았다.

4 본판결은 【49】에 선행하는 것이지만 ① 고의의 도발이 있는 경우에 ② 침해의 예상·인식의 정도 ③ 실제로 침해가 예상을 넘었는지 여부 ④ 경찰에 구조를 구할 여지 등을 종합하여 판단한 것으로 실질적으로 【49】의 판단을 나타낸 것이라고 하여도 좋다.

● **참고문헌** ● 前田雅英·捜査研究792-45, 橋田久·平27年度重判147

52 과잉방위와 「급박부정한 침해」의 종료시점

* 最2小判平成9年6月16日(刑集51卷5号435頁 · 判時1607号140頁)
* 참조조문: 형법 제36조[1], 제204조[2]

> 서로 몸싸움을 하다 2층 난간 밖으로 상반신이 걸린 상대의 한쪽 발을 들어 올려 아래층으로 전락시킨 행위는 과잉방위에 해당하는가?

● **사실** ● 피고인 X가 아파트 공동화장실에서 소변을 보고 있을 때, 평소 사이가 좋지 않았던 A가 갑자기 배후에서 철제파이프로 머리를 1회 가격하였다. 그리고 이어 X는 A가 계속해서 휘둘러대는 철제파이프를 빼앗으려 서로 몸싸움을 하다 아파트 2층 통로로 이동했다. 그리고 X는 A로부터 철제파이프를 빼앗았지만, 동인이 양손을 휘두르며 덤벼들어 오기에 그의 머리를 철제파이프로 1회 가격했다. 그리고 다시 서로 엉키어 싸우다 A가 철제파이프를 되찾아 X를 구타하려하자 X는 1층으로 통하는 계단 쪽으로 도망쳤다. 그런데 X를 추격하였던 A가 2층 통로 끝에 설치되어 있던 전락방지용 난간에 걸려 상반신이 난간 밖으로 나와 있는 자세로 기우뚱하게 되었다. A는 여전히 철제파이프를 손에 쥐고 있었고, 이를 본 X는 A의 왼발을 들어 올려 동인을 난간에서 약 4m 아래의 콘크리트 도로로 떨어뜨렸다. X의 일련의 폭행으로 인해 A는 입원가료 약 3개월을 요하는 상해를 입게 된다.

제1심과 원심은 X가 피해자를 떨어뜨릴 때, A는 난간에 상반신이 걸쳐져 쉽게 원상태로 돌아오기 어려운 자세였기 때문에 급박부정한 침해는 종료됨과 동시에 X의 방위의사도 소실된 것으로 보아 과잉방위에도 해당되지 않는다고 보았다.

● **판지** ● 파기자판. 「A는 X에 대하여 집요한 공격을 하였고 그로 인해 힘에 부쳐 상반신이 난간에 걸쳐지게 된 것이고, 더구나 그 자세에서도 계속해서 철제파이프를 쥐고 있었던 점을 고려하면, 동인의 X에 대한 **가해의 의욕은 왕성하고 또한 강고**하였으며, X가 그 한쪽 발을 들어 올려 동인을 **지상에 떨어뜨릴 당시에도 여전히 그러한 의사는 존속**되고 있었음을 인정하는 것이 상당하다. 또한 A는 위 자세로 인해 즉시 난간 안쪽으로 상반신을 돌리는 것은 곤란하였지만, X의 위 행위가 없었다면 바로 자세를 회복한 뒤 X를 쫓아가 **두 번째 공격에 이를 가능성이 있었음**이 인정된다.

그렇다면 A의 X에 대한 **급박부정한 침해는 X가 위 행위를 할 당시에도 계속되었다고 볼 수 있다**」고 판시한 뒤에, 단지 「A의 X에 대한 부정한 침해는 철제파이프로 그 머리를 1회 가격한 뒤 계속해서 구타하려고 한 것이었고, 동인이 난간에 상반신이 걸린 시점에는 그 공격력이 상당히 약화되었다고 볼 수 있으며, 한편 X의 동인에 대한 폭행 중에 한쪽 발을 들어 약 4미터 아래 콘크리트도로 위로 추락시킨 행위는 자칫하면 동인을 사망시킬 수 있는 위험

---

1) 형법 제36조(정당방위) ① **급박부정한 침해**에 대하여 자기 또는 타인의 권리를 방위하기 위하여 부득이하게 행한 행위는 벌하지 아니한다. ② 방위의 정도를 초과한 행위는 정상에 따라 그 형을 감경 또는 면제할 수 있다.
2) 형법 제204조(상해) 사람의 신체를 상해한 자는 15년 이하의 징역 또는 50만 엔 이하의 벌금에 처한다.

한 행위였음에 비추어 보아, 철제파이프로 동인의 머리를 1회 가격한 행위를 포함한 X의 일련의 폭행은 전체로서 방위를 위해 부득이한 정도를 넘은 것이라 하지 않을 수 없다」고 하여 과잉방위를 인정했다.

● **해설** ● 1 과잉방위가 문제가 되는 판례는 상당성의 정도를 넘는지 여부, 즉 과잉방위가 정당방위인지가 쟁점이 되는 경우가 많지만 본 건에서는 급박부정한 침해가 존재하는지 즉 과잉방위가 단순한 상해죄인지가 다투어졌다. 제1심과 제2심이 정당방위도 과잉방위도 성립하지 않는다고 한 데 반해, 최고재판소는 급박부정한 침해는 존재한다고 판단하였다(4m 아래 도로위로 전락시킨 행위의 위험성 등 일련의 폭행은 전체로서 방위를 위해 어쩔 수 없는 부득이한 정도를 넘는 정당방위라고는 말할 수 없다고 하는 점은 이론이 적은 사항일 것이다.【53】참조).

2 형법 제36조에 말하는 **급박**이란 법익의 침해가 실제로 존재하고 있든지 또는 침해 직전을 의미한다(【47】). 과거의 침해와 장래의 침해를 정당방위 영역에서 배제하는 점에 급박성의 실천적인 의의가 있다. **과거의 침해**는 침해가 끝나버린 이상, 방위는 할 수 없고 원상을 회복하기 위한 자구행위만이 문제된다.

3 단지 「과거의 침해에 대한 공격」과 공격자가 부정한 침해를 정지하거나 도망간 경우에 추격하는 **양적과잉방위**(最判昭26·3·9刑集 5-4-500, 最判昭34·2·5刑集13-1-1 참조)와의 한계는 미묘하다.

東京高判平成6年5月31日(判時1534-141)은 피해자(아들)가 술에 취하여 고령의 피고인과 다투게 되었고, 그러던 중 피고인이 피해자를 다리로 차 넘어뜨리고, 엎드려 있는 동인의 등에 올라탄 뒤 목을 졸라 살해한 사안에 있어서, 올라탄 시점에서는 피해자의 피고인에 대한 급박부정한 침해가 종료되었다고는 말할 수 없고, 그 후에 피해자의 목을 양팔로 졸라 살해한 피고인의 행위는 과잉방위에 해당된다고 하여 급박성을 부정한 원심의 판단을 뒤집고 있다.

4 급박부정한 침해의 계속성에 대한 평가는 ① 공격이 일단 중단하기에 이른 경위, ② 공격자와 방위자의 힘의 관계, ③ 중단 전에 행한 방위행위와 중단 후에 행한 「방위행위」의 침해의 중대성 등을 신중히 감안하여 판단할 필요가 있다.

본 건에서 상대방은 집요한 공격 끝에 난간에 몸을 걸치게 되었으나 여전히 철제파이프를 손에 쥐고 있었던 점 등으로 보아, 다시 자세를 복원하여 두 번째 공격에 이를 것이 예상되어 급박부정한 침해는 여전히 계속되고 있었던 것으로 평가할 수 있을 것이다.

● **참고문헌** ● 飯田喜信·判解平9年度91, 河村博·研修596-11, 橋爪隆·J1154-133, 川端博·判評 481-48, 日高義博·現代刑事法1-1-69

53 재산권의 방위와 상당성

* 最1小判平成21年7月16日(刑集第63卷6号711頁·判時2097号154頁)
* 참조조문: 형법 제36조[1], 제208조[2]

> 재산권을 방위하기 위하여 신체의 안전을 침해하여도 방위수단으로써의 상당성 범위에 들어간 다고 볼 수 있는가?

● **사실** ● 피고인 X 등과 A부동산회사 사이에 토지의 공유지분 등의 문제로 분쟁이 있었는 데 고등재판소 판결이 났음에도 불구하고 「소송 중이기 때문에 본 건 건물에 출입을 금지한다」 라고 기재되어 있는 간판을 A회사 사원 B가 공사 중인 X의 건물에 붙이려고 하자 X가 B의 가 슴 등을 양손으로 밀쳤다. 이 폭행행위가 정당방위에 해당하는지가 다투어졌다.

B는 X가 밀어 후퇴하고 넘어졌지만 그것은 X의 행동으로 인한 것만은 아니고 B가 과장된 몸 짓으로 후퇴한 것과 본 건 간판을 들고 있었던 것 등의 상황이 맞물려서 균형을 잃었을 가능성 이 있음을 부정할 수 없다고 하였다. 본 건 당시, B는 48세, 신장 약 175cm 남성이었고, X는 74 세 신장 약 149cm의 여성으로 요개호(要介護)1의 인정을 받았다.

그리고 A사 측은 계속하여 X 등에게 집요한 괴롭힘을 반복하였고, B가 거의 매일 현장에 와 서 위압적으로 공사의 중지를 요구하며 방해하고 협박하여 공사를 중지시킨 후 공사가 계속되 지 않도록 남은 공사용 발판을 사들인 후 건물의 입구 부근에 수개의 철 파이프를 설치하여 출 입을 곤란하게 하였고, 「발판 사용 엄금」 등을 기재한 판자를 설치하는 등의 행위를 한 사실이 인정되었다.

원심은 과잉방위로 X에게 과료 9,900엔을 과한 것에 대해 변호사 측이 정당방위 등을 주장하 여 상고하였다.

● **판지** ● 파기자판. 최고재판소는 「B 등이 출입금지 등이라고 기재한 본 건 간판을 본 건 건물에 설치한 것은 X의 본 건 건물에 대한 …… 공유지분권, 임대권 등을 침해함과 동시 에 F택건의 업무를 방해하고, X들의 명예를 해하는 것」이라고 하고 「본 건 폭행시 B 등은 본 건 간판을 본 건 건물에 붙이려고 한 것이 인정되어 그 행위는 X들의 상기 권리나 업무, 명예 에 대한 급박부정의 침해에 해당」되며 「그리고 X는 B가 C에 대하여 본 건 간판을 건네주려 고 할 때 그것을 저지하기 위하여 본 건 폭행에 이르렀고, B를 본 건 건물로부터 먼 방향으로 민 것이므로 B 등에 의한 상기 침해로부터 X 등의 권리 등을 **방위하기 위하여** 본 건 폭행을 한 것이라고 인정된다」.

「더욱이 B 등은 …… **본 건 이전부터 계속적으로 X들의 본 건 건물에 대한 권리 등을 실 력으로 침해하는 행위를 반복**하였고, 본 건에서 **상기 부정한 침해는 그 일환**이다. 반면 X와

---

1) 형법 제36조(정당방위) ① 급박부정한 침해에 대하여 자기 또는 타인의 권리를 방위하기 위하여 부득이하게 행한 행위는 벌하지 아니한다. ② 방위의 정도를 초과한 행위는 정상에 따라 그 형을 감경 또는 면제할 수 있다.
2) 형법 제208조(폭행) 폭행을 가한 자가 사람을 상해함에 이르지 아니한 때에는 2년 이하의 징역이나 30만 엔 이하의 벌금, 구류 또는 과료에 처한다.

B 사이에는 체격차 등이 있었던 것이나 …… B가 후퇴하여 넘어진 것은 X의 힘만으로 인하여 발생한 것이라고 인정하기 어렵다면 본 건 **폭행의 정도는 경미한 것이다**」라고 하였다. 그리고 「본 건 폭행은 주로 X 등의 **재산적 권리**를 방위하기 위하여 B의 **신체 안전**을 침해한 것이라는 것을 고려하여도 B 등에 의한 상기침해에 대한 방위수단으로써의 **상당한 범위**를 넘는 것이라고 볼 수 없다」고 하여 원판결 및 제1심 판결을 파기하고 무죄를 선고하였다.

● **해설** ● 1 판결은 급박부정한 침해에 대한 방위는 「침해에 대한 **방위수단으로써 상당성을 가져야 할 것**」이라고 하였다(最判昭44·12·4刑集23-12-1573). 방위의사의 상당성이 결여되어 있으면 위법성 조각을 인정할 수 없지만 급박부정한 침해에 대하여 방위를 위하여 행해진 것이라면 **과잉방위**로 형의 임의적 감경·면제의 대상이 된다.

2 상당성은 ① **법익의 상대적 권형(權衡)**과 ② **방위수단의 상당성**이라는 두 가지 측면에서 판단된다. 즉 ① 보전되는 침해자 측의 이익과의 비교형량 및 ② 방위행위 자체의 태양의 상당성에 대한 종합판단이다.

또한 재판원재판에서 침해의 예기, 자초침해 등의 문제가 없는 방위의 의사에 다툼이 없는 기본적 유형에 있어서는 **상당성을 급박성과 구별하지 않고** 「**상대방의 공격에 대한 방위로써 허용되는 것인가**」라는 형태로 판단의 대상을 나타내는 경우도 찾아볼 수 있다.

3 법익의 상대적 권형이란 보전해야 할 법익(현재 보호되는 법익과의 관계)과 비교하여 방위행위가 초래한 침해가 현저하게 불균형하지 않을 것을 의미한다. 정당방위는 긴급피난과 달리 지켜야 할 권리를 초과한 침해도 정당화되지만 그것은 무제한이 아니라 일정의 법익의 균형이 필요하다. 일본에서는 두부 몇 모를 위하여 생명을 빼앗은 행위는 아무리 필요성이 존재하였다 하더라도 그 정도를 넘어 상당성이 결여된 것으로 보고 있다(藤木英雄『刑法講義総論』169쪽). 재물을 지키기 위하여 생명, 신체를 침해하는 것은 원칙적으로 상당성이 결여된다고 여겨져 왔다.

4 본 건에서는 재산권을 지키기 위하여 신체를 해하는 행위가 방위행위로써 상당하다고 판단한 사례로 주목해야 할 판례이다. 제1심·원심이 상당히 가벼운 형이었지만 유죄로 할 수밖에 없었던 것은 「재산에 비하여 중대한 법익이라고 사료되는 신체에 대한 침해」는 상당성을 결여한 것이라는 원칙을 중시하였기 때문이라고 생각된다. 하지만 법익의 권형도 상당성 판단의 「한 가지 요소」에 지나지 않는다.

최고재판소는 ① 부정한 침해행위 이전의 사정인 B들의 침해행위가 집요하고 악랄했던 점을 고려하고, 더욱이 ② X와 B 사이에는 체격 차이 등이 있었던 점, ③ 폭력의 정도가 경미하였던 점을 고려하여, ④ 재산적 권리를 방위하기 위하여 B의 신체의 안전을 침해한 것이라고 하더라도 상당성의 범위를 벗어나는 것은 아니라고 판단하였다.

재물을 지키기 위하여 상해를 입힌 사안을 정당화 한 예로는 高松高判平成12年10月19日(判時1745-159) 참조.

● **참고문헌** ● 増田哲祐·判解平21年度287, 橋田久·判例セレクト10年27, 門田成人·法セ658-119, 橋爪陸·刑事法ジャーナル21-83, 前田·最新判例分析60

54 「부득이한 행위」의 의미 – 법익형량과 행위 태양의 상당성

* 最2小判平成元年11月13日 (刑集43卷10号823頁・判時1330号147頁)
* 참조조문: 형법 제36조[1], 폭력행위등처벌법률 제1조(형법 제222조[2]), 총포도검류소지등
단속법

보전법익과 침해이익의 상대적 균형과 행위태양의 상당성

● **사실** ● 피고인 X는 자동차 주차와 관련한 분쟁 때문에, A에게 「말조심해라!」고 경고하였
고, A는 X에게 「죽고 싶냐?」고 하면서 주먹을 들이대고 발로 걷어찰 듯한 동작을 취하면서 접
근하였다. X는 나이도 젊고 체격도 좋은 A에게 죽을지도 모르겠다는 생각이 들어 공포심을 느
낀 나머지 자신의 차 쪽으로 물러났으나 A가 다가왔고, 이에 X는 차 뒤편까지 달아나다가 차
안에 칼이 있다는 생각이 들어 A의 위협에서 벗어나기 위하여 칼길이 17.7cm의 식칼을 오른 손
으로 들고 허리 부근에서 겨누면서 약 3m 지점까지 다가온 A를 향해 「죽일 테면 죽여 봐라!」라
고 얘기했고, 이어서 「찌를 테면 찔러봐라!」며 2~3보 접근하는 A에게 「베이고 싶은가」라고 응
대했다.

1심에서 X는 충돌 과정에서 우위에 서기 위해서 식칼을 들었다는 선제행위에 대해서는 인정
하면서도 정당방위를 주장하였으나, 재판부는 흉기를 보이며 협박한 점에서 폭처법 제1조 등에
의해 X를 벌금 3만 엔에 처했다. 이것에 대해 원심은 X의 행위는 과잉방위행위에 해당된다고 보
았다.

● **판지** ● 파기자판(피고인은 무죄). 원심은 **맨손으로 때리려하거나 발로 차려는 동작을
보이는 것에 지나지 않은 A에게 X가 살상능력이 있는 식칼을 들고 협박한 것은 방위수단으
로서 상당성의 범위를 일탈한 것으로 판단하였는데, 최고재판소는 이는 형법 제36조 제1항의
「부득이한 행위」의 해석적용을 오인한 것**이라 하였다.
나이도 젊고 체력적으로 우월한 A가 「너 죽고 싶냐」고 말하며 주먹을 들이밀며 발로 차려
는 동작을 취하며 다가왔고, 이에 뒤로 물러서는 X를 쫓아오는 상황에서 X는 이런 접근을 막
고 위해를 면탈하기 하여 어쩔 수 없이 본 건 식칼을 손에 들고 허리춤에서 겨누며 「베이고
싶냐」고 말한 것은 A로부터 위해를 피하기 위한 방어적인 행동으로 보아야 한다. 이 행위는
또한 방위수단으로서의 상당성의 범위를 넘어선 것이라고 볼 수 없으므로 X의 행위는 정당
방위이다. 또한, 식칼의 휴대행위도 정당방위 행위의 일부분을 구성하기 때문에 총도법 제22
조 위반의 죄도 성립하지 않는다.

---

1) 형법 제36조(정당방위) ① 급박부정한 침해에 대하여 자기 또는 타인의 권리를 방위하기 위한 **부득이한 행위**는
벌하지 아니한다. ② 방위의 정도를 초과한 행위는 정상에 따라 그 형을 감경 또는 면제할 수 있다.
2) 형법 제222조(협박의 죄) ① 생명, 신체, 자유, 명예 또는 재산에 대하여 해를 가한다는 취지를 고지하여 사람을
협박한 자는 2년 이하의 징역 또는 30만 엔 이하의 벌금에 처한다. ② 친족의 생명, 신체, 자유, 명예 또는 재산
에 대하여 해를 가한다는 취지를 고지하여 사람을 협박한 자도 전항과 같다.

● **해설** ● 1 형법 제36조의 「부득이한」의 의미에 관해서 最判昭和44年12月4日(刑集23-12-1573)은 『『부득이한 행위』란 긴박하고 부당한 침해에 대한 반격행위가 자기 또는 타인의 권리를 방위하기 위한 수단으로써 **필요최소한도**이어야, 즉 반격행위는 침해에 대한 **방위수단으로서 상당성**이 있어야 함을 의미」한다고 판시하였다.

2 상당성(필요최소한도성)은 「침해자를 현저한 위험에 노출시키지 않고 비교적 용이한 것으로 가능한 유효적인 수단 중에서 최소한의 수단」을 의미한다. 좀 더 구체적으로는 ① **방어를 통해 보존하고자 하는 권리·이익과 방위로 인해 침해되는 피해자측의 이익과의 비교형량** 그리고 ② **방위행위로 인한 침해자에 대한 가해의 태양** 이 2가지를 중심으로 침해자의 행위가 얼마나 부당하였는지를 가미하여 종합적으로 판단하여야 한다.

3 이 점에서 **最判昭和44年12月4日**은 피해자가 피고인의 왼손 중지와 약지를 깨물자, 피고인이 고통을 벗어나기 위해 오른손으로 피해자의 가슴 부근을 1차례 강하게 때린 결과, 피해자가 주차 중인 차량 뒷 범퍼에 후두부를 부딪쳐 약 45일간의 치료를 요하는 후두부 타박상의 상해를 입은 사건에서 원심은 발생된 상해결과의 크기가 방위의 정도를 넘어선 소위 과잉방위를 인정하였다. 이에 대해 최고재판소는 「방위수단으로서 상당성을 가지는 이상 그 반격행위로 인해 발생된 결과가 우연하게 침해되었던 법익보다 클지라도 그 반격행위가 정당방위가 되지 않는다고 볼 수는 없다」며 상당성을 인정하였다.

4 여기에서 최고재판소는 ②를 중시하였다는 평가가 많다. 확실히 「발생한 결과」만이 아니라 행하여진 행위 자체도 방위하는 이익과 형량할 필요가 있다. 그러나 최고재판소가 상당성 판단에 있어서 발생한 결과의 중대성을 무시하고 있는 것은 아니다.

5 예를 들어 중대한 침해에 그 위에 지켜야 할 권리를 상회하는 이익을 침해하는 방위행위의 필요성은 다른 수단으로는 방위가 상당히 곤란하다고 여겨지는 경우에만 정당방위가 인정된다. 또한 방위자가 침해를 충분히 예견할 수 있는 사정이 있었던 경우에는 보다 경미한 방위방법에 대한 선택의 용이성이 높아지게 된다.

6 본 건 사안에서도 상당성을 「행위태양」만을 기준으로 놓고 생각한다면 맨손에 대하여 식칼로 대응한 이상 원심처럼 과잉방어라 보지 않을 수 없었던 것으로도 생각된다. 다만, 최고재판소는 「흉기를 사용한 수단이 온당한 것이 아닐지는 모르지만 X가 처해진 상황과 비교하여 볼 때, X는 방어적 행동으로 시종하였다. 그 의미에서 협박행위로서의 침해성이 그다지 강하지 않아 X의 행위는 상대적 균형을 만족시키고 있다」고 보고 있는 것이다.

7 **무기대등의 원칙**이란 침해에 상응하는 방위행위의 위험성이 있어야 함을 알기 쉽게 표현한 것이다. 다만 침해행위시보다 경미한 수단을 선택한 경우에는 보다 낮은 정도의 위험성을 수반하는 행위의 **선택가능성**의 정도가 문제되며, 실제로 발생한 결과도 위험성 판단에 있어서 중요하다.

● **참고문헌** ● 河口宰護·判解平元年度329, 日高義博·判事1346-228, 橋田久·固総7版52

55 양적 과잉의 한계

* 最1小決平成20年6月25日(刑集第62卷6号1859頁 · 判時2009号149頁)
* 참조조문: 형법 제36조[1]

정당방위에 해당되는 폭행을 한 후 새로 가해진 폭행은 어느 범위까지 과잉방위가 성립하는가?

● **사실** ● 피고인 X(당시 64세)는 이전에도 트집을 잡아 폭행을 가한 적이 있는 A(당시 76세)가 「조금 기다려!」라고 부르자 이번에도 똑같이 당할지 모른다고 생각하면서도 A가 시키는 대로 이동하자, A가 갑자기 구타를 시작하면서 울타리까지 밀어붙여 자신의 몸이 울타리 사이에 끼게 되었고 무릎과 다리를 수회 가격당하자 X도 되받아 찼다. 이에 A의 친구 B와 C가 다가오자 X는 「나는 야쿠자다!」라고 하는 등 위협하여 A를 떼어내고자 그의 안면을 1회 구타하였다.

그러자 A는 X를 향해 그 현장에 있던 알루미늄 재떨이(직경 19cm, 높이 60cm의 원기둥 형태임)를 던지자 X는 재떨이를 피하면서 재떨이를 던지다 균형이 무너진 A의 얼굴을 오른손으로 구타하였다. A는 머리부터 떨어지듯이 쓰러져 타일이 깔린 바닥에 후두부를 부딪쳐 위를 바라보며 누운 채로 의식을 잃은 것처럼 움직이지 않게 되었다(제1폭행).

X는 격분한 나머지 A가 움직이지 않고 위를 향한 채 쓰러져 있는 것을 충분히 인식하면서도 A에게 「나를 쉽게 보지마!」라고 소리치며 복부 등을 다리로 차거나 밟고, 나아가 오른쪽 무릎을 굽혀 무릎관절부분을 복부에 가격하는 등의 폭력을 가하여(제2폭행), 늑골골절 등의 상해를 입혔다. 구급차로 부근의 병원으로 운송된 A는 약 6시간 후에 두부타박에 의한 두개골골절을 동반한 지주막하출혈로 사망하였다. 사인이 된 상해는 제1폭행에 의한 것이었다.

제1심은 X는 방위의 정도를 넘어 제1폭행과 제2폭행을 가하여 A를 사망에 이르게 한 것으로 과잉방위에 의한 상해치사죄가 성립된다고 보아 X에게 징역 3년 6월의 형을 선고하였다. X의 항소에 대해 원심은 X의 제1폭행은 정당방위에 해당되지만, 제2폭행은 A의 침해가 명확히 종료된 후에 행해진 것으로 방위의사가 인정되지 않으며 과잉방위도 성립할 여지가 없으므로 제2폭행에 의해 발생한 상해에 대하여는 상해죄가 성립되어 징역 2년 6개월의 형을 선고하였다. X는 제1폭행과 제2폭행은 일체의 것으로 평가되어야 하고 전자에 대해서 정당방위가 성립된 이상 전체에 대해서도 정당방위가 인정되어야 함을 주장하며 상고하였다.

● **결정요지** ● 상고기각. 「제1폭행으로 쓰러진 A가 X에 다시 침해행위를 가할 가능성은 없었고, X는 그것을 인식한 후에 오직 공격의 의사로 제2폭행을 가한 것이므로 제2폭행이 정당방위의 요건을 충족하지 않음이 명확하다. 그리고 **양 폭행은 시간적, 장소적으로 연속되고 있지만 A에 의한 침해의 계속성 및 X의 방위의사 유무라는 점에서 명확하게 성질을 달리한다**고 하여 X가 전기 발언을 한 후에 저항불능상태에 있는 A에게 상당히 심한 형태의 제2폭행을 가한 것에 비추어 보았을 때 **그 사이에는 단절이 있다고 보아야 할** 것이며, 급박부정의

---

1) 형법 제36조(정당방위) ① 급박부정한 침해에 대하여 자기 또는 타인의 권리를 방위하기 위하여 부득이하게 행한 행위는 벌하지 아니한다. ② 방위의 **정도를 초과**한 행위는 정상에 따라 그 형을 감경 또는 면제할 수 있다.

침해에 대하여 반격을 계속하고 있는 도중에 그 반격이 양적으로 과잉된 것으로는 인정할 수 없다. 따라서 양 폭행을 전체적으로 고려하여 1개의 과잉방위의 성립을 인정하는 것은 상당하지 않고 정당방위에 해당하는 제1폭행에 대해서는 죄를 물을 수 없지만 제2폭행에 대해서는 정당방위는 물론 과잉방위를 논할 여지도 없으므로 이것에 의해 A에게 입힌 상해에 대해 X는 상해죄의 책임을 져야 한다」고 하여 원판결을 지지했다.

● **해설** ● 1 침해행위가 종료된 후에 행하여진 반격행위에 대해서는 과잉방위도 성립할 수 없다. 하지만 판례는 침해행위의 종료 시점의 설정을 완화하여 실질적으로는 침해행위의 종료 후에 이어서 행해진 반격행위를 그것 이전의 정당방위행위와 함께 전체적으로 고찰하여 1개의 과잉방위의 성립을 인정하는 경우가 있다.

2 **最決平成21年2月24日**(【56】)은 유사한 사안에 대하여 제1폭행과 제2폭행은 **급박부정한 침해에 대한 일련일체의 것**이고, **동일한 방위의사로부터 1개의 행위**로 인정될 수 있으므로 전체적으로 고찰하여 1개의 과잉방위로써의 상해죄 성립을 인정하는 것이 상당하다」고 판시하였다.

3 이에 대해 본 건에 있어 제1폭행과 제2폭행에 대해서 ① 시간적·장소적으로 연속되어 있지만, ② A에 의한 침해의 계속성 및 X의 방위의사의 유무라는 점에서 명확히 성질을 달리하는 것이고, ③ 저항불능상태의 A에게 심한 태양의 제2폭행을 한 것이므로 ④ 그 사이에는 단절이 있다고 하여 반격을 계속하는 도중에 그 반격이 양적으로 과잉한 것으로 인정되지 않고, 1개의 과잉방위 성립을 인정하는 것은 상당하지 않다고 보았다.

4 확실히 정당방위행위로부터 과잉행위에 이른 것으로 해석할 수는 없다. **저항불능상태였고, 침해의 급박성을 잃었다.** 단지 제1폭행과 접해있으므로 양적 과잉으로 평가할 여지가 있는 것처럼 보이지만 본 건에서는 제2폭행시에 A는 이미 움직일 수 없게 되었으며 그것을 충분히 인식하면서 행해진 제2폭행은 공격을 위하여 행한 행동(방위의 의사가 결여된 행위)으로 해석할 수 있으므로 제1폭행과의 사이에 「단절이 있다」고 평가된다.

이에 대해 【56】은 상당히 유사한 사안으로 보이지만 피해자가 책상에 부딪쳐서 쓰러져, 공격 및 저항이 곤란한 상태가 되었다고 하더라도 의식을 잃어 움직일 수 없게 된 후에 공격을 가한 경우와 다르게 일련의 방위행위라고 보지 않을 수 없다.

● **참고문헌** ● 松田俊哉·判解平20年度488, 前田·最新判例分析56, 林幹人·判時2038-14, 山本輝之·平20年度重判176

56　양적 과잉과 방위행위의 개수

* 最1小決平成21年2月24日 (刑集63巻2号1頁・判時2035号160頁)
* 참조조문: 형법 제36조[1]), 제204조[2])

> 반격을 가해 침해자의 저항이 없어진 후의 추격을 어디까지 방위행위로 평가할 수 있는가?

● **사실** ● 각성제 단속법 위반 혐의로 기소돼 구치소에 구류되어 있던 피고인 X가 동 구치소 내 거실에서 같은 방의 A에게 접이식 책상을 내던지고 그 안면을 주먹으로 수차례 구타하는 등의 폭행을 가해 가료 약 3주를 요하는 왼손 중지 인대 파열 및 왼손 중지 좌창의 상해를 입혀 상해죄로 기소된 사안이다.

원심은 상기 접이식 책상으로 가한 폭행에 대해서는 A쪽에서 먼저 X를 향해 동 책상을 넘어뜨렸기 때문에 X는 그 반격으로 동 책상을 밀친 것(제1폭행)이며, 이는 A의 급박부정한 침해에 대한 방어 수단으로서의 상당성이 인정되지만, 동 책상에 부딪혀 반격이나 저항이 곤란한 상태가 된 A에 대해 그 안면을 주먹으로 몇 차례 구타한 것(제2폭행)은 방어 수단으로서의 상당성의 범위를 벗어난 것이라 했다. 그리고 제1폭행과 제2폭행은 A에 의한 급박부정한 침해에 대해, 시간적·장소적으로 접착되어 행해진 일련일체의 행위이기 때문에 양 폭행을 나누어서 평가해서는 안 되고, 전체로서 1개의 과잉방위행위로서 평가해야 한다고 보았다.

그리고 죄가 되어야 하는 사실로서 「X는 A가 접이식 책상을 X를 향해서 밀어 넘어뜨린 것에 대해 자신의 신체를 방위하기 위한 방위의 정도를 넘어 이 책상을 A를 향해 밀어낸 다음 이로 인해 전도된 A의 안면을 주먹으로 몇 차례 구타하는 폭행을 가해, A에게 본 건 상해를 입혔다」는 취지를 인정하여 과잉방위에 의한 상해죄의 성립을 인정했다. 게다가, 원심은 본 건 상해와 직접의 인과관계를 가지는 것은 제1폭행뿐인바, 동 폭행을 단독으로 평가하면, 방위 수단으로서 상당하다고 말할 수 있는 것을 참작해야 할 사정의 하나로서 인정하여 X를 징역 4월에 처했다.

● **결정요지** ● 상고기각. 변호측의 본 건 상해는 정당방위인 제1폭행에 의해서 발생된 것으로, 제2폭행이 방위 수단으로서의 상당성의 범위를 일탈하고 있었다 하여도, 과잉방위에 의한 상해죄가 성립할 여지는 없고, 폭행죄가 성립하는 것에 지나지 않는다는 상고이유에 대해, 최고재판소는 「X가 A에 대해서 가한 폭행은 **급박부정한 침해에 대한 일련일체의 것**이며 **동일한 방위의사에 근거한 1개의 행위**로 인정할 수 있으므로 **전체적으로 고찰해 1개의 과잉방위**로서의 상해죄의 성립을 인정하는 것이 상당하며, 소론이 지적하는 점은 유리한 정상으로서 고려하면 충분하다」고 판시했다.

---

1) 형법 제36조(정당방위) ① 급박부정의 침해에 대하여 자기 또는 타인의 권리를 방위하기 위하여 부득이하게 한 행위는 벌하지 아니한다. ② 방위 정도를 초과한 행위는 정상에 따라 해당 형을 감경 또는 면제할 수 있다.
2) 형법 제204조(상해) 사람의 신체를 상해한 자는 15년 이하의 징역 또는 50만 엔 이하의 벌금에 처한다.

● **해설** ● 1 본 결정은 X가 제1폭행을 가한 결과 A가 그로 인해 반격이나 저항이 곤란한 상태가 되었음에도 불구하고 안면을 주먹으로 구타하는 제2폭행을 가했다는 사실과 관련해 양 폭행은 급박부정한 침해에 대한 일련일체의 것이며 동일한 방위의사에 기초한 1개의 행위로 인정할 수 있으므로 전체적으로 고찰하여 1개의 과잉방위로 보았다.

2 다만, 같은 제1소법정의 最決平成20年6月25日(【55】)이 정당방위에 해당되는 제1폭행에 대해서는 죄를 물을 수 없지만, 제2폭행은 정당방위는 물론 과잉방위를 논할 여지도 없다고 하였다. 그러나 두 판결에 모순이 있는 것은 아니다. 【55】는 피해자가 또 다른 침해행위로 나갈 가능성이 없고, 피고인은 그것을 인식하고 있었던 것이어서 침해의 계속성 및 피고인의 방위의사의 유무라는 점에서 본 건과 분명히 성질을 달리하고 양 폭행 간에는 단절이 있다.

3 이에 대하여 본 결정은 「본 건 상해와 직접적인 인과관계를 갖는 것은 제1폭행뿐이며, 동 폭행을 단독으로 평가하면 방위수단으로 상당하다고 할 수 있다」는 원심의 판단을 전제로 하면서, 제1폭행과 제2폭행은 1개의 과잉방위(상해죄)로 보아야 하며 방위행위로 상당한 제1행위로부터 상해결과가 발생한 점은 유리한 정상으로 고려하면 충분하다고 보았다.

4 이에 대해서는 상해의 결과가 「위법성 없는」 제1폭행에 의해 발생한 것인 이상, 제2폭행이 방위·수단으로서의 상당성의 범위를 일탈하고 있었다 하여도 과잉방위에 의한 상해죄가 성립할 여지는 없으며, 폭행죄가 성립하는 것에 지나지 않는다고도 말할 수 있을 것 같다.

그러나 본 건 사안은 피해자가 책상에 부딪혀 넘어져 반격이나 저항이 곤란한 상태가 되었다고는 해도, 【55】의 사안처럼 의식을 잃고 움직일 수 없게 된 후에 공격한 경우와는 다르다. 역시 구치소 내 거실에서의 싸움이며, 침해의 급박성이 소실되었다고는 말할 수 없고, 일련의 방위행위라 하지 않을 수 없다.

제1폭행이 그것만을 취하여 보자면 「수단으로서 상당」했다 하더라도 그것이 포함된 「나누어 생각해서는 안 되는 일련의 과잉방위행위」로부터 상해가 발생했을 때에는 그 상해 결과를 정당화할 수 없다.

5 東京地判平成6年7月15日(判夕891-264)도 명정 중의 피해자로부터 트집잡힌 피고인이 분한마음과 방위의사를 가지고 피해자의 흉부를 양손으로 힘껏 들이받아 콘크리트 노면 위로 피해자를 넘어뜨리고(제1폭행), 움직이지 못하는 피해자를 피고인이 도와 일으켰는데 주머니를 뒤지는 듯한 행동을 하자 칼을 꺼내는 것이라고 착각하여, 가까이에 있던 나무막대로 수회 구타하는 폭행(제2폭행)을 가한 사안에 대해 **「양 폭행은 동기 면에서도 공통성, 연속성이 인정되는 점 등으로 미뤄 양 폭행을 일체적으로 평가하고 포괄해서 1개의 상해치사죄의 성립을 인정하는 것이 상당하다」**며 포괄해서 1개의 상해치사죄로 인정되는 본 건 범행에 대해 형법 제36조 제2항을 적용할 여지는 없다고 하였다.

● **참고문헌** ● 前田雅英·研修734-3, 松田俊哉·判解平21年度1, 深町晋也·平21年度重判177, 香城敏麿『刑事事実認定(上)』261

57 도범등방지법 제1조 제1항에 있어서 「상당성」

* 最2小決平成6年6月30日(刑集48卷4号21頁·判時1503号147頁)
* 참조조문: 도범등방지법(盗犯等防止法) 제1조 제1항[1], 형법 제199조[2]

도범등방지법 제1조 제1항의 「상당성」은 형법 제36조의 상당성과 어떻게 다른가?

● **사실** ● 고등학생 X(신고자)는 돈을 갈취하고자 하는 A 등 중학생 7명에게 인적이 드문 곳으로 연행되어 일방적으로 폭행을 당하였고 두 번 정도 도망치려고 하였지만, 소리를 질러 도움을 청하거나 저항하지는 않았고, 오로지 방어의 자세로 시종하던 중, 폭행이 몇 분간 이어지자 어쩔 수 없이 휴대하고 있던 칼을 꺼냈지만 몸을 구부린 채 앞에 있던 중학생의 발을 찔렀으나 빗나가 스친 정도에 끝났다. 그리고 바로 몸을 돌리자 눈앞에 당장이라도 주먹으로 공격하려고 서있는 A를 보았고 그때까지 A의 언동에 화가 치밀어 있던 차에, 공격당하기 전에 먼저 찔러버리고자 마음먹고 A가 죽더라도 상관없다는 인식 하에, A의 왼쪽 흉부를 칼로 찔러 심장 자창으로 사망케 하였다.

이상의 사실에 관하여, 요코하마가정재판소는 X의 반격행위는 과잉방위에 해당된다고 보아 X를 중등소년원에 송달하는 취지의 결정을 했다. 이에, X측이 항고하였으나 동경고등재판소는 항고를 기각했다. 다시 X측이 재항고를 하였다.

● **결정요지** ● 상고기각. 도범등방지법 제1조 제1항의 「정당방위가 성립하는 것과 관련해서 당해 행위가 형식적으로 규정상의 요건을 충족시킬 것뿐만 아니라, **현재의 위험을 배제하는 수단으로서 상당성을 갖출 것이 필요**하다. 그리고 여기서 말하는 상당성이란 동 조항이 형법 제36조 제1항과 다르고, 방위의 목적을 생명이나 신체, 정조에 대한 위험의 배제에 한정하며, 또한 현재의 위험을 배제하기 위한 살상(殺傷)을 법 제1조 제1항 각호에 규정하는 경우에 한정함과 동시에, 그것이 『부득이한 행위』일 것을 요건으로 하고 있지 않은 점을 고려해 보면, **형법 제36조 제1항에 있어서의 침해에 대한 방위수단으로서의 상당성보다는 완화된 것을 의미하는 것으로 해석하는 것이 상당**하다.」

「X의 행위는 강도에 착수한 상대방의 폭행이 매리켄 삭크[3]이외의 흉기 등을 사용하지 않고, X의 생명에 대한 위험에까지 미치지 않았음에도 갑자기 A의 왼쪽 흉부를 칼로 찔러 사망시킨 것이고, X 1인에 대한 상대방의 수가 7명이나 되고, 본 건 현장이 인적이 드문 장소라는

---

1) 도범등의방지및처분에관한법률 제1조 제1항 좌측 각호의 경우에 자기 또는 타인의 생명, 신체 또는 정조에 대한 현재의 위험을 배제하기 위하여 범인을 살상시킨 때는 형법 제36조 제1항의 방위행위로서 취급한다.
   1. 절도범을 방지하거나 절품을 되찾으려 할 때
   2. 흉기를 휴대하거나 문이나 담을 넘거나 열쇠를 열어 사람의 주거 또는 사람이 간수하는 저택, 건조물 또는 선박에 침입하는 자를 방지할 때
   3. 이유 없이 주거 또는 사람이 간수하는 저택, 건조물 또는 선박에 침입하는 자 또는 요구를 받은 후 그 장소에서 퇴거하지 않은 자를 배제시키려고 할 때
2) 형법 제199조(살인죄) 사람을 살해한 자는 사형, 무기 또는 5년 이상의 징역에 처한다.
3) American+sack이 결합한 일본의 신조어로 싸움을 할 때 손에 끼는 금속재 흉기로 가죽너클과 유사하다.

점을 감안하더라도, X의 본 건 행위는 신체에 대한 현재의 위험을 배제하는 수단으로서는 지나친 것이기에 전기의 상당성을 결한 것으로 보지 않을 수 없다」.

● **해설** ● 1 **도범등방지법 제1조 제1항**은 ① 본 건과 같은 절도범을 방지하고 재물을 취환(取還)하고자 할 경우, ② 흉기를 휴대하고 침입하는 사람을 방지하고자 하는 경우, 그리고 ③ 퇴거하지 않는 자를 배척하고자 하는 경우에는 「자기 또는 타인의 생명이나 신체, 정조에 대한 현재의 위험을 배제하기 위하여 범인을 살상시킨 때는 형법 제36조 제1항의 방위행위로 취급한다」라고 규정하고 있다. 즉 본 건과 같은 상황에서 현재의 위험을 배제하기 위해서 범인을 살상한 경우에는 「어쩔 수 없이」라는 요건을 충족시키지 않고도 정당방위가 되어, 위법성이 조각되게 된다.

2 본 결정은 최고재판소로서는 처음으로 도범등방지법 제1조 제1항에 있어서의 정당방위에서도 상당성이 요건이 되고, 더구나 형법 제36조 제1항 정당방위의 상당성보다도 완화된 것임을 판시한 것이다.

학설상 도범등방지법 제1조 제1항에서의 정당방위의 특칙이 형법 제36조 제1항에서의 정당방위의 단순한 해석상의 주의규정에 지나지 않는 것인가, 그렇지 않으면 정당방위의 성립범위를 확장한 것인가에 대해서는 다툼이 있다.

3 아무리 절도범을 방지하기 위해서라고 하나 **상당성** 판단을 일체 요하지 않는 것은 타당하지 않다. 법익의 균형을 너무나도 상실한 방위는 정당화될 수 없다(東京地判平9·2·19判時1610-151 참조). 형법 제36조 제1항에서의 정당방위는 침해되는 법익이 한정되어 있지 않음에 반하여, 도범등방지법의 경우는 침해되는 법익이 「생명과 신체 또는 정조」에 한정되어 있는 점도 「어쩔 수 없이」라는 문언의 결여에도 불구하고 상대적 법익형량을 요구하는 근거로 볼 수 있을 것이다.

4 반대로 상당성 판단을 형법과 완전히 같은 것으로 해석하는 것은 불합리하다. 정당방위는 위법성의 유무에 관계되는 문제이므로 일원적인 위법성판단을 중시하는 입장에서는 형법 제36조 제1항에서의 정당방위와 도범등방지법에서의 정당방위를 동일하게 보는 것도 불가능하지 않지만, 형법에서의 정당방위와 도범등방지법에서의 정당방위의 법적 요건은 다르고, 상당성이 다의적이고 또한 미묘한 판단인 이상, 될 수 있는 한 실질적이고 구체적인 대응이 필요하다.

● **참고문헌** ● 小倉正三·判解平6年度16, 中山敬一·法教170-76, 佐伯仁志·J1116-136

58 과실범과 긴급피난
* 東京地判平成21年1月13日(判夕1307호309頁)
* 참조조문: 형법 제37조[1], 제211조[2]

> 전방의 승용차가 갑자기 자신의 차선으로 진입하자 앞차와의 충돌을 피하기 위해 차선을 변경하다 발생한 사고에 대해 과실책임을 물을 수 있는가?

● **사실** ● 편도 3차선의 국도에서 피고인 X가 박스카를 운전하며 제2차선으로 진입할 때 전방 제1차선에서 청색승용차가 제2차선으로 진입하였다. 이를 본 X가 제3차선에 진입하자 후방에서 제3차선으로 오토바이로 진행해 오던 A가 급제동을 하다 오토바이를 전도시켜 약 전치 6주의 상해를 입힌 자동차운전과실치상 사안이다.

과실범의 성부와 긴급피난의 인정 여부가 다투어졌다. 좀 더 구체적으로 보면 제3차선으로의 진입이 충돌을 피하기 위한 필요최소한에 그쳤다면 본 건 결과의 발생을 피할 수 있었느냐 하는 점과 X는 진출을 그 한도에서 멈추는 것이 가능했는지가 쟁점이었다.

● **판결요지** ● 동경지방재판소는 제3차선에 진입·진행을 필요최소한으로 할 의무에 대해 검토하고, 청색승용차가 갑자기 진입하여 충돌을 피하기 위하여 급하게 오른쪽으로 핸들을 돌려도 ① X차량은 청색승용차보다 5미터 정도 후방에 있었고, ② X차량은 시속 30km 이내로 비교적 느린 속도로 주행하고 있었으며, ③ X는 제1차선에 정지차량의 차열이 있어 그것으로부터 진입해 올 차량도 있을 수 있다는 정도의 예측이 가능한 것 등을 지적한 후에 제3차선으로의 진입을 A차량의 진입을 방해하지 않을 정도로 저지하면서 청색 승용차와의 충돌을 피하여 진행할 수 있었음을 인정했다.

이에 「신호나 안전을 확인하지 않고 진로변경을 하는 것은 변경할 차선을 주행하는 차량에 대한 위험 높은 행위이고, 어쩔 수 없이 그러한 진로변경을 해야 할 경우에도 운전자에게는 이러한 차량의 진행을 가능한 한 방해하지 않도록 다른 차선 진입을 최소한으로 할 주의의무가 있음은 명백하다. X는 청색 승용차와의 충돌을 피하기 위해 필요한 정도를 넘었고 또한 A차량의 진행을 방해하지 않는 한도를 넘어 제3차량 통행대에 차체의 상당부분을 진입시켜 동 통행대 중앙부근을 주행한 A차량의 진로 전방을 막을 정도까지 이르렀으므로 상기 주의의무에 위반한 과실이 인정된다」고 하였다.

그리고 긴급피난의 주장에 대해서 우측으로 핸들을 돌려 제3차선으로 진입한 행위는 **갑자기 진입해 온 청색 승용차와의 충돌에 의한 신체상해라는 자신의 신체에 대한 현재의 위난을**

---

1) 형법 제37조(긴급피난) ① 자기 또는 타인의 생명, 신체, 자유 또는 재산에 대한 현재의 위난을 피하기 위하여 부득이하게 행한 행위는, 이로 인하여 발생한 피해가 피하려고 한 피해의 정도를 초과하지 아니한 경우에 한하여 벌하지 아니한다. 단, 그 정도를 초과한 행위는 정상에 따라 그 형을 감경 또는 면제할 수 있다. ② 전항의 규정은 업무상 특별한 의무가 있는 자에게는 이를 적용하지 아니한다.
2) 형법 제211조(업무상과실치사상 등) 업무상 필요한 주의를 게을리하여 사람을 사망 또는 상해에 이르게 한 자는 5년 이하의 징역이나 금고 또는 100만 엔 이하의 벌금에 처한다. 중대한 과실에 의하여 사람을 사망 또는 상해에 이르게 한 자도 같다.

피하기 위한 행동이었다고 인정한 후에 **충돌의 회피에 필요한 정도를 넘어 A차량의 진행을 방해할 정도까지 크게 진입하고 있었으므로**「그 행위는 형법 제37조 제1항의 **『부득이한 행위』**였다고는 인정되지 않기 때문에 긴급피난을 인정하지 않는다」고 하였다. 단지 진로변경을 하는 것이 유일하고 확실한 방법이었고, X는「그 피난을 위하여 회피수단의 행사 방법을 잘못 알았고, 회피에 필요한 정도를 넘어 진입하여 A에게 상해를 입힌 것이다. 그렇다면 X의 본 건 행위는 **현재의 위난을 피하기 위한 행위가 적절성을 결여하였기 때문에 부득이한 정도를 넘어선 것**이어서 **과잉피난에 해당**된다고 해석해야 한다」고 판시하여 형 면제를 선고하였다.

● **해설** ● 1 과실에 의한 긴급피난도 고려할 수 있지만(大阪高判昭45·5·1判夕249-223, 東京高判昭45·11·26判夕263-355), **긴급피난**의 경우에는 기본적으로 보충성이 요구되므로 형법 제37조가 적용되기 이전에 결과회피가능성이 결여되어 무죄가 되는 경우가 많다.「결과를 회피할 가능성이 없었다」라는 결과회피가능성의 판단은「그러한 행위를 할 수밖에 없었다」라는 보충성 판단과 유사하기 때문이다.

2 본 건도 충돌을 피하기 위한 필요최소한도에 그쳤다면 본 건 결과의 발생을 회피할 수 있었고, 또한 X는 진입을 그 한도에 그칠 가능성이 있었으므로 그 한도를 넘어 제3차선의 중앙 부근까지 진출한 X의 행동에 대해서 과실을 인정함과 동시에 긴급피난의 성립을 부정했다. 단지 전방에서 갑자기 진입해 온 차량과의 충돌을 피하기 위한 과잉피난에 해당된다고 보아 형의 면제를 선고하였다.

3 과실범의 주의의무위반의 전제로「결과회피가능성」과 긴급피난의「부득이한 행위」와는 완전히 동일한 판단이라고 볼 수 없지만, 실질적으로 거의 중복된다. 그리고 동경지방재판소도 판시하고 있는 것과 같이 충돌의 회피에 필요한 정도를 초과하여 A차량의 진입을 방해하지 않는 한도를 넘어 진입한 것에 대해 과실이 인정되지만, 필요한 정도를 초과하여 진입한 행위가 **피난을 위한 행위**가 아니면 안 된다. 현저히 상당성을 초과한 방위행위가 과잉방위에도 해당하지 않는 것과 같이 필요한 정도를 초과한 피난이라도 현저히 상당성을 넘지 않는 한 과잉피난은 성립할 수 있다.

4 **과잉피난**이 실제로 문제가 되는 경우는 법규를 위반한 자동차운전행위이다. 東京高判例昭和57年11月29日(刑月14-11＝12-804)은 심한 폭행으로부터 급히 벗어나기 위하여 음주운전을 한 경우에 대하여, 堺簡判昭和61年8月21日(判夕618-181)도 고열이 난 여아를 병원으로 운송하기 위하여 최고제한속도 50km의 도로를 88km로 주행한 사안에 대하여 과잉피난에 해당한다고 하여 형의 면제를 인정하였다.

이에 반해 大阪高判平成7年12月22日(判夕926-256)은 자동차끼리의 트러블로 신체의 위험을 느낀 자가 급발진으로 우회전하여 대향차선에서 직진해 오던 오토바이 운전자를 사망시킨 사안에서「보충성·상당성이 결여되었다」고 하여 과잉방위에 해당하지 않는다고 했다. 본 건이 진로에 갑자기 진입해 온 차량과의 충돌을 방지하기 위해「최선이 아닌 행위」로 과잉피난을 인정한 것은 타당하다.

● **참고문헌** ● 林幹人·判夕1332-31, 門田成人·法セ662-131

59　보충성이 결여된 경우와 과잉피난

* 大阪高判平成10年6月24日(高判51巻2号116頁·判時1665号141頁)
* 참조조문: 헌법 제37조[1], 제108조[2]

폭력단 사무실에 감금되어 있던 자가 감금상태에서 탈출하기 위해 사무실에 방화한 경우와 과잉피난의 성부

● **사실** ● 피고인 X는 폭력단 사무실에 납치·감금된 뒤, 연일 폭행을 당하자 사무실에 불을 질러 소요를 일으킨 뒤 그 틈을 이용해 도망가기로 결심하고, A 등 7명이 현재 주거로 사용하고 있고, E 등 5명이 현재해 있는 O시 소재 목조사무실에 방화할 것을 계획했다. 사무소 1층 출입구 부근 통로에서 자신의 벗은 옷에 등유를 스며들게 한 뒤 라이터로 점화하고, 이를 사무소 안으로로 들고 들어가 그 불을 동실의 벽과 천장판 등에 옮겨 붙게 하여 동실의 약 18㎡를 소손하였다.

원심이 본 건 방화는 피난행위로서 보충성을 충족하지 못한다고 판단하면서 과잉피난 성립을 인정하자 검찰 측이 과잉피난 요건을 부당하게 완화한 것이라며 항소하였다.

● **판지** ● 오사카고등재판소는 보충성과 관련하여, X의 부상은 도주가 곤란할 정도가 아니며, 조직원들에 의한 감시 정도도 엄격한 것이 아니어서 그 틈을 타 도주하는 것도 불가능하지 않음이 인정된다고 보고, 「도주의 수단으로서 방화 이외에 달리 취해야 할 방법이 없었다고는 볼 수 없다」고 판시했다. 그리고 X는 다음날에는 출입국관리국에 출두할 것으로 예정되어 있어 A의 지배 하에서 벗어날 가능성이 있었고, 행동의 자유 침해의 정도가 심한 것은 아니었으며 신체의 안전에 대해서도 비교적 가벼운 폭행이 예상되었던 것이었고, 「방화행위로 불특정 다수의 생명과 신체, 재산의 안전, 즉 공공의 안전을 현실적으로 희생하는 것은 법익의 균형을 현저히 잃는」 것이며, 「보충성 및 조리 모두의 관점에서도 『부득이 한 행위』였다고는 인정할 수 없다」고 판시하였다.

이어, 원심이 과잉피난의 성립을 인정한 점에 대해 「긴급피난에서는 피난행위로 인해 발생한 피해와 피하려고 한 피해는 소위 정 대 정의 관계에 있기에, 원심에서 말하는 보충성의 원칙은 엄격히 해석되어야 하는 바, 과잉피난 규정에서 『그 정도를 넘어선 행위』(형법 제37조 제1항 단서)란 『부득이한 행위』로서의 요건을 갖추면서도 그 행위로 인해 발생한 피해가 피하려고 한 피해를 넘었을 경우를 말하는 것으로 해석하는 것이 긴급피난의 취지 및 문리에 비추어 자연스러운 해석으로서, 당해 피난행위가 『부득이한 행위』에 해당하는 것이 과잉피난 규정 적용의 전제인 것으로 해석해야 한다(最判昭35·2·4刑集14-1-61 참조. 무엇보다 『부득

---

1) 형법 제37조(긴급피난) ① 자기 또는 타인의 생명, 신체, 자유 또는 재산에 대한 현재의 위난을 피하기 위하여 부득이하게 행한 행위는, 이로 인하여 발생한 피해가 피하려고 한 피해의 정도를 초과하지 아니한 경우에 한하여 벌하지 아니한다. 단, 그 정도를 초과한 행위는 정상에 따라 그 형을 감경 또는 면제할 수 있다. ② 전항의 규정은 업무상 특별한 의무가 있는 자에게는 이를 적용하지 아니한다.
2) 형법 제108조(현주건조물방화) 불을 놓아 현재 사람이 주거로 사용하거나 현재 사람이 있는 건조물, 기차, 전차, 함선 또는 광갱을 불태운 자는 사형, 무기 또는 5년 이상의 징역에 처한다.

이한 행위』로서의 실질을 가지면서 행위 시에 적정성을 결하였기 때문에, 침해를 피하고자 하였음에도 필요한 한도를 넘은 침해를 발생시킨 경우에도 과잉피난의 성립을 인정할 여지는 있다고 생각된다). 그렇다면 본 건에서는 달리 **피해가 적고 보다 평온한 방법의 도주수단이 존재하고 더욱이 본 건의 방화행위가 조리 상으로도 용인할 수 있는 것으로는 볼 수 없는 이 상 과잉피난이 성립할 여지는 없다**」고 하였다.

● **해설** ● 1 **과잉피난**은 일반적으로 과잉방위와 평행비교하여 생각한다. 즉 「긴급피난의 정도를 초과한 경우를 과잉피난이라 한다. 제1은 어쩔 수 없이 정도를 넘은 경우이며, 제2는 법익의 형량을 깬 경우이다」라고 설명되어 왔다. 그러나 판례에는 제1의 경우에 과잉방위를 인정하지 않는 것을 볼 수 있다. 그것이 본 건이나 東京高判昭和46年5月24日(判夕267-382), 最判昭和35年2月4日(刑集14-1-61)이 있다.

2 노후되어 언제 낙하할지도 모르는 위험한 현수교를 다이너마이트를 사용해 폭파한 행위에 대해 원심이 과잉피난으로 본 것에 대해 最判昭和35年2月4日은「위험을 방지하기 위해서는 통행제한의 강화, 기타 적당한 수단과 방법을 강구할 여지가 없지도 않았으며, 본 건에서와 같이 꼭 다이너마이트를 사용하여 이것을 폭파하지 않았다면 위와 같은 위험을 방지할 수 없었던 것이라고는 도저히 인정되지 않는다. 그렇다면 피고인 등의 본 건 행위에 대해서는 긴급피난을 인정할 여지는 없으며 따라서 과잉피난도 성립될 수 없다」고 판시했다.

3 확실히 정당방위의 급박부정한 침해에 상응하는 「현재의 위난」이 존재하는 이상, 법익형량이 결여되어 상당성을 넘어서도 언제나 과잉피난을 인정하여야 한다면 부당한 결론에 이를 수 있다. 부정한 침해에 반격하는 것이 아닌 정(正)의 위난을 피하는 긴급피난의 경우, 현재의 위난이 존재하는 경우 모두에 감면의 여지를 인정하는 것은 지나쳐 보인다.

그러나 반대로 **과잉피난**을 「보충성·상당성은 완전히 인정되고 법익형량만 충분치 않은 경우」에 한정하는 것도 불합리하다. 역시 「**다른 수단이 불가능하지는 않지만 현저하게 곤란한 경우**」나 수단의 상당성을 일탈한 경우도 포함해야 한다.

4 분명히 본 건이나 最判昭和35年2月4日은 법익형량을 충족하지 못해 보충성도 부족할 뿐만 아니라 현저하게 부적당한 수단을 이용한 사안이다. 이 경우는 「피난을 위한 행위」라고는 말할 수 없고, 과잉피난을 인정해서는 안 된다. 정당방위에서도 현저히 상당하지 못한 방위수단은 방위를 위한 행위라고는 말할 수 없다. 그와 마찬가지로 다른 수단이 비교적 용이하고 보충성이 있어도 상당성이 결여된 태양의 행위는 피난을 위한 행위라고는 말할 수 없다. 본 판결이 괄호 안에서 지적하는 「『부득이한 행위』의 실질」이란 피난을 위한 행위인 것을 의미하고 있다고 생각된다.

● **참고문헌** ● 木村光江·研修640-3, 橋爪陸·判例セレクト99年28, 吉田宜之·判評498-37

60 제3자에게 발생한 반격결과 – 협의의 정당방위 착오

* 大阪高判平成14年9月4日(判夕1114号293頁)
* 참조조문: 형법 제36조[1], 제38조[2], 제208조[3], 제205조[4]

> 급박부정한 침입에 대하여 반격하였으나 의도하지 않은 객체에 결과가 발생한 경우의 처단

● **사실** ● 피고인 X는 1998년 7월 4일 오전 12시 20분 경 S시에서 형(당시 21세)인 A외 4명과 함께 B(당시 17세) 등 10명의 남녀와 패싸움으로 인하여 대치하고 있었으나 동인들로부터 목검 등으로 공격을 받아 그 장소에 정차되어 있던 X의 승용차 운전석으로 뛰어들 때 동 차 후방 부근에서 A와 B가 목검을 쟁탈하는 모습을 보고 동 차로 B를 박아버리기로 마음먹고 바로 차를 운전하여 A와 B가 있는 방향으로 시속 약 20km로 약 15.5m 후진하여 B의 우측 손에 동 차의 좌측 뒤쪽을 추돌시킴과 동시에 A에게도 차 뒷부분을 추돌시킨 후 넘어지게 하여 간에 손상을 주는 상해를 입혀 출혈성 쇼크로 인해 사망시켰다.

원심은 X는 A를 돕기 위하여 B를 향해 차를 급속 후진시켜 위협하려는 폭행의 고의가 있었던 것이 인정되고, 그「폭행의 결과, 의도하지는 않았다 하더라도 A에게 본 건 차량과 충돌시켜 사망시킨 것이므로」B에 대한 폭행죄 외에 A에 대한 상해치사죄가 성립하는 것은 명확하다고 하였다. 이에 변호인은 X에게는 폭행의 고의가 없었으므로 무죄가 된다고 주장하여 항소하였다.

● **판지** ● 파기자판. 오사카고등재판소는「방위행위의 결과 전혀 의도하지 않은 A에게 본 건 차량을 충돌시키고, 차에 치이게 한 행위에 대하여 어떻게 판단해야 할 것인가가 문제가 된다. 전혀 부정한 침해를 하지 않은 A에 대한 침해를 객관적으로 정당방위라고 하는 것은 타당하지 않고, 또한 우연히 A와 충돌하고, 차에 치이게 한 행위는 객관적으로 긴급행위성이 결여된 행위이며 더욱이 피난을 위한 것으로 볼 수 없으므로 긴급피난으로 보는 것도 상당하지 않지만 X가 주관적으로는 정당방위로 인식하여 행동한 것인 이상 A에게 본 건 차량을 충돌시켜 치이게 한 행위에 대해 **고의비난을 하기 위한 주관적 사정은 존재하지 않는다**고 보아야 할 것이므로 이른바 오상방위의 한 종류로 과실책임을 물을 수는 있지만, 고의책임을 긍정할 수는 없다고 보아야 할 것이다」라고 판시하여 피고인에게 무죄를 선고했다.

---

1) 형법 제36조(정당방위) ① 급박부정한 침해에 대하여 자기 또는 타인의 권리를 방위하기 위하여 부득이하게 행한 행위는 벌하지 아니한다. ② 방위의 정도를 초과한 행위는 정상에 따라 그 형을 감경 또는 면제할 수 있다.

2) 형법 제38조(고의) ① 죄를 범할 의사가 없는 행위는 벌하지 아니한다. 단, 법률에 특별한 규정이 있는 경우에는 그러하지 아니하다. ② 중한 죄에 해당하는 행위를 하였지만 행위 당시 그 중한 죄에 해당하게 된다는 사실을 알지 못하였던 자는 그 중한 죄에 의하여 처단할 수 없다. ③ 법률을 알지 못하였을지라도 그에 의하여 죄를 범할 의사가 없었다고 할 수 없다. 단, 정상에 의하여 그 형을 감경할 수 있다.

3) 형법 제208조(폭행) 폭행을 가한 자가 사람을 상해함에 이르지 아니한 때에는 2년 이하의 징역이나 30만 엔 이하의 벌금, 구류 또는 과료에 처한다.

4) 형법 제205조(상해치사) 신체를 상해하여 사람을 사망에 이르게 한 자는 3년 이상의 유기징역에 처한다.

● **해설** ● 1 공격자 갑에 대한 방위행위로서 반격하였으나 제3자에게 가해결과가 발생한 경우, 예를 들어 우연히 지나가고 있던 병을 상해해 버린 을의 상해죄 성부에 관해서는 (a) **정당방위설** (b) **긴급피난설** (c) **오상방위설**이 대립한다.

2 부정한 침해를 전혀 하지 않은 제3자에 대한 침해를 객관적으로 정당방위로 보는 것은 타당하지 않다. 이에 긴급피난의 성립이 문제가 된다고 생각한다. 확실히 병을 희생시키는 방법 밖에 없는 경우에 자신을 방위하기 위하여 어쩔 수 없이 갑을 친 경우에는 병에 대한 긴급피난이 문제가 된다. 하지만 의도하지 않은 A를 친 본 건 행위는 「현재의 위난을 피하기 위하여 어쩔 수 없이 한 행위」로 평가하기 어렵다. A에 대한 가해는 피난을 위한 행위가 아니기 때문이다.

3 오사카지방재판소는 X가 주관적으로 정당방위라고 인식한 행위는 **오상방위**의 한 종류로써 고의책임이 부정된다고 보았다.

확실히 X는 급박부정한 침해가 존재한 것으로 인식하였고, 침해에 대해 필요(상당)하다고 인정되는 행위를 그것이라고 인식하고 행한 것이고 주관적으로는 정당방위가 된다. 정당방위로 인식한 행위의 경우 행위자는 규범에 직면한다고 할 수 없고 고의비난을 할 수 없다. 사실의 착오 문제로써 고의의 존재는 부정된다.

4 갑을 살해하고자 하였으나 잘못하여 옆에 있던 을을 살해한 경우 법정적 부합설에 입각하여 살인기수죄가 성립하므로 갑의 급박부정한 침해에 대하여 상해(폭력)의 고의로 반격하여 옆에 있는 을에게 상해를 입힌 경우에도 을에 대한 상해죄가 성립한다고 생각된다. 하지만 급박부정한 침해라 생각하고 그에 대한 방위행위로써 반격한 이상 주관적으로는 완전히 정당방위로 인식하고 행동하였으므로 고의비난을 할 주관적 사정은 존재하지 않는다.

5 이 점에 관한 본 판결은 「X에게 A는 형이고, 함께 상대방의 습격으로부터 피하려고 한 자기편이었으며, 폭력의 고의를 가진 상대방 그룹과는 구성요건적 평가의 관점에서 법적으로 사람으로서 동가치로 볼 수 없고, 폭력의 고의를 가진 상대 그룹원과는 정반대의, 오히려 상대방 그룹으로부터 구조해야 할 『사람』이므로 자신이 이 경우 『사람』에 포함되어 있지 않은 것과 같이 고의의 부합을 인정하는 근거가 결여되어 있다고 해석해야 한다. 이런 관점에서 보아도 본 건의 경우는 B에 대한 폭력고의가 인정되어도 A에 대한 고의범 성립을 인정할 수 없다고 해야 할 것이다」라고 하여 사실의 착오론에 근거하여도 X에게 상해치사죄는 성립하지 않는다고 하였다.

6 하지만 부모인 을을 살해하고자 한 갑을 살해하려 하였으나 잘못하여 을을 살해한 경우 살인죄의 고의범은 성립한다고 생각된다. 본 건은 어디까지 「정당방위로 인식하였으므로 고의비난이 불가능하다」는 점을 이유로 무죄라고 해야 할 것이다.

● **참고문헌** ● 鈴木左斗志·曡総7版58, 斎藤彰子·金沢法学47-1-333, 佐久間修·判例セレクト03年28

61 오상과잉방위

* 最1小決昭和62年3月26日(刑集41卷2号182頁・判時1261号131頁)
* 참조조문: 형법 제36조,[1] 제38조[2]

방위상황을 오신하였고 나아가 상당성의 정도도 초과한 경우에 있어서의 처단

●**사실**● 본 건 피해자 B남은 A녀들과 식사하던 중, 술에 취한 A를 귀가시키고자 가게 밖으로 데리고 나갔으나 A가 큰 소리를 내며 난폭하게 행동하기에 A와 서로 실랑이를 벌이며 밀고 당기다 A를 길바닥에 전도시켰다. 피고인 X는 가라테(공수도) 3단의 실력을 보유하고 있는 일본 방문 8년차 영국인으로, 일본어 이해력이 충분치 못하였지만 A가 넘어지는 것을 우연히 목격하고, B가 A에게 폭행을 가하고 있다고 생각하여 A를 돕고자 하였다. 그 때 A가 「헬프 미!」라고 외쳤고, 이에 X는 B쪽으로 방향을 바꾸어 공격을 그만두라는 의미로 양손을 내밀면서 B에게로 다가가자 B는 복싱의 파이팅 포즈를 취하였다. X는 B가 자신에게 공격을 가하는 것으로 오신하고 자신 및 A의 신체를 방위하기 위해서 가라테 기술인 돌려차기를 하여 오른쪽 발로 B의 우측 안면을 가격하여 동인을 노상에 전도시켜 두개골골절 등으로 8일 후에 사망하게 했다.

제1심은 X의 행위에 대해 급박부정한 침해로 오상(誤想)은 하였지만 방위의 정도를 초월한 것은 아니라고 하여 오상방위로서 고의가 조각되고 나아가 오상한 것에 대해서도 과실은 없다고 보아 무죄를 선고했다. 검사의 항소에 대하여 원심은 X의 행위는 방위행위로서의 상당성이 결여되어 있으나 돌려차기로 가격한 것에 대해서 X에게 착오는 없기 때문에 소위 오상과잉방위에 해당한다고 보아 X의 소위에 대해서 상해치사죄의 성립을 인정하고, 형법 제36조 제2항의 규정에 준거해서 형을 감경하고, 징역 1년 6월, 집행유예 3년을 선고하자 X는 상고하였다.

●**결정요지**● 상고기각.「본 건 돌려차기 행위는 X가 **오신한** B에 의한 **급박부정의 침해**에 대한 **방위수단으로서 상당성을 일탈**하고 있는 것이 분명하기에 피고인의 소위에 대해서 상해치사죄가 성립하고, 소위 오상과잉방위에 해당한다고 하여 형법 제36조 제2항에 의해 형을 감경한 원판결은 정당하다」.

●**해설**● 1 (1) 오상방위이론 자체에 대한 학설이 대립하고 있으며 나아가, (2) 오상방위나 오상과잉방위란 어떠한 사안을 지칭하는 것인가에 대해 애매한 측면이 있어, 오상과잉방위에 관한 논의에는 약간의 혼란이 보인다. 다만 (1) 정당방위 자체의 평가적인 문제에 대하여 오신이 법률의 착오인 것에 대해 다툼이 없고, 위법성조각사유를 기초지우는 사실에 관한 착오

---

1) 형법 제36조(정당방위) ① 급박부정한 침해에 대하여 자기 또는 타인의 권리를 방위하기 위하여 부득이하게 행한 행위는 벌하지 아니한다. ② 방위의 정도를 초과한 행위는 정상에 따라 그 형을 감경 또는 면제할 수 있다.
2) 형법 제38조(고의) ① 죄를 범할 의사가 없는 행위는 벌하지 아니한다. 단 법률에 특별한 규정이 있는 경우에는 그러하지 아니한다. ② 중한 죄에 해당하는 행위를 하였지만 행위 당시 그 중한 죄에 해당하게 된다는 사실을 알지 못하였던 자는 그 중한 죄에 의하여 처단할 수 없다. ③ 법률을 알지 못하였을지라도 그에 의하여 죄를 범할 의사가 없었다고 할 수 없다. 단, 정상에 의하여 그 형을 감경할 수 있다.

에 대해 판례·다수설은 사실의 착오로 고의를 조각시키는 것으로 논의는 거의 수렴되고 있다.

(2) 일반적으로 오상과잉방위로서 논할 수 있는 사례는 급박부정한 침해가 존재하지 않음에도 불구하고(객관면) 존재한다고 잘못 믿고(주관면), 더욱이 상당성의 정도를 넘었을 경우를 의미한다(협의의 오상과잉방위). 그리고 상당성에 관한 인식내용에 의해 ① 상당한 방위행위를 행함을 인식하는 경우와 ② 상당성을 넘어서는 행위를 인식하고 행한 경우이다. 판례는 ②의 경우를 오상과잉방위로 보고 있다고 해도 좋다. 단 ①의 경우에도 급박성의 사정에 오상이 있었고 과잉한 행위를 한 이상 오상과잉방위로 불리는 경우가 있다(더욱이 【62】와 같은 사안도 오상과잉방위로 취급되는 경우가 있다).

2 본 건은 가라테 유단자인 X가 A에게 B가 폭행을 가하는 것으로 오신하여 A를 돕기 위해 둘 사이에 개입한 바, B가 자신을 방어하기 위해 양주먹을 가슴 앞으로 포즈를 취한 것을 자신에게 공격하기 위한 자세로 잘못 받아들여 자기 및 A의 신체를 방위하기 위해서 돌려차기로 B의 안면을 가격하여 사망에 이르게 하였기 때문에 ②의 사례라 말할 수 있다.

3 종래의 학설은 본 건과 같은 사안을 중심으로 (a) **오상방위설**(고의범의 성립을 부정하고 과실범의 여지를 인정)과 (b) **과잉방위설**(고의범이 성립)이 대립하고 판례는 (b)설에 따라 정리하여 왔다. 고의 유무의 관점에서 고찰하면, 본 건에서「급박부정한 침해가 존재하는 것으로 오신하면서, 행위가 상당하지 않은 것도 인식한 ②(본 건)의 경우」는 고의가 존재한다. 급박한 사정은 인식하고 있었다 하더라도, 과잉성에 대한 인식이 존재하는 이상, 정당방위 사실에 관한 주관적 측면을 갖추었다고는 말할 수 없고 오상방위로서 고의가 부정되는 것은 아니기 때문이다.

그러나 이를 오상방위인지 과잉방위인지, 나아가 과실범이 성립하는지 아니면 고의범이 성립하는 것인가라고 하는 형태로 결론짓는 것은 타당하지 않다. 과잉방위(고의범)와 오상방위(과실범)가 반드시 대립하는 것은 아니고, 고의범이 부정되어서 과실범이 성립할 경우에도 과잉방위로서 형 감면의 여지는 고려될 수 있는 것이다. 반면「급박부정한 침해가 존재한다고 오신하면서 행위도 상당하다고 인식하고 있는 ①의 경우」는 오상방위로서 고의가 부정되어 과실범이 성립할 여지가 있을 뿐이다.

4 단 넓은 의미에서의 오상과잉방위의 문제는 오상방위(과실범)인가 과잉방위(고의범)인가라는「이자택일」의 형태로 나뉘는 것은 타당하지 않다. 고의범이 부정되어 과실범이 성립하는 경우에도 과잉방위로서 형의 감면의 여지는 고려될 수 있기 때문이다.

5 제36조 제2항의 형의 감면을 인정하여야 할 것인지 여부는 과잉방위를 **책임감소설**로 설명할지 **위법감소설**로 설명할지에 따라 좌우된다. 전자에 의하면, 주관적으로 급박하다고 생각해서 당황할 수밖에 없는 이상, 책임은 가벼워진다. 후자에 의하면,「과잉의 결과를 발생시킨 것은 부정한 침해에 대하여 방위행위를 행한 것으로 위법성은 감소된다」고 생각되기 때문에 급박부정한 침해가 객관적으로 존재할 경우에 감면을 인정할 수 있다. 제36조 제2항의 근거는 위법성과 책임 쌍방의 감소로 해석하여야 하며 본 건의 경우에는 객관적 위법성의 감소가 전혀 없는 이상 형의 면제까지 인정해서는 안 된다. 단지, 책임의 감소가 존재하는 것은 부정할 수 없는 이상 형의 감경을 인정할 여지는 있다.

● **참고문헌** ● 岩瀬徹·判解昭62年度100, 佐久間修·昭62年度重判153, 酒井安行·固総7版60

62 「과잉성에 대한 인식」의 인정

* 最3小判昭和24年4月5日(刑集3卷4号421頁)
* 참조조문: 형법 제36조1), 제38조2), 제205조 제2항3)(平成7년 개정 전)

> 급박부정한 침해에 대한 반격이 어쩔 수 없는 정도를 넘어섰다는 인식을 가졌는지 여부와 오상
> 과잉방위

● **사실** ● 피고인 X는 피해자 A(74세)의 장남으로 별거하고 있었지만, 나갔다가 다시 돌아온 X의 처남 C가 A와 동거하고, X의 남동생 B가 복원하면서, 이들이 X와 A의 사이에 개입하게 되자 점차 부자관계의 불화가 심해지게 되었다. 1947년 4월 15일, A와 X 간에 어느 곳을 경작할지에 대해서 다툼이 있던 밭을 X가 말을 부려 경작에 착수하자 A 및 B와 X 간에 말다툼이 시작되었고, A가 X의 멱살을 잡는 등 실랑이 있었다. 오후 3시 반경 X는 틈을 보아 B와 A의 농기구를 가지고 자택으로 도망치듯 돌아왔다. 그런데 A는 X를 쫓아 들어와 부엌에서 막대 모양의 물건을 가지고 와 X에게 공격을 가하기 시작했고, 도망갈 곳을 잃은 X는 A의 급박부정한 침해에 대하여 자신의 신체를 방어하기 위해 주변에 있던 도끼를 도끼로 생각하지 못하고 무엇인가 막대로만 여겨 이것을 손에 들고 반격을 가하였다. X는 당시 격분하여 방위의 정도를 넘어 그 도끼의 봉우리 및 날로 A의 머리를 수차례 가격하여 그 자리에서 혼절시켰고 이로 인해 A는 우측정수리함몰 골절의 열창 등을 입어 이로 인하여 발생한 출혈로 인한 뇌압박으로 21일 오후 8시 30분경 사망에 이르렀다.

원심 센다이(仙台)고등재판소는 X의 행위는 형법 제205조 제2항(존속상해치사)에 해당하지만 과잉방위행위라며 형법 제36조 제2항을 적용해 형을 감경했다. 이에 대해 변호인은 X는 과잉의 사실을 인식하지 못했기 때문에 오상방위이며 무죄를 주장하며 상고하였다.

● **판지** ● 상고기각. 「원심은 도끼인 줄 모르고 막대로 알았을 뿐이라고 인정하고 있지만 도끼는 손잡이의 나무막대와는 비교할 수 없는 무게감이 있어 아무리 흥분했다 하더라도 이것을 손에 들고 구타하기 위해 들어 올렸다면 그만한 무게를 손으로 느꼈을 것이다. 당시 74세(원심인정)의 노부(원심은 피해자가 친부 A임을 인식하였음을 인정한다)가 몽둥이를 들고 쳐들어온 것에 대해 무게 있는 몽둥이로 머리를, 원심이 인정하는 것처럼, 난타한 사실은 비록 도끼인 줄 몰랐다 하더라도 이를 과잉방위로 인정하는 것은 위법이라고는 볼 수 없다」.

---

1) 형법 제36조(정당방위) ① 급박부정한 침해에 대하여 자기 또는 타인의 권리를 방위하기 위하여 부득이하게 행한 행위는 벌하지 아니한다. ② 방위의 정도를 초과한 행위는 정상에 따라 그 형을 감경 또는 면제할 수 있다.
2) 형법 제38조(고의) ① 죄를 범할 의사가 없는 행위는 벌하지 아니한다. 단, 법률에 특별한 규정이 있는 경우에는 그러하지 아니하다. ② 중한 죄에 해당하는 행위를 하였지만 행위 당시 그 중한 죄에 해당하게 된다는 사실을 알지 못하였던 자는 그 중한 죄에 의하여 처단할 수 없다. ③ 법률을 알지 못하였을지라도 그에 의하여 죄를 범할 의사가 없었다고 할 수 없다. 단, 정상에 의하여 그 형을 감경할 수 있다.
3) 형법 제205조 제2항(존속상해치사) 자기 또는 배우자의 직계존속에 대해 범죄를 저지른 때는 무기 또는 3년 이상의 징역에 처한다.

● **해설** ● 1 오상과잉 방위에 관한 논의가 복잡한 것은 오상과잉방위가 어떠한 사안을 가리키는 것인가라는 것 자체가 모호한 측면이 있기 때문이다. 일반적으로 오상과잉방위로서 논의되는 사례는 급박부정한 침해가 존재하지 않는데도(객관적 측면) 존재한다고 오신하고(주관적 측면) 상당성의 정도를 넘은 경우를 의미한다. (협의의 오상과잉방위: 더욱이 상당성에 관한 인식내용에 따라 ① 상당한 방위행위를 행함을 인식하는 경우(【61】)와 ② 상당성을 초과한 행위인 것을 인식하고 행하는 경우로 나뉜다.) 다만 본 건과 같은 급박부정한 침해는 존재하고 있지만 상당성의 정도를 넘어, 나아가서는 넘는 것에 대한 인식이 결여된(상당하다고 생각하고 있는) 경우에도 오상과잉방위라고 불리는 경우가 있다. 객관적으로 과잉방위이지만 오인 내용에 따라서는 오상방위가 되기 때문이다. 상당성의 정도를 넘어서고 있다는 인식이 있으면 과잉방위가 된다. 그러나 상당하다고 오신하고 있는 경우에는 주관적으로는 급박부정한 침해가 있다고 오신하고, 그에 대하여 상당한 반격을 했다고 생각하고 행위하는 이상, 오상방위가 되는 것이다.

2 본 건 X의 인식이 급박부정한 침해에 대해 상당하다고 생각하고 행위한 것으로 인정한 경우에는 고의범 성립은 인정되지 않는다. 행위자의 주관적 측면에 주목하면, 급박부정한 침해의 점에 관해서도 또한 「부득이하다」는 점에 관해서도 주관적으로는 완전히 정당방위로서 행위한다는 인식이 존재하게 되어 행위자에게 고의비난을 가할 수 없기 때문이다. 구성요건해당 사실은 있지만, 완전히 정당한 행위로 인식하고 행위하는 이상 책임고의가 결여된다.

행위를 상당하다고 오신한 것에 과실이 있으면 과실치사죄의 성립이 인정된다(과실치사죄가 성립하는 경우에도 과잉방위로서 형의 감면은 생각할 수 있다).

3 문제는 어쩔 수 없는 반격에 대한 인식이 있었는지 여부이다. 최고재판소는 「도끼 정도의 중량감 있는 막대기 모양의 것으로 두부를 …… 난타한 사실은 비록 도끼인 줄 몰랐다 하더라도 이를 과잉방위로 인정하는 것은 위법이라 할 수 없다」고 인정했다. 도망갈 곳을 잃은 순간, 옆에 있던 막대기로 반격한 것이기 때문에 반격의 과잉성에 대한 인식을 인정하는 것은 가혹하다고도 생각되지만, 노인의 머리를 **도끼 정도의 중량감 있는 막대 모양의 것으로 수차례 내리치는 행위는 객관적으로 과잉방위**라 생각되며, 적어도 구타 도중에는 **그렇게 행위를 하고 있는 것에 대한 인식은 부정할 수 없기 때문에, 상당성에 대한 인식이 결여되어** 오상방위로 고의를 부정할 수 없다고 본 최고재판소의 판단은 합리적인 것이라 할 수 있을 것이다. 판례의 고의론에 있어서 「이러한 사실의 인식이 있으면 고의비난이 가능한가」라는 시점이 실질적 기준이 되고 있는 것이다(前田 『刑法総論講義7版』 161쪽 참조).

4 본 건과 같이 객관적으로 급박부정한 침해가 존재하는 경우에는 제36조 제2항에 대하여 책임감소설을 적용하거나 위법감소설을 적용하여 상해치사죄의 과잉방위로서 형의 감면이 인정된다. 책임감소설에 따르면 급박성이 객관적으로 존재하든 말든 주관적으로 급박하다고 생각하고 허둥대는 이상 책임은 가벼워진다. 위법감소설에 의해서도 「과잉결과를 발생시키려고, 부정한 침해에 대해서 방위행위를 실시하고 있는 이상 위법성은 감소한다」고 생각되기 때문에, 급박 부정한 침해가 존재하는 경우로 감면을 인정해야 하는 것이 된다.

● **참고문헌** ● 橋田久·百総6版56

63 책임능력의 종합 판정

* 最1小決平成21年12月8日(刑集63卷11号2829頁·判タ1318号100頁)
* 참조조문: 형법 제39조[1], 제205조[2]

종합실조증(綜合失調症)의 병적 체험에 직접 지배되어 발생시킨 것인지 여부는 어떻게 인정되는가?

● **사실** ● 종합실조증(조현병[3])이 의심되어 입원을 반복한 피고인 X는 이웃인 Y와 그의 가족이 자신을 도청한다고 생각하여 악감정을 품게 되었다. 2004년 6월 1일 저녁 10시가 넘은 시간에 X가 금속베트를 휘두르면서 Y의 집을 향해 오자 Y의 부인이 경찰에 신고하여 일단락되었지만 다음 날 2일 오전 4시가 넘은 시간에 「당신이 경찰에 알렸냐?」라고 하면서 Y의 머리를 금속 베트로 가격한 후 Y의 머리와 안면을 서바이벌 나이프로 수차례 난자한 후에 가슴 등을 찔러 살해한 사안이다.

제1심은 의사 N의 감정에 따라 피고인을 인격 장애의 하나인 종합실조형 장애상태이지만 본 건 범행시 시비변별능력 및 행동제어능력이 현저히 감퇴하지 않은 것은 명백하다고 하여 완전책임능력을 인정한 것에 대해, 원심에서부터 감정을 담당한 의사 S는 본 범행은 종합실조증의 병적 체험에 직접 지배되어 발생된 것으로 본 건 범행 당시 피고인은 심신상실상태이었다고 감정하였다. 하지만 원심법원은 X의 상태를 시비변별능력 내지 행동제어능력이 현저히 감퇴된 심신미약의 상태로 보았다.

● **결정요지** ● 최고재판소는 생물학적, 심리학적 요소에 대해서 궁극적으로는 재판소의 평가에 맡겨져야 할 문제이며 **전문가인 정신의학자의 정신감정 등이 증거가 되는 경우에도** 감정의 전제조건에 문제가 있는 등 합리적인 사정이 인정되면 **재판소는 그 의견을 채용하지 않고 책임능력의 유무나 정도에 대해 X의 범행 당시의 병상, 범행 전의 생활상태, 범행 동기 및 태양 등을 종합하여 판단할 수 있다**고 하였다.

그리고 「재판소는 특정의 정신감정의 의견의 일부를 채용하는 경우에도 책임능력의 유무나 정도에 대해 당해 의견 외의 부분에 사실상 구속되지 않고 상기 사정 등을 종합하여 판단할 수 있다」고 하여 「원판결이 …… S의 감정에 대해 책임능력의 판단에 중요한 전제 조건인 X의 본 건 범행 전후의 언동에 대해 충분한 검토가 이루어지지 않았고 본 건 범행 시에 일과성(一過性) 증오(增惡) 환각망상이 본 건 범행을 직접 지배하여 발생시켰다는 메커니즘에 대해 충분히 납득할 수 있는 설명이 없었다는 것 등 감정 전의 자료나 결론을 이끈 추리 과정에 의문이 있어 X가 본 건 범행 시에 심신상실의 상태였다고 하는 의견은 채용할 수 없고, 책임능력의 유무·정도에 대해서는 상기 의견 부분 이외의 점에서는 S감정을 참고하면서 **범**

---

1) 형법 제39조(심신상실 및 심신미약) ① 심신상실자의 행위는 벌하지 아니한다. ② 심신미약자의 행위는 그 형을 감경한다.
2) 형법 제205조(상해치사) 신체를 상해하여 사람을 사망에 이르게 한 자는 3년 이상의 유기징역에 처한다.
3) 조현병(調絃病, Schizophrenia)은 사고 체계와 감정 반응의 전반적인 장애로 인해 통합적인 정상 사고를 하지 못하는 일종의 만성 정신장애의 하나이다. 대한민국에서는 2010년까지 정신분열병이라고 불렸다.

행 당시의 병상, 환각망상의 내용, X의 본 건 범행 전후의 언동이나 범행 동기, 종전의 생활 태도에서 추인되는 X의 인격 경향 등을 종합 고려하여 병적 체험이 범행을 직접 지배하는 관계에 있었는가 또는 영향을 미칠 정도의 관계에 있었는가 등을 종합실조증에 의한 병적체험과 범행과의 관계, X의 **본래의 인격 경향과 범행과의 관련성 정도** 등을 검토하여 X는 본 건 범행 당시 시비변별능력 내지 행동제어능력이 현저히 감퇴한 심신미약의 상태였다고 인정하는 것은 그 판단 수단에 오류가 없고 또한 사안에 비추어 보았을 때 그 결론도 상당하다」고 보아 상고를 기각했다.

● **해설** ● 1 책임능력이 문제가 되는 주요 사안은 종합실조증에 의한 환각망상에 영향을 받아 범행을 저지른 경우이다. 여기서 「**환각망상이 본 건 범행을 직접 지배하여 발생**」시킨 것으로 평가되는지가 문제된다.

재판소는 의사에 의한 병의 정도에 대한 판단을 전제로 ① **동기와 병적 이상과의 관계**, ② **위법성 인식의 유무**, ③ **병식(病識)·병감(病感)의 정도**, ④ **의식의 청명도, 기명능력(記銘能力)의 완전도**, ⑤ **환각·망상의 직접 지배의 유무** 등을 종합하여 본래의 인격 경향으로부터 완전히 괴리된 행동이었는지 여부가 문제되어야 할 것이다.

2 사법정신의학계에서는 정신장애로 사람의 의사나 행동의 결정 과정에 대한 영향의 정도를 판정할 수 있다고 보는 **가지론(可知論)**과 정신장애로 사람의 의사결정 등에 어떠한 영향을 주는지는 알 수 없다는 **불가지론(不可知論)**이 존재한다. 불가지론은 정신의학적 진단과 책임능력의 판정(사법)과의 사이에서 미리 **합의**를 형성해 두어(**관례**), 그에 따라 책임능력을 판정한다. 그 전형적인 예가 종합실조증이라는 정신의학적 진단이 확정되면 그 자는 항상 책임무능력이라고 판정하는 전통적인 방법이다.

3 이에 대해 最決昭和58年9月13日(判時1100-156)이나 最決昭和59年7月3日(刑集38-8-2783)은 기본적으로는 가지론을 전제로 하고 있다고 보아도 좋다. 종합판정은 가지론과 친화성이 있다. 단지 정신의학의 세계에서는 양론의 어느 것을 철저히 하는 견해가 적고, 「**본래의 인격 경향**」이 애초에 무엇을 가리키는지가 애매하다는 지적도 있음을 주의해야 한다.

4 본 건에서는 「종합실조증의 병적 체험에 직접 지배되어 발생되었다」라고 한 부분을 받아들이지 않은 점이 문제가 되었고 최고재판소는 원심의 판단을 지지했다.

본 건에서는 ① 범행 직전 및 직후에는 그 증상은 오히려 개선되고 있는 것처럼 판단되고, 환각망상의 내용은 통상 상대방을 사상하고자 하는 것 같이 매우 절박한 것이었다고까지는 평가하기 어려우며 「당신이 경찰에 알렸냐?」라고 발언한 것 등에 비추어 보면 X가 환각망상의 내용대로 본 건 범행을 범했는지에는 의문의 여지가 있다. 그리고 본 건 범행은 폭력 용인적인 X의 본래의 인격 경향과 전혀 관계없는 것이 아니며, 종합실조증에 의한 병적 체험의 범행 동기나 태양에 직접적으로 지배당하여 저지른 것이 아니다(병적체험에 강한 영향을 받아 저지른 점은 틀림없기 때문에 심신미약의 상태였다고 인정되었다).

● **참고문헌** ● 前田·最新判例分析71, 任介辰哉·判解平21年度646, 安田拓人·固総7版72, 林美月子·平22年度重判202

64 원인에 있어서 자유로운 행위의 법리

* 大阪地判昭和51年3月4日(判時822号109頁・判夕341号320頁)
* 참조조문: 형법 제39조[1], 폭력행위등처벌법률 제1조[2]

원인에 있어서 자유스러운 행위가 고의범으로 인정될 여지는 있는 것인가?

● **사실** ● 피고인 X는 과도한 음주로 종종 폭력을 휘둘러 1년 전에도 복잡명정(複雜酩酊)에 의한 심신미약 상태에서 칼을 사용한 강도미수사건을 범하여 보호관찰부 집행유예판결을 받았고, 특별 준수사항으로서 금주명령을 받았지만, 범행 전일 오후 5시부터 8시경까지 일본술 7 내지 9합의 음주로 인한 병적명정(심신상실)상태로 새벽 1시 30분경 택시에 승차하여 운전수의 왼쪽손목을 뒤에서 왼손으로 움켜잡고 오른손으로 식칼을 보이면서 폭행, 협박을 가했지만 운전수가 가까스로 틈을 보아 차 밖으로 도주한 사안이다. 오사카지방법원은 피고인 X가 범행 개시 시에는 강도의사가 없었던 것으로 보아 강도미수의 소인은 인정하지 않았지만, 폭력행위등처벌법 제1조의 흉기폭력협박죄의 성립은 인정했다.

● **판지** ● 「행위자가 책임능력 있는 상태에서, 스스로 초래한 정신장해로 인한 책임무능력이나 한정책임능력의 상태를 범죄의 실행에 이용하고자 하는 적극적 의사가 있기 때문에, 그 의사는 범죄 실행 시에도 여전히 작용하고 있었던 것으로 보아야 하며, 범죄 실행 시의 행위자는 책임무능력자로서 도구 …… 또는 한정책임능력자로서의 도구 …… 임과 동시에, 책임능력이 있는 간접정범의 지위도 가진다. …… 따라서 고의범에 대해서는 그 실행행위 시에 …… 책임능력이 있는 간접정범으로서의 법적 정형성을 갖추고, 행위와 책임의 동시존재를 모두 인정할 수 있다」.

「본 건 범행 전 음주를 시작할 당시에는 적극적으로 책임무능력 상태에서 범죄 실행을 결의하고 음주한 것으로는 보이지 않기 때문에 확정적 고의가 있는 작위범이라고는 볼 수 없지만, 위 술을 마시기 시작할 때는 책임능력이 있는 상태에서 스스로 음주하기 시작하여, 계속해서 마신 점이 인정되며, 다른 한편 음주하지 않으면 죽음을 능가하는 고통이 몰려와 음주를 하지 않을 수 없는 특수한 상태에 있었다고는 볼 수 없고, 앞서 인정한 바와 같이 X는 그 주력(酒歷), 조폭(粗暴)적인 주벽이나 범행경력, 전기 판결 시 법관으로부터 받은 **특별준수사항으로서 금주명령을 모두 자각하고 있었음이** 인정되므로 우연한 음주라고는 말할 수 없을 뿐만 아니라, 위 음주 시에 책임능력이 있는 상태 하에서의 주의 결여는 커녕 적극적으로 위 금주의무를 저버리고 나아가 **음주를 거듭한 것은 이상명정에 빠지고, 적어도 한정책임능력 상태에서 타인에게 폭행 · 협박을 가할 수 있음을 인식 · 예견하면서, 굳이 음주를 계속한 것을 충분히 추단할 수 있기** 때문에, 폭행 · 협박의 미필적 고의가 있음을 인정하지 않을 수 없다」.

---

1) 제39조(심신상실 및 심신미약) ① 심신상실자의 행위는 벌하지 아니한다. ② 심신미약자의 행위는 그 형을 감경한다.

2) 폭력행위등처벌에관한법률 제1조(집단적 폭행 · 협박 · 훼기(毁棄)) 단체 또는 다중의 위력을 나타내어 단체 또는 다중을 가장하여 위력을 나타내거나 흉기를 나타내거나 수인이 공동하여 형법 제208조, 제222조 또는 제261조의 죄를 범한 자는 3년 이하의 징역 또는 30만 엔 이하의 벌금에 처한다.

● **해설** ● 1 **원인에 있어 자유로운 행위**란 스스로를 책임무능력(내지는 한정책임능력)상태에 빠뜨려 범죄결과를 발생시킨 경우에, 그 원인행위를 근거로 하여 가벌성을 인정하는 이론이다. 책임능력은 실행행위 시에 존재하지 않으면 안 되지만, 본 건과 같이 스스로의 고의·과실로 인해 책임무능력상태를 초래하여 범행에 이른 경우까지 불가벌로 취급하는 것은 일반인의 법감정에 반한다.

2 종래에는 본 판결과 같이 원인에 있어서 자유로운 행위를 책임무능력 상태의 자신을 「도구」로 이용해서 범죄를 실행한 것으로 설명하는 견해가 유력했다. 즉 간접정범이 타인의 행위를 이용해서 범죄를 실행하는 것과 거의 같은 구조로 이해한 것이다. 그리고 「이용하는 행위」에 실행의 착수를 인정할 수 있다고 보는 간접정범의 입장에서 원인에 있어서 자유로운 행위의 경우도 「원인행위(음주행위)」에 실행행위성을 인정할 수 있다고 보았다. 실행의 착수시기를 앞당겨 「동시존재의 원칙」을 견지하는 것이다.

3 그러나 이 학설은 강한 비판을 받는다. 우선, 실행의 착수 시기가 지나치게 빨라진다는 점이다. 예를 들면, 책임무능력의 흉포한 상태를 이용해서 사람을 살해하고자 술을 마셨는데, 과음하여 잠이 들어도 살인미수죄가 성립하게 되므로 너무나 불합리한 것이 된다. 그리고 한정책임능력의 경우에 이 이론을 적용하지 않는 것은, 책임무능력에 빠졌을 경우와 비교해서 불균형하다는 비판도 있다(【66】 참조).

4 이러한 비판에 대응하여, 간접정범이론을 준용하는 학자들은 이론을 수정하여 당해 이론의 적용범위를 한정하고자 한다. 원인행위자체에 구성요건(살인죄)의 정형성이 없으면 실행행위성은 인정되지 않는다고 본다. 당연히 술을 마신 것만으로는 살인죄의 실행행위성은 인정되지 않는다.

다만 이렇게 생각하면, 고의범의 경우에는 대부분의 원인행위에는 정형성이 결여되게 된다. 과실범·부작위범은 정형성이 완화되므로 원인에 있어 자유로운 행위이론이 인정되기 쉽다고 보지만, 사실은 원인에 있어 자유로운 행위부정설에 상당히 가깝다. 과실범의 경우에는 원인에 있어 자유로운 행위를 인정하지 않아도 쉽게 원인행위 시에 주의의무를 설정할 수 있기 때문이다.

5 단지, 폭행의 고의는 살인의 고의보다는 인정하기 쉽다. 술을 마시면 「몽롱하게 된다」「난폭해 진다」 등을 인식하는 경우는 많을 것이다. 본 건 오사카지방법원도 「술에 취한 상태를 이용(인용)한 강도」는 생각하기 어렵지만, 「술에 취한 상태를 이용(용인)한 폭행이나 협박」은 일응 생각할 수 있는 것이다.

● **참고문헌** ● 長井圓·固総7版78, 曽根威彦『刑法の重要問題(総論)』113, 林幹人『刑法の基礎理論』119, 大谷實·昭51年度重判150

65   실행행위와 책임능력

* 長崎地判平成4年1月14日 (判時1415号142頁・判タ795号266頁)
* 참조조문: 형법 제39조 제2항[1]), 제205조[2])

실행행위의 계속 중에 한정책임능력이 된 경우와 원인에 있어서 자유로운 행위

●**사실**●   피고인 X(77세)는 보험의 생전잉여금 수취와 관련하여 모일 오후 2시경 아내 A(72세)와 말다툼을 하게 되어 A의 머리와 안면 등을 주먹으로 구타하고, 잉여금을 인출하겠다고 우겨대는 A에 대해, 동일 오후 11시경까지 분별없이 술을 들이켜 심하게 취한 상태에서, 수차에 걸쳐 주먹으로 머리와 안면 등을 구타하고 등을 발길질하는 폭행을 가한 뒤, 거실 쪽으로 넘어뜨려 엎드린 자세로 쓰러진 A를 더욱 더 구타하고자 거실로 들어가다가 문지방에 걸려 유리문에 머리를 심하게 부딪치게 되자 한층 더 격앙하여, A의 등과 어깨부위 등을 발로 짓밟고, 안마봉으로 머리 부분을 때리는 등의 폭행을 가하여 A의 머리·안면 및 가슴배후 타박에 의한 피하출혈, 근육내출혈 및 흉골골절 및 늑골골절에 의한 흉강내출혈 등의 상해를 입게하여, 동일 오후 11시경 외상성 쇼크로 사망시켰다.

X는 상해치사죄로 기소되었으나 변호인은 본 건 범행 당시, X는 과음으로 인해 A에게 치명상을 가한 최종단계의 시간대에서는 심신미약의 상태에 있었으므로 형법 제39조 제2항에 근거하여 형을 감경할 것을 주장하였다.

●**판지**●   「X는 명정에 이를 수 있는 충분한 양의 술을 마시고 위 음주로 인해, 본 건 범행의 시작단계에서는 단순 명정상태였지만, 이 후 본 건 범행의 중핵적 행위를 행한 시점에는 복잡명정상태가 되었던 것이며, 위 상태에서 시비선악을 식별할 능력은 현저하게 감퇴되어 있었다. 즉 피고인은 범행 도중 심신미약의 상태에 있었다고 봄이 상당하다고 판단된다」.
「본 건은 **동일한 기회에 동일한 의사의 발동에 기한 것으로, 실행행위는 계속적 또는 단속적으로 행하여진 것**인 바 피고인은 심신미약 하에서 범행을 시작한 것이 아니라 범행개시 시에는 책임능력에 문제가 없었지만, 범행 개시한 이후에 스스로 음주를 계속하였기 때문에 그 **실행행위 도중에 복잡명정상태가 되어 심신미약의 상태에 빠진 것에 지나지 아니하므로**, 이러한 경우 위 사정을 양형 상 참작하는 것은 별론으로 하고, 피고인에 대한 **비난가능성의 감소를 인정하고, 그 형을 필요적으로 감경해야 할 실질적 근거가 있다고는 보기 어렵다.** 따라서 형법 제39조 제2항을 적용해서는 안 된다고 봄이 상당하다」.

●**해설**●   1   본 건 판례에 대해 원인에 있어 자유로운 행위의 이론을 적용했다고 설명하는 경우도 많다. 스스로의 원인으로 한정책임능력상태에 빠져 범죄결과를 발생시켰기 때문이다.

---

1) 제39조(심신상실 및 심신미약) ① 심신상실자의 행위는 벌하지 아니한다. ② 심신미약자의 행위는 그 형을 감경한다.
2) 제205조(상해치사) 신체를 상해하여 사람을 사망에 이르게 한 자는 3년 이상의 유기징역에 처한다.

2 원인에 있어 자유로운 행위에 대한 설명으로는 (a) 책임능력이 있던 원인행위시점에 실행행위의 개시(실행의 착수)를 인정하자는 입장(구성요건모델: 大阪地判昭58·3·18判時1086-158)과 (b) 실행의 착수 시점을 결과행위 시에서 구하면서, 가벌성을 인정하자는 입장(책임모델)으로 대별되고, 후자는 ① 동시존재의 원칙을 수정하는 것으로 실행행위 시에는 책임능력은 필요하지 않다고 보는 입장과 ② 미수처벌(실행의 착수)은 결과행위 시까지 기다릴 필요가 있지만, 전체범죄의 실행행위는 원인행위 시에도 인정할 수 있다고 보는 입장으로 나뉜다. 그리고 최근에는 후자의 견해가 유력하다. 즉 책임능력과 실행의 착수는 동시에 존재하지 않더라도 좋다는 입장이다.

3 예를 들면, 구체적 범행 시점에는 책임능력이 없어도 무능력상태를 유책하게 초래한 원인행위 시에 책임능력이 존재하고 있다면 그것으로 족하다고 보고 그와 같은 무능력상태를 유책하게 야기한 이상, 책임비난은 가능하다고 본다. 또한 결과행위가 원인시의 책임능력에 의해 지배가능한 한 책임비난은 가능하다고도 설명된다.

나아가 책임비난은 위법한 행위를 이루는 최종적인 「의사결정」에 대해 맞추어져 있기 때문에 그 시점에 책임능력이 존재한다면, 실행행위를 포함한 「행위전체」에 대하여 책임을 물을 수 있다는 설명도 유력하다.

4 애초에 행위와 책임능력의 동시존재의 원칙은 「행위가 실질적인 책임비난이 가능한 상태에서 실행될 것」을 요구하는 것이어서 형식적인 동시성이 절대적 요건은 아니다. 그렇다고 한다면 본 판결은 「동시존재의 원칙수정형의 원인에 있어 자유스러운 행위 이론」을 적용했다고 할 필요도 없는 것이라 생각된다.

나가사키(長崎)지방재판소는 「피고인에 대하여 비난가능성의 감소를 인정하고, 그 형을 필요적으로 감경해야 할 실질적 근거가 있다고는 보기 어렵다」라고만 판시하고 있는데, 이는 실행 중 일관해서 완전한 책임능력이 없어도 결과에 대해서 완전한 책임비난이 가능한 취지를 밝힌 것뿐이라고도 말할 수 있다.

단지 이러한 판시가 많이 보이는 것으로 보아도, 원인에 있어 자유로운 행위는 간접정범과 유사하다는 사고보다는 동시존재의 원칙수정형 쪽이 자연스러운 것이다.

● **참고문헌** ● 曽根威彦·判評405-48, 山中敬一·法セ37-8-134, 前田雅英·百総5版66, 小池信太郎·百総7版74

66 한정책임능력과 원인에 있어서 자유로운 행위

* 最3小決昭和43年2月27日(刑集22巻2号67頁・判時513号83頁)
* 참조조문: 형법 제39조[1]), 도로교통법(1964년 개정전) 제117조의 21호[2]), 제118조 제1항 1호[3])

> 범행 시에 한정책임능력이었던 자에 대해서도 원인에 있어서 자유로운 행위의 법리가 인정될 수 있는가?

● **사실** ● 피고인 X는 자신의 차로 운전배달을 마친 후, 바(Bar)에서 3~4시간 정도 술을 마신 뒤, 주차해 둔 장소로 돌아가려다 부근의 노상에 주차되어져 있던 경사륜화물겸승용차를 절취하였다. 당시 X는 혈중 알코올지수가 0.5mg 이상으로 정상적 운행이 힘든 상태에서 상기 차를 운전하던 중 A를 승차시킨 후 위협하여 금품을 갈취하였다. 당시 X는 심신미약의 상태에 있었다.

제1심이 절도, 음주운전, 공갈의 각 죄의 성립을 인정함에 반해 원심은 1심판결을 파기자판하면서, 절도에 대해서는 물건의 타인성의 인식에 대한 증명이 충분치 못하다고 보아 무죄로, 음주운전과 공갈에 대해서는 음주운전에 심신미약의 감경을 하지 않는 것 이외에는, 1심판결대로 법령을 적용하여 징역 6월에 처했다. 또한 원심은 직권으로 음주운전에 대해서 다음과 같이 판시하였다.

「X는 …… 음주 뒤 음주운전할 것을 인식하면서도 맥주 20병 상당을 마신 후 …… 차를 운전하여 본 건 범행에 이른 것이 인정되고……, 피고인이 미리 다른 사람에게 대리운전을 부탁한다든지, 혹은 자신의 승용차 보관을 의뢰하는 등 음주운전하지 않고 귀가하고자 하였던 점을 찾아 볼 수 없다. 따라서 피고인은 심신에 이상이 없을 시에 이미 음주운전의 의사가 존재하였고, 이에 따라 결국 음주운전을 하였기 때문에, 비록 운전 시에는 심신미약의 상태에 있었다 하더라도, 형법 제39조 제2항을 적용할 것은 아니다. 이 점에 있어 원판결에서는 판결에 영향을 미치는 명확한 사실오인이 있고, 나아가 법령적용에도 잘못이 있다고 하지 않을 수 없다」.

이에 대하여 음주운전의 행위시점에 심신미약의 상태에 빠져 있음을 인정하면서, 음주행위 이전의 X의 상태를 근거로 형법 제39조 제2항의 적용이 없다고 한 점에 법령위배가 있다고 하여 상고가 이루어 졌다.

---

1) 형법 제39조(심신상실 및 심신미약) ① 심신상실자의 행위는 벌하지 아니한다. ② 심신미약자의 행위는 그 형을 감경한다.

2) 도로교통법 제117조의2 제1호 다음 각 호 어느 것에 해당하는 자는 5년 이하의 징역 또는 100만 엔 이하의 벌금에 처한다. 1 제65조제1항에 규정에 위반하여 차량 등을 운전한 자로 그 운전을 한 경우에 술에 취한 상태(알코올의 영향에 의해 정상적인 운전이 불가능할 우려가 있는 상태를 말함. 이하 동일)인 자.

3) 도로교통법 제118조제1항 제1호 다음의 각호 어느 것에 해당하는 자는 6월 이하의 징역 또는 10만 엔 이하의 벌금에 처한다. 1 제22조(최고속도)의 규정 위반이 되는 행위를 한 자.

● **결정요지** ● 상고기각. 「본 건과 같이, 음주운전 당시에 명정으로 인해 심신미약의 상태였다 하더라도, 음주 시 음주운전의 의사가 인정되어질 경우에는 형법 제39조 제2항을 적용해서 형을 감경하여서는 안 된다고 해석하는 것이 상당하다」.

● **해설** ● 1   원인에 있어 자유로운 행위의 법리를 긍정하는 학설에서도 한정책임능력의 경우에는 동 법리를 부정하는 설(형의 감경을 인정하는 설)과 긍정하는 설(형의 감경을 인정하지 않는 설)이 대립한다.

(a) **부정설**은 일반 심신미약자의 범행에 있어서는 어떠한 동기에 의하더라도 그 형이 감경됨에 반해 자신의 심신미약상태를 이용한 경우에는 단지 그 동기의 점만에 근거하여 형의 감경을 부정하는 것은 타당하지 못하다고 주장한다. 이에 (b) **긍정설**은 「부정설은 심신상실의 경우에는 동 법리에 의해 완전한 형이 적용되는 것에 반해, 심신미약상태에서 범죄를 실현한 경우에는 오히려 보다 큰 책임비난을 해야 함에도 형이 감경되어버리고 마는 불합리가 있다」고 한다.

2   **도구이론(간접정범이론)**을 원용하여 원인에 있어 자유로운 행위론을 인정하는 학설은 **한정책임능력**의 경우 동 이론을 인정하지 않는다. 한정적이더라도 책임능력이 존재하는 이상 「도구」일 수 없기 때문이다.

이에 대하여 동시존재의 원칙을 수정하여 결과와 불가분적으로 밀착하여 결부된 원인 행위 시에 책임능력이 존재한다면 그것으로 족하다고 생각하는 학설은 심신상실의 경우와 심신미약의 경우를 구별하지는 않고 원인에 있어 자유로운 행위의 법리를 긍정한다. 양자 모두, 원인행위에 책임이 인정되는 이상 완전한 책임능력에 근거하는 범죄행위이기 때문이다.

3   예를 들면, 폭력단원이 각성제의 힘을 빌려 난폭하게 상해를 가하고자 마음먹고 각성제를 복용하고 한정책임능력상태에 빠졌다 하더라도, **책임능력이 존재하는 시점과 한정책임능력 시의 행위와의 관련성이 강할 경우에는(지배관계가 있다고 평가할 수 있을 경우에는), 완전한 책임능력을 인정하여야 한다.** 이 점은 책임무능력의 경우와 하등 변함은 없다. 여기에서도 책임능력 시의 행위와 결과행위와의 밀접한 관련이 필요한 것이다.

4   본 결정은 맥주를 20병이나 마시고 자동차를 운전한 행위가 음주운전의 죄에 해당하는지 여부에 관한 사안에서 「행위당시에는 심신미약의 상태였다 하더라도, 음주 당시 음주운전의 의사가 인정될 경우에는 형법 제39조 제2항을 적용해서 형의 감경을 인정해서는 안 된다」라고 판시하고 있다. 이 결정요지에 의하면, 원인행위와 실행행위간의 긴밀한 관련이 인정되지 않아도 원인에 있어 자유스러운 행위의 이론을 적용해 제39조를 배제하는 것과 같이 보인다. 그러나 본 사안은 처음부터 자동차를 운전하여 귀가할 생각으로 술을 마신 것이며, 더욱이 음주운전을 하여 돌아갈 의사를 지니고 있었다고 인정된다. 그렇다고 한다면 음주행위와 음주운전 간의 강한 관련성을 인정하지 않을 수 없다.

● **참고문헌** ● 中空壽雅·囸総7版80, 桑田連平·判解昭43年度14, 平野龍一·警研45-2-117

67 12세 소년을 이용한 강도와 공동정범

* 最1小決平成13年10月25日 (刑集55卷6号519頁·判時1768号157頁)
* 참조조문: 형법 제60조,[1] 제236조[2]

12세의 아들을 이용하여 강도를 행한 모친과 강도의 공동정범

● **사실** ● 스낵바(snack bar)의 호스티스였던 피고인 X는 생활비가 궁해지자, 동 스낵바 주인인 A의 금품을 강취하고자 마음먹고, 장남 Y(당시 12살 10개월, 중학교 1학년)에게「마마(A)에게 가서 돈을 빼앗아 와라! 영화에서 하는 것과 같이 돈이 필요하다고 말하고, 장난감 총을 보여라!」라고 말하면서, 복면을 하고 공기총을 들이대며 협박하여 동녀로부터 금품을 강탈해 오도록 지시·명령했다. Y는 내키지 않았지만 X는「괜찮아. 너는 몸집이 크기 때문에 어린애로 보지 않을 거야!」 등으로 설득한 뒤, 범행에 사용하기 위해서 미리 준비한 복면용 비닐봉투와 공기총 등을 건네주었다.

이를 승낙한 Y는 상기 공기총 등을 휴대하고 혼자 동 가게로 들어가, 상기 비닐봉투로 복면을 한 뒤 X가 말한 대로 동녀를 협박하였고 나아가 자신의 판단으로 동 스낵바 출입구의 셔터까지 내리며「화장실에 들어가라. 죽이지 않을 테니 들어가라!」고 협박하여, 동 스낵바 안에 있는 화장실에 가두어 두는 등의 방법으로 그 반항을 억압한 뒤, 동녀가 가지고 있던 현금 약 40만 1,000엔 및 숄더백 1개 등을 강취했다. X는 자택에 되돌아온 Y로부터 그 돈을 받아 생활비 등으로 탕진했다.

제1심과 원심은 공동정범의 성립을 인정하였기 때문에 X측이 상고하였다.

● **결정요지** ● 상고기각.「본 건 당시 Y에게는 시비변별능력이 있었으며, X의 지시는 Y의 의사를 억압할 정도는 아니었고, Y는 자신의 의사로 본 건 강도를 결의한 뒤, 임기응변으로 대처하여 본 강도를 완수한 것이 명확하다. 이러한 사정에 비추면, 소론과 같이 X에 대해서 본 건 강도의 간접정범이 성립한다고 볼 수는 없다. 그리고 **X는 생활비를 조달하기 위해 본 건 강도를 계획하고, Y에게 범행방법을 지시하는 동시에 범행도구를 주는 등 본 건 강도의 실행을 지시명령한 뒤, Y가 탈취해 온 금품을 모두 스스로 영득을 한 것으로 보아**, X에 대해서는 본 건 강도의 교사범이 아니라 **공동정범**의 성립이 인정된다」.

● **해설** ● 1 본 결정은 독일의 학설을 따른 것으로, 교사범을 중심으로 공범을 설명해왔던 일본의 공범학설에 커다란 전환을 촉구한 사안이다. 종래 학설은 ① 기본적으로 실행행위를 행하지 않은 정범은 생각할 수 없는 이상 공모공동정범은 이론으로서 인정할 수 없고, ② 간접정범이란 사람을 매개로 범죄를 행한 것으로 교사가 인정되지 않는 경우로 생각하였다. 그러나 본

---

1) 형법 제60조(공동정범) 2인 이상 공동하여 범죄를 실행한 자는 전부 정범으로 한다.
2) 형법 제236조(강도) ① 폭행 또는 협박으로 타인의 재물을 강취한 자는 강도의 죄로서 5년 이상의 유기징역에 처한다. ② 전항의 방법에 의하여 재산상 불법의 이익을 얻거나 타인에게 이를 얻게 한 자도 동항과 같다.

결정의 「강도의 공모공동정범」이라는 결론이 널리 받아들여져, **공모공동정범이 완전하게 정착되었다.**

2 학설에서도 본 결정과 같은 공동정범의 이해가 **신분없는 고의있는 도구**에 관하여 주장되어 왔다. 공무원 Y가 처 X에게 뇌물을 받도록 한 경우, X는 공무원이라는 신분이 없는 이상 수뢰죄(제197조)의 구성요건에는 해당되지 않고, 어떠한 종속설에 따르더라도 Y는 교사범이 될 수 없다. 이에 Y는 수뢰죄의 간접정범이 된다는 설명이 많았지만 X가 뇌물이라는 사정을 충분히 숙지하고 있었던 이상 Y를 간접정범으로 보는 것은 부자연스럽다. 여기에서 X와 Y를 공동정범으로 구성하는 학설이 유력시되었던 것이다.

3 본 사안이 교사범이나 간접정범이 아닌 공동정범이 됨에 따라 ② 교사와 간접정범에 관한 논의도 전환되지 않을 수 없었다. 일찍이 학설에 의하면, 본 사안은 **요소종속성의 문제**로 생각되어 극단종속성설을 따르면, 형사미성년 Y를 이용해 범죄행위를 행한 X는 정범 Y에게 책임이 결여되어 있는 이상 교사가 될 수 없고 간접정범만이 성립된다고 보았다.

그러나 12세 아동에게 절도를 교사한 X가 언제나 절도의 정범이 되는 것은 타당하지 못하다. 거기에서 이러한 사례를 교사로 볼 수 있는 제한종속성설이 유력시되었던 것이다. 그러나 역으로 12세 아동의 이용이 언제나 교사가 된다는 결론 또한 불합리하다.

4 본래 이용자 X가 간접정범이 되는지 여부는 피이용자 Y의 행위가 「구성요건에 해당하고 위법한가」 아니면 「구성요건에 해당하고 위법하고 유책한가」라는 형식론으로는 결정할 수 없다. Y의 정범성은 「Y가 범죄의 중심에 있었는가」 「X가 Y를 어느 정도 제어할 수 있었는가」에 따라 판단되어야 한다(【68】 참조). 「교사」의 성부는 이 정범성이 부정된 이후에 논해지지 않으면 안 된다.

5 그러나 간접정범이 되지 않을 경우, 교사의 성립여부만을 검토하면 된다는 것은 아니다. 일본의 실무에서는 전통적으로 정범이 범죄의 중심이고, 공범은 종된 존재이기 때문에 「직접」 실행하였는지 여부만으로 정범이 결정되어야 하는 것은 아니라고 생각되어져 왔다.

그리고 일본에서는 형식적으로는 교사로 취급될 수 있는 행위를 포함하여, 당벌성이 높은 관여행위를 우선 공동정범으로서 유형화되었다. 처벌범위의 형식적 결정이 곤란한 광의의 공범영역에 있어서는 「타자와 공동하는 것이 정범으로 볼 수 있을 정도의 관여인지 여부」의 기준에 의해 중요한 범죄관여 행위를 유형화하는 것이 현실적인 것이다.

공동정범성의 유무를 판단하는 쪽이 「처벌할 가치가 있는 교사」의 기준보다 명확하다. 그리고 공동정범으로 평가할 수 없는 부분에 대하여 「중대한 교사・방조」만을 선별해야 하는 것이다. 본 건에서 문제가 된 강도죄는 절도죄보다 간접정범을 인정하기가 어렵다. 그 의미에서도 본 결정의 「공동정범」이라는 구성은 타당하다고 본다.

● **참고문헌** ● 前田・最新判例分析124, 島田総一郎・平13年度重判156, 平木正洋・J1247-153

68 간접정범 - 교사와의 한계 -

* 最1小決昭和58年9月21日(刑集37券7号1070頁 · 判時1093号149頁)
* 참조조문: 형법 제235조[1]

12세 된 양녀에게 절도를 시킨 행위와 간접정범의 성부

● **사실** ● 피고인 X는 12세의 양녀 Y를 데리고, 순례자 차림으로 시코쿠(四國) 지역의 88곳 사찰순례를 하던 중, 숙박비 등이 궁해지자 Y를 이용해서 사찰 등에서 금원을 절취하고자 마음먹었다. 평소 자신에게 반항하는 언동을 보일 때마다 얼굴을 담배불로 지지거나 드라이버로 얼굴을 긁는 등의 폭행을 가하여 자기 말에 순종하도록 해둔 Y에게 절도를 실행하도록 명령하였다. X의 폭행이 두려웠던 Y는 마지못해 13회에 걸쳐 절도를 실행하였다.

제1심 판결 및 원심판결은 X를 절도의 정범(간접정범)으로 인정하였다. 그러나 변호인은 Y가 시비변별능력이 충분하며 얼굴을 담뱃불로 지졌다지만 아직 Y가 절대적 강제 하에 있었다고 보기는 힘들고, 따라서 주체적 결정으로 절도를 행한 것임을 강조하며 「Y의 행위는 구성요건에 해당하고 위법하지만 형사미성년자이기 때문에 범죄가 성립하지 않는다. Y에게 절도를 명한 X의 행위는 절도의 교사가 성립되는 것은 별론으로 하고, 절도의 정범에는 해당되지 않는다」고 주장하며 상고하였다.

● **결정요지** ● 최고재판소 제1소법정은 다음과 같이 판시하며 상고를 기각하였다. 「X는 당시 12세의 양녀 Y를 데리고 시코쿠 88곳의 사찰 등을 순례하던 중, 평소 X의 말에 거역하는 거동을 보일 때마다 얼굴을 담뱃불로 지지거나 드라이버로 얼굴을 찌르는 등의 폭행을 가해서 **자신의 뜻에 따르도록 하였던 동 여자 아이에게 본 건 각 절도를 명하여 이를 행하게 한** 것이어서, 이에 따르면 X가 자신의 평상시 언동에 겁을 먹고 의사가 억압되어 있던 동녀를 이용하여 위 각 절도를 행한 것이 인정되기 때문에 가령 소론과 같이 동녀가 시비선악의 판단능력을 가졌다 하더라도 X에 대해서는 본 건 각 절도의 **간접정범**의 성립이 인정된다」.

● **해설** ● 1 과거 본 건과 같은 사안은 요소종속성론으로 설명되어 왔다. 그리고 (a) **극단종속성설**에 따르면, 형사미성년 등의 책임무능력자를 이용해서 범죄행위를 행하게 한 피고인은 정범의 책임의 요건이 결여되어 있는 이상 교사는 될 수 없어 **간접정범**이 된다. 본 결정도 「형사미성년인 소녀를 이용」한 간접정범이었기 때문에 극단종속성설을 따른 것으로 보인다. 그러나 본 결정이 간접정범성을 인정한 근거는 「외포 · 억압되어 있는 자를 이용」한 점에 있으며, Y가 12세라는 점이 아니다. 극단종속성설을 채용한 것이라면, 형사미성년이라는 사실만으로 간접정범이 성립되는 것이다.

2 반면 (b) **제한종속성설**에 의하면 Y가 구성요건에 해당하고 위법한 행위를 한 이상 X는

---

1) 형법 제235조(절도) 타인의 재물을 절취한 자는 절도의 죄로서 10년 이하의 징역 또는 50만 엔 이하의 벌금에 처한다.

교사범이 되며 최고재판소는 제한종속설을 부정한 것이 된다. 외포·억압되어서 반항할 수 없었다고 하는 점도 Y의 책임의 감소·결여라고 생각되는 이상, 역시 X는 교사범인 것이다.

3 본래 (b) 제한종속성설을 받아들여 간접정범의 성립범위를 결정하는 것은 문제가 있다. 예를 들면, 3세의 유아에게 절도를 부추겼을 경우, 형식적으로는 책임요건이 결여된 경우이므로 교사범이 되어버린다. 그러나 이 결론은 분명히 불합리하다. 때문에, 제한종속성설논자도 이 경우는 간접정범으로 본다. 예를 들면 「유아는 처음부터 행위가 존재하지 않는다」고 설명하는 것이다.

4 현재는 피고인이 간접정범이 되는지는 정범자의 행위가 「구성요건해당성과 위법성을 가지는」가 아니면 「구성요건해당성과 위법성과 유책성을 가지는」가라는 형식론(요소종속성론)으로는 결정될 수 없다. 이용자의 「정범성」의 유무와 요소종속성은 원래 별개의 문제이다.

정범성의 기준은 실질적으로는 「Y가 어느 정도 행동의 자유가 박탈되었는가」, 반대로 말하면 「X가 스스로 실행한 것으로 동일시할 수 있었는가」라는 점에 있다. 12세의 소녀이더라도 결정요지와 같은 상태로 이용된 경우에는 X에게 정범성을 인정할 수 있다. 「교사」의 성부는 이 정범성이 부정된 이후에 논하지 않으면 안 된다.

5 大阪高判平成7年11月9日(判時 1569-145)은 평소 X의 언동에 겁을 먹고 있던 10세의 소년 A에게 교통사고현장에 떨어져 있는 가방을 가져오게 한 행위에 대해 절도의 간접정범을 인정하고 있다. 「평소 무서운 인상을 가지고 있던 X가 노려보고 있어 그 명령에 거역할 수 없었던 점은 무리가 아니라고 생각된다.

더욱이 본 건에서 A는 X의 눈앞에서 4, 5m 앞에 떨어져 있는 가방을 주워 올 것을 명령받았고, 그 명령내용이 단순한 만큼 오히려 이에 저항하여 X의 지배로부터 벗어나는 것이 곤란했다」고 하여 「A가 행한 절도행위도 X의 명령에 따라 순간적으로 기계적으로 움직인 것뿐이고, 또한 자신이 이득을 보자고 하는 의사도 없었던 것이어서, 판단 및 행위의 독립성 또는 자주성이 부족했다고 볼 수 있다」고 하여 X를 절도의 간접정범으로 보았다.

6 大阪高判平成7年11月9日의 경우는 X와 A 간에는 친자관계와 같은 강한 관계는 존재하지 않았고, 또한 명령을 따르지 않아도 바로 중한 위해가 X로부터 가해질 상태는 아니었다. 그러나 ① 평소 「무서운」 인상을 가진 X가 노려보고 있었고, ② 단순히 기계적 재물의 이동행위만을 하였으며, ③ 스스로 이득의 의사가 없었던 A를 이용한 것이기 때문에, X는 자신이 직접 절도행위를 행하는 대신에, A에게 명하여 자신의 절도 목적을 실현시킨 것이기 때문에 X 스스로 절도행위를 행한 것으로 평가할 수 있을 것이다.

● **참고문헌** ● 渡辺忠嗣·判解昭58年度275, 山本輝之·警研56-9-70, 内田文昭·判夕530-64

69 간접정범의 의도와 절도 교사

* 松山地判平成24年2月9日(判夕1378号251頁)
* 참조조문: 형법 제61조[1], 제235조[2]

> 간접정범의 의도로 절도를 시도했는데, 객관적으로는 교사가 되어 버렸을 경우의 죄책

● **사실** ● 조경업자 V는 T시에서 포크레인을 이용해 조성 작업을 하면서 포크레인에 시동 열쇠를 꽂아 둔 채 작업을 계속 이어가고 있었다. 전 폭력단 조장 X(피고인)는 아무런 처분권한이 없음에도 포크레인을 주인인 V에게 알리지 않고 Y에게 매각 반출할 것을 신청하였고 Y는 중고차 판매업자와 포크레인을 32만 엔에 매매할 것을 합의했다. 중고차 판매업자는 운송업체를 대동하고 현지를 방문하여 본 건 포크레인을 대형트럭으로 반출하고, Y에게 32만 엔을 지불했다.

● **판지** ● 마츠야마(松山)지방재판소는 아래와 같이 판시하며 X에게 절도죄의 교사범의 성립을 인정했다.

「Y는 스스로 규범적 장해에 직면하고 있다고 보아야 하기 때문에 이미 X가 『정을 모르는』 Y를 도구로 사용했다고 평가할 수는 없다. 또한 Y는 X를 어느 정도 두려워한 것으로 보이기는 하나 이를 넘어 X가 Y의 행위를 지배했다고 인정할 근거는 없으며, 오히려 Y는 본 건 포크레인의 매각대금의 과반을 손에 쥐고 있으므로, Y가 방조범에 머물렀다고는 볼 수 없고 **X로 하여금 고의적인 방조적 도구를 사용한 간접정범을 물을 수도 없다.**」

「Y가 X에게는 처분 권한이 없다는 것을 알면서도 중고차 판매업자에게 본 건 포크레인을 매각하고, 사정을 모르는 동사 종업원들에게 반출을 의뢰한 행위는 절도(간접정범)의 실행행위에 해당하므로, Y는 절도의 정범이라 말할 수 있다. 이 점, X가 Y에게 정범의사가 있었음을 인식하고 있었다면, 묵시의 공모(공동실행의 의사)를 인정할 수 있으며 절도의 공모공동정범에 해당된다고 보아야 하지만, X가 Y의 정범의사를 인식하고 있지 않은 경우(즉, 간접정범의 고의였던 경우)는 X는 Y에게 본 건 포크레인의 매각을 의뢰하고, 그 결과 Y가 본 건 포크레인을 매각하는 절도의 실행행위에 이르고 있으며 **간접정범의 고의는 그 실질에 있어서 교사범의 고의를 포함한다고 평가해야 하므로, 형법 제38조 제2항의 취지에 따라 범정이 가벼운 절도교사의 한도에서 범죄가 성립한다**고 인정된다.

그러나 X가 Y의 정범의사를 인식하고 있었는지 여부를 확정하는 것은 조사가 끝난 모든 증거로도 불가능하므로, 결국 범정이 가벼운 절도교사의 한도에서 범죄의 성립을 인정해야 한다. 그리고 판시의 절도교사의 사실은 간접정범 형태의 소인에 명시된 사실의 일부가 인정되지 않는 경우이므로, 그 실질에 있어서 간접정범의 소인의 축소인정 형태로 해석되고 이를 인정하기 위해서는 소인변경을 요하지 아니하여야 한다」.

---

1) 형법 제61조(교사) ① 사람을 교사하여 범죄를 실행시킨 자에게는 정범의 형을 과한다. ② 교사자를 교사한 자에게 대해서도 전항과 같이 한다.

2) 형법 제235조(절도) 타인의 재물을 절취한 자는 절도의 죄로서 10년 이하의 징역 또는 50만 엔 이하의 벌금에 처한다.

● **해설** ● 1 일본에서 협의의 공범은 실제로 상당히 적다. 특히 교사범은 재판통계상 「희소한 존재」다. 때문에 본 건은 매우 귀중한 사례이다.

그러나 본 판례는 통상의 교사범을 인정한 것이 아님에 주의를 요한다. 「주관적으로는 간접정범의 의도로 절도를 하도록 압력을 가했는데, 객관적으로는 교사가 되어 버린 경우에 있어서 절도교사를 인정한」 사례이다.

마츠야마지방재판소는 착오론으로 처리해 「X는 Y에게 본 건 포크레인의 매각을 의뢰하고, 그 결과 Y가 본 건 포크레인을 매각하는 절도의 실행행위에 이른 것이고, 간접정범의 고의는 그 실질에 있어 교사범의 고의를 포함하는 것으로 평가해야 하기 때문에 형법 제38조 제2항의 취지에 따라 범인들이 가벼운 절도교사의 한도에서 범죄가 성립한다」고 하였다. 이 설명 자체는 착오론으로서 특별히 위화감을 느끼지 않을 것이다.

2 다만 애초에 「교사행위」가 존재했다고 할 수 있는지는 미묘한 면이 있다. 교사의 「고의」가 없는 것뿐만 아니라, 애초에 교사행위가 존재했다고 말할 수 있는 것이냐에 대해서는 논란의 여지가 있다. 확실히 본 사안의 X에게 절도의 간접정범을 인정하는 것은 곤란할 것이다. Y가 X에게 처분권한이 없는 것을 알면서도 포크레인을 매각하여 반출하게 한 행위는 절도의 실행행위에 해당하므로 Y는 절도의 정범에 해당하며 Y의 행위를 지배하고 있었다는 특별한 사정이 인정되지 않는 이상 X에게는 정범으로서의 절취행위가 존재하지 않는 것처럼 보인다.

3 다만 「도구」로서 이용하려고 한 행위를 「절도교사」로 평가할 수 있는 것일까. 달리 말하면 절도의 간접정범과 절도 교사범은 객관적·실질적으로 서로 겹치는가 하는 문제다. 이전에 유력했던 형식적인 구성요건 해석에 따르면 「간접정범과 『수정된 구성요건으로서의 교사』는 전혀 별개의 것」으로 보아야 할 것으로 보인다. 그러나 그것은 너무 형식적인 사고여서 실질적으로는 마쓰야마지방재판소의 말처럼 객관적 교사행위의 존재를 인정하는 것도 가능할 것이다. 다만 어디까지나 그런 의미에서 간접정범은 완성되지 않았고, 주관적으로는 교사범이 아닐 경우의 처벌의 간극을 메우기 위해 해석으로 인정된 교사범인 것이다. 그런 의미에서 「간접정범이 완전히 인정될 수는 없기 때문에 **교사범으로 처벌의 간극을 메웠다**」는 것도 가능하다.

4 물론 마쓰야마지방재판소의 「X가 Y의 정범의사를 인식했는지 여부의 확정은 조사가 끝난 모든 증거로도 불가능하다」는 점에 이의를 제기하는 것은 아니지만, X·Y의 절도죄 공동정범을 인정하는 방향에서 기소와 소송 진행이 자연스러웠던 사안이며, 그 방향에서의 입증활동을 한 단계 더 나아갔어야 할 사안이었다고도 생각된다.

● **참고문헌** ● 前田·最新判例分析119, 門田成人·法セ90-145

70 고의있는 방조적 도구

* 横浜地川岐支判昭和51年11月25日(判時842号127頁)
* 참조조문: 형법 제60조[1], 제62조[2]

범죄사실을 인식하면서 직접 범죄행위를 행한 자가 방조범이 되는 경우

●**사실**● 요코하마(橫浜)지방재판소가 인정한 사실에 따르면, 피고인 X는 법정제외사유가 없음에도 오후 8시경, 도내(都內) 호텔로비에서 Y가 Z에게 각성제분말 약 50g을 50만 엔에 양도할 때 동 거래의 수량과 금액, 일시, 장소를 Y에게 연락하고, 동 호텔 부근도로에서 Y로부터 각성제를 받아 이를 호텔로비에 있던 Z에게 건네주어 Y의 상기범행이 용이하게 이루어질 수 있도록 방조하였다는 것이다.

이에 대해, 본 건의 본위적 소인(訴因)은「X는 법정제외사유가 없음에도 호텔 로비에서 Z에게 각성제분말 약 50g을 50만 엔에 양도하였다」고 하는 점이며, 예비적 소인은「X는 Y와 공모한 뒤, 법정제외사유가 없음에도 위와 같은 범행을 하였다」는 점이다.

●**판지**● 「X는 Z로부터 1g당 1만 엔의 각성제 50g의 주선을 부탁받고 Y에게 연락하여 거래의 일시와 장소도 Y에게 전달하고, 동인으로부터 자신과 거래하기 위해서 판시호텔로 와 달라는 요청을 받아 상대를 만나기 위해서 판시일시 경 동 호텔로 갔고, X의 뒤를 이어 동 장소 부근에 온 Y가 거래의 상대가 내키지 않는 Z임을 알아채고, X에게 각성제를 건네주자마자 동인도 본 건 각성제의 거래 당사자는 Y와 Z임을 인식하면서 이것을 Z에 건네준 것이다. 그리고 Z에게서 대금 50만 엔을 받아 그대로 이것을 Y에게 건네주고, 동인에게는 1엔의 분배도 이루어지지 않고 있는 사실로 보아, X가 단독으로 Y로부터 각성제 50g을 구입해서 Z에 매각했다고는 도저히 인정할 수는 없는 것이다. 이에 본위적 소인인「양도죄의 직접정범」으로 볼 수는 없고 그렇다고 하여 X가 Y와 공모해서 Z에게 위 각성제를 양도한 것을 인정할 증거도 없기 때문에, 예비적 소인(양도죄의 공동정범) 자체도 인정할 수 없다.

그러나 X가 각성제 50g을 Z에게 건네준 객관적 사실은 움직일 수 없는 것인 바, 위 소위에 있어 X는 각성제양도의 정범의사를 결하고, Y의 Z에 대한 위 양도행위를 **방조할 의사만을 가진 것에 지나지 않는다**고 인정하지 않을 수 없는 것이며, 소위 정범의 범행을 용이하게 하는 **고의있는 방조적 도구**로 인정하여야 하며 ……, 이를 정범으로 볼 수는 없다」고 하여 X를 징역 1년 10월에 처했다.

●**해설**● 1 형식적으로 보면 X가 각성제를 건네고 있어 「Z에게 각성제를 양도했다」고 볼 수 없는 것은 아니다. 그리고 독일의 강한 영향 아래 「직접행위한 자」를 선택하는 경향이 강한 이전의 통설에 따르면 실행행위에 관여하고 있는 본 건 X를 방조로 보는 것에 저항이 있을 것

---

1) 형법 제60조(공동정범) 2인 이상 공동하여 범죄를 실행한 자는 전부 정범으로 한다.
2) 형법 제62조(방조) ① 정범을 방조한 자는 종범으로 한다. ② 종범을 교사한 자에게는 종범의 형을 과한다.

으로 생각된다.

2 그러나 판례는 정범성을 이러한 학설보다 실질적으로 파악한다(그 결과, 학설의 심한 비판 속에서도 공모공동정범의 사고를 발전시켜 정착시켰다(【67】【72】참조). 그리고 간접정범도 「부추기는 행위가 교사범에 해당하지 않을 경우에 예외적으로 인정된다」고 하는 독일형의 요소 종속성의 사고와는 달리, 실질적으로 정범성이 있을 것인지 여부를 문제삼는다(【68】).

3 판례가 인정하는 「고의 있는 방조적 도구」도 그 전형적 예이다. **最判昭和25年7月6日**(刑集4-7-1178)은 갑(사장)이 을(운전수)을 이용해서 식료관리법에 위반된 쌀을 운반하게 한 행위에 대해 을은 갑의 수족으로서 행위한 것으로서 갑을 정범으로 보았다. 구성요건행위는 「운반하는 행위」이며 이를 행한 자는 을 이외에 생각할 수 없다는 주장도 논리적으로는 성립할 수 있지만, 식료관리법위반의 죄를 실질적으로 실행한 것은 갑이며, 을은 갑의 수족으로서 행위한 「도구」에 지나지 않은 것으로 판례는 파악하고 있다. **실질적으로 범죄행위를 행한 자가 정범**이다. 그리고 이러한 「실질적 정범자 이해」는 본 건에서도 볼 수 있듯이 일관되게 존재한다.

4 본 건은 각성제판매자와 구입자 간에 X가 개재하여 매매가 이루어진 경우로, 판매의뢰자 Y를 정범으로 보고 X를 방조범으로 보았다. 확실히 형식적으로 보면 「매매행위」는 X가 행한 것같이도 보이지만, 약물을 입수하거나 대금을 지불한 자는 Z이며 매각의 이익은 Y에게 귀속되고 X는 그것을 도운 것에 지나지 않았다. 실질적으로 보아 Y와 Z가 매매의 주체로 평가될 수 있음은 명확하다. 그렇다고 한다면 Y를 정범으로 보아야 하며, 매매의 실행행위 일부를 행하였다 하여도 X는 「방조」에 지나지 않은 것이다. 단지 X가 「각성제매매에 관여해서 돈을 벌고자」인식하여 상당한 이익을 얻고 있을 경우에는 Y와 X는 원칙으로서 공모공동정범의 관계에 선다고 생각해야 한다.

5 大津地判昭和53年12月26日(判時924-145)도 타인으로부터 부탁받은 대로 각성제 수용액을 타인에게 주사한 사안에서 스스로 또는 타인에게 각성제를 사용케 할 적극적 의도를 가졌다고는 인정하기 어려우며, 각성제 사용의 정범의사가 결여되어 있고 타인의 각성제 사용행위를 방조할 의사를 가진 것에 지나지 않는다고 인정하지 않을 수 없기 때문에 소위 정범의 범행을 용이하게 할 고의있는 방조적 도구로 인정하여야 하고, 이것을 정범으로 볼 수는 없기에 사용죄의 공동정범은 아니고, 방조범 성립에 그친 것으로 보고 있다.

● **참고문헌** ●   香川達夫·昭52年度重判155, 小西秀宜·研修371-67

71 행위공동 · 범죄공동

* 最1小決昭和54年4月13日(刑集33卷3号179頁·判時923号21頁)
* 참조조문: 형법 제60조[1]), 제199조[2]), 제205조[3])

공동정범은 동일한 범죄를 공동으로 하는 것인가?

● **사실** ● 피고인 Y(조직폭력단두목)와 X(미성년대원) 등 7명은 경찰 A가 조직의 자금원의 하나인 풍속영업점을 강경하게 파고들어 조사를 하자 앙심을 품고, 폭행과 상해를 가할 것을 순차적으로 공모한 뒤, 파출소 앞에서 A 등 경찰관에게 도발적인 욕설을 퍼부었다. 이에 대응한 A의 언동에 격앙한 X가 미필적 살의를 가지고 주머니칼로 A의 하복부를 1회 찔러 출혈과다로 사망케 하였다.

제1심 판결은 X·Y 등의 행위는 형법 제60조, 제199조에 해당하지만, X 이외의 사람은 상해나 폭행의 의사로 공모한 것이기에 제38조 제2항[4])에 의해 제60조, 제205조의 죄로 처단해야 한다고 하였고, 원심도 이를 유지했다. 이에 X 이외의 사람에게는 살의가 없었기 때문에, X가 살인을 범했다 하더라도 Y 등에게도 살인죄가 성립함에는 의문이 있다고 하여 상고했다.

● **결정요지** ● 상고기각. 「살인죄와 상해치사죄는 살해의사의 유무라는 주관적인 측면에서만 차이가 있을 뿐이고 나머지 범죄성립구성요건요소는 모두 동일하기 때문에 폭행·상해를 공모한 Y등 7명 중의 X …… A에 대하여 미필의 고의를 가지고 살인죄를 범한 본 건에 있어, **살의가 없었던 Y 등 6명에 대해서는 살인죄의 공동정범과 상해치사죄의 공동정범의 구성요건이 겹치는 한도에서 경한 상해치사죄의 공동정범이 성립하는** 것으로 해석하여야 한다.

다시 말해 X가 살인죄를 범했다는 것은 Y 등 6명에게 있어서도 폭행·상해의 공모에 기인해서 객관적으로는 살인죄의 공동정범에게 해당되는 사실이 실현된 것이지만, 그렇다고 하여도 Y 등 6명에게는 살인이라는 중한 죄의 공동정범에 대한 의사는 없었기 때문에, Y 등 6명에게 살인죄의 공동정범이 성립할 이유는 없고, 만약 범죄로서 중한 살인죄의 공동정범이 성립하고, 형만을 폭행죄 내지 상해죄의 결과적 가중범인 상해치사죄의 공동정범의 형으로 처단하는 것에 그친다면, 그것은 잘못이라 하지 않을 수 없다. 그러나 전기 제1심판결의 법령적용은 Y 등 6명에 대해 형법 제60조, 제199조에 해당한다고 하고 있지만 살인죄의 공동정범의 성립을 인정하는 것은 아니기 때문에 제1심 판결의 법령적용을 유지한 원판결에 잘못이 있다고 말할 수는 없다」.

---

1) 형법 제60조(공동정범) **2인 이상 공동하여** 범죄를 실행한 자는 전부 정범으로 한다.
2) 형법 제199조(살인) 사람을 살해한 자는 사형, 무기 또는 5년 이상의 징역에 처한다.
3) 형법 제205조(상해치사) 신체를 상해하여 사람을 사망에 이르게 한 자는 3년 이상의 유기징역에 처한다.
4) 형법 제38조(고의) ② 중한 죄에 해당하는 행위를 하였지만 행위 당시 그 중한 죄에 해당하게 된다는 사실을 알지 못하였던 자는 그 중한 죄에 의하여 처단할 수 없다.

● **해설** ●   1   공동정범에 관한 (a) **행위공동설**은 구성요건과 거리가 있는 「행위」를 2인 이상의 자가 공동으로 행하고, 각자가 자신의 범죄를 실현한다는 견해로(**수인수죄**), 다른 죄명에 대해서도 공동정범의 성립을 인정한다. 이에 반해 (b) **범죄공동설**은 하나의 범죄를 다수가 공동하여 실행하는 것(**수인일죄**)으로 보는 견해이다.

2   단지 현재는 행위공동설이라 하더라도 범죄의 유형성을 무시하는 것이 허용되지 않는 이상, 각자가 각각의 범죄를 공동실행한 것으로 인정되지 않으면 안 된다(**연성행위공동설**). 타인 행위와의 공동관계가 성립될 범죄유형의 중요부분을 차지하지 못하면, 일부실행·전부책임의 효과는 인정되지 않는다. 공동실행인 이상, 구성요건의 중요부분을 공동할 필요가 있다. 단 각자의 공동정범은 별개의 죄명이 된다. 본 건의 경우 X와 Y는 살인죄와 상해치사죄의 공동정범이 성립한다.

3   한편, 범죄공동설도 현재는 (c) **부분적 범죄공동설**이 주류이다. 정범과 공범의 구성요건이 다르다 하여도, 양자가 동질적으로 겹치는 범위에서 공범의 성립을 인정하는 사고이다. 과거에는 본 건 사안의 X·Y에게 살인죄의 공동정범이 성립하고, 살의가 없는 Y에게는 상해치사의 범위에서 과형되는 **경성부분적 범죄공동설이 유력했다**. 단지, 범죄의 성립과 과형을 분리시키는 점에 대해서는 강한 비판이 있다. 이에 겹치는 가벼운 죄의 범위, 즉 본 건의 X·Y의 경우는 상해치사죄의 범위 내에서 하나의 공동정범이 성립한다는 사고(**연성부분적 범죄공동설**)로 이행하였다.

4   일찍이 최고재판소는 경성부분적 범죄공동설을 취하고 있었지만, 본 결정은 명시적으로 동설을 부정한다. 그리고 행위공동설로 방향을 잡은 것으로 보인다. 본 결정은 **살의 없는 자에게는 상해치사죄의 공동정범, 살의 있는 자에게는 살인의 공동정범의 성립을 인정**한 것으로 이해하는 것이 자연스럽다. 연성부분적 범죄공동설을 따를 경우, 살의 있는 X에게는 상해치사죄의 공동정범이 성립하고 그것에 더하여 살인죄의 단독정범을 인정하지 않을 수 없게 되지만, 양자의 죄수관계에 대한 설명이 곤란하다. 나아가 사망의 결과가 Y의 행위로부터 발생한 경우는 X에게 단독범의 살인기수를 인정할 수는 없을 것이다. 그러나 상해치사의 공동정범으로서 사망의 결과가 귀책 되는 X에게 상해치사에 더해서 살인미수의 성립을 인정하는 것도 부자연스럽다.

5   단지, **最決平成17年7月4日**(**【10】**)은 입원 중인 환자를 퇴원시켜 생명에 구체적 위험을 발생시키게 한 뒤, 그 친족으로부터 환자에 대한 치료를 전면적으로 위임받은 자에게 살의를 인정하여 부작위에 의한 살인죄가 성립한다고 본 것이지만 「피고인에게는 부작위에 의한 살인죄가 성립하고, 살의가 없는 환자의 친족 간에게는 보호책임자유기치사죄의 한도에서 공동정범이 된다」고 보았다. 본 건 결정에 언급되지 않았던 「살의 있는 자의 죄명」에 대해서 살인죄가 성립하는 것을 명언하여 **「보호책임자유기치사죄의 한도에서 공동정범이 된다」**고 한 것이다. 여기에서 중요한 점은 「살의 있는 자에게도 보호책임자유기치사죄의 공동정범이 성립한다」고는 하지 않은 점이다. 이는 공동정범 간에 성립할 죄명이 다른 것을 당연한 전제로 한 뒤, 공동관계를 기초지우는 부분을 「한도에서」라는 형태로 명시한 것이라고 보아야 한다.

● **참고문헌** ●   中野次雄·警研54-6-43, 土元武司·判夕387-43, 藤井敏明·J1309-127

72　공모공동정범의 의의 – 네리마(練馬)사건 –

* 最大判昭和33年5月28日(刑集12券8号1718頁·判時150号6頁)
* 참조조문: 형법 제60조[1], 199조[2]

공모공동정범의 의의

●**사실**●　1951년 12월경, 네리마구(練馬區) 소재의 회사에서 발생한 쟁의행위에 있어, 제2조합의 위원장인 A와 분쟁처리를 맡았던 네리마경찰서의 B순경에 대한 반감이 제1조합원들 사이에 고조되었다. 정당군사조직의 지역구위원장 X와 지역조직의 책임자인 Y는 A와 B에 대한 폭행을 계획하고, 구체적 실행의 지도와 연락에 대해서는 Y가 그 임무를 수행하기로 하였다. Z 이외에 여러 명이 Z쪽, W 이외 수명은 W쪽에 집합하여 각각 B 및 A의 습격에 대해서 논의하였지만 때마침 A의 소재가 분명하지 않아 Y의 연락조치에 따른 다른 그룹도 B의 습격계획에 합류하여 Z 이외 수명이, 심야에 B를 속여 노상으로 끌어낸 뒤, 철관과 각목으로 후두부 등을 난타하여, 동 순경을 뇌손상하여 사망시켰다.

　제1심 및 원심이 현장에 참가하지 않은 X·Y 두 명을 포함하여 상해치사의 공동정범을 인정한 것에 대해, 피고인 측은 헌법 제31조[3]나 개인책임의 법리를 들어 상고하였다.

●**판지**●　상고기각.「공모공동정범이 성립하기 위해서는 2인 이상의 자가 **특정한 범죄행위를 수행하기 위해 공동의 의사 하에 일체가 되어 서로 타인의 행위를 이용하여 각자의 의사를 실행에 옮길 것을 내용으로 하는** 모의를 통해 실행한 사실이 인정되지 않으면 안 된다. 따라서 위와 같은 관계에 있어 공모에 참가한 사실이 인정되는 이상, 직접 실행행위에 관여하지 않은 자라더라도 타인의 행위를 이른바 자기의 수단으로 범죄를 행한다고 하는 의미에 있어서 그간의 형사책임의 성립에 차이가 있다고 해석하여야 할 이유는 없다. 그러므로 이 관계에 있어서 **실행행위에 직접 관여한 것인지 여부, 그 분담 또는 역할의 여하는 위 공범의 형사책임 자체의 성립을 좌우하는 것은 아니**라고 해석하는 것이 상당하다고 본다.」

　「수인의 공모공동정범이 성립하기 위해서는 그 수인이 동일 장소에 모이고, 동시에 그 수인 간에 하나의 공모가 성립할 것을 요하는 것이 아니며, 동일한 범죄에 대해 갑과 을이 공모하고, 이어 을과 병이 공모하여 수인 간에 순차적으로 공모가 행하여졌을 경우에도 이들 모두 간에 당해 범행의 공모가 행하여졌다고 해석하는 것이 상당」하다고 하였다.

●**해설**●　1　공모공동정범론은 **실행행위를 분담하지 않지만 공모에 가담한 자를 공동정범으로 보는 이론이다.** 판례는 일본적「공범·정범개념」(前田『刑法総論講義 7版』325쪽)을 토대로 모의 시에는 주도적 역할을 수행하였지만 실행에는 관여하지 않은 중심인물을 교사가 아

---

1) 형법 제60조(공동정범)　**2인 이상 공동하여** 범죄를 실행한 자는 전부 정범으로 한다.
2) 형법 제199조(살인)　사람을 살해한 자는 사형, 무기 또는 5년 이상의 징역에 처한다.
3) 헌법 제31조(법정절차의 보장)　누구든지, 법률(형사소송법 등)이 정하는 절차에 의하지 않으면, 그 생명 혹은 자유를 박탈당하거나 또는 기타의 형벌을 받지 아니한다.

닌 공동정범으로 취급하고 있다. 그리고 본 판결에 의하여 (a) **직접 실행행위에 관여하지 않은 자도 타인의 행위를 이른바 자기의 수단으로 범죄를 행하였다는 의미에서 형사책임에 차이가 없다**고 하여 실무상 공모공동정범론이 확립되었다.

2　제2차 세계대전 전부터 (b) 모의를 통해 동심일체적 공동의사주체가 형성되고 그중 1인의 실행은 「의사주체」의 활동으로 평가하는 공동의사주체설에 의하여 공모공동정범의 기초를 다지게 되었다. 단 공동의사 주체에 대한 책임을 민법의 조합이론을 유추하여 각 개인에게 돌리려고 하는 설명은(西原春夫『刑法総論』325쪽 참조) 개인책임의 원칙에 반한다는 비판이 있다.

3　1970년대까지는 공모공동정범에는 **공동실행**이 존재하지 않는 이상 공동정범이 될 수 없다고 하는 (c) **공모공동정범부정설**이 유력했다고 볼 수 있다. 제한적(한축적) 정범개념이 유력하여 공동「정범」에 대해서도 객관적 실행행위성이 엄격하게 요구되어 왔다. 실행의 분담이 없는 이상 공동「정범」이 될 수 없다고 하는 「실행행위 개념을 중심으로 한 형식적 범죄론」이었다.

4　하지만 1980년대에 들어서자 공모공동정범부정설의 중심에 있던 단도(団藤)박사가 재판관으로서 「공동자에게 실행행위를 시킴으로서 자신이 생각하는 바와 같이 행동시켜 본인 자신이 그 범죄실현의 주체가 되었다고 볼 수 있는」 경우에는 객관적인 공동실행 행위를 전혀 행하지 않았더라도 공동정범으로 인정하여 공모공동정범의 존재를 긍정하였다(最決昭57·7·16 刑集36-6- 695). 학설이 국민의 규범의식을 반영하여 실무에 적합하게 상징적으로 변화한 것으로 볼 수 있다. 동시에 형식적 범죄론의 골격으로도 불리는 「실행행위」의 형식성·통일성이 와해되어 실질적 범죄론으로 전환하는 상징적인 사례였다.

5　본 판례의 사고방식은 직접실행하지 않은 간접정범의 「정범성」을 단서로 공모자에게 실행행위성을 요구하고자 하는 것이라고 말할 수 있지만, 간접정범은 본래 단독의 정범성을 인정하기 위한 개념이며, 공동정범은 요건이 간접정범보다 느슨하고 완전히 도구가 되어 실행할 필요는 없다. 다만 **상호 이용하여 각자의 의사를 실행하는 것을 내용으로 하는 모의**가 필요하다.

6　공모공동정범의 성립에는 객관적으로 공모에 참가한 자 중 누군가가 실행에 착수한 것을 전제로 실행행위를 분담했다고 평가될 수 있는 한, **모의의 존재**와 **공모자내에서의 지위**가 인정되지 않으면 안 된다. 「공동실행성」이 인정될 경우에서 **중요한 역할**을 다한 것인지 여부가 모의의 내용과 관여자간의 힘의 관계, 그 이후의 행위 등도 감안해서 객관적으로 판단된다. **의사를 통해 타인의 행위를 소위 자기의 수단으로서 범죄를 실현한 것으로 볼 수 있는가**에 대한 판단이다.

7　물론 공모의 존재가 완화되어 인정되면 처벌이 확대되므로 신중한 적용이 필요하다. 판례는 「공모」의 인정 등을 엄격하게 하는 것으로 공모공동정범의 성립범위를 상당히 엄격하게 해석하고자 하는 의향을 보이고 있음에 주의를 요한다(札幌高判昭60·3·20判夕550-315).

8　공모에는 범죄 실행 시에 형성되는 **현장공모**도 있지만, 범행 이전의 단계에서 형성되는 **사전공모**가 상당한 비율을 차지한다. 사전공모의 경우에는 공모내용과 다른 결과가 발생할 경우도 많아, 공모의 사정(射程)이 문제가 된다. 공모는 반드시 공모자 전원이 모이지 않아도 수인 간에 그 안이 있는 자를 개입시켜 형성되는 경우도 있다(**순차적 공모**).

● **참고문헌** ●　岩田誠·判解昭33年度399, 藤木英雄·囘総2版158, 下村康正·刑法の判例(第2版) 120

73 공모공동정범성과 방조의 한계

* 東京高判平成25年5月28日(高刑66卷2号1頁)
* 참조조문: 형법 제60조[1]), 제62조[2]), 제199조[3])

공동정범성을 인정하기 위해 필요한 「자기의 범죄로 저질렀다」라고 인정하기 위한 사정

● **사실** ● 피고인 X는 고리대금업 등을 하는 기업체(회장 A)의 종업원인 Y, Z 및 W와 공모한 후에 ① 전무라고 불렸던 B(A의 아들)를 혼수상태로 만든 후에 살해하여 그가 관리하는 현금을 강취하기로 계획하고 3월 24일 오전 1시 20분 경 Y가 수면제를 넣은 죽을 B에게 먹여 혼수상태에 빠지게 한 뒤, 같은 날 오전 9시 10분경 Y와 W는 살의를 가지고 밧줄로 B의 목을 감아 양 끝을 각각 강하게 당겨 질식사시키고, 같은 날 오후 10시 30분경 Z는 B가 관리하는 현금 약 281만 엔을 강취하였다.

그리고 ② Y가 B를 혼수상태에 빠지게 하면 남편(B)이 아침이 되어도 일어나지 않는 것을 이상하게 생각할 부인 C도 같이 살해할 수밖에 없다고 결의하고, 같은 날 오전 8시 50분경 Y가 C의 등 뒤에서 밧줄을 감아 양 끝을 강하게 당겨 바닥에 쓰러뜨린 후 Y, Z 및 W가 밧줄로 목을 졸라 질식시키고, ③ A를 살해한 뒤 그의 현금을 강취하고자 같은 날 오전 9시 25분경 A의 거실에서 Y와 Z가 소파에서 자고 있던 A를 밧줄로 경부에 감아 양 끝을 각각 강하게 당겨 질식사시킴과 동시에 Z가 A의 가방이나 차에 있던 현금 약 135만 엔을 강취하여 기소되었다.

원심은 각 강도살인에 대해 공모공동정범의 성립을 인정하여 X에게 징역 28년을 구형했다. 이에 대해 ①~③의 각 강도살인에 대해 변호인은 X와 공모자들 사이에 공모공동정범의 성립을 인정한 원판결에는 사실오인 등이 있다고 하여 항소하였다.

● **판지** ● 동경고등재판소는 변호인 측의 X는 시체의 운반보관에 대한 보수가 A친자(親子)의 소지금에서 지불된다는 사실을 인식하지 못하였고, Y 등은 시체를 창고에 숨길 수도 있었기 때문에 X가 시체를 운반보관한 것은 본 건 각 강도살인의 실행에 불가결한 중요한 행위가 아니라는 주장에 대해, 「X의 인식으로는 **강취한 돈에서 보수가 지급될 가능성도 상당 정도로 있을 것이라는 인식이 있었음을 인정할 수 있는 것에 그친다**고 보아야 한다. …… X와 Y 간에는 어디까지나 Y 등이 살해한 A친자의 시체를 살해 후에 X가 운반·보관하여 보수를 받을 것을 전제로 이야기가 된 것이므로 X가 그 보수의 출처를 확인 할 때 A친자로부터 강취한 돈으로 충당될 가능성이 상당 정도 있다는 것을 알았다 하더라도 그것만으로 X에게 강도살인에 대해서도 정범의사가 발생하여 **자신의 범죄**로 관여했다고 인정하는 것은 도저히 불가능하다」고 판시했다.

더욱이 「수면제 사용의 제안이나 제공을 하였다 하더라도 그것에 의해 X가 A친자에 대해

---

1) 형법 제60조(공동정범)   2인 이상 공동하여 범죄를 실행한 자는 전부 정범으로 한다.
2) 형법 제62조(방조)   ① 정범을 방조한 자는 종범으로 한다. ② 종범을 교사한 자에게는 종범의 형을 과한다.
3) 형법 제199조(살인)   사람을 살해한 자는 사형, 무기 또는 5년 이상의 징역에 처한다.

강도살인을 스스로 관여한다는 인식으로 변하여 Y들과 함께 강도살인을 실행하는 인식으로 변하였다고는 볼 수 없다. 또한 **객관적으로 수면제를 제공한 사실은** 이후 강도살인의 수행에 **중요한 행위였다는 점은 부정할 수 없지만 강도살인의 실행을 결단시키는데 중요한 역할을 했다고는 볼 수 없으며,** 제공하게 된 경위나 그 상황은 Y들의 **상담이나 교부요청에 따라 응답한 수동적인 것이었다는** 점도 부정할 수 없다. 그렇다면 X에게 시체의 운반보관의 보수는 강취한 돈으로부터 충당할 가능성이 상당 정도 있다는 것을 인식한 것과 더불어 **수면제의 사용을 제안한 것을 함께 고려하면** X에게 A친자에 대한 **강도살인에 대해서는 정범의사가 형성되어 Y와 공모를 했다고 인정할 수는 없다고 보아야 할** 것이다」. 더욱이 「강도살인까지도 자신의 범죄로 범했다고 할 정도로 그 수행에 중요한 역할을 했다고 볼 수 있는 합리적 이유를 찾기 어렵다」고 하였다.

이에 원판결을 파기하고 자판하여 본 건은 본래 시체의 운반보관을 의뢰받아 그 의뢰대로 행동을 한 사안으로 (1) 실행 전에는 시체의 운반보관을 담당하고, 보통화물자동차를 운전하여 A 부근에서 살해가 끝날 때까지 대기한 행위와 (2) 수면제 투입 제안 및 제공행위는 전체적으로 피해자 3명에 대한 각 강도살인에 대한 **한 개의 방조행위**로 평가하는 것이 상당하다고 보았다. 최고재판소도 이 판단을 유지했다.

● **해설** ●   1   공동정범의 한계는 본 건과 같이 간접정범과의 관계(【67】) 이상으로 방조와의 사이에서 문제가 된다. 기본적으로는 공동정범으로 평가될 수 있는지를 검토한 후에 방조의 유형성을 갖추었는지를 검토한다.

2   공동정범성은 (a) 객관적으로는 **스스로 범죄를 행하였다고 평가할 수 있는가**와 (b) 주관적으로는 정범의 의사를 가지고 있었는가로 판정된다. (a) 객관적 측면은 ① 역할의 중요성(공모자와 실행자간의 관계), ② 실행행위 이외의 행위에 가담한 경우의 내용, ③ 이득의 귀속, ④ 범행전후의 관여 태양(범죄흔적은폐행위) 등을 종합하여 **자신의 범죄**로 볼 수 있는가를 판단한다. (b) 주관적 측면은 ① 범행의 동기, ② 공모자와 실행행위자 간의 의사소통의 태양이 중요하다.

3   본 건에서 문제가 된 (1) 실행 전에 시체의 운반보관을 맡아 자동차를 운전하여 현장부근에서 대기한 행위는 피해자들로부터 강탈한 돈으로 보수를 받을 것이라는 인식을 인정할 수 없고, (2) 수면제 사용의 제안이나 제공행위도 계획의 중심이 되어 정범으로써 모의한 것이라고 보기 보다는 상담에 따른 수동적인 응답으로 인정되기 때문에 결과적으로 정범성이 부정된 것이다.

● **참고문헌** ●   門田成人・法セ710-111

74 미필적 고의에 의한 공모공동정범

* 最3小決平成19年11月14日(刑集61卷8号757頁)
* 참조조문: 형법 제60조1), 폐기물처리법 제16조2), 폐기물처리법(平成16年법40호개정전)
  제25조 제1항 8호3)

> 불법투기에 대한 확정적 인식은 없었지만 불법투기할 가능성을 강하게 인식하면서 그렇게 되어
> 도 어쩔 수 없다고 생각하며 그 처리를 위탁한 경우, 위탁받은 자를 이용하여 타인에 의해 행해
> 진 폐기물 불법투기에 대한 공모공동정범 책임을 물을 수 있는가?

● **사실** ● K현 Y시에 본점이 있고, 항만운송사업과 창고업 등을 하는 피고인 X사의 대표 등
이었던 피고인 Y등은 X사가 C시내의 차지(借地)에 보관 중인 황산이 들어있는 드럼통 6,000개
의 처리를 그 하청회사의 대표자인 W에게 위탁하였는데, 동 드럼통 중에 361개가 북해도의 토
지에 버려진 것에 대해 X사의 업무에 관하여 W 등과 공모한 후에 함부로 폐기물을 버려 폐기
물 처리 및 청소에 관한 법률소정의 불법투기죄로 기소되었다.

드럼통 처리에 곤란함을 겪고 있는 X사의 사정을 알고 있던 W는 본 건 드럼통 처리를 청부
한 후에 중개료를 받고 다른 업자에게 통째로 맡겨 이익을 얻고자 X사에 집요하게 신청하였다.
이에 Y 등은 협의를 계속한 결과 W나 동 중개에서 실제로 본 건 드럼통의 처리를 하는 자들이
그것을 불법하게 투기할 것이라는 확정적 인식은 없었으나 불법하게 투기할 가능성이 있음을
강하게 인식하면서 그래도 어쩔 수 없다고 생각하며 W에게 처리를 위탁한 것이 인정되었다. Y
등은 W 등과의 공모나 불법투기의 고의를 부정하였지만 제1심과 원심판결은 W 등과의 불법투
기의 공모공동정범을 인정했다. 변호인은 最決平成15年5月1日(刑集57-5-507)의 사정(射程)을
일탈하고 있는 것 등을 주장하여 상고했다.

● **결정요지** ● 상고기각. 최고재판소는 공모공동정범의 성부에 대해 직권으로 판단하여
「원판결이 시인하는 제1심판결의 인정에 의하면 W에 있어서 X사가 상기 드럼통의 처리에
고민하고 있음을 들어서 알고 있었고, 그 처리를 청부한 후 중개료를 받아 다른 업자에게 통
째로 맡겨 이익을 얻고자 생각하여 그 처리를 청부한 X사에 대해 집요하게 신청하자 Y 등 5
명은 X나 실제로 처리를 담당하는 자들이 동 드럼통을 불법하게 투기할 것을 확정적으로 인
식하고 있지는 않았지만 **불법투기할 가능성이 있음을 강하게 인식하면서 그렇게 되어도 어쩔
수 없다고 생각하여 W에게 처리를 위탁한 것**이다. 그렇다면 Y 등 5명은 그 후 W를 이용한
공범자에 의해 행해진 동 드럼통의 불법투기에 대해 **미필적 고의에 의한 공모공동정범**의 책
임을 져야한다. 따라서 이와 같은 취지의 원판결은 정당하다」고 했다.

---

1) 형법 제60조(공동정범) 2인 이상 공동하여 범죄를 실행한 자는 전부 정범으로 한다.
2) 폐기물처리법 제16조: 누구도 함부로 폐기물을 버려서는 안 된다.
3) 폐기물처리법 제25조 제1항: 다음 각 호 어느 것에 해당하는 자는 5년 이하의 징역 또는 천만 엔 이하의 벌금에
   처하거나 이를 병과한다. 제8호: 제14조 제13항 또는 제14조의4 제13항의 규정에 위반하여 폐기물을 버린 자.

●**해설**● 1 공모공동정범을 인정하기 위해서는 공모에 참가한 자 중 누군가가 실행에 착수하지 않으면 안 된다. 그리고 「실행」이라고 평가할 수 있을 정도의 공모관계가 인정되지 않으면 안 된다. 여기에서 「공동실행성」이 인정될 정도로 중요한 역할을 하였는지 여부는 공모 시의 발언내용이나 그 이후의 행동 등으로부터 객관적으로 판단된다.

판례의 표현에 의하면 「의사연락 하에 타인의 행위를 이른바 자신의 수단으로써 범죄를 실현」(【72】)할 필요가 있다. 공동으로 범죄를 행하겠다는 의사를 형성할 정도의 공모가 필요하며, 실행을 전부 부담하지 않는 이상 **단순한 의사의 연락이나 공동범행 의사의 존재만으로는 불충분하다**. 판례도 형식적으로 공모가 있다고 해서 모두 공동정범으로 보는 것은 아니다.

2 단지 그러한 것과 **「미필적 고의에 의한 공모공동정범은 성립하는가」**는 별개의 문제이다. 범죄결과를 확정적으로 인식하면서 모의한 것이 아닌 본 건과 같이 자신이 관리하는 드럼통의 투기행위에 관하여 그것을 의뢰한 입장인 자에 대해 「불법투기를 할 가능성을 강하게 인식하면서도 그렇게 되어도 어쩔 수 없다」고 생각한 것이므로 「공동정범성으로써의 투기행위에 관여했다」고 인정하는 것은 충분히 가능하다.

공동정범의 주관적 성립요건으로서 관여자가 **정범의사**를 가질 필요가 있다. 공동「정범」인가 아닌가의 실질적 한계는 「자신의 범죄인가 아니면 타인의 범죄인가」이지만(松本時夫 「共同正犯」 『刑法の基本判例』 66쪽), 그 판단을 함에 있어 행위자의 주관도 고려된다. 이 때 결과의 확정적인 인식이 항상 필요한 것이 아님은 당연하다.

3 본 건 재판경과에 의하면 전게 最決平成15年5月1日의 결정요지에 있어서 「폭력단조장인 피고인이 자신의 경호원들이 권총 등을 소지한 것에 대해 직접 지시를 내리지 않았다 하더라도 이를 확정적으로 인식하면서 인용하였고, 경호원들과 행동을 함께 한 것 등 판례요지의 사정 하에서 피고인은 전기 소지의 공모공동정범의 죄책을 진다」고 한 것이 「공모공동정범의 성립에는 미필적 고의로는 충분하지 않다」는 논의의 계기가 된 것이라고 생각된다.

단지 상기 판례는 권총 등의 소지에서 묵시적인 의사의 연락이 있었다고 볼 수 있는지 여부, 결국 암묵의 의사연락(공모)의 유무가 문제된 사안이다. 여기서는 스스로를 경호하기 위해 당해 권총 등을 소지하고 있는 것을 확정적으로 인식한 것이 공모공동정범의 성립에서 중요한 의미를 갖는 것은 당연하다. 하지만 사안에 따라서는 미필적 고의에 의한 공모는 얼마든지 생각할 수 있다. 교과서적으로 「미필적 고의에 의해서도 공모공동정범은 성립할 수 있」는 것이 된다.

●**참고문헌**● 松田俊哉 · 判解平19年度453, 北村喜宜 · 平20年度重判50, 林幹人 · 判時1886-3

75 묵시의 공모공동정범

* 最2小決平成30年10月23日(刑集72巻5号471頁・判時2405号100)
* 참조조문: 형법 제60조[1], 자동차운전처벌법 제2조 제5호[2]

자동차운전처벌법 제2조 제5호의 위험운전치사상죄의 공동정범 성립에 필요한 공모의 요건

● **사실** ● X와 A는 사고를 낸 교차로에서 2km 이상 앞 교차로에서 적색신호에 따라 정지한 제3자 운전의 자동차 뒤에 각각 자차를 정지시킨 후, 신호표시가 청색으로 바뀌자 함께 자차를 급격히 가속시켜 무리한 차선변경을 통해 앞서 말한 선행차량을 추월하고, 제한속도 60km의 도로를 시속 약 130km 이상의 고속으로 이어가며 계속 주행 경주한 끝에 신호등이 약 32초 전부터 적색을 표시하였음에도, 본 건 교차로에서 적색신호를 일부러 무시할 의사로 시속 100km가 넘는 빠른 속도로 A차, X차의 순서로 연속하여 본 건 교차로에 진입시켜 좌측 도로에서 신호에 따라 진행해 온 B운전 보통화물자동차(C, D, E, F가 동승)에 A가 자차를 충돌시켜 C 및 D를 차 밖으로 방출시켜 노상에 전도시킨 후, X가 차로 D를 넘어뜨리고 그대로 차저부로 끄는 등의 행위로 B, C, D 및 E를 사망시키고 F에게는 치료기간 불명의 골절 등의 상해를 입혔다.

원심은 X 및 A가 모두 적색 표시에 개의치 않고 자동차를 본 건 교차로에 진입시킨 것으로서, 자동차운전처벌법 제2조 제5호의 적색신호를 「일부러 무시」하였음을 추인할 수 있으며, X 및 A는 본 건 교차로에 이르기에 앞서 적색신호를 일부러 무시할 의사로 양차가 본 건 교차로에 진입하는 것을 서로 인식하고, 그러한 의사를 암묵적으로 서로 상통하여 공모를 이루었다고 하여, A차와의 충돌만으로 생긴 B 등에 대한 사상 결과를 포함한 위험운전치사상죄의 공동정범을 인정한 제1심 판결을 시인했다. 변호인 측은 명시적인 의사의 연락이 없는 한 위험운전치사상죄의 공모는 인정될 수 없다고 하여 상고하였다.

● **결정요지** ● 상고기각. 「X와 A는 서로 상대방이 본 건 교차로에서 **적색신호를 일부러 무시할 의사임을** 인식하면서 상대방의 운전행위에 **촉발되어** 속도를 경쟁하듯이 **고속인 채로 본 건 교차로를 통과할 의도** 하에 적색신호를 **일부러 무시할 의사를 서로 강화하고,** 시속 100km를 상회하는 빠른 속도로 일체가 되어 자차를 본 건 교차로에 진입시켰다고 말할 수 있으」며 「X와 A는 **적색신호를 일부러 무시하고 중대한 교통의 위험을 발생시킬 속도로 자동차를 운전할 의사를 암묵적으로 상통한 후 공동으로 위험운전행위를 행한** 것으로 볼 수」 있으므로 X는 A차에 의한 사상결과도 포함하여 위험운전치사상죄의 공동정범이 성립한다고 판시하였다.

---

1) 형법 제60조(공동정범) 2인 이상 공동으로 범죄를 실행한 자는 모두 정범으로 한다.
2) 자동차운전처벌법 제2조 제5호: 다음의 행위를 하여 사람을 부상시킨 자는 15년 이하의 징역에 처하고 사람을 사망에 이르게 한자는 1년 이상 유기징역에 처한다. …… 5호. 적색 신호 또는 이에 상당하는 신호를 **일부러 무시하며** 심각한 교통의 위험을 야기할 속도로 자동차를 운전하는 행위

●**해설**● 1 학설에서도 공모공동정범은 널리 인정되고 공모공동정범과 실행공동정범의 구별 의미는 희미해지고 있다. 본 건에서는 공모의 의의가 쟁점이 되고 있지만, 양자는「위험운전행위」를 하고 있어 양자에게「의사연락」이 있었는지가 쟁점이었다고도 말할 수 있을 것이다. 애초 **의사의 연락**은 공모와 연속적인 것으로 해석되고 있다. 공모는 단순한 의사의 연락이나 범행의 인식 존재를 전제로 그 이상의 것이 필요하다고도 말할 수 있지만, 질적으로 다르다고는 해석되지 않는다(条解刑法 · 220쪽).

2 공동정범은 통상 범죄의 확정적 인식을 전제로 주관적 연결을 근거하여 공동정범성을 인정하지만 **확정적인 인식은 필수적이지 않다.** 폐기물 처리를 제의한 을이 불법투기할 것을 확정적으로 인식하였으나, 그 가능성을 강하게 인식하면서 그래도 어쩔 수 없다고 생각하며 폐기물 처리를 위탁한 갑 등은 불법투기에 대해 **미필적 고의**에 의한 공모공동정범의 책임을 진다(【74】).

3 공모는 묵시적으로도 이루어질 수 있다. 最決平成15年5月1日(刑集57-5-507)은 폭력단 조장이 자신의 경호원이 자발적으로 경호를 위해 권총 등을 소지하고 있음을 확정적으로 인식하고, 그것을 당연한 것으로 인정하여 **묵시적으로 의사연락**이 있었다고 할 수 있더라도 조직적 관계를 생각하면 조장이 본 건 검총 등을 소지하게 하고 있었다고 평가할 수 있다고 보아 조장에게도 공모공동정범이 성립한다고 보았다.

4 본 건에서도 X · A 사이에 명시적인 공모는 인정되지 않았으나, 원심은 적색신호를 확정적으로 인식한 X · A가 본 건 교차로에 이르기 전에 **적색신호를 일부러 무시할 의사**로 양 차가 본 건 교차로에 진입함을 **서로 인식하고 그러한 의사를 암묵적으로 서로 상통하여 공모를 한 후**, 각자가 높은 속도로 주행을 계속하여 본 건 교차로에 진입하여 상기 위험운전의 실행행위에 이르렀다고 보아 공동정범의 성립을 인정하였다.

5 원심에 대해「서로 상대방의 폭주행위를 인식하면서 상당한 거리에 걸쳐 고속주행을 계속하고 있었다」는 사실만으로는 공모공동정범을 기초로 하는 심리적 인과성을 인정하지 못하고,「상대가 적색신호를 일부러 무시하고 주행을 계속할 것이므로 스스로도 동일한 주행을 계속한다는 의사가 서로 형성되고, 이에 따라 **서로의 의사결정이 더욱 강화되면서 본 건 주행이 이루어졌다는 사정**」이 중요하다고 지적되었다(星 · 後掲 167쪽).

6 그에 대하여 최고재판소는 X와 A는 상대방이 본 건 교차로에서 적색신호를 일부러 무시할 의사임을 인식하면서 상대방의 운전행위에 **촉발되어**, 고속도인 채 교차로를 통과할 의도 하에 **적색신호를 일부러 무시할 의사를 강화하였**으므로 공동으로 위험운전행위를 실시하였다고 말할 수 있다고 본 것이다.

7 본 결정의 의의는「암묵적으로 상통하여 공모하였다」는 내용을「일부러 무시할 의사를 서로 강화하였다」는 형태로 전개한 점에 있다.「상대의 범의를 강화하는」것은 방조에 지나지 않지만, 함께 술집에서 술을 마시다가 2차를 가기 위해 이동 중인 사건이며, 양자가 모두 위험행위를 하고 있는 본 건과 같은 경우는 공동정범으로 볼 수 있다.

●**참고문헌**● 久禮博一 · ジュリ1534-98, 曲田統 · 平30年度重判160, 星周一郎 · 平29年度重判167

76 부작위의 공동정범

* 東京高判平成20年10月6日(判タ1309号292頁)
* 참조조문: 형법 제60조[1], 제199조[2]

> 살해를 방지하지 못한 자의 공동정범성을 판단할 때, 공모의 태양·내용과 작위의무는 어떻게 감안되는가?

● **사실** ● 피고인 X녀가 A로부터 성관계를 강요당했다는 이야기를 들은 피고인 Y와 Z, W 등은 분노하여, X로 하여금 A를 주차장으로 불러내게 한 뒤 추궁하였으나 A는 강간을 인정하지 않았다. 그러나 X는 A에 의해 강간당했음을 되풀이 말하자 A는 갑자기 도망쳤다. 이에 Z 등은 더욱 분노해 A를 색출하여 6명이 A를 처참하게 폭행하여 의식을 잃었다. Z 등은 처음에는 A를 병원으로 데려가라고 V에게 명령했지만, 경찰에 발각될 것이 두려워 A를 살해하기로 마음먹고, Z는 다시 V에게 A를 살해하라고 명령했다. 그리고 X·Y·Z 등 전원이 살해 장소부근으로 이동하여 V가 A를 연못에 빠뜨려 살해했다.

원심은 Z 등 6명이 순차적으로 A에 대하여 집단으로 폭행을 가하였다는 취지의 공모를 성립시켜 일련의 폭행을 행한 것으로서 살해에 대해서는, Z 등 6명과 차에 나눠 타고 살해 현장까지 A를 운반하는 행위를 공동으로 하여, 암묵적으로 상호간의 범의를 인식하고 살해를 공모한 것으로 보았다. 그리고 그 실질적 이유로는 각 범행이 일련의 것으로 공범자 전체에 있어서 의사의 연락 내지 협력관계가 지속되고 있었던 점, X·Y 두 명 모두 반대하거나 저지하는 행동을 하지 않아, 경찰이나 가족 또는 지인 등에게 알려 구조를 요청하는 것이 어려웠다는 점, X는 사정을 설명해 공범자들의 분노를 가라앉히는 것이 가능했음에도 이를 하지 않았다는 점 등의 사실을 들고 있다.

● **판지** ● 공소기각. 동경고등재판소는 「본 건과 같이 현장에 동행하였으나 실행행위를 하지 않은 자에 대해서 공동정범으로서의 책임을 묻기 위해서는 그 자에 대해 **부작위범이 성립할 것인가 아닌가를 검토하고, 그 성립이 인정되는 경우에는 다른 작위범과의 의사연락에 의한 공동정범의 성립을 인정하는 쪽이 사안에 적합할 경우가 있다**」라고 하여 이 경우의 의사연락은 「**공모자에 의한 지배형(支配型)이나 대등관여형(対等関与型)을 근거지우는 것과 같이 어떤 의미에서 내용이 깊은 공모는 요하지 않는다**」고 본다. 그 대신 부작위범이라고 하기 위해서는 부작위에 의해 범행을 실현했다고 볼 수 있어야 하며, 그 점에서 작위의무가 존재하였는지가 중요하며 부작위범구성에 의해 범죄의 성립을 한정하는 쪽이 공모내용을 이른바 완화하여 해석하는 수법보다 더 적절하다고 할 수 있다」고 하였다.

본 건은 「X의 이야기를 계기로 강간 등이 없었음에도 불구하고 그렇게 오해한 Z 등이 A에게 폭력을 행사할 가능성이 있음을 충분히 인식하면서 A를 호출했으며, 이것은 신체에 위험

---

1) 형법 제60조(공동정범) 2인 이상 공동하여 범죄를 실행한 자는 전부 정범으로 한다.
2) 형법 제60조(살인) 사람을 살해한 자는 사형, 무기 또는 5년 이상의 징역에 처한다.

이 미칠 가능성이 있는 장소로 A를 끌어들인 것이라 할 수 있다. 그리고 A를 만나는 상대인 Z, W, Y 모두가 A를 호출하기 전, A에게 분노를 가지고 있던 점을 생각하면, 위험이 생겼을 때에 A를 구할 수 있는 사람은 X 외에는 없다고 말할 수 있다. 더욱이 X가 사실은 이렇다고 말하지 못할 이유가 전혀 없다」고 하였다.

「Y는 X의 말이 사실이라 생각했지만, A가 도주한 후에는 A가 한번 혼나는 것이 좋겠다고 적극적으로 생각한 것이며 한편 X의 말을 듣고 우선 스스로가 A에게 분노를 느낀 것이고, X를 큰 소리로 꾸짖는 등 Z·W가 들을 수 있는 토대를 만들어 낸 후 Z가 화를 내는 언동 등을 인식하면서도 A의 호출을 요구하는 등 이를 추진하였다. 그리고 이를 통해 X와 마찬가지로 신체에 위험이 미칠 수 있는 곳에 A를 적극적으로 끌어들인 것으로 볼 수 있다. 그러면 Y는 A가 폭행을 당하고 있는 상황에서 Y가 폭행을 제지한 행위는 인정되지만, 이는 Y가 예상했던 이상의 폭행이 가해졌기 때문이라고 생각되며 신체에 위험이 있을 수 있는 장소에 A를 끌어들인 자로서 경찰이나 지인 등에게 통보하는 등 범행의 저지를 위해 노력했어야 했다」고 하여 X·Y에게는 부작위범으로서의 살인죄 공동정범이 성립한다고 하였다.

● **해설** ● 1 **공모의 인정**과 **공동정범성의 인정**은 이론적으로는 다른 문제라고 볼 수 있지만 실제로는 대부분 겹친다. 「일부 실행조차 하지 않았는데 공동정범성을 인정하는 근거」가 되는 공모의 사실은 결국 실질적으로 공동정범으로 평가할 수 있을 만큼 관여하였는가가 문제된다. 실행범의 작위살해를 방지하지 않은 자의 공동정범성은 공모의 태양·내용과 「살해방지의무」의 정도를 종합해 판단하지 않을 수 없다.

2 大阪高判平成13年6月21日(判夕1085-292)은 1년 2개월된 유아를 코타츠의 상판으로 내리쳐 숨지게 한 모에게 확정적 살의를 인정하고, 그 의도를 알면서도 모의 행동을 제지하지 않은 남편에게 공모공동정범을 인정했다. 방조가 아니라, 공동정범으로 처리할 때에는 자신의 범죄라고 할 만한 공모관계, 결과방지의무가 인정되어 있어야 할 것이다.

3 본 판결은 신체에 위험이 발생할 가능성이 있는 장소에 A를 적극적으로 끌어들인 X에게는 경찰이나 지인들에게 알리는 등 범행을 저지하기 위해 노력해야 할 작위의무가 있었다고 보아 부작위의 공동정범을 인정했다. 그러나 살해의 모의에 참여하여 중요한 역할을 하고 있는 이상 작위에 의한 살인죄의 공동정범으로도 지목할 수 있을 것으로 보인다. Y에게도 살해에 이르는 공동의사 형성에 크게 영향을 미쳤으므로 공동정범성이 인정됐다고 볼 수 있다.

4 또한 부와 모가 공모하여 유아를 돌보지 않은 경우를 생각하면, 부작위의 공동정범이 인정되는 것에 대해서는 다툼이 없다. 그리고 한편으로 작위의무가 없어도, 부작위의 공동정범은 성립된다.

● **참고문헌** ● 前田·最新判例分析104, 菊池則明『刑事事実認定重要判決(補訂版)(下)』211

77 부작위의 공동정범과 방조의 한계

* 名古屋地判平成9年3月5日(判時1611号153頁)
* 참조조문: 형법 제60조[1], 제62조 제1항[2], 제199조[3]

> 빈사상태에 이를 정도로 중상을 입힌 뒤 유기하여 사망케 한 사안에서 폭행에 가담하지 않은
> 자가 유기행위에만 관여했을 경우의 죄책

● **사실** ● 정범인 Y·Z 등은 공모한 뒤, A의 머리와 안면 등을 맥주병, 빗자루 등으로 수십 차례 구타하는 등의 폭행을 가하고, 나아가 장소를 옮겨 반복 폭행을 가하여, 자력으로는 움직일 수가 없을 정도로 빈사상태에 이르게 했다. 그리고 Y 등은 A를 즉시 병원으로 옮겨 적절한 의료조치를 강구하였다면 동인의 사망을 방지할 수 있었음에도 불구하고 범행을 은폐하기 위해 유기하여 살해할 것을 공모한 뒤, 제방 위에서 중턱부근까지 차는 추락시키고 기소강(木曽川) 하천부지 잡목림 안으로 끌고 가 동 장소에 방치한 뒤 가버려 결국 동인을 사망시켰다. 당시 피고인 X는 Y·Z 등이 A를 유기하여 살해하고자 하는 것을 알면서도 Y 등의 명령에 따라 다른 이와 함께 A를 끌고 하천부지 잡목림 안으로 이동시켰다.

이에 검찰은 X의 행위는 부작위에 의한 살인의 공모공동정범에게 해당된다고 주장했다.

● **판지** ● 나고야 지방재판소는 다음과 같은 검찰의 주장 즉 「X는 A를 유기하기 전에 Y 등이 가한 폭행으로 인해 이미 A가 빈사상태에 이르는 중상을 입은 사실과 Y 등이 A를 살해할 의사를 가지고 있음을 인식하면서, 이러한 Y 등과 A를 강의 제방 위에서 발로 차 추락시키고, 스스로 직접 A를 하천부지 잡목림 안으로 끌고 가 폭행을 가한 뒤 떠났기 때문에 X에게도 A를 구호해야 할 의무가 발생한다」는 주장에 대하여, 「A를 제방 위 강측의 중턱부근에서 차를 추락시키기 전에 X가 Y 등과 검찰이 주장하는 공모를 했다고는 인정하기 어렵기 때문에, A를 기소강 제방위에서 발로 차 추락시킨 행위에 대해서 X의 형사책임을 물을 수는 없다.

또한 A를 제방중턱부근에서 제방 아래로 끌어내리려 했을 때에는 X는 Y 등이 A에 대하여 살의를 가지고 있음을 인식하고 있었으며, 나아가 Y 등으로부터 명령을 받아 그 유기행위를 돕기로 한 것이기 때문에 **A를 제방중턱부근에서 제방 아래로 끌어내리려고 한 이후의 행위는 X에 대해서 구호의무(부작위에 의한 살인의 작위의무) 발생의 근거가 되는 것은 아니다.**

다시 검토하면 앞서 인정한 바와 같이 X는 Y 등으로부터 폭행을 당한 후, 단지 Y 등을 수행(隨行)하고 있었던 것에 지나지 않는다. 그리고 스스로 A를 살해하지 않으면 안 될 만한 동기도 없었고, 사전 공동모의에도 참가하지 않았기 때문에 **X에게 정범의사를 인정하기 어려울 뿐만 아니라, 소인이 되는 X가 관여한 행위도 Y등의 부작위에 의한 살인행위 속의 유기행위에 지나지 않고, 게다가 그 행위 자체만으로는 A의 사망간의 사이에 인과관계는 없는**

---

1) 형법 제60조(공동정범) 2인 이상 공동하여 범죄를 실행한 자는 전부 정범으로 한다.
2) 형법 제62조(방조) ① 정범을 방조한 자는 종범으로 한다. ② 종범을 교사한 자에게는 종범의 형을 과한다.
3) 형법 제199조(살인) 사람을 살해한 자는 사형, 무기 또는 5년 이상의 징역에 처한다.

것이다. 그렇다면 이러한 X의 행위는 Y 등의 부작위에 의한 살인행위를 용이하게 한 것으로서 그 **방조**에 해당하는 것으로 인정함이 상당하다」고 판시하였다.

● **해설** ● 1. 본 판결에서는 몇 가지의 범죄사실이 문제되었지만, 빈사의 A를 그 단계에서부터 살해할 고의를 가지고 방치하는 공모가 성립한 이후의 행위를 문제삼았다. 이 부분과 관련해 살해목적으로 공모한 Y·Z 등의 정범에게 부작위에 의한 살인죄가 성립함은 문제가 없다. 자력으로 행동할 수 없을 정도의 중상을 입힌 것이므로 이러한 선행행위에 근거한 작위의무로서 A를 구호해야 할 의무가 발생하고, 그 의무를 다하였다면 구명할 수 있었기 때문이다.

2 문제는 살해목적 유기에 대한 공모에는 가담하지 않고, 그 이후의 방치행위를 공동실행한 X의 죄책이다. 나고야 지방재판소는 X에게는 작위의무가 결여되고, 실제로 관여한 유기행위에는 사망과의 인과관계가 인정되지 않아, 그 관여는 부작위의 살인을 단지 용이하게 한 것에 지나지 않으므로 방조에 해당된다고 판단했다.

3 단순히, 빈사상태였던 피해자를 인식하면서 설령 유기 작업에 들어간 단계이더라도 공동정범자가 살의를 가질 것을 충분하게 인식하면서 가담하였을 경우 그 이전의 상황도 승계되기 때문에 널리 부작위의 살인죄의 공모공동정범을 인정해도 좋을 것이다. X가 행한 유기행위가 A의 사기(死期)를 앞당기는 등의 직접적 인과성을 가지지 않는다 하더라도, 공동정범으로서 가세함으로써 서로 인과성이 생기고 X의 귀책범위는 이미 발생한「빈사상태」와 X의 행위가 합쳐짐에 따라 발생하는 결과에까지 미친다고 생각된다. 또한 유기행위로 인해 사기가 앞당겨지는 것은 아니지만, 구조되기가 어려워져 그 범위에서 인과성이 인정된다(때문에 본 판결도 방조범의 성립을 인정한 것이다).

4 그러나 통상의 승계적 공범에서도 최근의 판례는「선행사정을 적극적으로 이용」한 경우에 한해 승계를 인정하는 중간설이 유력하다(【179】참조). 단독범에서 도중에 공동한 경우에도 구성요건의 중요부분에 인과적으로 영향을 준 것으로 평가할 수 있을 정도의 관여가 필요하며, 물리적 인과성이 약할 경우에는 강한 심리적인 인과성이 필요하고, 특히 상당히 분명한 정범자 의사를 요구하지 않으면 안 되는 것이다.

5 본 건의 경우 X는 어디까지나 종된 참가자로 정범의 의사가 결여되어 있다. 그리고 전술한 바와 같이 보조자로서의 인과성은 인정되기 때문에 X는 **부작위에 의한 살인의 방조범**이 성립된다. 또한 나고야 지방재판소는 부작위에 의한 살인의 공동정범자에게는 각각 작위의무가 존재하지 않으면 안 된다고 판시하고 있지만, 뒤에 공모에 참가함으로써 결과와의 인과성이 발생했다고 인정될 수 있으면, 반드시 작위의무가 필요하지 않는 경우도 생각할 수 있음에 주의하지 않으면 안 된다.

● **참고문헌** ● 林幹人·判評475-54, 神山敏雄·現代刑事法1-5-73

78 과실의 공동정범

* 最3小決平成28年7月12日 (裁時1656号5頁)
* 참조조문: 형법 제60조[1], 제211조[2]

과실의 공동정범의 성립 요건

● **사실** ● 본 건은 【40】의 A시 불꽃축제 육교사고에 관한 것이다. A경찰서장, 지역관(현지경비본부 지휘관), 경비회사 지사장·경비총괄책임자 등이 업무상 과실치사상죄로 수사를 받았으며 이에 더해 A경찰서 부서장 X가 검찰심사회법[3]에 근거하여 업무상 과실치사상죄로 강제기소되었다.

X는 경찰사무 전반에 걸쳐 서장을 보좌하고, 본 건 경비계획 수립 시에도 조언을 하였으며 시측과의 검토회에 참석하기도 했다. 사고 당일에도 경비 부본부장으로서 서장의 지휘권을 적정하게 행사하게 할 의무를 지고, 현장 경찰관과의 전화 등으로 정보를 수집해 서장에게 보고 및 진언 등을 하였다. 한편 지역관은 현장에서 배하(配下)경찰관을 지휘해 참가자 안전 확보업무에 직접적으로 종사하고, 경비회사와 연계해 정보를 수집할 수 있고, 현장 부근에 배치된 기동대의 출동여부에 대해서도 본인이 판단하여 긴급을 요할 경우라면 직접 요청해 출동하도록 할 수 있는 지위였다.

본 사고에 대해서는 최종 사상의 결과가 발생한 2001년 7월 28일부터 공소시효가 진행되며, 공소시효 정지 사유가 없는 한 같은 날부터 5년이 경과하여 공소시효가 완성된다. 이에 검찰관의 직무를 수행하는 지정변호사는 2010년 6월 18일 B의 업무상과실치사상죄가 확정된 점에 주목하여 X와 B는 「공범」에 해당하여 X에 대해서도 공소시효가 정지된다고 주장했다.

● **결정요지** ● 최고재판소는 X와 B지역관이 형소법 제254조 제2항[4]에서 말하는 「공범」에 해당된다는 주장에 대해 그렇게 인정되기 위해서는 양자에게 업무상 과실치사상죄의 공동정범이 성립할 필요가 있다고 보고「업무상 과실치사상죄의 공동정범이 성립하기 위해서는 **공동의 업무상 주의의무를 공동으로 위배될 것이 필요하다**고 해석되지만 이상과 같은 A경찰서의 직제 및 직무집행 상황 등에 비추어 보면, B지역관은 본 건 경비 계획 책정의 1차적 책임자 내지 현지 경비 본부의 지휘관의 입장에 있었던 것에 반해 X는 부서장 내지 경찰서 경비 본부의 경비 부본부장으로서 서장이 동 경찰서의 조직 전체를 지휘·감독하는 것을 보좌하는 입장으로, B지역관과 X가 각자 분담하는 역할이 기본적으로 달랐다. 본 건 사고 발생의 방지를 위하여 요구되는 행위도 B지역관에게는 본 건 사고 당일 오후 8시경 시점에서 배하경찰관을 지휘함과 동시에 서장을 통하거나 직접 기동대의 출동을 요청하여 본 건 육교 내 유입 규제 등을 실시하

---

1) 형법 제60조(공동정범) 2명 이상 공동하여 범죄를 실행한 자는 모두 정범으로 한다.
2) 형법 제211조(업무상과실치사상 등) 업무상 필요한 주의를 게을리하여, 사람을 사상시킨 자는 5년 이하의 징역, 금고 또는 100만 엔 이하의 벌금에 처한다. 중대한 과실에 의해 사람을 사상시킨다고 동일하게 한다.
3) 일본의 검찰심사회는 지방재판소 또는 그 지부의 소재지에 위치한 중의원 선거권자들로 구성된 기구로서 검찰관(검사)의 부당한 불기소 처분을 억제하기 위해 만들어졌다. 중의원 투표권을 가지면서 무작위로 선정된 시민 11명으로 구성되어, 검찰관의 불기소 처분에 대한 심사나 검찰 사무의 개선에 관한 건의 또는 권고를 담당하고 있다. 초기에는 심사회의 의결이 검찰관에 대한 법적인 구속력을 갖지 않았지만, 2009년 5월 21일부터 시행된 법에 따라 현재는 법적인 구속력을 가져 의결 결과에 따라 기소를 강제할 수 있다.
4) 형사소송법 제254조 제2항 : 공범 중 1인에 대한 공소제기에 의한 시효의 정지는 다른 공범에 대해서도 그 효력이 미친다. 이 경우에 있어서 정지된 시효는 당해 사건에 대한 재판이 확정된 시점부터 진행이 시작된다.

는 것, 본 건 경비계획의 책정 단계에서는 스스로 혹은 배하경찰관을 지휘하여 본 건 경비계
획을 적절히 책정하는 것임에 반해 X에게는 각 시점마다 기본적으로 서장에게 보고 등을 하
여 B지역관 등에 대한 지휘·감독이 적절히 이루어지도록 보좌하는 것이라고 할 수 있고, 본
사고를 회피하기 위해 **양자가 부담해야 할 구체적 주의의무가 공동의 것으로 볼 수 없다.** X에
대해, B지역관과의 업무상 과실치사상죄의 공동정범이 성립할 여지는 없다」고 판시하였다.

● **해설** ● 1 **과실의 공동정범**의 성부에 관해서 (a) 행위공동설은 「행위를 공동으로 할 의
사가 있으면 족하고, 결과를 공동으로 할 의사는 필요하지 않다」고 하여 과실공동정범긍정설을
취하고(木村亀二 『刑法総論』 405쪽), (b) 범죄공동설은 「결과에 대응할 의사가 없는데 그 공동
내지 공동실행이라는 것은 있을 수 없다」고 하는 과실범공동정범부정설이 대립되어 왔다(小野
清一朗 『刑事判例評釈集15卷』 5쪽, 団藤重光 『刑法綱要総論〔第3版〕』 393쪽). 단 과실범에도
실행행위성을 인정하는 설이 유력하고, 과실범의 공동정범을 인정하는 설이 증가하고 있다(福
田平 『新版刑法総論』 202쪽 참조).

2 그리고 범죄공동설에 입각하여도 「위험이 예상되는 상태에서 사고방지의 구체적 대책을 행
하는 것에 대하여 상호이용·보충이라는 관계에서 결과회피를 위하여 공동의 주의의무를 지는 자
의 공동작업상의 실수가 인정될 때가 과실범에서의 공동실행이다」라는 견해가 유력하게 되었고
(藤木英雄 『刑法講義総論』 294쪽) 「상대에게도 준수하게하는 의무를 상호에게 포함하는 주의의
무」가 인정되는 경우에 과실의 공동정범이 성립된다고 보았다(大塚仁 『刑法総論Ⅰ』 381쪽).

3 이론적으로도 공동정범의 실질인 **일부실행 전부책임**은 과실범에 대해서도 생각해볼 수
있다. 과실범에서도 「행위」를 공동으로 하여 결과에 영향을 주는 경우는 상정할 수 있기 때문이
다. 또한 과실단독정범에서도 결과의 인식이 요구되지 않는 이상 과실공동정범에서 「결과에 대
한 의사의 연락」은 반드시 필요하지 않다.

4 대심원은 과실의 공동정범에 소극적이었지만(大判明44·3·16刑録17-380), 最判昭和28
年1月23日(刑集7-1-30) 이후 판례는 과실의 공동정범을 인정하고 있다. 동 판결은 음식점 공동
경영자 X·Y가 위스키라고 불리는 액체를 메탄올 함유에 충분히 주의하지 않고 판매한 사안에
대해 과실에 의한 메탄올 함유 음료 판매죄의 공동정범을 인정하였다. 그리고 본 판결이 형법범
에 대하여 과실의 공동정범을 정면으로 인정하였다.

5 본 결정에서는 과실공동정범의 요건(공동과실)에 대하여 **업무상과실치사상죄의 공동정범
이 성립하기 위해서는 공동의 업무상 주의의무를 공동으로 위반할 필요**가 있다고 명시하였다.

6 **공동 주의의무의 공동위반**의 구체적인 예로는 순차교대하여 한쪽이 전기용접을 하고 다른
한쪽이 감시하는 작업을 행함에 있어, 어느 용접행위의 불꽃이 원인인지 특정할 수 없지만 차폐
조치를 강구하지 아니하여도 괜찮다는 상호 의사연락 하에 용접작업이라는 실질적 위험행위를
공동하여 수행한 것으로 받아들여 업무상실화죄의 공동정범이 인정된 판례이다(名古屋高判昭61
·9·30高刑39-4-371). 그리고 지하에서 불꽃을 이용하는 작업에 종사하였던 두 명이 그 장소에
서 퇴출하면서 램프를 확실히 소화하는 것을 서로 확인하지 않고 자리를 떠나 화재를 발생시킨
사안에서도 과실행위를 공동으로 행하였다고 인정하였다(東京地判平4·1·23判時1319-133).

● **참고문헌** ● 三上潤·判解平28年度139, 前田雅英·捜査研究790-41, 成瀬幸典·法教·435-178

79 공동정범과 과잉방위

* 最2小決平成4年6月5日(刑集46卷4号245頁·判時1428号144頁)
* 참조조문: 형법 제36조 제2항,[1] 제60조,[2] 제199조[3]

> 공동정범 중 일방에게 과잉방위의 상황이 존재했을 경우, 그것이 존재하지 않는 다른 일방에게
> 도 제36조 제2항의 효과가 인정되는 것인가?

● **사실** ● 피고인 X는 친구 Y의 거실에서 음식점 M에 전화를 걸어 동 음식점에서 근무 중인
여자 친구와 담소를 나누고 있었는데, 점장 A의 일방적인 전화 단절에 화가나 다시 전화를 걸어
거듭 중개를 요구했지만, 거부당한 뒤 모욕적인 말을 듣고 분개하여 M을 습격하기로 마음먹고,
동행을 꺼리는 Y를 강하게 설득하여, 칼을 휴대하고 함께 택시를 타고 M에게로 갔다. X는 택시
안에서 자신도 A와는 면식이 없음에도 Y에게 「나는 얼굴이 알려져 있기 때문에 네가 처치해라!
싸움이 터지면 너를 방치하지는 않겠다!」라고 말하였다. 나아가 A를 살해하더라도 어쩔 수 없다
는 의사 하에 「공격당하면 칼을 사용해라!」고 지시하는 등 설득하고, M 부근에 도착한 뒤 Y를
동 음식점 출입구 가까이에 가게하고, 조금 떨어진 장소에서 동 음식점에서 나온 여자 친구와 이
야기를 하며 대기하고 있었다. Y는 내심 A에 대해 폭행을 가할 의사까지는 없었고, 처음보는 A
로부터 갑작스럽게 폭력을 당하지는 않을 것이라 생각하여 M 출입구부근에서 X의 지시를 기다
리고 있었다. 그러나 예상 외로 동점에서 나온 A가 X로 오해하여 갑작스럽게 옷깃을 쥐고 끌어
당긴 뒤, 주먹으로 안면을 구타하고 콘크리트 노상에 전도시켜 발길질을 가하였다. 이에 저항하
였지만 의지했던 X의 도움도 얻을 수 없었고, 다시 노상에 내쳐지자 자신의 생명과 신체를 방위
할 의사로 순간 칼을 꺼내 X가 지시한 대로 칼을 사용해서 A가 사망하더라도 어쩔 수 없다고 마
음먹고 X와의 공모 하에 칼로 A의 좌흉부 등을 몇 회 찔러 동인을 사망시켰다.

　원심은 Y에 대해 A에 대한 폭행은 급박 부정한 침해에 대한 것이나 그에 대한 반격이 방위의
정도를 넘어선 것이라 하여 과잉방위의 성립을 인정하였지만, X에 대해서는 A가 공격해 올 기
회를 이용하여 Y에게 칼로 반격하도록 설득하였던 것이므로, 적극적인 가해의사로서 침해에 임
한 것이기 때문에 급박성을 결한다고 보아 과잉방위의 성립을 인정하지 않았다. 이에 대하여 피
고 측은 과잉방위의 효과는 공동정범자에게 미친다고 상고하였다.

● **결정요지** ● 상고기각. 「공동정범이 성립할 경우에 있어서의 과잉방위의 성부는 공동정
범자의 각인에 대해 각각의 요건이 충족되는 것인지 여부를 검토하여 결정해야 하며, **공동정
범자의 한 사람에 대해서 과잉방위가 성립했다고 하여도, 그 결과 당연 다른 공동정범자에게
도 과잉방위가 성립하는 것은 아니다.** 원 판결의 인정에 의하면 X는 A의 공격을 예견하고, 그
기회를 이용하여 Y로 하여금 칼로 A에게 반격을 가하도록 한 것이었으므로 적극적인 가해의

---

1) 형법 제36조(정당방위)　② 방위의 정도를 초과한 행위는 정상에 따라 그 형을 감경 또는 면제할 수 있다.
2) 형법 제60조(공동정범)　2인 이상 공동하여 범죄를 실행한 자는 전부 정범으로 한다.
3) 형법 제199조(살인)　사람을 살해한 자는 사형, 무기 또는 5년 이상의 징역에 처한다

의사로 침해에 임한 것이기 때문에, A의 Y에 대한 폭행은 적극적인 가해의사가 없었던 Y에게 는 급박부정한 침해이었다 하여도 X에게 있어서는 급박성을 결하는 것이기 때문에(最1小決昭 52·7·21【48】 참조), Y에 대해서 과잉방위의 성립을 인정하고, X에 대해서 이를 인정하지 않 은 원 판단은 정당하다 할 것이다」.

● **해설** ● 1 (공모)공동정범자 사이에서 **일방(방위행위자)에게 정당방위가 인정되는 상황** 이 존재하고, 다른 일방에게 그러한 상황이 결여된 경우 공동정범자 사이에서 죄책의 차이가 발 생하게 되는 것인가. (a) **공동정범자간에 「위법성은 연대」**하므로 양자의 행위는 함께 정당화된 다는 설명도 생각해 볼 수 있다. 위법성은 객관적인 것이고 행위자마다 다르지 않다.

2 하지만 (b) 공동정범의 경우 **일방의 정당방위사정은 다른 사람에게 항상 연대적으로 영 향을 준다고는 말할 수 없다**. X·Y가 A·B를 상해하기로 공모하고, 제 각기 한 사람씩 조금 떨 어진 장소에서 폭행을 가했을 경우, A와의 관계에서 X에게 정당방위상황이 존재하더라도, Y가 B와의 관계에서 정당방위상황이 인정되는 것은 아니다.

객관적으로 파악한 급박성이라고 하여도, 그 의미에서는 **상대적**인 것이다. 단지 X는 A에 대 하여 상해죄는 성립하지 않지만, Y에게 심리적으로 움직여 공동하여 B를 상해하고 있는 이상 양자의 상해죄의 공동정범은 면할 수 없다.

3 본 결정은 살인의 공동정범자 일방이 급박부정한 침해에 대하여 과잉방위한 사안에 대하 여 그 자에게 과잉방위를 인정하고, 다른 일방에게는 급박성이 없는 이상 과잉방위를 인정할 수 없다고 하였다(또한 일방이 방위상황이며 다른 일방이 방위상황이 아닌 경우의 처리를 문제시 하고 있으며 Y가 정당방위인 경우에도 동일하게 취급할 것이다). (공모)공동정범자 간에 일방 (방위행위자)에게는 급박하였지만 다른 일방에는 급박하지 않은 상황을 생각해볼 수 있다. 이 경우 공동실행으로 결과를 야기한 이상 일방의 공동정범자에게 정당방위사정이 존재하여도 다 른 일방의 행위가 정당화되거나 과잉방위행위로 평가되는 경우는 없다고 생각된다.

4 판례는 기본적으로 공동정범의 이해에 관하여 행위공동설을 채택하고 있으며 구성요건 도, 정당방위라고 할 수 있는지도 기본적으로 각 행위자마다 판단하고 있다. 그리고「적극적 가 해의사」라는 주관적 사정을 정당방위의 성부 요건으로 중시하는 이상 공동정범자 사이에 위법 성 판단은 개별화한다.

5 「위법성은 연대한다」라고 하는 추상적인 명제로부터 구체적인 결론을 이끄는 것은 위험 하지만 X·Y가 A 1인을 상해하고자 공모하고 X가 발각되어 정당방위 상황 하에서 상해를 입은 경우 X의 정당방위에 의한 결과(그러한 의미에서 법질서가「단독범이면 누구라도 귀책될 수 없 다고 생각되는 결과」)를 Y에게 귀책시킬 필요가 없다는 해석도 불가능한 것은 아니다. 하지만 판례는 그러한 결론을 채용하고 있지 않다.

6 본래 본 건은 과잉방위이므로「위법한 결과」이며 양자에게 귀책된다. 공동정범자의 형의 감면에 있어서 행위자 마다 구체적으로 판단하게 된다.

● **참고문헌** ● 小川正持·J1011-98, 高橋則夫·法教148-112, 曽根威彦·判評410-45, 川端博·研修 540-21, 橋本正博·平4年度重判116, 橋田久·甲南法学35-1-103

80 정당방위 공모의 사정(射程)

* 最3小判平成6年12月6日(刑集48券8号509頁・判時1534号135頁)
* 참조조문: 형법 제36조 제2항,[1] 제60조,[2] 제205조[3]

> 정당방위를 공동으로 한 바, 그중 한 사람이 방위행위종료 이후에 가해행위를 가한 경우

●**사실**● 피고인 X는 야간에 Y 등 여러 명과 더불어 거리에서 잡담을 하고 있던 중, 술에 취해 그곳을 지나던 A와 말다툼하게 되었다. A는 X의 동료여성 S의 머리카락을 잡아당기는 등의 난폭행동을 하다 제지당하였지만, S의 머리채를 움켜 쥔 채 차도를 횡단하여 맞은편 주차장 입구까지 S를 끌고 갔다. 이에 X 등이 쫓아가 폭행을 가해 S의 머리카락을 A의 손에서 떼어 냈지만, A는 X 등에게 욕설을 해대며 더욱 더 응전할 기세를 보이면서 뒷걸음질 치듯이 주차장 안쪽으로 이동했다. X 등 4명도 거의 일체가 되어 A를 주차장 안으로 궁지에 넣는 형세로 몰아 갔다. 그러던 중 주차장 중앙에서 Y가 응전의 태도를 누그러뜨리지 않는 A에게 주먹을 날렸으나 얼굴이 긁힌 정도로 끝나자, 다시 가격하기 시작하였지만 Z가 제지하였다. 하지만 Y는 그의 제지를 뿌리치고 주차장안 쪽에서 A의 안면을 다시 구타하였고, 이로 인해 A는 콘크리트바닥에 머리를 부딪쳐 약 7개월 반을 요하는 상해를 입게 되었다.

원심은 A가 S의 머리채를 움켜 쥔 시점에서부터 Y가 A를 마지막으로 구타할 때까지 X 등 4명의 행위는 의사연락 하에 행하여진 일련의 일체된 행위이고, 따라서 그 전체에 대해서 공동정범이 성립하여 과잉방위에 해당된다고 보았다. 이에 대해, 변호인은 위의 추격행위는 Y의 단독 정범이라고 하여 상고했다.

●**판지**● 파기자판.「본 건과 같이 상대방의 침해에 대해 여러 명이 공동하여 방위행위로서 폭행에 이르고, 상대방의 침해가 종료한 뒤에도 그중 일부가 폭행을 계속한 경우 침해가 종료한 후의 폭행에 가담하지 않은 자에 대한 정당방위의 성부를 검토함에 있어서 침해당시와 침해종료 이후를 나누어 고찰하는 것이 상당하며, **침해당시의 폭행이 정당방위로 인정이 될 경우에는 침해종료 이후의 폭행에 대해서는 침해당시의 방위행위로서의 폭행의 공동의 사로부터 이탈하였는지 여부가 아니라 새로운 공모가 있었는지 여부를 검토하여야 하며,** 공모 성립이 인정될 때에 비로소 침해당시 및 침해종료 이후의 일련의 행위를 전체로서 고찰하고, 방위행위로서의 상당성을 검토해야 한다」.

그리고 A가 S의 머리채를 놓기까지의「반격행위」와 그 이후의「추격행위」로 나눈 뒤에, 반격행위에 대해서는「아직 방위수단으로서의 상당성의 범위를 넘어선 것으로는 볼 수 없다」고 하여 정당방위를 인정하고, 추격행위에 대해서는「일단(一團)이 되었다 하더라도, X 등 4명이 A를 추격하여 폭행을 가할 의사가 있고, 서로 그 취지하에 의사의 연락이 있었던 것으

---

1) 형법 제36조(정당방위) ① 급박부정한 침해에 대하여 자기 또는 타인의 권리를 방위하기 위하여 부득이하게 행한 행위는 벌하지 아니한다. ② 방위의 정도를 초과한 행위는 정상에 따라 그 형을 감경 또는 면제할 수 있다.
2) 형법 제60조(공동정범) 2인 이상 공동하여 범죄를 실행한 자는 전부 정범으로 한다.
3) 형법 제205조(상해치사) 신체를 상해하여 사람을 사망에 이르게 한 자는 3년 이상의 유기징역에 처한다.

로 즉단할 수는 없다」고 하여 「추격행위에 대해 새로운 폭행에 대한 공모가 성립하였다고는 인정되지 않으므로 **반격행위와 추격행위를 일련일체의 것으로서 종합평가할 여지는 없기**」때문에, 이것들을 일련일체의 것으로서 과잉방위에 해당된다고 본 원 판결을 파기·자판하여 **X에게 무죄를 선고했다.**

● **해설** ●　1　일단 의사의 연락으로 인해 공동정범의 관계가 발생되었다하더라도 **공모내용과는 별개의 행위가 새로운 범의 하에서 실행되었을 경우**에는 그 공동정범의 인과성은 이후의 범행에는 미치지 못할 경우가 있다(**공모의 사정(射程)**).

본 건의 경우도 여성의 머리채를 움켜 쥔 것에 대한 「반격행위」(정당방위)와 주차장 안쪽으로의 「추격행위」는 나누어 평가되어야 한다(양자가 일련의 행위라면 X의 죄책은 공범이탈의 문제로서 처리되게 되고, X는 Y를 제지하지 않았기 때문에 이탈이 인정되지 않는다).

2　여기서 중요한 것은 X와 Y 등이 **「정당방위행위를 공동으로 하였다」**는 점이다. 수 명이 공동하여 방위행위를 행하였고, 그중 일부가 상당성을 벗어난 공격을 계속한 경우에 있어 처음에는 「방위한다」는 의사의 연락이 존재하였지만, 이후 방위를 초과한 가해행위에 대한 의사의 연락은 통상 존재하지 않는다. 「방위하고자」 하는 합의에는 새로운 「범죄행위」를 범하는 것에 관한 합의는 포함되지 않고, 거기에서 출발하는 심리적 인과성은 「일부실행 전부책임」이라는 공동정범 효과의 기초가 될 수는 없는 것이다.

3　거기에서 공동방위자 중 일부의 적극가해에 대해서는 심리적인 측면도 포함하여 통상 인과성은 존재하지 않고, X의 공동정범으로서의 고의책임도 미치지 않는다. 「돕자」라고 공동한 자에게 일부 사람의 적극적 공격까지 귀책시켜서는 안 된다. 그것은 「상해를 가하기로 공동한 자」에게 다른 사람을 살해한 결과에 대해서 상해치사의 책임을 묻는 경우와는 구별된다(결과적 가중범의 공동정범).

4　다만, Y의 추격행위는 A가 더욱 더 응전의 태세를 취하였기 때문에 이루어진 것으로 급박성은 여전히 존재하여 과잉방위가 성립한 것으로 생각된다. 거기에서, Y에게 A에 의한 침해의 급박성이 계속 이어지고 있었다면, 본 판결에서와 같이 「반격행위와 추격행위를 일련일체의 것으로서 종합 평가할 여지는 없다」고 보는 것은 모순된다.

그러나 Y 등과 공동하여 반격행위를 행한 X의 추격행위에 대해서도 공동정범의 죄책을 질 것인지 여부는 **반격시의 공모의 사정이 Y의 추격행위까지 이르고 있는가**라는 판단이며, 그 판단은 공동정범자의 일원에게 침해의 급박성이 이어지고 있었던 것인가라는 판단과는 다른 것이다. **새로운 공격**은 급박성이 이어지고 있는 상황 하에서도 고려될 수 있다.

● **참고문헌** ●　川口政明·判解平6年度212, 十河太朗·固総7版194, 前田雅英·固総4版194, 船山泰範·判評448-69, 野村稔·法教177-72, 小田直樹·平6年度重判142, 室井和弘·研修607-61

81 승계적 공동정범

* 最2小決平成24年11月6日 (刑集66巻11号1281頁·判夕1389号109頁)
* 참조조문: 형법 제60조[1], 제204조[2]

이미 폭행을 당해 상해를 입은 자에 대해, 의사 연락 하에 폭행을 가하여 상해한 자의 형사책임의 범위

●**사실**● Y·Z는 오전 3시경 주차장(제1현장)에서 불러낸 V의 오른쪽 엄지손가락을 돌로 구타하고 주먹으로 때리고, 다리로 차고, 등을 드라이버로 찍는 등의 폭력을 가하였고, W에게도 수차례 주먹으로 얼굴을 구타하고 얼굴과 복부를 무릎으로 차고, 봉으로 구타하고, 등을 드라이버로 찌르는 등의 행위를 했다. 그리고 다시 Y 등은 W를 차 트렁크에 넣고 V도 차에 태워 다른 주차장(제2현장)으로 이동하여 다시 드라이버 손잡이로 W의 머리를 구타하고, 금속제 사다리나 각목을 던지고, 주먹으로 가격하거나 다리로 찼고, V에게도 사다리를 던지고 수차례 주먹으로 때리거나 다리로 차는 폭력을 가해 V에게 부상을 입혔다.

당시 V 등을 찾아 제재하고자 한 피고인 X는 Y로부터 연락을 받고 오전 4시가 지난 시간에 제2현장에 도착하여, V 등이 Y들로부터 폭행을 당해 도주나 항거가 불가능한 상태임을 인식하면서 Y 등과 공모한 후에 W에 대하여 X가 각목으로 등, 배, 다리 등을 구타하고, 머리와 배를 다리로 차고 금속제 사다리를 수회 던진 것 외에 Y 등이 다리로 차거나 Z가 사다리로 가격하였고, V에 대해 X가 사다리나 각목, 주먹으로 머리, 등, 어깨 등을 수차례 구타하는 등의 폭행을 오전 5시 정도까지 계속했다. 공모 가담 후에 가해진 X의 폭행이 그 이전의 Y 등의 폭행보다 심했다. X의 가담 전후의 일련의 폭행에 의해 W는 약 3주간의 가료를 요하는 타박상 등의 상해를 입었고, V는 약 6주의 가료를 요하는 엄지손가락골절, 타박상 등의 상해를 입었다. 원심은 X는 Y 등의 행위나 상해결과를 인식, 인용했고 이것을 제재 목적에 의한 폭행이라는 자기의 범죄수행의 수단으로 적극적으로 이용할 의사 하에 일죄관계인 상해의 도중에서 공모 가담한 이상 공모 가담 전의 Y 등의 폭행에 의한 상해를 포함하여 승계적 공동정범으로서 책임을 진다고 하였다.

●**결정요지**● 공모 가담 전의 상해를 포함한 공동정범의 성립을 인정한 원판결은 책임주의에 반하는 것 등을 이유로 상고한 것에 대해 최고재판소는 아래와 같이 판시하고 상고를 기각했다. 「X는 Y 등이 공모하여 V 등에게 폭행을 가해 상해를 입힌 후에 Y 등에게 공모가담을 한 후, 금속제 사다리나 각목을 이용하여 W의 머리를 가격하는 등 보다 강력한 폭행을 가하였고, 적어도 공모가담 후에 폭행을 가한 상기 부위에 대해서는 V 등의 상해를 상당 정도 가중시킨 것이 인정된다. 이러한 경우 X는 공모가담 전에 Y 등이 **이미 발생시킨 상해결과**에 대해서는 X의 공모 및 그것을 기초로 한 행위가 이미 발생된 상해결과와는 인과관계를 가지는 것이 아니기 때문에 상해죄의 공동정범으로써의 책임을 지지 않고, 공모가담 후 상해를 발생시킴에 족한 폭행에 의하여 V 등의 상해발생에 기여한 것에 대해서만 상해죄의 공동정

---

1) 형법 제60조(공동정범) 2인 이상 공동하여 범죄를 실행한 자는 전부 정범으로 한다.
2) 형법 제204조(상해) 사람의 신체를 상해한 자는 5년 이상의 징역 또는 50만 엔 이하의 벌금에 처한다.

범으로써의 책임을 진다고 해석하는 것이 상당하다. 원판결의……인정은 X에 있어서 V 등이 **Y 등의 폭행으로 부상당했고, 도주나 저항이 곤란해진 상태를 이용하여 다시 폭력을 가한 것**으로 해석되지만 그러한 사실이 있어도 그것은 X가 공모 가담 후에 다시 폭행을 가한 동기 내지 계기에 지나지 않고, 공모 가담 전의 상해 결과에 대해 형사책임을 물을 이유로는 볼 수 없다」고 하여 **X의 공모 가담 전에 이미 발생한 상해 결과를 포함하여 X에게 상해죄의 공동정범의 성립을 인정한 원판결은 해석상의 오류가 있다**고 하였다(단 본 결정은 보족의견으로 강도죄에 대하여 승계적 공동정범의 성립을 인정하고 있다).

● **해설** ● 1 승계적 공동정범에 대해서는 (a) 한 개의 범죄를 공동으로 행하여 전체에 대하여 귀책된다고 보는 견해와 (b) 자기의 행위와 인과성이 있는 범위에서만 책임을 져야 하며 관여 전의 사실에 대하여 책임을 부정하는 설이 대립하고 있다. 하지만 기망 후의 재물 수취에만 관여한 자가 사기의 공동정범이 될 수 있다고 보는 것은 부당하다고 여겨지고 있다. 중간설로서 (c) **선행자가 발생시킨 결과는 승인되지 않지만 선행자가 발생시킨 범죄를 용이하게 하는 상태를 후행자가 이용하여 범죄를 실현한 때는 후행자도 범죄 전체에 대하여 책임을 진다**는 설이 유력하다.

2 판례는 (1) 일죄 도중 관여는 사정을 인식하고 의사를 통하여 가담한 이상 전체에 대하여 승계적 공동정범이 인정되고(【82】참조), 더욱이 (2) 강도죄·강제성교죄와 같은 결합범의 경우 폭행·협박 행위와 재물 탈취 간음행위를 각각 별개로 처벌하는 것이 가능하지만 후에 재물탈취·간음행위만에 관여한 자도 강도죄·강제성교죄의 승계적 공동정범이 될 수 있다고 본다. 본건도 이러한 죄에 대해서 관여 전의 폭행·협박의 승인을 인정하고 있다(【83】참조).

3 하지만 (3) 공모참가 시에 상해를 인식하여도 이미 발생된 상해 결과의 승계는 인정되지 않는다. 본 결정도「공모가담 전에 Y 등으로부터 **이미 발생한 상해결과**에 관해서 X의 공모 및 이를 토대로 한 행위가 이미 발생된 상해결과와는 **인과관계를 가지는 것이 아니**기 때문에 상해죄의 공동정범으로써의 책임을 지지 않는다」고 하였다.「이미 발생된 상해결과 그것」에 대해서는 승계되지 않는다는 것에 다툼이 없다.

4 또한 결정 요지는「**항거가 곤란하게 된 상태를 인식하면서 이를 이용하여 또 다시 폭행에 이르렀다**」는 점을 중시한 것과 같이 보이는 원심을 비판하고 있다. 3의 취지의 범위 내라면 타당하지만 상기의 (c)설을 부정하는 취지라면 타당하지 아니하다(【84】참조).

5 그리고 상해죄·상해치사죄에 대하여 제207조[3]가 존재하고 인과성이 증명되지 않아도 형사책임을 물을 수 있다. 상해결과가 공모관여 전의 폭행과 공모하여 참가한 후의 폭행 중 어느 것에 의하여 그 정도가 가중된 상태가 되었는지가 불분명한 경우 양 폭행이「동일 기회」라고 할 수 있는 한 양자에게 상해 결과의 형사책임을 물을 수 있다. 그리고「부상하여 도망이나 항거가 곤란하게 된 상태를 이용하여 또 다시 폭행에 이른 경우」라고 인정되는 경우에는 승계적 공동정범성이 인정되기 용이하다는 것을 부정할 수 없다.

● **참고문헌** ● 前田·最新判例分析97, 小林憲太郎百総7版166

---

3) 형법 제207(동시상해의 특례) 2인 이상이 폭행을 가하여 사람을 상해한 경우에 각자의 폭행에 의한 상해의 경중을 알 수 없거나 그 상해를 일으킨 자를 알 수 없는 때에는 공동하여 실행한 자가 아니라도 공범의 예에 의한다.

82 사기죄와 승계적 공동정범

* 最3小決平成29年12月11日（刑集71卷10号535頁·判時2368号15頁）
* 참조조문: 형법 제60조[1], 형법 제246조[2]

> 공범자의 기망행위 후에 「속은 척 작전」의 개시를 인식하지 못하고 공모한 후에 피해자로부터 발송된 짐의 수령행위에 관여한 자는 사기미수죄의 공동정범의 책임을 지는가?

● **사실** ● 피고인 X는 성명 불상자(Y) 등과 공모한 후에, 「숫자선택방식의 복권(로또6)에 반드시 당첨되는 특별추첨」에 선정되었다고 오신하고 있는 A에게 Y가 전화로 「계약에 위반하여 100만 엔을 지불하였어야 하는데 당신이 100만 엔을 기한 내에 지불하지 못했기 때문에 대신하여 지불했으나, 다른 사람이 보낸 것이 들켜 297만 엔의 위약금을 지불하게 되었습니다. 반 정도인 150만 엔을 준비할 수 있습니까?」 등의 거짓말을 하여 150만 엔을 요구하고, A에게 O시 내의 빈 방에 현금 120만 엔을 배송하게 하여 X가 배송업자로부터 수취하는 방법으로 현금을 사취하고자 하였다. 그러나 A는 거짓임을 간파하고 경찰관과 상담하여 「속은 척 작전」을 개시하여, 현금이 들어있지 않은 상자를 지정된 장소로 발송했다. 반면 Y로부터 돈을 받을 것을 조건으로 짐의 수령을 의뢰받은 X는 사기의 피해금을 수취하는 역할이 될 가능성을 인식하면서 이를 받아들여 「속은 척 작전」을 인식하지 못하고 A로부터 발송된 짐을 수령하였다.

제1심은 Y의 기망행위 후에 X·Y 사이의 공모가 이루어졌지만 「속은 척 작전」으로 인해 기망행위와 짐의 수령 사이에 인과관계가 인정되지 아니하고 사기죄의 결과발생의 위험성에도 기여함이 없으므로 X는 사기미수죄의 공동정범의 죄책을 지지 않는다고 하여 X에게 무죄를 선고하였다.

검찰의 항소에 대하여 원심은 기망행위 후에 공모하여 A에 의한 재물교부의 부분에만 관여한 X는 ① 개인적 재산에 관한 죄인 사기죄에 있어 기망행위는 이를 직접 침해한 것이 아니라 착오에 빠진 자로부터 재물의 교부를 받은 점에 동죄의 법익침해성의 중심이 있어 재물교부 부분에만 관여한 자에 대해서도 그 역할의 중요도 등에 비추어보아 사기죄의 정범성을 긍정할 수 있어 사기죄의 승계적 공동정범을 인정할 수 있다고 보았다. ② X가 가담한 단계에서 사기미수범으로서 처벌해야 할 법익침해의 위험성이 있었는지에 관하여 일반인이 그 인식할 수 있는 사정을 토대로 하면 결과발생의 불안감을 품을 경우에는 법익침해의 위험성을 긍정해도 좋으며, 본 건에서 「속은 척 작전」이 행해진 것은 일반인이 인식할 수 없으며 X·Y도 인식하지 못하였으므로 이는 법익침해 위험성의 판단 시의 기초로 하면 안 되고, X의 본 건 수령행위를 외형적으로 관찰하면 사기의 기수에 이른 현실적인 위험성이 있다고 볼 수 있어 사기미수의 공동정범이 성립한다고 판시하였다.

---

1) 형법 제60조(공동정범) 2인 이상 공동하여 범죄를 실행한 자는 전부 정범으로 한다.
2) 형법 제246조(사기) ① 사람을 속여 재물을 교부하게 한 자는 10년 이하의 징역에 처한다. ② 전항의 방법에 의하여 재산상 불법의 이익을 얻거나 타인에게 이를 얻게 한 자도 동항과 같다.

● **결정요지** ● 변호 측의 상고에 대하여 최고재판소는 「X는 본 건 사기에 대하여 공범자에 의한 본 건 기망행위가 행해진 후에 **속은 척 작전이 개시된 것을 인식하지 못하고 공범자들과 공모한 후에 본 건 사기를 완수한 후에 본 건 기망행위와 일체의 것으로 예정된 본 건 수령행위에 관여**하고 있다. 그렇다고 하면 속은 척 작전의 개시여부와 관계없이 X는 그 **가공 전의 본 건 기망행위의 점도 포함한 본 건 사기에 대하여 사기미수죄의 공동정범으로서의 책임을 진다**」고 하여 상고를 기각하였다.

● **해설** ● 1 일죄의 실행행위 도중에 사정을 인식하고 의사를 통해 가담한 경우, 원칙적으로 전체에 대하여 형사책임이 미친다. 을이 살의를 가지고 중대한 폭행을 가한 후에 갑이 살해의 의사를 통하여 가담하고 경도(輕度)의 폭행을 가한 경우 을의 폭행만이 사인(死因)이 되어도 갑은 살인의 공동정범이 된다(大阪高判昭45・10・27判時621-95). 감금죄 도중에 관여한 자에게도 전체에 대하여 승계적 공동정범이 성립한다(東京高判昭34・12・7高刑12-10-980). 약취 유인죄에 대해서도 그 후에 감금행위에 관여하면 공동정범이 된다(東京高判平14・3・13東高時報53-1＝12-31).

2 본 건에서 X는 기망행위에는 관여하지 않았지만 그것과 일체인 것으로 예정된 「수령행위」는 사기죄의 실행행위의 중요부분이라 할 수 있으며, 기망행위의 존재를 인식하면서 그것을 실행한 이상 사기죄의 공동정범성은 인정된다. 원심이 「교부를 받은 점에 사기죄의 법익침해성의 중심이 있다」고 한 것도 동일한 점을 지적한 것이라고 해석할 수 있다.

3 사기미수죄(의 공동정범)가 성립하기 위해서는 X가 공모한 단계에서 법익침해로 이르게 되는 현실적인 위험성이 인정되어야 하지만 「속은 척 작전」이 행해지면 재산을 빼앗길 위험성은 없다고 생각된다. 제1심도 「범인측・피해자측의 상황을 관찰할 수 있는 일반인」의 인식 내용을 기초로 하면 상자에 현금이 없으므로 위험성은 인정되지 않는다고 하였다.

4 이에 대해 원심은 「그 장소에 놓여진 일반인이 인식할 수 있는 사정을 토대로 보면 결과 발생의 불안감을 품은 경우에는 법익침해의 위험성이 있다」고 하여 사기미수시의 당벌성을 인정하였다.

5 최고재판소는 **기망행위와 일체의 것으로 예정되었던 본 건 수령행위에 관여**한 이상 「속은 척 작전의 개시 여부와 관계없이 X는 그 가공 전의 본 건 기망행위의 점도 포함한 본 건 사기에 대하여 사기미수의 공동정범으로서의 책임을 진다」고 하였다.

이 결정요지는 원심의 결론을 타당한 것으로 본 것이 분명하지만 원심의 위험성 판단을 그대로 채용했다고는 단언할 수 없다. 공모 시나 수령행위 시에 현실적 위험이 존재하지 않아도 그것과 불가분 일체의 기망행위 시에 위험성이 인정되면 승계적 공동정범이 성립된다고 한 것인지는 반드시 명확하지 않다.

6 그리고 「일반인이 인식할 수 있는 사정을 토대로 위험성」을 판단하여도 「어떠한 일반인인가」 「어느 정도의 위험성이 있으면 족한가」가 반드시 명확한 것은 아니다. 적어도 본 건의 구체적 사실관계를 전제로 하면 사기미수죄가 성립한다는 결론이 중요하며 그 이론구성에 대해서 신중한 대응을 하고 있다.

● **참고문헌** ● 前田雅英・捜査研究806-9, 川田宏一・J1520-108, 安だ拓人・法教451-143

83 승계적 공동정범과 동시상해의 특례

* 大阪高判昭和62年7月10日 (高刑40卷3号720頁 · 判時1261号132頁)
* 참조조문: 형법 제60조[1], 제204조[2]

나중에 폭행에 관여한 자의 상해죄 승계적 공범의 성부와 동시상해 특례의 사정(射程)

● **사실** ● 정교관계에 있던 B에게 A가 금원을 대신 지불하게 한 것을 알고 분개한 Z는 다른 자와 공모하여 A의 거실 및 A를 연행한 택시 안에서 A의 안면을 구타하고, 더욱이 사무소 안에서 목검이나 유리 재떨이로 그의 안면과 머리를 구타하는 등의 폭행을 가하여 상해에 이르게 했다. 그리고 잠시 후 그곳에 X가 나타나 얼굴에서 피가 흐르고 있는 A의 모습이나 B의 설명 등을 통해 재빠르게 사태를 파악하고, Z 등이 A에게 폭행을 하여 상해를 가한 사실을 인식·인용하면서 자신도 이에 공동으로 가담할 의사로 A의 턱을 손으로 2, 3회 쳐 올리는 폭행을 가하고, 그 후에 Y도 A의 안면을 1회 주먹으로 구타했다. 원심은 X에게 상해죄의 공동정범을 인정했다.

● **판지** ● 파기자판. 「이른바 **승계적 공동정범이 성립하기 위해서는** 후행자에게 **선행자의 행위 및 이로 인하여 발생한 결과를 인식·인용**하는데 그치지 않고 이를 자기의 범죄수행의 수단으로 **적극적으로 이용할 의사를 토대로** 실체법상의 일죄를 구성하는 선행자의 범죄 도중에 **공모 가담하여** 위 행위 등을 **실제로 그러한 수단으로 이용하는 경우에 한한다**」고 하면서 선행자가 수행 중인 일련의 폭행에 **후행자가 역시 폭행의 고의를 가지고 도중에 공모 가담하고자 하는 경우**에는 1개의 폭행 행위가 본래 1개의 범죄를 구성하는 것으로, 후행자는 1개의 폭행 그것에 가담하는 것은 아니며 후행자에게는 피해자에게 폭행을 가하는 것 이외의 목적이 없는 것이므로 후행자가 **선행자의 행위 등을 인식·인용하여도** 다른 특단의 사정이 없는 한 **선행자의 폭행을 자기의 범죄수행의 수단으로 적극적으로 이용한 것이 인정될** 수 없다고 하였다.

그 위에 오사카고등재판소는 제207조[3]와의 관계를 보족하였다. 갑의 폭행 종료 후에 을이 갑과 공모하여 폭행을 했지만 누구의 폭행에 의한 상해인지가 판명되지 않을 때는 을의 형사책임이 폭행죄의 한도에 그친다고 하는 본 판결의 결론은 갑과 의사연락 없이 을이 동시에 (개별의) 폭행을 가한 경우에 을에게도 상해의 귀책을 인정한 제207조의 결론과 균형을 잃는 것처럼 보이지만 「형법 제207조의 규정은 2인 이상이 폭행을 가하여 사람을 상해한 경우에 상해를 발생시킨 행위자를 특정할 수 없거나 행위자를 특정할 수 있어도 상해의 경중을 알수 없을 때는 그 상해가 위의 어느 폭행(또는 쌍방)에 의하여 발생한 것이 분명하므로 **공모의 입증을 할 수 없는 한 어느 행위자에 대해서도 상해의 형사책임을 지게 할 수 없는 현저**

---

1) 형법 제60조(공동정범) 2인 이상 공동하여 범죄를 실행한 자는 전부 정범으로 한다.
2) 형법 제204조(상해) 사람의 신체를 상해한 자는 15년 이하의 징역 또는 50만 엔 이하의 벌금에 처한다.
3) 형법 제207조(동시상해의 특례) 2인 이상이 폭행을 가하여 사람을 상해한 경우에 각자의 폭행에 의한 상해의 경중을 알 수 없거나 그 상해를 일으킨 자를 알 수 없는 때에는 공동하여 실행한 자가 아니라도 공범의 예에 의한다.

한 불합리가 발생하는 것에 착목하여 이러한 불합리를 해소하기 위하여 특별히 만들어진 예외규정」이며 본 건 선행자는 후의 폭행에도 관여한 이상 상해죄의 형사책임을 묻는 것으로 형법의 상기 특칙의 적용에 의하여 해소하지 않으면 안 되는 현저한 불합리가 발생하지 않으므로 「위 특칙의 적용 없이 가담 후의 행위와 상해와의 인과관계를 인정할 수 없는 후행자에 대해서는 폭행죄의 한도에서 그 형사책임을 물어야 된다」고 하였다.

● **해설** ● 1 승계적 공동정범에 관한 【81】의 해설인 (c)설이 기초가 된 판결이다. (b)설과 같이 형식적인 공범의 「인과성」을 강조해 버리면 관여 전의 사상(事象)을 귀책하는 것이 일체 불가능하게 된다. 단 **선행자가 실체법상의 일죄에 공모 가담하는 것**도 요구하고 있으며 (a)설에도 결부되는 판시를 하고 있다. 단 일죄에는 강도죄와 같은 결합범도 포함되어 있는 것에 주의를 요한다.

2 본 판결은 **자기의 범죄수행의 수단으로서 선행행위를 적극적으로 이용한 것으로는 볼 수 없다**고 하여 상해죄의 승계를 인정하지 않았다. 확실히 본 건과 같이 관여 전에 발생한 상해결과는 후에 폭행을 가한 자에게 귀책시킬 수 없다. 【81】은 「**저항이 곤란한 상태를 이용하여 또다른 폭행에 이르게 되었다**」와 같은 사정은 폭행을 한 동기 내지 계기에 지나지 않으며 승계를 인정할 근거는 되지 않는다. 본 판결도 아무리 「이용하려」 해도 이미 발생해버린 상해의 책임을 물을 수는 없다고 본 것이다.

3 그러한 의미에서 본 판결이 나타낸 「승계」의 요건인 「후행자에게 **선행자의 행위·결과를** 자기의 범죄 수행의 수단으로 **적극적으로 이용할 의사로 가담하고 실제로 그러한 수단으로 이용한 경우**」라는 기준은 지금도 채용할 수 있는 기준이라 하여도 좋다.

4 A에게 발생한 상해가 X의 참여 이후에 발생한 것인지 여부를 특정할 수 없을 때도 상해 결과에 영향을 주었다는 증명이 없는 이상 X는 상해죄의 형사책임을 지지 않는다고 사료된다. 단 Z의 폭행 직후에 의사의 연락 없이 X가 폭행을 가하여 상해 결과를 발생시킨 경우에는 어느 행위가 원인인지 특정할 수 없어도 형법 제207조에 의하여 X에게 상해죄의 공동정범을 인정한다. 이 인과성이 결여된 경우에도 상해결과를 인정한 제207조의 존재가 승계적 공동정범의 성립 범위에도 영향을 준다.

5 본 판결에서 중요한 것은 제207조를 「결과에 누구도 책임을 지지 않게 되는 불합리를 피하기 위한 예외 규정」이라는 형식으로 한정적인 해석을 한 점이다(이는 본 건 사안에서 승계적 공동정범의 적용을 부정한 결론과 정합한다). 그리고 이 판시에 따른 학설도 등장한다. 공동정범의 처벌근거에서 인과성을 중시하는 견해는 제207조는 원칙에 반하는 「예외」라고 해석하게 된다.

6 하지만 이 판시는 【84】에 의하여 정면으로 부정되었다. 제207조는 「결과에 누구도 책임을 물을 수 없게 되는 불합리를 회피하기 위한 예외규정」이 아니다. 공범처벌에서 「인과성」을 어느 정도 중시해야 하는가가 공범론의 최대 과제이다.

● **참고문헌** ● 堀内捷三·百総6版168, 福田平·判時1276-213, 内田文昭·判タ702-68

84 공범의 인과성과 동시범의 특례

* 最3小決平成28年3月24日 (刑集70巻3号349頁・判夕1428号40頁)
* 참조조문: 형법 제60조[1], 제207조[2]

나중에 폭행에 가담한 사람에게, 관여 전에 생겼을 가능성이 있는 상해 결과를 귀책시킬 수 있는가?

● **사실** ● 새벽 4시 30분경 피고인 X·Y가 종업원으로 근무하는 바에 피해자 A가 여성 2명과 함께 찾아와 술을 마셨으나 신용카드 대금 결제가 되지 않아 일부가 지불되지 않았다. 하지만 계산을 마무리 짓지 않은 채 A가 가게 밖으로 나가자 X·Y는 뒤따라가 엘리베이터 홀에서 약 20분간에 걸쳐 대화를 하였으나 말이 통하지 않자 A의 뒤를 걷어차 3층 계단으로 굴러 떨어지게 한 뒤 A를 엘리베이터에 태워놓고 얼굴을 엘리베이터 벽에 부딪치게 했고 다시 4층 엘리베이터홀로 끌고가 Y는 스탠드식 재떨이로 A의 머리를 가격하는 등의 폭행을 가했다. 나아가 X는 위를 향해 쓰러져 있는 A의 안면을 주먹이나 재떨이 뚜껑으로 때리고, 머리를 잡아 바닥에 부딪치게 했고, Y도 A를 차거나 때리는 등의 폭행을 가했다(제1폭행).

A는 한동안 동 업소 내 출입구 부근의 바닥에 주저앉아 있었지만 오전 7시 49분경 갑자기 가게 밖으로 뛰어나갔다. 종업원 B는 즉시 A를 쫓아 4층에서 3층에 이르는 계단 중간에서 A를 붙잡았다. 동 업소에서 식사를 하고 있어 그 동안의 경위를 어느 정도 인식하고 있던 Z는 B가 A의 도주를 저지하려는 것을 보고, 5분간 A에 대해 계단 양쪽의 난간을 잡고 자신의 몸을 들어올려 잠자는 자세로 누워있는 A의 얼굴과 머리, 흉부 부근을 짓밟은 뒤, A의 두 다리를 잡고 3층까지 A를 질질 끌어 내린 뒤, 축구공 차듯 A의 머리와 복부 등을 걷어차고, 코를 골기 시작한 A의 안면을 걷어차기도 했다(제2폭행).

A는 병원으로 응급 이송돼 개두(開頭)수술을 받았으나 급성 경막하혈종에 기반한 급성 뇌종창으로 사망했다. 어느 폭행으로부터도(제1폭행과 제2폭행) 사인이 된 급성 경막하혈종이 발생할 수 있지만, 어느 폭행으로 인해 급성 경막하혈종이 발생했는지는 판명되지 않았다.

● **결정요지** ● 상고기각. 「제1심 판결은 만약 제1폭행으로 이미 A의 급성경막하혈종의 상해가 발생하고 있었다 하더라도, **제2폭행은 당해 상해를 더욱 악화시켰다고 추인할 수 있기** 때문에 어느 쪽이든 A의 사망과의 사이에 인과관계가 인정되게 되고, **『사망시킨 결과에 대해서 책임을 져야 할 사람이 없게 되는 불합리를 피하기 위한 특례인 동시상해치사죄 규정(형법 제207조)을 적용하는 전제가 결여되게 된다』**고 설시하여 본 건에서는 동조를 적용할 수 없다고 했다.

그러나 **동시상해의 특례를 규정한 형법 제207조는 2인 이상이 폭행을 가한 사안에서, 발생**

---

1) 형법 제60조(공동정범) 2인 이상 공동으로 범죄를 실행한 자는 모두 정범으로 한다.
2) 형법 제207조(동시상해의 특례) 2인 이상으로 폭행을 가하여 사람을 상해한 경우, 각각의 폭행에 의한 상해의 경중을 알 수 없거나 그 상해를 일으킨 자를 알 수 없는 때에는 공동으로 실행한 자가 아니라도 공범의 예에 따른다.

한 상해의 원인이 된 폭행을 특정하기 곤란한 경우가 많은 점 등을 감안해 공범관계가 입증되지 않을 경우에도 예외적으로 공범의 예에 따르도록 하고 있다. 동조 적용의 전제로서, 검사는 각 폭행이 당해 상해를 발생시킬 정도의 위험성이 있다는 점과 각 폭행이 외형적으로는 공동실행과 같다고 평가할 수 있는 상황에서 행해진 점, **즉 동일한 기회에 행해진 것이라는 증명을 요한다고 하여야 하며, 그 증명이 된 경우 각 행위자는 자신이 관여한 폭행이 그 상해를 발생시키게 한 것이 아님을 입증하지 아니하는 한, 상해에 대한 책임을 면할 수 없다고 보아야 할 것**이라고 하였다.

그리고 공범관계가 아닌 2명 이상에 의한 폭행에 의해 상해가 발생하여 상해로부터 사망의 결과가 발생한 상해치사의 사안에서 형법 제207조 적용의 전제가 되는 앞의 사실관계가 증명되었을 경우에는 각 행위자는 동조에 의해 자신이 관여한 폭행이 사인이 된 상해를 발생시키지 않았음을 입증하지 못하는 한, 당해 상해에 대해 책임을 지고, 나아가 이 사건 상해를 원인으로 발생한 사망의 결과에 대해서도 책임을 진다고 해야 한다(最判昭26·9·20刑集5-10-1937 참조). 이러한 사실관계가 증명된 경우에는 본 건과 같이 **어느 쪽의 폭행과 사망 간의 인과관계가 긍정되는 때에도 별도로 해석해야 할 이유는 없으며, 같은 조의 적용은 방해받지 않는다고 보아야 할 것이다**」.

● **해설** ● 1 동시상해의 특례에 대해서는 「의심스러울 때는 피고인의 이익으로」라는 원칙에 저촉될 우려가 있는 규정이며, 가능한 한 한정적으로 해석해야 한다는 견해가 유력하였지만 본 결정은 피해자가 사망한 경우에도 형법 제207조가 적용된다는 판단(最判昭26·9·20刑集5-10-1937)을 재확인하였다.

2 그리고 본 결정은 형법 제207조의 의의와 관련하여 「중한 결과에 대해서 책임을 져야 할 사람이 없어지는 불합리를 피하기 위한 특례」라고 보는 하급심이나 일부 학설(西田典之『刑法各論第6版』47쪽)의 한정적인 제207조 해석을 명시적으로 부정했다. 「동일한 기회에 이루어졌다는 것」이 증명된 경우, 「각 행위자는 자신이 관여한 폭행이 그러한 상해를 발생시키지 않았음을 입증하지 못하는 한 상해에 대한 책임을 면할 수 없다」고 한 것이다(제207조의 의의에 관해서는 【116】도 참조).

3 제1폭행에서 이미 중대한 상해가 발생하였고 타인의 제2행위가 동 상해를 더욱이 악화시켰다고 추인될 수 있는 경우에도 양 행위가 동일한 기회에 행해진 것이라고 입증되면, 각 행위자도 자기가 관여한 행위가 원인이 되어 상해를 발생시킨 것이 아니라는 것을 증명하지 않는 한 당해 상해에 대해서 책임을 지며, 동 상해를 원인으로 발생한 사망의 결과에 대해서도 책임을 진다고 본 것이다. 어느 폭행과 사망과의 사이의 인과관계가 긍정된 때라고 하더라도 각 행위자에게 상해치사죄가 성립한다.

4 한편, 【85】는 Y가 폭행을 가한 후, X·Y·Z가 공동해서 폭행을 가해 상해를 입혔지만, 누구의 폭행이 원인인지 판명되지 않았을 경우에 양 폭행을 실행한 Y뿐만 아니라 X도 제207조에 의해 상해죄가 된다고 했다. 이 판단은 본 결정의 결론과 일치하는 것이다.

● **참고문헌** ● 細谷奏暢·判解平28年度1, 前田雅英·捜査研究789-50, 安田拓人·法教430-150, 水落伸介·法学新報123-3＝4-213, 高橋則夫·平28年度重判172

85　동시상해 특례의 사정(射程)

* 大阪地判平成9年8月20日 (判夕995号286頁)
* 참조조문: 형법 제207조1)

동시상해의 특례는 공범 관계가 개재된 경우에도 적용되는가?

●**사실**●　X·Y·Z는 음주를 한 뒤, 공중전화 수화기를 잡아 뜯는 장난을 치며 인도를 걷다가 수화기를 파손하는 행위를 목격한 A가 변상을 요구하기 위해 쫓아가 뒤쳐져 걷고 있던 Y에게 말을 걸자, Y는 갑자기 A의 얼굴을 들이받고 무릎차기를 하는 등 상당히 심한 폭행을 가했다. 앞서 가던 X와 Z가 뒤에서 소동이 일어난 것을 알아차리고 뒤돌아보니 Y가 A를 폭행하고 있는 것을 양쪽이 싸움을 하고 있는 것으로 생각하여 동료인 Y에게 가세하고자 폭행현장으로 달려가 X·Y·Z 3명이 공모하여 A의 머리 등을 여러 차례 발길질하는 등의 폭행을 가했고, 이후 Y 단독으로 추가 폭행을 이어갔다. 그 결과 A는 골절 등 전치 약 1개월의 상해를 입었다. 그러나 A의 상해 결과는 X와 Z가 Y의 폭행에 가세하기 전후 어느 폭행에 의해 발생된 것인지 불분명했다.

●**판지**●　오사카지방재판소는 X·Z에게 상해의 승계적 공동정범이 성립하는가에 관하여, X·Z 양자가 Y의 폭행을 「자신의 범죄수행의 수단으로 적극 이용할 의사」를 갖고 있었다든가, 실제로 그러한 수단으로 이용했다든가 하는 사실을 인정할 수 없기 때문에, X·Z에게는 상해의 승계적 공동정범이 성립되지 않는다고 판시한 뒤 「일반적으로 상해의 결과가 전혀 의사연락이 없는 2명 이상의 자가 동일기회에 각자의 폭행에 의해 발생한 것은 분명하지만, 어느 쪽 폭행에 의해 발생한 것인지를 확정할 수 없는 경우에는 동시범의 특례로서 형법 제207조에 따라 상해죄의 공동정범으로 처단되는데, 이러한 사례와 대비해서 본 건과 같이 공모 성립 전후에 걸쳐 일련의 폭행에 의해 상해의 결과가 발생한 것은 분명하나, **공모 성립 전후 어느 쪽의 폭행에 의해 발생한 것인지 확정할 수 없는 경우에도 위의 일련의 폭행이 동일한 기회에 행해진 것인 한, 형법 제207조가 적용되어** 전체가 상해죄의 공동정범으로 처단된다고 해석하는 것이 상당하다. 더욱이 위와 같은 경우에도 **단독범의 폭행으로 상해가 발생했는지, 공동정범의 폭행에 의해 상해가 발생했는지 불분명하다는 점에서** 역시 『그 상해를 발생시킨 자를 알 수 없는 때』에 해당하는 것에는 변함이 없다고 해석되기 때문이다」라고 판시했다.

●**해설**●　1　본 사안을 일부 수정하여, X·Y·Z가 서로 아무런 의사연락 없이 길거리에서 자고 있던 만취자 C를 몇 분 간격으로 걷어차 C가 상해를 입었다면, 위 3명의 폭행이 동일한 기회에 이뤄졌다고 인정되는 한, X·Y·Z는 상해의 죄책을 진다. 바로 형법 제207조의 동시범 특례가 적용되는 전형적인 장면이다. 그렇다고 하면 본 건 X·Z에게도 상해죄의 책임을 지게 해

---

1) 형법 제207조(동시상해의 특례)　2인 이상으로 폭행을 가하여 사람을 상해한 경우, 각각의 폭행에 의한 상해의 경중을 알 수 없거나 그 상해를 일으킨 자를 알 수 없는 때에는 공동으로 실행한 자가 아니라도 공범의 예에 따른다.

야 한다.

그런데 본 건의 X·Z의 죄책을 종래의 통설적 범죄론으로 처리하면, X·Z가 공모 참가 후의 폭행과 상해 결과 사이의 인과관계에 대해서 증명이 없는 이상, X·Z에게는 상해의 결과를 귀속시킬 수 없는 것처럼도 보인다. 그러나 X·Y·Z가 각각 폭행을 가하여 상해결과가 누구의 폭행으로부터 발생하였는지가 불분명한 경우에 전원에게 상해죄가 성립하는 것도 균형을 잃는다.

2　거기에서, X·Z에 상해죄의 **승계적 공동정범**을 생각할 수 있다(【81】 참조). 그러나 본 판결은 「승계적 공동정범을 인정하기 위해서는 후행자가 선행자의 행위 및 이로 인해 발생한 결과를 인식·인용하는 데 그치지 않고, 이를 자신의 범죄수행의 수단으로 적극 이용할 의사 하에, 실체법상 일죄를 구성하는 선행자의 범죄 도중에 공모가담하여 위 행위 등을 실제로 그러한 수단으로 이용한 경우에 한한다」고 한 【83】의 승계기준을 이용하여 그 요건을 충족시키지 않은 X·Z는 상해결과를 승계하지 않는다고 밝혔다. 확실히 상해죄의 경우 본 건의 X와 Z에게 상해 결과를 승계한 것에 대하여 귀책시키는 것은 상당히 곤란한 측면이 있다(【81】【83】).

3　그리고 본 판결은 본 사안에 제207조를 적용하여 X·Z에게도 상해죄의 공동정범을 인정하였다. 이론적으로는 Y가 단독으로 가한 제1의 폭행과 X·Y·Z가 공동으로 가한 제2의 폭행이 동일한 기회의 것으로 평가할 수 있는 경우에는 제207조에 따라 제1폭행과 제2폭행 어느 것에 대해서도 모두 상해 결과를 야기한 것으로 해석하는 것도 가능하다.

4　물론 실질적으로 거중책임을 전환시키는 본 조는 엄격히 해석해야 하며 공범관계가 존재하는 경우에까지 확장하는 것은 허용될 수 없다는 설도 있다. 더욱이 본 건에서 Y는 제1, 제2폭행 모두에 관여하고 있어 상해죄의 죄책을 진다. 이에 제207조를 「누구도 책임을 지지 않게 된 경우에 있어서 예외적으로 적용」한다고 주장하는 학설은 본 건 제207조의 적용을 인정하지 않는다(西田典之 『刑法各論6版』 47쪽 및 【83】). 하지만 이러한 제207조의 한정적 이해는 【84】에 의하여 실무상 정면으로 부정되었다.

5　더욱이 실질적으로 생각하여도 Y의 폭행 후 X가 의사연락을 통한 뒤 폭행에 가담한 경우와 Y의 폭행 후 의사 연락 없이 X가 폭행을 가해 상해의 결과를 초래한 경우에 있어 당벌성은 오히려 전자 쪽이 크며 적어도 의사연락이 없는 후자만을 제207조의 대상으로 삼아야 할 실질적 근거는 없다. 그리고 양자를 구별해야 할 조문상의 근거도 존재하지 않는다. 공범관계가 있다는 것이 제207조를 배제하는 이유도 되지 않는다.

6　더욱이 제207조가 (1)에서 논한 사안에 대하여 누구도 상해죄의 죄책을 지지 않는 불합리를 방지하기 위해 마련되었다는 정책적 측면이 있으므로, Y가 상해죄의 형사책임을 지는 본 건과 같은 사안에는 제207조를 적용할 필요가 없을 수도 있다. 그러나 X의 죄책 불균형은 역시 결정적이어서 이를 무시할 조문상의 단서는 존재하지 않는다고 하지 않을 수 없다. 거기에서, 최고재판소도 본 판결의 결론을 지지하게 된 것이다(【84】).

● **참고문헌** ●　大山弘·法セ536-100, 片山巖·研修631-19

86 신분의 의의

* 最3小判昭和42年3月7日(刑集21巻2号417頁·判時474号5頁)
* 참조조문: 형법 제65조[1], 마약단속법 제64조 제2항[2], 제12조 제1항[3]

「영리의 목적」은 형법 제65조 제2항의 신분이 되는가?

● **사실** ● 대한민국 선박의 선원 X(피고인)는 한국에 거주하는 Z가 영리의 목적으로 일본에 마약을 밀수입하려는 것을 알면서도 동선의 선원인 원심 상피고인 Y와 함께 다량의 마약을 한국에서 고베시(神戸市)로 휴대해 들어와 밀수입했다.

제1심은 마약단속법 제64조 제2항에 소위 영리의 목적이란 자기 또는 제3자를 위해 재산상의 이익을 얻거나 얻게 할 목적을 말하며, 반드시 지속적이고 반복적으로 이익을 꾀할 것을 요하지 않는다 하여 X 등이 Z가 영리의 목적을 갖고 있음을 인식한 후 밀수입을 한 이상, 적어도 제3자에게 재산상의 이익을 얻게 할 목적이 존재했고, 동법 제64조 제2항에서 말하는 영리의 목적이 결여된 바는 없다고 보아 X·Y에 대해 영리목적수입죄의 공동정범을 인정했다. 원심도 X·Y는 Z와 공모공동정범의 관계에 있으며, X에 대해 영리목적을 시인한 원판결은 결국 상당하다고 보아 항소를 기각했다.

● **판지** ● 최고재판소는 직권조사 후 X에 관한 부분을 파기하고 그 소위에 대해 마약단속법 제64조 제1항, 제12조 제1항, 형법 제60조를 적용했다. 「마약단속법 제64조 제1항은 같은 법 제12조 제1항의 규정에 위반하여 마약을 수입한 자는 1년 이상의 유기징역에 처한다는 내용을 규정하고, 같은 법 제64조 제2항은 영리의 목적으로 전항에 위반행위를 한 자는 무기 또는 3년 이상의 징역에 처하거나, 정상에 따라 무기 또는 3년 이상의 징역 및 500만 엔 이하의 벌금에 처한다는 내용을 규정하고 있다.

이에 비추어 보면, 동조는 동일하게 동법 제12조 제1항의 규정에 위반해서 마약을 수입한 자에 대해서도 범인이 **영리목적을 가지고 있었는지 여부에 대한 범인의 특수한 상태 차이에 따라 각 범인에게 부과해야 할 형에 경중을 구별하고 있는 것**으로, 형법 제65조 제2항에서 말하는『신분에 따라 특히 형의 경중이 있을 경우』에 해당되는 것으로 해석하는 것이 상당하다. 그렇다면 영리목적 없는 자가 공동으로 마약단속법 제12조 제1항의 규정에 반해 마약을

1) 형법 제65조(신분범의 공범) ① 범인의 신분에 의하여 구성될 범죄행위에 가공한 때에는 신분이 없는 자라도 공범으로 한다. ② **신분에 따라 특히 형의 경중이 있는 때**에는 신분이 없는 자에게는 통상의 형을 과한다.
2) 마약단속법 제64조(벌칙) ① 지아세틸모르핀 등을 함부로 일본 또는 외국에 수입하거나 일본 또는 외국으로부터 수출하거나 제조한 자는 1년 이상의 유기징역에 처한다. ② **영리의 목적으로** 전항의 죄를 범한 자는 무기 또는 3년 이상의 징역에 처하거나 정상에 따라 무기 또는 3년 이상의 징역 및 1,000만 엔 이하의 벌금에 처한다. ③ 전2항의 미수죄는 벌한다.
3) 마약단속법 제12조(금지행위) ① 디아세틸모르핀, 그 염류 또는 이 중 어느 하나를 함유하는 마약은 누구든지 수입, 수출, 제조, 제제, 양도, 교부, 사용, 소지 또는 폐기하여서는 아니 된다. 다만, 마약연구시설의 설치자가 후생노동대신의 허가를 받아 양도, 양수 또는 폐기하는 경우 및 마약연구자가 후생노동대신의 허가를 받아 연구를 위하여 제조, 제제, 소분, 사용하거나 소지하는 경우에는 그러하지 아니하다.

수입한 경우에는 형법 제65조 제2항에 따라 영리목적이 있는 자에 대해서는 마약단속법 제64조 제2항의 형을, 영리목적이 없는 자에 대해서는 같은 조 제1항의 형을 부과해야 한다. 그러나 원판결 및 이를 시인하는 제1심 판결은 공범자인 Z가 영리목적을 갖고 있음을 알고 있었을 뿐 스스로는 영리목적이 없었던 X에 대해 동조 제2항의 죄의 성립을 인정하고 같은 조의 형을 과한 것이므로, 위 판결에는 같은 조 및 형법 제65조 제2항의 해석 적용을 잘못한 위법이 있으며, 위 위법은 판결에 영향을 미치는 것으로 이를 파기하지 않으면 현저하게 정의에 반하는 것으로 인정된다」.

● **해설** ● 1 형법 제65조의 **신분**이란「**남녀의 성별, 내외국인의 구별, 친족관계 등 공무원으로서의 자격과 같은 관계에 한정하지 않고, 모두 일정한 범죄행위에 관한 범인의 인적 관계인 특수한 지위 또는 상태**」로 설명되어 왔지만(最判昭27·9·19刑集6-8-1083) 2017년의 형법 개정에 의하여 강간죄가 피해자의 성별에 관계없는 강제성교등죄로 개정되었기 때문에「남녀의 성별」은 사실상 배제되었다.

2 제65조 제1항의「그 신분의 존재에 따라 범죄가 구성되는 경우」를 진정(구성적)신분이라 부르며, 허위공문서작성죄(제156조)나 뇌물죄(제197조)의「공무원」, 위증죄(제169조)의「선서한 증인」, 횡령죄(제252조)의「점유자」등이 그 구체적인 예이다. 제65조 제2항의「신분이 형의 경중에 영향을 주는 것에 불과한 경우」는 부진정(가감적) 신분으로 상습도박죄(제186조)의「상습자」, 업무상 횡령죄(제253조)의「업무상 점유자」, 업무상 낙태죄(제214조)의「의사」등이 있다. 제65조 제1항을 위법성에 관계한 위법신분, 제65조 제2항을 책임에 관한 책임신분으로 하는 견해도 있지만 제65조 제2항의 신분에도 위법성이 높은 경우와 책임이 무거운 경우가 있다.

3 본 판결에서는 X에게는 **영리의 목적**이 결여되었다고 한 뒤, 마약밀수입죄의 영리목적도「지위 또는 상태」이며 부진정신분이라 하였다. 확실히 신분 개념은 매우 넓지만「신분」이라고 하는 말이 가지는 통상의 의의로는 일정한 계속성이 있는 것으로 한정해야 한다고도 생각된다. 특히「목적」과 같은 주관적 사정은 신분으로 볼 수 없다는 지적이 강하다.

4 확실히「영리목적」을 신분이라고 하면, 그것이 없는 수입행위에는 가벼운 법정형이 규정되어 있고, 영리 목적이 없는 관련자를 그 신분에 따른 형으로 처단하는 형태로, 타당한 처리를 유도할 수 있다(제65조 제2항). 이 점에서 영리목적이 신분이 아니라면 영리목적수입죄를 범한 Z와 단순 수입죄를 저지른 X간의 공동정범의 성부가 문제가 되고, 범죄공동설을 철저히 하려다 보면 논의가 복잡해진다. 다만, 현재는 최고재판소도 **행위공동설**에 가까운 견해를 취하고 있어([71] 참조) 다른 범죄에 대한 공범의 성립이 넓게 인정되어 신분범으로 취급한 경우와 같은 결론을 이끌 수 있다. 제65조의 신분에 일시적 상태까지 포함시키는 것도 불가능하지는 않지만, 앞으로는 본래의 어의에 가깝게 해석해 나가야 할 것이다.

● **참고문헌** ● 坂本武志·判解昭42年度48, 福田平·警研39-8-127, 武藤眞朗·固総6版186

87 공범과 신분

* 最3小判昭和32年11月19日(刑集11卷12号3037頁)
* 참조조문: 형법 제60조,[1] 제65조,[2] 제253조[3]

신분 없는 자가 업무상 횡령죄에 관여한 경우의 처단

● 사실 ● 이바라키현(茨城縣)의 S촌장 및 동촌 신제중학교건설 공사위원회의 공사위원장인 피고인 X는 동촌의 조역 및 동위원회의 공사부위원장으로서 자신을 보좌하고 있던 Y 그리고 당시 동촌의 출납 기타 회계사무를 담당하고, 아울러 앞서 언급한 중학교건설 공사위원회의 위탁을 받아 동교 건설자금의 기부금수령 및 보관 기타 회계사무를 관장하고 있던 Z와 공모한 뒤, 주식(酒食) 등의 매수대금을 Z의 업무상 보관에 관계되는 전시 기부금 가운데에서 지불하였다.

제1심은 단순히 형법 제253조를 적용하여 피고인 X·Y에게 업무상 횡령죄를 인정하였고, 원심도 이를 따랐다. 이에 대해 변호인은 아래와 같은 점을 다투며 상고했다. 업무상 횡령죄는 업무상 자신이 점유하는 타인의 물건을 불법하게 영득하는 죄인데, X·Y는 건설자금에 대해서 사실상으로나 법률상으로도 업무상 점유가 없었던 점이 분명하기 때문에, 피고인들의 행위가 제65조 제2항, 제252조[4]에 해당하는지 여부는 별론으로 하고, 제1심 및 이를 따른 원심이 형법 제253조를 적용한 것은 위법하다.

● 판지 ● 파기자판.「거시된 증거에 따르면, 위 Z만이 …… 동촌의 중학교건설자금의 기부금을 수령, 보관 및 기타 회계사무에 종사하고 있었던 것이며, X·Y는 이와 관련된 업무에 종사한 것으로는 인정되지 않기 때문에 **형법 제65조 제1항에 의거해 동법 제253조의 업무상 횡령죄의 공동정범으로서 논해야 할 것**이다. 그러나 동법 제253조는 횡령죄의 범인이 업무상 재물을 점유할 경우에 있어 특히 무거운 형을 부과한 규정이기 때문에, 업무상 재물 점유자의 신분이 없는 X·Y에 대하여는 **동법 제65조 제2항에 의해 동법 제252조 제1항의 통상의 횡령죄의 형을 부과해야 할 것**이다. 그런데 제1심판결은 X·Y의 …… 소위를 단지 동법 제253조를 적용했기 때문에 동법 제60조, 제65조 제1항, 제2항, 제252조 제1항을 적용하지 않은 것은 위법이며, 이 위법은 원판결을 파기하지 않으면 현저하게 정의에 반한다」.

● 해설 ● 1 형법 제65조 제1항과 제2항의 관계에 대해 판례는 (a) 제1항은 **구성적 신분**에 관한 규정으로, 제2항은 **가감적 신분**에 관한 것으로 해석한다. 단지 (b) 제1항은 구성적·가감적 양신분범의 「성부」의 문제이며, 제2항은 가감적 신분범에 대한 과형에 대한 규정으로 보는 유력설도 있다. 비신분자에 대해서도 신분범의 공범이 성립하는 것을 제1항에서 「공범으로 한다」

---

1) 형법 제60조(공동정범) 2인 이상 공동하여 범죄를 실행한 자는 전부 정범으로 한다.
2) 형법 제65조(신분범의 공범) ① 범인의 신분에 의하여 구성될 범죄행위에 가공한 때에는 신분이 없는 자라도 공범으로 한다. ② 신분에 의하여 특히 형의 경중이 있는 때에는 신분이 없는 자에게는 통상의 형을 과한다.
3) 형법 제253조(업무상 횡령) 업무상 자기가 점유하는 타인의 물건을 횡령한 자는 10년 이하의 징역에 처한다.
4) 형법 제252조(횡령) ① 자기가 점유하는 타인의 물건을 횡령한 자는 5년 이하의 징역에 처한다. ② 자기의 물건이라도 공무소로부터 보관을 명령받은 경우에는 이를 횡령한 자도 전항과 같다.

고 표현한 것이고, 제2항은 제1항으로 공범이 되는 자 중에 비신분자의 과형에 대해 「통상의 형을 부과」한 것이라고 설명한다. 동설은 공범의 종속성을 철저히 하고자 하는 입장에서 정범과 공범은 항상 동일한 죄가 「성립」하는 것으로 해석한다. 그 밖에 (c) 제1항은 **위법신분**에 관한 규정이고 제2항은 **책임신분**에 관한 것으로 해석하는 견해도 있지만 예를 들어 「업무상」이라는 신분이 주로 위법성에 관한 것이면 제1항에 해당하게 되어 불합리하다고 비판받고 있다.

2 제65조 제1항의 문언은 구성적 신분에 관한 규정으로 읽는 것이 자연스러우며, **범죄의 성부와 과형**을 분리하는 것은 문제가 있으며 더욱이 정범과 공범이 언제나 같은 범죄를 공동으로 하는 것은 아니다. 역시, (a)설과 같이 제1항은 구성적 신분, 제2항은 가감적 신분을 규정한 것으로 이해하는 것이 옳다.

3 제65조의 기본적 사고에 (1) 신분이 없어도 신분자 사이에 개입하여 범죄결과에 인과적 영향을 준 자는 원칙적으로 공범(공동정범)으로서 가벌적이라는 점이 전제되어 있다. 그리고 (2) 신분에 따라서 형벌을 변경할 경우에는 될 수 있는 한 조문에 그 취지를 밝히고, 그것에 따라서 개별적인 결론의 타당성·합리성을 확보해야 한다. 제2항은 가감적 신분에 대해서, (1)의 원칙을 당연한 전제로 포함한 뒤에, (2)의 생각을 밝힌 것이다.

4 하지만 입법자가 모든 사태를 상정해서 모든 경우에 가감 규정을 마련해 둔 것은 아니다. 구성적 신분범의 경우 감경 규정이 없는 이상, 모든 비신분자가 신분자의 범죄의 공범이 되고, 그 법정형이 적용된다. 구체적 타당성을 고려하면 구성적 신분의 경우에도 신분이 존재하지 않음으로 인해 감경할 여지가 있음을 제65조 제1항에 규정해 두는 것이 바람직하다고 말할 수 있을 것이다.

5 본 건에서 최고재판소는 업무성을 결하여 점유도 없는 자가 **업무상 횡령죄**에 가공했을 경우에는 제65조 제1항에 의해 전원에게 업무상횡령죄(제253조)가 성립하고, 제252조 제1항의 형이 부과되어야 한다고 했다. 이러한 처리는 「제1항은 진정·부진정 양신분범의 성부의 문제, 제2항은 부진정 신분범에서의 과형의 문제」로 보는 학설을 취한 것으로 보인다. 그러나 판례가 업무상 횡령죄로 제65조 제1항을 적용하는 것은 제253조의 신분이 비점유자와의 관계에서는 「업무상의 점유자」라고 하는 진정신분이기 때문이다. 단지, 점유자로서의 관계에서는 「업무상」이라는 부진정신분이 문제가 되므로, 제2항을 적용해서 과형을 「업무상이 아닌 것」으로 할 필요가 있었다. 제1항에 의해 제253조가 성립하는 비점유자에게는 「업무상」이라는 신분이 결여되는 이상, 제253조의 과형이 불합리한 것이다. 제65조는 형벌의 양은 신분에 따라 타당한 것으로 해야 한다고 생각하고 있는 것이다.

6 단지, 현재의 제38조 제2항의 최고재판소의 사고방식(【71】)에 의거하면 성립죄명과 과형을 분리해서는 안 되고, 신분자에게는 업무상 횡령죄의 공동정범이 성립하고, 비업무자에 대해서는 업무상이라는 가감적 신분이 결여되므로 제65조 제2항에 의해 단순횡령죄(제252조)의 공동정범의 성립을 인정하는 것으로 해석하는 쪽이 합리적이라고 생각된다. 더욱이 제65조 제2항은 「신분이 없는 자에게는 통상의 형을 부과한다」고 명시하고 있어 「무거운 죄에 의해 처단할 수 없다」고 하는 제38조 제2항과 다르다고도 말할 수 있다.

● **참고문헌** ● 古川由己夫·判解昭32年度579, 北野通世·法学47-3-374, 福山道義·百総2版182, 藤尾彰·囲総4版186

88 사후강도죄와 공동정범

* 大阪高判昭和62年7月17日(判時1253号141頁·判夕654号260頁)
* 참조조문: 형법 제65조,[1] 제238조,[2] 제240조[3]

> 사후강도죄와 관련하여 폭행 단계에 이르러 관여한 자는 공동정범이 될 수 있는가? 승계적 공범의 문제인가 아니면 공범과 신분의 문제인가?

● **사실** ● 피고인 X는 공범자 Y·Z와 공모한 뒤, 자동차용품매장에서 시가 980엔 상당의 마스코트 1개를 절취하였다. 그리고 그 직후, 동 상점앞 주차장에서 동 매장 경비원 A로부터 현행범으로 체포될 것 같아 체포를 면할 목적으로 A를 번갈아 폭행하여 가료 약 10일을 요하는 상해를 입혔다. 이에 대해 원심은 절도행위는 X가 최초에 마스코트를 손으로 집어 옷 속에 숨겨넣는 시점에 이미 절도는 기수에 이른 것으로 보았고, Y·Z는 그 후에 X의 요청으로 범행 발각방지에 협력한 것에 지나지 않았기 때문에 절도의 공동정범은 성립되지 않아 사후강도의 주체가 될 수 없다고 보았다. 때문에 X 등 3명을 강도치상의 공동정범으로 의율하는 것은 상당하지 않다고 보아 X의 소위는 형법 제240조 전단(제238조)에 해당하고, X·Y·Z는 상해죄의 한도에서 공동정범을 이룬다고 보았다.

● **판지** ● 파기자판. 「원심과 같이 공범자 2명이 X의 범행에 관여하게 된 것이 절도가 기수에 이른 뒤라 하더라도, 동인들은 X가 원 판시의 마스코트를 절취한 사실을 알고 있었으며 그런 상태에서 X와 공모한 뒤 체포를 면할 목적으로 A에게 폭행을 가하여 동인을 부상시킨 경우에는 **절도범의 신분을 가지지 않는 동인들에 대해서도 형법 제65조 제1항, 제60조의 적용에 의해 (사후)강도치상죄의 공동정범이 성립한다**고 해석되기 때문에 (여전히 이 경우에 사후강도죄를 부진정신분범으로 해석하고, 신분 없는 공범자에 대하여 동조 제2항을 적용해야 한다는 견해도 있지만, 사후강도죄는 폭행죄, 협박죄에 절도범인 신분이 더하여져 가중되는 죄가 아니라, 절도범으로서 신분을 가진 자가 형법 제238조 소정의 목적을 가지고 사람의 반항을 억압할 폭행이나 협박을 가하여야 비로소 성립하는 것이기 때문에 진정신분범이며, 부진정신분범으로서 해석되어서는 안 된다. 따라서 신분 없는 자에 대하여도 동조 제2항을 적용해서는 안 된다) 상해죄의 한도에서만 형법 제60조를 적용할 수밖에 없다는 원심판결은 법령의 해석 적용을 잘못한 것으로 보지 않으면 안 된다」.

● **해설** ● 1 (a) 사후강도죄를 진정신분범으로 보아 제65조에 대한 판례·통설을 채용하면 폭행·협박에만 관여한 자도 사후강도죄의 공동정범이 된다(그 결과 강도치사상죄가 성립한다).

---

1) 형법 제65조(신분범의 공범) ① 범인의 신분에 의하여 구성될 범죄행위에 가공한 때에는 신분이 없는 자라도 공범으로 한다. ② 신분에 의하여 특히 형의 경중이 있는 때에는 신분이 없는 자에게는 통상의 형을 과한다.
2) 형법 제238조(사후강도) 절도가 얻은 재물의 탈환을 막거나 체포를 면하거나 죄적을 인멸하기 위하여 폭행 또는 협박을 한 때에는 강도로서 논한다.
3) 형법 제240조(강도치사상) 강도가 사람을 상해에 이르게 한 때에는 무기 또는 6년 이상의 징역에 처하고, 사망에 이르게 한 때에는 사형 또는 무기징역에 처한다.

(b) 사후강도죄를 부진정신분범으로 보아 제65조에 대한 団藤説을 채용하면 폭행·협박에만 관여한 자는 제65조 제2항에 의하여 폭행·협박죄가 성립하게 된다. 이에 대해 (c) 사후강도죄를 신분범이 아닌 절도와 폭행의 결합범으로 보는 입장에 의하면 결합범에 대한 승계적 공동정범을 긍정하면 폭행 협박에만 관여한 자도 사후강도죄의 공동정범이 될 수 있다.

2   하지만 사후강도죄를 결합범으로 보는 입장에 대해서는, 절도에 착수한 것만으로 사후강도죄의 미수를 긍정하는 것이 되므로 부당하다는 비판이 강하다. 또한 **승계적 공동정범**을 인정하는 점에 대해서도 **승계적 공동정범은 실행행위의 도중**에 관여할 필요가 있어 실행행위의 시작(폭행·협박)부터 관여한 것이면 「승계」는 있을 수 없다고 비판받는다.

3   **결합범**이란 「독립해서 범죄가 되는 2개 이상의 행위를 결합한 특별한 1개의 구성요건」으로 정의되며 「일부 행위에 착수가 있으면 당해 결합범 전체에 대한 실행의 착수가 인정된다」고 정의된다. 그렇다고 본다면, 사후강도죄도 절취행위 개시 시부터 실행행위는 계속되고 있어 Y와 Z는 「실행행위의 도중」부터 관여한 것이 된다. 그러나 결합범의 대표적 사례로 볼 수 있는 강도강간죄의 착수시기는 강간행위 시작 시로 보고 있으며 「강도한 후 강간할」 고의로 강도행위에 착수하였으나 체포되었을 경우에는 강도미수죄에 지나지 않는다. 이와 같은 맥락에서 사후강도죄의 실행행위를 실질적으로 생각하면, 폭행·협박이 개시된 때라고 하지 않을 수 없다. 아무리 사후강도의 계획을 가지고 있었다고 하더라도 절도단계에서 체포되었다면, 사후강도죄의 실행행위는 존재하지 않음이 명확하기 때문이다.

4   그런 까닭에 X·Y·Z는 사후강도죄의 실행행위를 처음부터 공동으로 하고 있으며, 사후강도죄는 절도범을 주체로 하기 때문에 「공범과 신분」이 문제된다. 판례의 신분의 정의에 따르면, 사후강도죄는 절도범을 주체로 하는 신분범으로 생각하는 것이 자연스럽다. 문제는 진정신분인가 부진정신분인가 하는 점에 있다.

5   이 점, 東京地判昭和60年3月19日(判時 1172-155)은 (b) 부진정신분으로서 동설을 채용하는 학설도 보인다(藤木英雄『註釋刑法(6)』117쪽). 이에 반해, 본 건 오사카 고등재판소는 「절도」를 구성적 신분으로 보았다. 확실히 구성적 신분이 분명한 횡령죄의 「점유자」나 배임죄의 「사무처리자」와 비교하더라도 구성적 신분으로 보아야 할 것이다. 사후강도죄를 가감적 신분으로 보게 되면, 폭행·협박죄의 가중유형이 되고, 제65조 제2항에 의해 부과되는 「통상의 형」이란 폭행·협박죄의 형이 되어버린다. 그러나 (a) 사후강도죄의 기본적 죄질은 재산범이며, 절도범인이 아니면 범할 수 없는 범죄유형으로 해석하여야 하기에 **구성적 신분**으로서 취급해야 한다.

6   여전히 「구성적 신분인가 가감적 신분인가」라고 하는 선택은 실질적으로는 「X의 절도행위라는 선행 사정이 Y에게도 미칠 것인지 여부」의 판단에 따른다. 그 판단구조는 승계적 공동정범에 있어서의 「선행사정의 승계의 요부와 가부」의 판단구조와 거의 겹친다. 양자는 「공범자 내 일방만이 존재하는 사정이 다른 공범자에게 영향을 주는가」가 문제인 점에서는 공통되고 있기 때문이다. 단지, 승계적 공범의 경우에는 「일방에게만 존재하는 사정」이 완전히 시간적으로 선행해서 발생해버렸기 때문에 다른 공범자(후행 행위자)에게 귀책될 수 있다고 하는 설명이 신분범의 경우 이상으로 곤란해진다.

● **참고문헌** ●   中森喜彦·判評353-70, 本田稔·囿総7版188, 大谷實·法セ33-4-103

89 결과적 가중범과 공범의 이탈

* 最1小決平成元年6月26日(刑集43卷6号567頁·判時1315号145頁)
* 참조조문: 형법 제60조,[1] 제205조[2]

공범으로부터의 이탈은 어떠한 경우에 인정되는가?

● **사실** ● 피고인 X는 Y의 동생으로, 두 명은 스낵바(snack bar)에서 함께 술자리를 같이 한 피해자 A의 태도에 분격하여 A를 Y의 집으로 연행한 뒤 약 1시간 반에 걸쳐 주먹과 죽도, 목검 등으로 폭행을 가하였다. 이후 X는 「나는 간다!」라고 현장을 떠나면서 본인은 더 이상 제재를 가할 의사가 없음을 Y에게 알리지도 않았고, 이후에 더 이상 폭행을 가하지 말 것을 당부하거나 동인을 쉬게 하거나 병원으로 이송할 것을 부탁하지도 않았다. 그 후 얼마 지나지 않아 Y는 A의 언동에 다시 격앙하여, 「아직 부족하냐?」라고 소리치며 목검으로 얼굴을 가격하는 등의 폭행을 가하여, 경부압박 등으로 사망에 이르게 하였다(사망의 결과가 X가 귀가하기 전의 폭행에 의해 발생된 것인지 아니면 Y의 폭행으로 발생한 것인지가 분명치 않다).

제1심과 원심이 X와 Y에게 상해치사죄의 공동정범을 인정한 것에 대해 변호인은 공모에 근거한 A에 대한 제재로서의 폭행이 종료된 이후의 문제이기 때문에, X가 떠난 후의 A에 대한 폭행책임을 X에게 물을 수 없다고 하며 상고했다.

● **결정요지** ● 상고기각. 「위 사실관계에 비추어 보면, X가 돌아간 시점에 Y는 여전히 **제재를 가할 우려가 소멸하지 않고 있었음에도 X는 각별히 이를 방지할 조치를 강구하지 않고, 형편에 맡기고 현장을 떠났기** 때문에 Y와의 사이에서 당초의 공범관계가 위 시점에서 해소되었다고는 볼 수 없고, 이후 Y의 폭행도 위 공모에 근거한 것으로 인정하는 것이 상당하다. 그렇다면 원판결이 이와 같은 취지의 판단에서, 만일 A의 사망의 결과가 X가 귀가한 뒤에 Y가 가한 폭행에 의해 발생한 것이었다고 하더라도 X는 상해치사의 죄책을 진다고 본 것은 정당하다」.

● **해설** ● 1 「공범자 1인이 범죄수행을 중지했을 경우, 그 시점 이후의 사태에 관해서 형사책임을 면할 수 있는가」의 문제는 종래 (a) **중지미수규정**의 적용의 가부에 따라 대응된다고 생각되어 왔다. 그리고 (1) 공동정범자(공범자)의 일부가 임의로 중지하고, (2) 결과발생을 방지했을 경우에, (3) 중지의 효과는 본인에게만 미친다고 해왔다(판례는 나아가 공모 이후(특히 착수 전) 다른 공범자의 양해를 얻어서 이탈한 자에게는 그 이후의 결과에 대해 책임이 없다는 공모로부터의 이탈을 인정해왔다).

2 하지만 최근에는 (b) **공범관계의 이탈 유무**의 관점에서 이해하는 사고가 유력하다. 그리고 그러한 움직임에 결정적인 영향을 주었던 것이 본 결정이다. 본 건은 「미수」가 문제될 수 없

---

1) 형법 제60조(공동정범) 2인 이상 공동하여 범죄를 실행한 자는 전부 정범으로 한다.
2) 형법 제205조(상해치사) 신체를 상해하여 사람을 사망에 이르게 한 자는 3년 이상의 유기징역에 처한다.

는 상해치사죄에 대해서 더욱이 공범관계의 해소를 정면에서 문제삼은 것이다. 본 판례를 계기로 공범관여 도중에 중지한 행위자의 형사책임이 문제되는 유형은 반드시 중지「미수」의 응용으로서 처리되어야 하는 것은 아닌 것이 되었다. 그리고 **공범으로부터의 이탈** 일반을 정면에서 문제 삼아야 될 것으로 인식하게 된 것이다. 「공범의 사정(射程)이 미치고 있는가」라는 표현도 거의 동일한 내용으로 보아도 좋다.

3 논점을 정리하면, ① 관여를 중단한 공범자가 그 이후에 발생한 결과나 다른 공범자의 행위에 대해 책임을 지는 것인지(구체적으로는 무죄일지, 미수일지, 기수일지, 가중의 결과를 귀책할 것일지)의 문제와 ② 관여를 중단한 자에게 형법 제43조[3]의 중지미수의 효과를 인정할 것인지의 문제로 대별할 수 있다. 본 건은 ①의 문제인 것이다.

4 본 결정은 X가 돌아간 시점에서는 Y의 새로운 가해에 대한 우려가 아직 소멸되지 않고 있었음에도 이를 방지할 조치를 강구하지 않고 떠났기 때문에 당초의 공범관계와의 인과성은 해소되지 않고 여전히 존재한다고 보아 X는 상해치사의 책임을 진다고 하였다.

최고재판소는 ① **실행의 착수 이후에는 그 후에 범죄가 수행되어질 우려를 소멸시키지 않으면, 범죄전체에 대하여 공범으로부터 이탈했다고는 볼 수 없지만,** ② 범죄가 수행될 우려를 소멸시켰을 경우에는 그 후의 공범자의 행위에 대해서 공범은 성립하지 않고, 피고인이 관여한 시점까지의 행위에 대해서만 책임을 지면 충분하다고 인정했다. 확실히 범죄수행의 위험이 소멸하고, 그 후의 범행은 별개 독립된 범죄로 평가할 수 있을 경우에는 결과발생을 저지하지 않더라도 공범의 성립이 부정될 수 있다.

5 본 건의 원심인 東京高判昭和63年7月13日(高刑41-2-259)도 「이탈할 의사가 있음을 다른 공범자들에게 알리는 동시에 다른 공범자들에게도 더 이상 폭행을 가하지 말 것을 요구하고, 실제로 가해지고 있던 폭행을 말린 뒤, 이후에는 자신을 포함하여 공범자 누구라도 당초의 공모에 근거한 폭행을 계속하지 않는 상태를 만들어 낸 경우에 한정」하고 있다.

확실히 그러한 경우에는 인과성이 단절되지만 「폭행을 계속하지 않는 상태」를 엄격히 해석하여, 예를 들어 공범자를 그 자리에서 떠나게 한 후에 이탈하지 않으면 안 된다고 보는 것은 과도한 것이다. 충분한 설득을 통해 심리적으로 공범자 측의 공격적 의사를 해소하고, 또 목검 등을 정돈하거나 하여 물리적 인과성을 제거하는 노력이 있으면, 이탈을 인정할 수 있을 것이다. 「인과성이 결과(미수의 결과를 포함)를 귀책할 필요는 없을 정도로 약한 것인지 여부」라는 규범적 평가인 것이다.

● **참고문헌** ● 原田國男·判解平元年度175, 前田雅英·判評373-6, 振津陸行·平元年度重判153, 島岡まな·囸総7版192

---

3) 제43조(미수감면) 범죄의 실행에 착수하여 이를 완수하지 못한 자는 그 형을 감경할 수 있다. 단, 자기의 의사에 의하여 범죄를 중지한 때에는 그 형을 감경 또는 면제한다.

90 착수 전 공모 이탈과 공모관계의 해소
* 最3小決平成21年6月30日(刑集63卷5号4751頁·判時2072号152頁)
* 참조조문: 형법 제60조[1], 제130조[2], 제240조[3]

> 공범자가 주거에 침입한 후, 강도에 착수하기 전에 현장에서 이탈한 자에 대해 공모관계의 해소가 인정되는가?

● **사실** ● 피고인 X는 같이 강도를 실행해 온 동료로부터 본 건 강도를 권유받아 범행 전 야간에 자동차를 운전하여 공범자들과 A의 집을 미리 예비 조사한 후에 공범자 7명과 A의 집에 불이 꺼지면 공범자 2명이 집에 침입하여 내부에서 입구의 열쇠를 열어 침입구를 확보하고, X를 포함한 다른 공범자들도 집에 침입하여 강도하는 주거침입강도를 공모했다. 오전 2시경 공범자 2명은 A 집의 창문을 통해 지하 1층으로 침입하였으나 집과 연결된 문이 잠겨 있어 일단 밖으로 나가 다른 공범자에게 집으로 통하는 창문을 연 후에 그 창문으로 침입하여 안에서 문을 열어 다른 공범자들을 위한 침입구를 확보했다.

망을 보던 공범자는 집 안의 공범자 2명이 강도에 착수하기 전 단계에서 현장 부근에 사람이 모여드는 것을 보고 범행 발각이 두려워져 집안의 공범자들에게 전화를 걸어 「사람들이 모이고 있다. 빨리 그만두고 밖으로 나오는 편이 좋겠다!」라고 했지만 「조금 더 기다려!」라고 대답하자 「위험하니까 기다리지 못한다. 먼저 간다」라고 일방적으로 말하고 전화를 끊었다. 이어 X와 공범자들은 상의하여 함께 도망가기로 하고 X가 운전하는 자동차로 현장을 떠났다. 집안에 있던 공범자 2명은 일단 A의 집에서 나와 X 등 3명이 떠난 것을 알았지만 본 건 당일 오전 2시 55분경 현장 부근에 남아 있던 공범자 3명과 함께 그대로 강도를 실행하였고 당시 가한 폭행에 의해 A등 2명에게 상해를 입혔다.

제1심은 X 등이 범행을 실행하지 않고 현장을 떠나 범행을 그만둔 것에 대해 공범자들이 납득한 사실이 없고, 공범자들의 범행실행을 방지하기 위한 조치를 취하지 않았기 때문에 X와 공범자들 간의 공범관계가 해소된 것으로 볼 수 없다고 보았다. 이에 대해 변호인은 항소하였지만 주장이 받아들여지지 않아 상고했다.

● **결정요지** ● 상고기각. 「X는 공범자 수명과 주거에 침입하여 강도할 것을 공모한 후 공범자 중 일부가 집주인이 있는 주거에 침입한 후 망보는 역할을 담당한 공범자가 이미 주거에 침입한 공범자에게 전화로 『범행을 그만두는 편이 좋겠다. 먼저 돌아간다』 등 일방적으로 전한 것뿐이며, X에게 각별히 그 **이후의 범행을 방지하는 조치를 취하지 아니하고** 대기한 장

---

1) 형법 제60조(공동정범) 2인 이상 공동하여 범죄를 실행한 자는 전부 정범으로 한다.
2) 형법 제130조(주거침입 등) 정당한 이유 없이 사람의 주거 또는 사람이 간수하는 저택, 건조물이나 함선에 침입하거나 또는 요구를 받았음에도 불구하고 이러한 장소에서 퇴거하지 아니한 자는 3년 이하의 징역 또는 10만엔 이하의 벌금에 처한다.
3) 형법 제240조(강도치사상) 강도가 사람을 상해에 이르게 한 때에는 무기 또는 6년 이상의 징역에 처하고, 사망에 이르게 한 때에는 사형 또는 무기징역에 처한다.

소로부터 망보는 역할을 한 자들과 함께 이탈한 것에 지나지 않고 남은 공범자가 그대로 강도를 실행한 것으로 인정된다. 그렇다면 X가 **이탈한 것은 강도행위 착수전**이고 설령 X도 망보는 역할의 상기 전화내용을 인식한 후에 이탈하였고, 남은 공범자들이 X의 이탈을 그 후에 알게 되었다고 하더라도 당초의 **공범관계가 해소**되었다고는 볼 수 없고, 그 후의 공범자들의 강도도 당초의 공모에 의해 행해진 것으로 인정하는 것이 상당하다」라고 하여 X는 강도치상에 대해서도 공동정범의 책임을 진다고 한 원판단을 유지했다.

● **해설** ● 1 공동(공모)로부터의 **이탈**, 공동정범관계의 **해소** 문제에 관하여 (1) **착수 전 이탈**의 가부에 대해서는 다른 공범자의 **이탈의 승낙(了承)**의 유무가 기준이 되고 (2) **착수 후의** 경우 그 후에 **범죄가 수행될 우려를 해소하지 않으면 공범(공모)로부터 이탈하였다고 말할 수 없다**고 보는 경우가 많았다(大塚仁『刑法概説総論[第3版]』330쪽 이하).

2 확실히 정범자(공동정범자)가 실행행위에 **착수하기 전에 이탈한 경우를** 실행의 착수 후까지 관여한 경우와 비교하여 보면 미친 영향이 상대적으로 작고, 정범자 X의 실행착수나 결과발생과 인과관계가 단절되어 공범자가 미수나 기수를 면하는 경우는 비교적 생각하기 쉽다. 공모에 의해 형성된 심리적 인과성도 완전한 승낙이 있으면 단절된다는 설명도 용이하다.

3 이 점에 대해 福島高判昭和28年1月12日(高刑6-1-1)은 X가 동료인 Y·Z로부터 강도실행을 제안 받고 그에 응하여 「A녀는 혼자 살고 있는 노인이며, 집의 구조 등을 잘 알고 있다」고 하며 A집의 방 배치도를 그려 Y에게 건네주었다. 하지만 X는 실행의 직전에 이를 뉘우치고 「나는 그만두겠어!」라고 전화로 일방적 통보를 하고 남은 Y·Z가 다음날 A의 집에 침입하여 금원을 갈취한 사실에서 「일단 강도를 공모한 자라 하더라도 강도에 착수하기 전에 다른 공모자에게 이탈할 것을 표시하고 당해 공모관계로부터 이탈한 이상, 설사 후일에 다른 공모자가 당해 범행을 수행하였다고 해도 그것은 당해 이탈자의 공모에 의한 범의를 수행한 것」으로 볼 수 없다고 하여 강도의 공동정범을 부정하고 강도예비죄만을 인정했다.

4 단 이탈자가 관여시에 정보나 도구를 제공한 경우에는 단순히 이탈을 표명하고 승낙을 얻은 것만으로는 공모로부터 이탈하였다고 볼 수 없는 경우가 있을 수 있다.

5 본 결정은 공범자가 주거에 침입한 후 강도에 착수하기 전에 다른 공범자가 실행자에게 전화를 걸어 「먼저 돌아갈게」 등을 일방적으로 전한 것을 인식하여 이탈한 것뿐이고 각별히 그 이후의 범행을 방지하는 조치를 강구하지 않은 이상 공모관계의 해소는 인정되지 않는다고 보았다.

① 다수인에 의한 침입강도에서 공동정범자가 피해자 집에 침입하였으며, ② 스스로 이탈을 전한 것도 아니며 ③ X 자신도 전날 예비조사를 한 사실도 있는 경우에는 이후의 범행을 방지하는 어떠한 조치가 필요하다고 할 수 있다. 그 판단구조는 착수 후의 이탈(【91】)과 질적으로 다른 것이 아니다. 「공범자들의 강도행위가 당초의 공모에 기초해 행해졌던 것으로 인정할 수 있는지 여부」라는 판단에 있어서는 경우에 따라서는 **이후의 범행을 방지할 조치가 필요**하게 되며, 착수 후의 이탈의 요건과 연속적이라고 말할 수 있다.

● **참고문헌** ● 任介辰哉·判解平21年度165, 橋爪隆·百総7版190

91 착수 후의 공동정범으로부터의 이탈

* 名古屋高判平成14年8月29日 (判時1831号158頁)
* 참조조문: 형법 제60조[1], 제204조[2], 제208조[3]

> 공범으로부터 범행 도중 폭행을 당하여 실신한 자가, 그 이후의 침해 결과에 대해서도 책임을 지는가?

● **사실** ● 피고인 X는 Y 등으로부터 「A가 F의 머리를 강제로 깎은 뒤, 산속에 버리고 떠났다」라는 허위사실이 포함된 이야기와 A에게 보복할 계획이니 협력해 줄 것을 요청받았다. 이에 X는 A에 대해 제재를 가할 것에 동의하고, Y 등과 공모하여 전화로 A를 H공원 주차장까지 유인하였고, 오후 8시 30분경 Y는 운전석에 있던 A의 안면을 주먹으로 수회 구타하고 다시 A를 차 밖으로 끌어낸 후 X 및 Y가 교대로 A의 안면과 머리 등을 다리로 차고 구타하는 등의 폭력을 가했다(제1 폭행). Y의 폭행이 예상 이상으로 격해지자 X는 A를 벤치로 데려가 「괜찮은가?」라고 상태를 묻자, Y는 X가 제멋대로 행동하고 있다고 생각하여 화가 나 X에게 불만을 토로하였고 이어 말싸움으로 발전하였다. 그리고 Y는 갑자기 X를 가격하여 실신시켰다. Y는 X를 그 장소에 방치한 채로 다른 공모자와 A를 자동차에 태워 K항구 안벽(岸壁)까지 연행하고 같은 날 오후 9시경 같은 장소에서 다시 Y가 A의 안면을 주먹으로 폭력을 가하여(제2폭행), 가료 약 2주 등의 상해를 입혔다. 그 일부는 제1폭행으로부터 발생한 것인지 제2폭행으로부터 발생한 것인지가 판명되지 않았다.

변호인은 X가 Y와 더불어 제1폭행을 가한 것은 틀림없지만 X는 Y의 폭행이 예상 외로 격해져 이를 제지하다 Y와 말싸움으로 이어졌고, Y로부터 안면을 구타당하여 실신한 것이므로 여기서 Y와의 공모관계는 해소되고, 제2폭행에 대해서는 책임을 질 이유가 없다고 주장하였지만 원심은 그 주장을 받아들이지 않았다.

● **판지** ● 파기자판. 「Y를 중심으로 X를 포함하여 형성된 **공범관계는 X에 대한 폭행과 그 결과로 실신한 X의 방치라는 Y 자신의 행동에 의해 일방적으로 해소**되었고 이후의 **제2의 폭행은 X의 의사·관여를 배제하여 Y 등만으로 행해진 것이라고 해석하는 것이 상당**하다. 따라서 원심이 X의 실신이라는 사태가 발생한 후에도 X와 Y 등과의 사이에 심리적, 물리적인 상호이용보충관계가 계속·잔존하고 있다고 하여 당초의 공범관계가 해소되거나 공범관계로부터의 이탈이 있었다고 해석할 수 없다고 한 후, 〔제2폭행〕의 상해에 대해서도 X의 공동정범자로서의 형사책임을 긍정한 것은 사실을 오인한 것이라 할 수 있다」고 하였다. 단 제1의 폭행 결과인 상해에 대해서 공동정범자로서의 형사책임을 지는 것뿐만 아니라 제2폭행의 각 상해에 대해서도 동시상해의 규정에 의해 형사책임을 져야 하는 것이고 A가 입은 가장 중한 상해가 제1폭행에 의한 상해인 본 건에 있어서 제2폭행에 의한 각 상해에 대해 소인변경의

---

1) 형법 제60조(공동정범) 2인 이상 공동하여 범죄를 실행한 자는 전부 정범으로 한다.
2) 형법 제204조(상해) 사람의 신체를 상해한 자는 15년 이하의 징역 또는 50만 엔 이하의 벌금에 처한다.
3) 형법 제208조(폭행) 폭행을 가한 자가 사람을 상해함에 이르지 아니한 때에는 2년 이하의 징역이나 30만 엔 이하의 벌금, 구류 또는 과료에 처한다.

절차를 취하지 않고 상기 규정에 의한 형사책임을 인정하는 것이 허용된다고 해석될 수 있으므로 결국 원판결이 제2폭행의 각 상해에 대해서 X의 책임을 긍정한 것에 잘못이 없고, 원판결의 오인은 판결에 영향을 미치는 것이 분명한 것이라고는 말할 수 없다고 했다.

●**해설**● 1 과거 **착수 후의 공동정범으로부터의 이탈**은 (1) 공범자 내지 공동정범자의 일부가 임의로 중지하거나 (2) 결과발생을 방지한 경우에만 인정되고 (3) 중지범의 효과는 본인에게만 미치고 다른 공범자 등에게는 미치지 않는다고 해석되어 왔다.

2 이에 대해【89】는 **실행의 착수 이후에 범죄가 수행될 가능성을 소멸시킨 경우에는 그 후의 공범자 행위에 대해서도 공범이 성립되지 않고, 공범이 성립되지 않는 경우에는 피고인이 관여한 때까지의 행위에 대해서만 책임을 진다**고 한다. 그 후의 범행이 개별 독립된 범죄라고 평가될 수 있는 경우에는 결과의 발생을 저지하지 않아도 공범의 성립이 부정될 여지를 인정했다고 할 수 있다.

3 이 점에 대해서 東京地判昭和51年12月9日(判時864-128)은 극물소지죄(劇物所持罪)에 관하여 이탈을 긍정하기 위해서는 현실의 소지자로부터 극물을 회수하는 등 점유를 잃게 하거나 그것을 위해 진지한 노력을 했음에도 불구하고 현실의 소지자가 반환 등을 하지 않고 이후의 소지가 **당초의 공모와는 전혀 별개의 동인의 독자적인 새로운 의사를 토대로 한 것이라고 인정되는 특단의 사정이 필요**하다고 판시하고 있다(東京地判平12 · 7 · 4判時1769-158 참조).

4 본 판결은 X · Y 등 간의 공범관계가 X에 대한 폭행과 실신한 X의 방치라는 Y 자신의 행동에 의해 일방적으로 해소되어 그 이후의 제2폭행은 X의 의사 · 관여를 배제하여 Y들만에 의해 행해진 것으로 평가되었다.

5 이에 대해 원심은 제2폭행은 당초의 공모내용과 동일한 동기나 목적 하에 행해진 것인 이상, X를 폭행하여 정신을 잃게 한 단계에서도 공모와 그 실행행위에 의해 초래된 심리적, 물리적인 효과는 잔존하며 공범자가 그것을 이용하여 범행을 계속할 위험성이 있으며 Y의 폭행에 의해 X가 정신을 잃은 것을 가지고 X가 공범관계로부터 이탈했다거나 공범관계가 해소된 것으로는 해석할 수 없다고 했다.

6 **인과성의 유무**라고 하더라도 결국은 공범관계를 인정할 수 있는 관계가 잔존하고 있는가 아닌가의 문제이며 그 귀책판단은 「폭행을 제지하고자 한 것」 「일방적으로 구타를 당해 실신한 것」 등의 사정이 경미하게 영향을 끼친 것이다.

7 본 건에서는 이탈 전의 X · Y의 공동행위와 이탈 후의 Y 등의 행위 어느 것이 상해결과의 원인이 되었는가의 불분명한 부분이 남아 있으므로 제207조[4]의 적용이 문제가 된다. Y 등이 가한 제2폭행과 X와 Y가 공동으로 가한 제1폭행이 **동일한 기회의 것으로 평가 할 수 있는 경우**에는 제207조에 의해 제1폭행과 제2폭행 어느 것에 대해서도 상해결과를 귀책시킬 수 있는 것에 주의하지 않으면 안 된다.

●**참고문헌**● 島田総一郎 · 判評534-36, 小林憲太郎 · 判評546-38, 髙森高徳 · 研修654-153

---

[4] 형법 제207조(동시상해의 특례) 2인 이상이 폭행을 가하여 사람을 상해한 경우에 각자의 폭행에 의한 상해의 경중을 알 수 없거나 그 상해를 일으킨 자를 알 수 없는 때에는 공동하여 실행한 자가 아니라도 공범의 예에 의한다.

92 파일 공유 소프트 제작·제공과 저작권 침해죄의 방조

* 最3小決平成23年12月19日(刑集65卷9号1380頁·判時2141号135頁)
* 참조조문: 형법 제62조 제1항[1], 저작권법 제23조 제1항[2](2004년 개정 전), 제119조 제1호[3], 제120조의2 제1호[4]

파일 공유 소프트를 홈페이지에 계속하여 공개·배포하는 행위는 그것을 이용한 자가 저작권법 위반행위를 할 경우에 해당 범죄의 방조범이 되는가?

● **사실** ● 피고인 X는 송수신프로그램 기능을 가지고 있는 파일 공유 소프트 Winny[5]를 제작하고 그 개량을 반복하면서 자신이 개설한 홈페이지에 공개·배포하였다. Y·Z는 법정 제외사유 없이 저작권자의 허락을 받지 아니하고 저작물인 게임소프트나 영화파일이 기록되어 있는 하드디스크에 접속한 컴퓨터를 사용하여 Winny를 기동시켜 동 컴퓨터에 접속한 불특정다수의 이용자에게 정보를 자동공중송신하도록 하였고, 이는 저작물의 공중송신권을 침해한 저작권법 위반행위를 방조하여 기소가 된 사안이다.

제1심이 저작권법위반 방조로 유죄를 인정하는 것에 반해 원심은 Winny는 유용성이 있고 동시에 저작권침해에도 이용될 수 있는 **가치중립적인 소프트**임을 인정하고 소프트 제공자가 소프트를 위법행위의 용도만으로 또는 그것을 중요한 용도로 사용되도록 추천하여 소프트를 제공한 경우에 한해 방조죄가 성립된다고 하여 X의 방조죄 성립을 부정하였다. 이에 검찰측이 상고하였다.

● **결정요지** ● 상고기각. 최고재판소는 「형법 제62조 제1항의 종범은 타인의 범죄에 가공할 의사를 가지고 유·무형적 방법으로 그것을 방조하여 타인의 범죄를 용이하게 한 자이다. 즉 방조범은 **타인의 범죄를 용이하게 하는 행위**를, 그것을 인식·인용하면서 행하고, 실제로 정범행위가 행해진 것에 의해 성립한다」고 하여 원심과 같이 「해당 소프트의 성질(위법행위에 사용될 가능성의 정도)이나 객관적 이용 상황과 관계없이 **제공자에게 외부적으로 위법사용을 권장하여 제공하는 경우로 한정하는 것에 대한 충분한 근거가 있다고는 인정하기 어렵**

---

1) 형법 제62조(방조) ① 정범을 방조한 자는 종범으로 한다. ② 종범을 교사한 자에게는 종범의 형을 과한다.
2) 저작권법 제23조 제1항 : 저작자는 그 저작물에 대해 공중송신(자동공중송신의 경우에는 송신가능화를 포함)을 행할 권리를 전속한다.
3) 저작권법 제119조 제1호 : 저작권 출판권 또는 저작인접권을 침해한 자(제30조제1항(제102조 제1항에서 준용하는 경우를 포함한다. 제3항에 있어서도 동일)에서 정하는 사적사용의 목적으로 직접 저작물이나 실연 등의 복제를 한 자 제103조 제3항의 규정에 따라 저작권이나 저작인접권(같은 조 제4항의 규정에 따라 저작인접권으로 간주되는 권리를 포함한다. 제120조의2제3호도 동일)을 침해하는 행위로 간주되는 행위를 한 자 제113조 제5항의 규정에 따라 저작권이나 저작인접권을 침해하는 행위로 간주되는 행위로 한 자 또는 다음 항 제3호나 제4호에 게재된 자를 제외한다)는 10년 이하의 징역이나 1천만 엔 이하의 벌금에 처하거나 이를 병과 한다.
4) 저작권법 제120조의2 제1호 : 다음 각 호의 어느 하나에 해당하는 자는 3년 이하의 징역이나 백만 엔 이하의 벌금에 처하거나 이를 병과한다. 1. 기술적 보호수단을 회피하는 것만을 그 기능으로 하는 장치(해당 장치의 부품이 일식으로서 간단하게 조립할 수 있는 것을 포함한다)나 기술적 보호수단을 회피하는 것을 그 기능으로 하는 프로그램의 복제물을 공중에 양도하거나 대여하고 공중에의 양도나 대여의 목적으로 제조 수입하거나 소지나 공중의 사용에 제공하거나 해당 프로그램을 공중송신하거나 송신가능화 한 행위(당해 장치 또는 당해 프로그램이 당해 기능 이외의 기능을 병합하여 가지고 있는 경우 저작권 등의 침해 행위를 기술적 보호 수단의 회피에 의해 가능하게 하는 용도로 제공하기 위해 행해진 것으로 제한한다)를 한 자
5) Winny는 인터넷상에서 파일을 교환하는 「일본판 소리바다」로 알려져 있고 일본 내에서 수백만 명이 이용하였다.

고, 형법 제62조를 잘못 해석한 것이라고 할 수밖에 없다」고 하였다. 그리고 Winny를 저작권 침해를 위해 이용할 것인지 아니면 다른 용도로 이용할 것인지는 어디까지나 개개 이용자의 판단에 맡겨져 있는 이상 「방조범이 성립하기 위해서는 **일반적 가능성을 넘은 구체적인 침해 이용 상황이 필요하고, 또한 그것을 제공자가 인식 · 인용할 것을 요한다**」고 하였으며 구체적으로는 ① 구체적인 저작권침해를 인식 · 인용하면서 이를 공개 · 제공하여 실제로 당해 저작권 침해가 행해진 경우나 ② 동 소프트를 입수한 자 중에서 예외적이라고는 할 수 없는 범위의 자가 동 소프트를 저작권침해에 이용하기 위해 개연성이 높다고 인정되는 경우에 제공자도 그것을 인식 · 인용하고 있는 경우가 이에 해당된다고 했다.

그리고 「본 건 Winny의 공개 · 제공행위는 객관적으로 보았을 때 예외적이라고 할 수 없는 범위의 자가 그것을 저작권 침해에 이용할 개연성이 높은 상황 하에서 공개 · 제공한 행위였다」는 점은 부정할 수 없다」고 하면서 주관적 측면에 관하여 X는 「본 건 Winny의 공개 · 제공 시 본 건 Winny를 저작권침해를 위해 이용할 수 있는 자가 있는 것이나 그러한 자의 수가 증가하고 있는 것에 대해서 인식하고 있다고 인정되지만, X에게 Winny를 **저작권침해를 위해 이용할 가능성이 있는 자가 예외적이라고 할 수 없는 범위의 자까지 확대되고 있고, Winny를 공개 · 제공한 경우 예외적이라고 할 수 없는 범위의 자가 그것을 저작권침해를 위해 이용할 개연성이 높은 것을 인식 · 인용하고 있다고 까지**」는 인정할 수 없다고 하여 저작권위반죄의 **방조범의 고의를 결여**하고 있다고 하였다.

● **해설** ● 1 방조는 실행행위 이외의 행위로 정범의 실행행위를 용이하게 하는 행위를 광범위하게 포함한다. 편면적 방조도 인정되고 있고, 본 건과 같이 정범자와 면식이 없어도 방조는 가능하다. 방조는 물질적 · 유형적인 형태뿐만 아니라 범죄에 관한 정보를 제공하거나 정신적으로 고의를 강화하는 무형적인 것도 포함하고 있으며, 부작위에 의한 방조와 부작위범에 대한 방조 또한 인정된다.

2 원심은 「통신의 비밀을 보지(保持)하면서 정보 교환을 가능하게 하는 유용성」을 중시하여, 방조범이 성립하는 것은 **외부적인 위법사용을 권장하여 제공하는 경우**에 한정한다. 이에 대해 최고재판소는 정범의 실행행위를 용이하게 했다고 하기 위해서는 **일반적(예외적이라고 할 수 없음) 가능성을 넘은 구체적인 침해 이용 상황이 있으면 충분하다**고 하여, 본 건 행위는 객관적으로 방조에 해당된다고 본 것이다.

3 더욱이 고의의 인정에 있어서 **예외적이라고 할 수 없는 범위의 자가 그것을 저작권 침해에 이용할 개연성이 높은 것을 인식 · 인용했다고까지 볼 수 없으므로 고의가 부정된다**고 하여, 방조범의 성립범위를 한정한 것이다. 방조범(타인의 범죄를 용이하게 한 행위)에는 당벌성이 미묘한 행위가 포함되어 있기 때문에 **주관적 측면도 종합하여 가벌범위를 한정**하는 것에는 일정한 합리성이 있다(러브호텔에서의 매춘 선전 책자를 인쇄한 인쇄업자에게 매춘주선죄의 방조를 인정한 東京高判平2 · 12 · 10判夕752-246 참조).

4 단 방조 고의의 성립에는 「예외적이라고 할 수 없는 범위의 자가 저작권의 침해를 위해 이용할 개연성이 높다」고 일반인이라면 생각할 수 있는 사실의 인식이 있으면 족하다. ① 개발선언을 한 스레드에 침해적 이용을 의심하게 하는 게시글, ② 본 건 당시의 Winny의 침해적 이용에 관한 잡지 기사 등의 정보에의 접촉, ③ X자신의 저작물 파일의 다운로드 상황 등에 비추어 보면 X에게 Winny가 상당히 넓은 범위(거의 예외적이라고 할 수 없는 범위)에서 침해적으로 이용되고 유통되고 있는 것에 대해 인식이 있었다고 인정해야 한다고 생각된다. 더욱이 X가 「저작권 침해의 이용」에 관하여 경고한 사실은 오히려 위법이용의 개연성이 높음을 인식한 것을 보강하는 것이라고 말할 수 있다(大谷재판관 반대의견 참조).

● **참고문헌** ●   塩見淳 · 百総7版176, 松原久利 · 判評685-23, 前田 · 最新判例分析112

93 방조의 인과성

* 東京高判平成2年2月21日(判夕733号232頁)
* 참조조문: 형법 제62조,[1] 제190조,[2] 제240조,[3] 총포도검류소지등단속법, 화약류단속법

> 방조의 인과성은 어떻게 판단되는 것인가?

● **사실** ● Y는 보석상 A로부터 보석 등을 다량 구입할 것 같이 교묘하게 말로 꾀여 보석류와 모피 등을 넘겨받아 보관하고 있던 중, A를 권총으로 살해하여 보관하고 있던 보석류를 취하고자 마음먹었다. 그리고 당초 살해 장소로서 피고인 X가 경영하는 회사 빌딩 지하실을 예정했지만, 이후 자동차 안에서 살해하기로 계획을 변경하였다. Y는 A를 상거래 명목으로 꾀어내서 A소유의 보통승용차에 동승시킨 뒤, 동 차안에서 권총으로 A의 머리를 쏘아 살해하여 보관 중이던 보석류의 반환을 면하는 동시에 부근 산속에 사체를 주도적으로 매몰·유기한 뒤, A가 휴대하고 있던 현금 약 40만 엔을 취하였다.

X는 ① 살해 장소로 당초 지하실이 예정되어 있던 단계에서, 권총소리가 밖으로 새어나가지 않도록 지하실 출입구 문 주위를 테이프로 붙이거나 환기구를 모포로 막는 등의 행위를 하였다. 그리고 ② Y가 계획을 변경한 후에는 Y로부터 동행을 요청받고 Y가 보석 등의 거래를 구실 삼아 누군가를 살해하고, 그로부터 보석 등의 탈취계획을 실행에 옮기는 것은 아닐까라고 어림짐작하였고, Y와 행동을 함께 하는 것이 동인의 강도살인 범행을 돕게 되는 것은 아닐까라고 인식하면서, Y의 승용차에 승차하여 살해 현장에 이르게 되었고, Y등과 공모하여 A의 사체를 매장하여 유기했다.

X의 ①과 ②의 방조행위와 자동차 내에서 실행된 Y의 강도살인 행위 간의 인과성에 대해서 원심은 ①의 행위는 「피해자의 생명 침해를 현실화하는 위험성을 높인 것으로 평가할 수 있을」뿐만 아니라 ②의 행위도 Y가 품고 있던 강도 살인의 의도를 강화한 것으로서 방조행위에 해당된다고 판시하여 징역 5년에 처했다.

● **판지** ● 파기자판. 동경고등재판소는 ①의 행위와 관련하여 「X가 지하실에서 망을 보는 등의 행위가 Y의 실제 강도살인의 실행행위와의 관계에서는 전혀 도움이 되지 않은 것은 원심도 인정하는 바이고 이러한 경우, 그럼에도 불구하고 X의 지하실에서의 망을 보는 등의 행위가 Y의 실제 강도살인의 실행행위를 방조한 것이라고 말할 수 있는 이유는 X의 망을 보는 등의 행위 자체가 Y에게 **정신적으로 힘을 북돋아주고, 그 강도살인의 의도를 유지 내지 강화하는 것에 도움이 된 것으로** 해석하지 않으면 안 된다.

그렇지만 원심의 증거 및 당심의 사실조사 결과 Y가 X에게 지하실에서 망보는 등의 행위

---

1) 형법 제62조(방조) ① 정범을 방조한 자는 종범으로 한다. ② 종범을 교사한 자에게는 종범의 형을 과한다.
2) 형법 제190조(사체손괴 등) 사체, 유골, 유발 또는 관에 넣어둔 물건을 손괴, 유기 또는 영득한 자는 3년 이하의 징역에 처한다.
3) 형법 제240조(강도치사상) 강도가 사람을 상해에 이르게 한 때에는 무기 또는 6년 이상의 징역에 처하고, 사망에 이르게 한 때에는 사형 또는 무기징역에 처한다.

를 지시하고, X가 이를 승낙한 것으로 보아 **X의 협력만이 Y의 뜻을 굳게 했다고 인정할 만한 증거는 없고**, 또한 X가 지하실에서의 망보는 등의 행위를 한 것을 스스로 직접적으로 혹은 Z 등을 개입시켜 Y에 보고한 점 또는 Y가 그 보고를 받고, 스스로 지하실로 가서 X의 망보는 등의 행위가 Y에게 인식된 사실조차 이것을 인정할 만한 증거도 없기 때문에, 따라서 **X의 망보는 등의 행위가 그것 자체로 Y를 정신적으로 힘을 북돋아 주어, 그 강도살인의 의도를 유지 내지 강화하는 것에 도움이 되었다고 인정할 수는 없다**」고 하였다.

한편, ②의 추종행위에 대해서는「**Y도 X가 자기 뒤에서 추종해 오는 것을 마음 든든하게 느끼고 있었던 점**」이 인정되어「X가 Y의 차에 추종하는 것 자체가 Y의 강도살인을 방조하게 된다는 고의를 가지고 차에 올라타서 발진한 뒤, Y의 차를 추종하여 살해 현장에 이른 이상, X의 강도살인방조죄는 성립하고, 발진 후 만일 X가 차내에서 잠든 사실이 있었다고 하더라도 그 사실은 동죄의 성립을 방해하지는 않는다」고 하여 방조의 성립을 인정했다.

● **해설** ● 1 **방조의 인과성** 판단시 통상의 **조건관계**가 아니라「정범이 방조 없이 실행한 경우와 비교하여, 결과에 중요한 변경이 발생하였는지 여부」를 문제삼는 학설이 많다.「만약 그것을 하지 않았으면 결과는 발생하지 않았을 것이다」라고 평가할 수 있는 방조 이외는 불가벌로 하는 것은 분명히 불합리하기 때문이다.

2 이에 현재 방조의 인과성론에 있어서 (a) 방조행위는 **위험범**이며, 결과발생의 위험성을 내포하고 있다는 의미에서 결과와 관련되지만, 행위와 결과와의 조건관계는 문제삼을 필요는 없다고 보는 입장이나 (b) 결과발생의 태양 등을 **구체적·개별적**으로 이해하여 조건관계의 존재를 설명하는 입장 등이 보인다.

3 그러나 현재 (c) 조건관계를 대신하여「결과를 **촉진**(용이하게)한 것인지 여부」내지는「『이유』가 된 것인지 여부」의 기준을 채용하는 입장이 가장 유력하다고도 말할 수 있다. 다만, 실제로 발생한 결과와 방조행위와의 결부는 필요하다. 그런 까닭에「결과발생의 가능성의 고조가 정범의 행위완성 시까지 이르고 있을 것」을 요구해야 할 것이다.

4 방조의 인과성에 관하여, 심리적 영향을 포함하여 「결과발생의 고조가 정범자의 행위에 영향을 주었는지」를 기준으로 판단하면, 정범에게 어떠한 연락을 하지 않았더라도, 야간에 망보는 행위는 방조에 해당한다. **정범자가 절도 중에 망보는 이가 있어 안심하고 수행할 수 있었을 경우에 망보는 행위는「촉진」했다고 말할 수 있는 것이다.**

5 이러한 기준으로부터 본 건의 사안을 생각하면, ①단계에서의 X의 망보는 행위는 물리적으로 Y의 범죄행위의 원인이 되거나 촉진한 것이 아니고, 심리적 측면을 고찰하더라도 Y는 X의 행위에 대해 인식이 없었던 이상, 그것에 의해 범의가 강화되거나 안심한 상태에서 실행행위를 수행했다는 것은 인정되지 않는다. 이에 반해 ②의 추종행위에 관해서는「Y도 추종하여 온 것을 강하게 느꼈던 것」이 인정되는 이상 방조범이 성립하는 것은 분명하다.

● **참고문헌** ●   山中敬一·関西大学論集25-4＝6, 林幹人·囸総7版174

94　부작위의 방조

* 札幌高判平成12年3月16日(判時1711号170頁·判タ1044号263頁)
* 참조조문: 형법 제62조,[1] 제205조[2]

> 내연남의 체벌을 막지 않아, 아이가 살해된 경우 아이의 엄마는 부작위의 상해치사방조에 해당하는가?

●**사실**●　피고인 X(여)는 자신이 친권자로 되어 있는 차남 A(당시 3세)를 데리고 Y와 내연관계에 들어갔으며 친권자 겸 감호자로서 Y의 체벌로부터 A를 보호해야 할 입장에 있었다. 그리고 Y가 A의 안면과 머리에 폭행을 가하여 사망시켰을 시점에, Y에 대한 폭행 시작을 인식하였기 때문에 즉시 폭행을 제지하는 조치를 취해야 했고 또한 이를 제지하여 A를 보호할 수 있었음에도, 이를 방치하고 Y의 범행을 용이하게 하여(상해치사죄의 부작위의 방조) 기소되었다.

원심은 X의 작위의무와 관련하여 A의 유일한 친권자이고, Y가 매일 이렇게 심한 체벌을 되풀이하고 있었던 점 등으로 보아 Y의 폭행을 제지해야 할 작위의무가 있지만, 당시 임신 중이었던 X도 남편의 심한 폭행을 두려워하고 있어 그 작위의무의 정도가 지극히 높은 정도라고는 말할 수 없으며, 태아 건강에 영향을 줄 가능성도 있었던 X로서는 Y의 폭행을 실력으로 저지하는 것이 상당히 곤란한 심리상태에 있었기 때문에 X가 Y의 폭행을 실력으로 저지하는 것이 현저히 곤란한 상황에 있었다. 또한 부작위에 의한 방조범은「범죄의 실행을 거의 확실하게 저지할 수 있었음에도 불구하고 이를 방치할 것」을 요하므로 X의 부작위를 작위에 의한 상해치사방조죄와 동일시 할 수는 없다고 보아 X에게 무죄를 선고했다.

●**판지**●　파기자판. 삿포로 고등재판소는 X는 Y의 폭행을 실력으로 저지하는 것이 현저하게 곤란한 상황에 있었다고는 볼 수 없다고 한 뒤 부작위의 방조범에게는「범죄의 실행을 거의 확실하게 저지할 수 있었음에도 불구하고 이를 방치했다」는 요건은 불필요하다고 하며, 「X가 Y의 옆에서 감시만 하더라도, Y에게는 A의 폭행에 대한 심리적 억제가 되었을 것으로 생각되기 때문에 작위로 Y의 폭행을 저지하는 것은 가능했던 것으로 보아야 한다. …… X가 Y에 대하여『그만둬!』등으로 말로서 제지하거나 혹은 A를 위해 변명하거나 A를 대신해서 사죄하거나 하는 등의 언어에 의한 제지행위를 하였다면, Y는 위 폭행을 그만두는 계기가 되었을 것이다」라고 하였고, 더욱이 「X가 몸을 사리지 않고 나아가서 제지하였다면 Y의 폭행을 확실하게 저지할 수 있었던 것이 분명한 바 위 작위로 나아갔을 경우에 Y의 반감을 사 스스로가 폭행을 받아 부상당할 가능성은 부정하기 어렵지만, Y는 X가 임신 중이어서 태아에의 영향을 고려하여 복부 이외의 부위에 폭행을 가하고 있었던 점 등을 비추어 보면, 태아의 건강에까지 영향이 미칠 가능성은 낮으며, …… X가 Y의 폭행을 실력에 의해 **저지하는 것이 현저하게 곤란한 상황에 있었다고는 말할 수 없었던** 것을 함께 생각하면 위 작위는 Y의 범죄를 방지하기 위한 최후의 수단으로서, 여전히 X에게 구체적으로 요구되는 작위에 포함된다고 보아도

---

1) 형법 제62조(방조)　① 정범을 방조한 자는 종범으로 한다. ② 종범을 교사한 자에게는 종범의 형을 과한다.
2) 형법 제205조(상해치사)　신체를 상해하여 사람을 사망에 이르게 한 자는 3년 이상의 유기징역에 처한다.

지장없다」라고 하여 「X가 본 건의 구체적 상황에 응하여 이상의 **감시나 제지행위를 비교적 용이한 것으로부터 단계적으로 행동하거나 복합하여 행동함으로서 A에 대한 폭행을 저지하는 것이 가능했다**고 보아야 한다」고 하여 상해치사죄의 부작위의 방조범 성립을 인정했다.

● **해설** ●　1　X는 A를 보호해야 할 입장이었다고 말할 수 있지만 Y의 폭행에 의하여 A는 사망한 것이며 이를 저지하지 않았던 X를 작위에 의한 상해치사와 동일시할 수는 없어 X의 부작위의 상해치사죄의 공동정범을 인정할 수는 없다. 문제는 X에게 상해치사죄의 방조범이 성립하는가이다.

2　**부작위에 의한 방조범**이 성립하기 위해서는 작위에 의한 방조행위와 동일시할 수 있는 관여의 인정이 필요하고 ① **정범자의 범죄실행을 저지해야 할 작위의무**를 가진 자가 ② **범죄의 실행을 저지**할 수 있는 경우에 ③ 작위의무의 정도 및 요구되는 행위의 용이성 등을 종합적으로 형량하여, **작위에 의해 결과발생을 용이하게 한 것과 동일시할 수 있을** 것을 요한다.

3　본 건 원심은 ① A의 연령이나 신체상태, 그때까지의 체벌상황으로 보아 X의 작위의무는 강도(强度)의 것이었지만, ② 범행을 거의 확실하게 저지할 수 있을 경우에만 작위의무를 부과할 수 있다고 보아 X 자신도 강도 높은 폭행을 받고 있었던 점 등을 중시하여, 부작위에 의한 방조를 인정하지 않았다.

4　이에 반해 고등재판소는 ② **실행을 거의 확실하게 저지할 수 있었다고 하는 요건은 불요한 것으로 보았다.** 확실히, 상해치사죄의 **부작위에 의한 공동정범**의 경우에는 「자신의 범죄로서 관여」한 것이라고 볼 수 있을 정도의 관여와 이에 더해 보다 강한 결과방지의 용이성도 요구된다. 그러나 **부작위에 의한 방조**의 성립에는 **작위로 실행 · 결과발생을 용이하게 한 것과 동일시할 수 있다면** 충분한 것이다.

원심은 「확실한 결과 저지 수단」으로서 「몸을 사리지 않은 제지」를 설정하고, 그것이 불가능했던 것은 아니었지만, Y의 폭행으로 인한 X나 태아에 대한 침해를 생각하여 현저하게 곤란했다고 보았지만, 고등재판소는 반드시 곤란한 것은 아니라고 보았다.

5　확실히 원심도 결과저지가 「불가능」하다고는 보지 않고 있다. 그리고 Y의 옆에서 Y가 폭행을 가하지 않도록 감시하는 행위, 또는 Y의 폭행을 말로 제지하는 행위를 하지 않았다고 하는 점이 Y의 범행을 촉진했다고 평가할 수 없는 것은 아니다. A를 잃은 X도 피해자라는 측면이 있지만, 고등재판소가 인정한 사실 아래에서는 부작위의 방조는 성립할 수 있다.

6　名古屋高判平成17年11月7日(高檢速報平17-292)은 A(당시 4세)의 생모 X가 자택에 남자 고교생 Y를 끌어 들여, Y가 A에 대해 폭행을 반복적으로 가하였음에도 불구하고 방치하여 Y의 폭행에 의해 A가 사망한 사안에서 상해치사방조의 부작위범의 성립을 인정했다. X는 A의 친권자로서의 자녀를 보호해야 할 입장이고 더욱이 스스로의 책임에 의해 A를 위험에 빠뜨린 선행행위도 존재하고 있어, 부작위의 방조를 인정한 것은 합리적이다. 그리고 나고야고등재판소도 부작위에 의한 방조범에 있어 **범죄의 실행을 거의 확실하게 저지할 수 있었음에도 방치했다**는 요건은 불필요하다고 보았다.

● **참고문헌** ●　安達光治 · 囲総7版168, 日高義博 · 警論53-12-61, 橋本正博 · 平12年度重判148

95 포괄일죄(1)

* 最1小決平成26年3月17日(刑集68卷3号368頁・判時2229号112頁)
* 참조조문: 형법 제204조[1]

동일 피해자에게 약 4개월간 폭행을 반복하여 상해를 입힌 경우 포괄일죄로 할 수 있는가.

● **사실** ● 피고인 X는 A(당시 32세)를 협박하여 자신의 지시에 순종하게 한 후에 동인에게 지급되는 실업보험금도 자신이 관리·소비하였다. (1) 2002년 1월경부터 같은 해 2월 상순 경까지 A의 방 등에서 수차례에 걸쳐 그의 양손을 석유난로 위에 눌러 지지는 등의 폭행을 가하여 전치불상의 오른손 피부 박리, 왼손창부감염의 상해를 입혔고, (2) D와 공모한 후에 2002년 1월경부터 같은 해 4월 상순경까지 A의 방 등에서 수차례에 걸쳐 하반신을 금속제 배트로 구타하는 등의 폭행을 가하여 전치불상의 좌둔부좌창, 우대전자부좌창의 상해를 입혔다.

더욱이 X는 다른 자와 공모하여 자동차 운전 등을 시켰던 E(당시 45세)에 대해 2006년 9월 중순 경부터 같은 해 10월 중순까지 O시내 노상과 S시내 노상을 주행하고 있는 자동차 내, 같은 곳의 주차장 내 및 그 부근의 노상 등에서 두부 및 왼쪽 귀를 손바닥과 스프레이 캔으로 구타하고, 하반신에 연료를 뿌려 점화하여 연소시키고, 머리를 발로 차고 안면을 플라스틱제의 각목으로 구타하는 등의 폭행을 수 차례에 걸쳐 반복하여 입원가료 약 4개월을 요하는 두부타박·열창 등의 상해를 입혔다.

● **결정요지** ● 상고기각. 「일련의 폭행에 의하여 각 피해자에게 상해를 입힌 사실은 어느 사건에서도 약 4개월간 또는 약 1개월이라는 일정 기간 내에 X가 피해자와의 상기와 같은 인간관계를 배경으로 어느 정도 한정된 장소에서 공통의 동기로부터 반복하여 범의를 발생시켜 주로 같은 태양의 폭행을 반복 누행(累行)하였고, 그 결과 개별 기회의 폭행과 상해의 발생, 확대 내지 악화와의 대응 관계를 개별로 특정할 수 없지만 결국 **1인의 피해자의 신체에 일정한 상해를 입힌 것**이며, 그러한 사정에 비추어보면 각각 **그 전체를 일체의 것으로 평가하고, 포괄하여 일죄로 해석할 수 있다.** 그리고 어느 사건도 …… 죄가 되어야 하는 사실은 그 공범자, 피해자, 기간, 장소, 폭력의 태양 및 상해 결과의 기재에 의하여 다른 범죄사실과의 구별이 가능하며 또한 그것이 상해죄의 구성요건에 해당하는지 여부를 판정함에 족한 정도로 구체적으로 명확하게 되었으므로 소인의 특정에 결여되어 있는 것은 아니라고 해야 한다」.

● **해설** ● 1 포괄일죄가 문제가 되는 경우에는 ① 1개의 행위로부터 동일한 구성요건 내의 수개의 결과가 발생한 경우 ② 1개의 행위로부터 발생한 수개의 결과가 다른 구성요건인 경우, ③ 동일 구성요건 내의 수개의 행위가 행해진 경우, ④ 수개의 행위가 다른 구성요건에 걸친 경우이다.

2 ① 하나의 행위로 여러 명의 소유물을 훔친 경우나 하나의 방화행위로 복수의 집이 탄 경

---

1) 형법 제204조(상해) 사람의 신체를 상해한 자는 15년 이하의 징역 또는 50만 엔 이하의 벌금에 처한다.

우도 1죄이지만 1개의 행위로 여러 명을 살해한 경우는 보호법익의 중요성으로부터 복수의 살인죄가 성립한다(상상적 경합). 수인에게 상처를 입히면 복수의 상해죄가 성립한다(동일인에게 복수의 상처를 입힌 경우는 일죄).

3 ②의 전형적인 예가 권총에 의한 살인과 의복훼손의 사안이다. 전자의 구성요건 해당성 평가가 유형적으로 후자를 평가하고 있으므로 포괄하여 일죄가 된다. 하지만 직무집행 중인 공무원에게 폭행을 가하여 상처를 입힌 행위는 동시에 공무집행방해죄와 상해죄에 해당하고 포괄일죄로 볼 수 없으며 수죄가 성립한다(상상적 경합).

4 실제로 가장 문제가 되는 것이 ③의 유형이다(**협의의 포괄일죄**로 불리는 경우가 있다). 우선 수개의 행위가 **시간적·장소적으로 접촉하고 동일한 법익침해를 향해 있는 경우**에는 포괄일죄가 된다(**접속범**). 하룻밤 사이에 쌀가마니를 수회에 걸쳐 반출하는 행위는 일죄가 된다(最判昭24·7·23刑集3-8-1373). 1시간이 안 되는 사이에 같은 건물 내에서 동일한 피해자에게 2회 폭행을 가하여 상해를 입힌 사안에서도 포괄일죄로 해석되었다(東京高判背昭52·10·24刑月9-9＝10-636).

5 더욱이 시간·장소가 근접하지 않아도 **복수의 행위가 하나의 범죄 실현을 위하여 행해진 경우**에도 포괄하여 일죄로 할 수 있다. 권총을 5발 발사하여 5발째에 살해한 경우 4개의 살인미수와 살인기수가 아니라 포괄하여 살인기수일죄가 성립한다.

개개의 행위가 시간적으로 간격이 있어도 포괄할 수 있다. 판례는 약 5개월 동안 5회 살해하고자 하였으나 실패하여, 6회째에 살해한 사안을 1개의 살인죄로 하였고(大判昭13·12·23刑集17-980), 약 4개월 동안 38회나 위법하게 마약을 환자에게 교부한 행위(最判昭32·7·23刑集11-7-2018), 피해자의 자녀를 일류가수로서 세상에 내보내기 위하여 스폰서 비용이라는 명목으로 1개월이 안 되는 동안 5회에 걸쳐 금전을 편취한 행위(最判昭35·6·16裁判集刑134-87)에서 포괄하여 일죄를 인정해 왔다.

6 그렇다고 하면 본 결정이 4개월 동안 한정된 장소에서 공통의 동기로부터 동일 피해자에게 같은 태양의 폭행을 반복하여 상해를 입힌 경우에 포괄일죄로 하는 것이 자연스럽다. 東京判例平成19年8月9日(東京刑時報58-1＝12-58)도 동일한 피해자에게 계속하여 감행한 입금사기를 병합죄가 아닌 포괄일죄로 하고 있다.

7 판례는 「복수의 행위를 전체로 하나의 범죄」라고 평가하기 위해서는 **피해법익이 1개 내지 동일한 것일 것, 범행 태양이 유사할 것, 범행 일시·장소가 근접할 것, 범의가 단일하고 계속 이어질 것** 등을 중시하고 있다(最判昭31·8·31刑集08-1202). 또한 불특정 다수의 다른 대상에 대한 행위라도 포괄일죄가 되는 것에 주의를 요한다(【96】. 또한 最判平5·10·29刑集47-8-98은 고속자동차도에서 약 20km(약 10분) 떨어진 2지점에서 속도위반을 한 행위에 대하여 일죄로 포괄하지 않고 병합죄라고 하였다).

8 ④의 복수의 행위가 다른 구성요건에 걸친 경우에 포괄일죄가 성립하는 전형이 이른바 **불가벌적 사후행위**이다.

● **참고문헌** ● 辻川靖夫·判解平26年度75, 丸山雅夫·平26年度重判161, 松澤伸·判評679-12

96 포괄일죄(2) – 연속일죄

* 最2小決平成22年3月17日 (刑集64卷2号111頁·判時2081号157頁)
* 참조조문: 형법 제246조 제1항[1]

> 2개월 동안 다수의 통행인으로부터 모금 한 총액 약 2,480만 엔의 현금을 사취한 행위는 포괄하여 일죄를 구성하는가?

● **사실** ● 피고인 X는 약 2개월 동안 간사이의 주요도시 노상에서 모금 명목으로 모은 돈에서 경비나 인건비 등을 공제한 잔금의 대부분을 본인이 소비할 의사였음에도 이를 숨긴 채 허위광고 등의 수단에 의해 아르바이트로 고용된 사정을 모르는 모금활동원들을 상기 각 장소에 배치하여 「어린 생명을 구합시다!」 등을 반복해서 외치는 등 불특정다수의 통행인에 대해 NPO(비영리기구)의 난치병 어린이들에 대한 지원을 가장한 모금활동을 시켜 많은 통행인으로부터 각 1엔에서 1만 엔에 이르는 현금을 기부받아 약 2,480만 엔을 사취한 가두모금사기 사안이다.

제1심 재판소는 이것을 포괄하여 하나의 사기죄가 구성된다고 해석하여 X를 징역 5년 및 벌금 200만 엔에 처하였다. 원심도 제1심의 판단을 받아들여 항소를 기각했다. X 측은 사기죄는 개인적 법익에 대한 죄이고 본 건 가두모금사기에 대해서는 모금에 응한 자에게 각각 범죄가 성립하고 그러한 병합죄의 관계로 각 범죄의 소인도 불특정한 것 등을 주장하여 상고했다.

● **결정요지** ● 상고기각. 최고재판소는 실제로 모금에 응한 자가 다수 존재하고 이러한 자와의 관계에서 사기죄가 성립하는 것은 분명하다고 한 후에 「이 범행은 거짓의 모금활동을 주재한 X가 약 2개월 동안 아르바이트를 채용하여 사정을 모르는 다수의 모금활동원을 간사이 전역의 통행인이 많은 장소에 배치하고 모금의 취지를 간판 등을 세워 게시함과 동시에 모금함을 든 채로 기부를 권유하는 발언을 반복하여 외치게 하여 이에 따라 통행인으로부터 현금을 사취한 것이고, **개개의 피해자를 구별하여 개별의 기망행위를 한 것이 아니고 불특정 다수의 통행인 일반에 대해** 일괄하여 적당한 날과 장소에 연일 **동일한 내용의 정형적인 작용을 하여 기부를 모금한 태양**의 것이며, 또한 X의 **1개의 의사·기도를 바탕으로 계속하여 행해진 활동**이었음이 인정된다. 그리고 이러한 가두모금에 응한 피해자는 비교적 소액의 현금을 모금함에 투입하면서 이름도 알리지 않고 떠나는 것이 통례이며, 모금함에 투입된 현금은 바로 다른 피해자가 투입한 것과 **섞여 특정성을 상실하게** 되는 것이고 각각 구별하여 수령한 것은 아니다. 이상과 같이 본 건 가두모금사기의 특징에 비추어보면 이것을 일체의 것으로 평가하여 포괄일죄로 해석한 원 판단은 수긍할 수 있다」고 하였다.

● **해설** ● 1 동일한 구성요건내의 수개의 행위가 행해진 경우 어느 범위에서 포괄일죄가 되는가.

---

[1] 형법 제246조(사기) ① 사람을 속여 재물을 교부하게 한 자는 10년 이하의 징역에 처한다. ② 전항의 방법에 의하여 재산상 불법한 이익을 얻거나 타인에게 이를 얻게 한 자도 동항과 같다.

지금까지 (1) 권총을 5발 발사하여 5발째에 살해한 경우와 같이 수개의 행위가 1개의 범죄의 실현을 위해 행해진 경우, (2) 예를 들어 뇌물의 요구·약속·수취한 경우나 사람을 체포하고 계속하여 감금한 경우와 같이 수개의 다른 행위를 포괄하여 일죄로 평가하는 경우를 생각할 수 있다. 더불어 (3) 하룻밤에 쌀가마를 수회에 걸쳐 운반한 행위를 일죄로 평가하여(最判昭24·7·23刑集3-8-1373) **접속범**이라고 불러왔다.

2   1947년까지 형법 제55조에 **연속범**의 규정을 두어 접속범만큼 장소적·시간적으로 접근하지는 않았지만 동일한 구성요건에 해당하는 행위를 반복한 경우를 연속범이라고 불러 일죄(**포괄일죄**)로 인정하였지만 전부에게 기판력이 미쳐 형사책임을 추급할 수 없게 되는 불합리한 점이 문제되어 동규정은 삭제되었다. 하지만 연속범적 사고를 일체 인정하지 않는 것은 합리적이지 못하기 때문에 판례는 연속범의 일부를 해석에 의해 포괄일죄로 해석하여 왔다(**연속일죄**).

3   이러한 종류의 포괄일죄에 해당되기 위해서는 ① 피해법익이 한 개 또는 **동일한** 것일 것, ② 범행 태양이 유사할 것, ③ 범행일시·장소가 근접할 것과 범의가 단일하고 계속 이어지고 있을 것 등이 필요하다(最判昭31·8·3刑集10-8-1202). **피해법익의 동일성**과 **범의의 계속성**이「동일한 구성요건에 해당하는 복수의 행위를 전체로써 1개의 범죄로 평가하기」위해 필요한 주요 요건이 된다.

4   재산범은 기본적으로 피해자별로 일죄가 구성된다. 유사한 사기행위를 연속적으로 한 것만으로는 포괄일죄를 인정할 수 없다. 본 결정이 포괄일죄라고 인정한 실질적 이유는 ① 불특정 다수의 통행인 일반에 대해 연일(連日) 동일 내용의 정형적인 형태로 기부를 모금하는 태양으로, ② X의 1개의 의사를 토대로 계속해 행해진 행동이고, ③ 피해자는 이름을 알리지 않고 떠나 투입된 현금은 바로 다른 현금과 섞여 특정성을 상실하게 되어 각각 구별하여 수령한 것은 아니라는 점에 있다.「병합죄로써 각각 개별적인 죄에 대해 피해액을 명시하지 않으면 안 된다」고 하는 것은 분명히 불합리하다는 것을 고려하여 포괄일죄로 한 것이라 할 수 있다.

5   또한 **最決平成26年3月17日【95】**은 4개월 동안 한정된 장소에서 공통된 동기로 1인의 피해자에게 같은 태양의 폭행을 반복하여 상해를 입힌 경우 전체를 하나의 것으로 평가하고 포괄하여 일죄라고 하였다.

● **참고문헌** ●   家令和典·J1422-128, 丸山雅夫·判評643-28, 早渕宏毅·研修743-13, 前田·最新判例分析201

97 포괄일죄(3) - 폭행과 협박의 죄수관계

* 東京高判平成7年9月26日(判時1560号145頁)
* 참조조문: 형법 제208조,[1] 제222조[2]

> 폭행을 가한 후, 협박적 언사를 한 행위가 폭행죄와는 별개로 협박죄를 구성하는가?

● **사실** ● 피고인 X는 비디오테이프를 A에게 빌려주었는데, 동인으로부터 반환받은 것의 화질이 떨어진 것처럼 보여 A가 더빙한 테이프로 바꿔치기 한 것이 아닐까라는 의심을 품게 되었다. 그리고 이를 캐묻기 위해서, B와 C를 동행해서 A에게로 가 동인에게 「너 테이프를 몰래 바꾸었지!」라고 항의했지만, A가 이를 부정하자 말다툼이 계속되었다. 그러던 중 갑자기 X가 손바닥으로 A의 안면을 구타하고 「남자가 분명히 해라!」 등의 어투로 날카롭게 쏘아붙였다.

원심은 폭행죄와 협박죄의 성립을 인정하였다(병합죄).

● **판지** ● 동경고등재판소는 폭행죄의 성립을 인정한 뒤, 「상대에게 **폭행을 가한 후에 계속하여** 자기의 요구를 따르지 않으면 상대방의 신체 등에 **폭행의 위해를 가하겠다는 취지의 기세를 보인 경우**에, 그 협박행위는 앞선 **폭행죄에 포괄적으로 평가**되어 별개의 죄를 구성하지 않는 것으로 해석하는 것이 상당한 바 앞서 본 대로 A에 대한 본 건 협박은 X가 A에 가한 본 건 폭행에 이어서 『남자가 똑바로 해라!』라고 날카롭게 말하고, 동 내용의 위해를 동인에게 가할 기세를 보인 것이 인정되기 때문에 본 건 협박은 별개인 죄를 구성하지 않는 것으로 해석하여야 한다」고 하여 협박죄의 성립을 부정하였다.

● **해설** ● 1 죄수론 중에 논자에 따라 그 의의가 가장 다른 것이 포괄일죄이다. 굳이 정의를 하면 「단순 일죄가 아니고, 외관상 수 개의 죄를 구성하는 것 같이 보이지만, 법조경합이라고는 말할 수 없고 일죄로 평가되는 것의 총칭」이라고 말할 수 있을 것이다. 그러나 어디까지나 「일죄 밖에 성립하지 않는다」고 평가되는 경우이다.

수죄가 성립하지만, 입법자가 하나의 죄를 규정할 때에 복수의 행위나 결과, 다른 범죄유형과도 고려해서 법정형을 정하는 경우라 하여도 좋다.

2 포괄일죄는 1개의 행위로 수개의 결과를 발생시켰을 경우나, 수개의 행위이지만 동일한 구성요건에 해당하는 행위를 행했을 경우에 인정을 되는 경우가 많지만, 본 사안과 같이 수 개일지라도 다른 구성요건에 해당하는 행위에 관해서도 생각해 볼 수 있다.

수 개이지만 다른 구성요건에 걸쳐져 있는 행위에 대해서 포괄일죄가 성립하는 대표적 예가 이른바 **불가벌적 사후행위**이다. 예를 들면, 훔친 재물을 손괴하더라도 손괴죄로는 처벌하지 않

---

1) 형법 제208조(폭행) 폭행을 가한 자가 사람을 상해함에 이르지 아니한 때에는 2년 이하의 징역이나 30만 엔 이하의 벌금, 구류 또는 과료에 처한다.

2) 형법 제222조(협박) ① 생명, 신체, 자유, 명예 또는 재산에 대하여 해를 가한다는 취지를 고지하여 사람을 협박한 자는 2년 이하의 징역 또는 30만 엔 이하의 벌금에 처한다. ② 친족의 생명, 신체, 자유, 명예 또는 재산에 대하여 해를 가한다는 취지를 고지하여 사람을 협박한 자도 전항과 같다.

는다. 절도죄의 처벌로 재물절취 후의 위법상태는 이미 평가가 이루어진 것으로 보기 때문이다. 훔친 재물을 처분하더라도 횡령죄로 처벌하지 않는 것도 이와 같은 이유이다.

3 또한, 위조통화인 줄 모르고 취득한 후 이를 알고 행사하는 행위를 가벼운 벌금으로 처벌하는 위조통화지정후행사죄(제152조)와 사기죄와의 관계도 이 유형의 포괄일죄인 것이다. 즉 위조통화행사 행위는 사기죄의 실행행위를 수반하는(내지는 1개의 행위로 양 죄를 범하는) 경우가 많다. 양자를 수죄로 하면 사기죄의 무거운 형벌이 적용되어, 제152조가 가벼운 법정형을 규정한 의미가 상실된다. 여기서 가벼운 제152조에 무거운 사기죄가 흡수되어 포괄해서 일죄가 된다고 보는 것이다.

본 건의 폭행행위와 협박행위의 경우 법정형은 거의 같고(단 폭행죄에만 구류·과료가 규정되어 있다), 유형적으로 「협박이 폭행에 이미 다 평가되어 있다」고는 말할 수 없다. 단지, 본 건과 같은 양자의 접착성과 이미 가하여진 것과 기본적으로 같은 내용의 위해를 가한다고 하는 협박의 내용으로부터 보면, 구타에 관한 폭행죄 일죄로 평가하면 충분하다고 말할 수 있을 것이다.

4 1개의 행위로부터 생긴 수개의 결과가 다른 구성요건에 이르는 포괄일죄의 전형적 예가 권총에 의한 살인과 의복의 손괴 문제이다. 이러한 사례를 **부수범(付隨犯)**이라 부를 수 있다. 이 유형은 법조경합과 연결되고, 다른 한편으로는 상상적 경합과 경계를 접한다. 여기에서도 일죄성의 기준은 하나의 구성요건해당성 평가가 유형적으로 다른 방면을 다 평가하고 있다고 평가할 수 있을 것인지 여부에 달려 있다.

5 이 점에 관한 최근의 판례로서 東京地判平成7年1月31日(判時1559-152)은 피고인이 노상에서 D(당시 37세)를 향해 주먹으로 안면을 구타하는 폭행을 가하여 동인이 쓰고 있던 안경을 땅바닥에 떨어뜨려 렌즈 1장을 파손시키는 동시에 상기 폭행으로 약 2주를 요하는 상해를 입힌 행위에 대해서 「이 점의 죄수에 관하여 검찰은 상해죄와 기물손괴죄가 성립하여 양자는 상상적 경합의 관계에 있다고 주장하였다. 그렇지만 **안경 렌즈의 손괴는 얼굴을 주먹으로 구타해서 상해를 입게 하는 통상의 행위태양에 의한 상해에 수반되는 것으로 평가할 수 있는 것**이며, 상해죄와 기물손괴죄의 보호법익 및 법정형의 차이가 있을 뿐만 아니라, 본 건에 있어서의 결과도 상해는 2주를 요하는 안면좌창겸뇌진탕임에 반해, 렌즈 파손에 의한 피해액은 1만 엔인 것에 비추어 보면 본 건과 같은 경우는 검찰의 주장과 같은 상상적 경합의 관계를 인정할 필요는 없고, 무거운 상해죄에 의해 포괄적으로 평가하여 (양형 시에 렌즈를 파손시킨 점이 고려되는 것은 물론이다), 동죄의 벌조를 적용하면 충분하다」고 판시하였다.

● **참고문헌** ● 尾崎道明·研修581-11, 只木誠·判評457-73, 林幹人「罪数論」『刑法理論の現代的展開 総論Ⅱ』278

98 견련범인가 병합죄인가

* 最1小判平成17年4月14日 (刑集59卷3号283頁·判時1897号3頁)
* 참조조문: 형법 제45조[1], 제54조 제1항[2], 제249조[3]

공갈의 수단으로써 감금이 행해진 경우 공갈죄와 감금죄는 견련범[4]의 관계가 되는가?

●**사실**● 피고인 X는 공범자들과 공모하여 A의 풍속가게 등록명의 대여라는 명목 하에 금품을 갈취하고자 계획하고 A를 감금한 뒤 폭행을 가해 상해를 입혔고, 감금과 폭행 등으로 두려움에 쌓인 A를 다시 협박하여 현금 및 자동차 한 대를 갈취하여 감금치상과 공갈로 기소된 사안이다.

제1심 판결은 감금치상과 공갈이 병합죄라고 하여 동법 제47조[5] 본문, 제10조에 의해 가중한 후에 X를 징역 2년에 처했다. 원심도 감금치상행위가 공갈의 목적을 위해 한 것이었다고 하면서 공갈죄와 병합죄가 된다고 하였다.

X는 원심은 감금죄와 공갈(미수)죄가 견련범의 관계에 있다고 한 大判大正15年10月14日 (刑集5-456)과 상반되는 판례위반(형사소송법 제405조 제3호)을 주장했다.

●**판지**● 상고기각. 최고재판소는 「소론 인용의 大判大正15年10月14日刑集5卷10号456頁는 사람을 공갈하여 재물을 교부받기 위해 불법으로 감금한 경우에 있어서 감금죄와 공갈미수죄가 형법 제54조 제1항 후단 소정의 견련범의 관계에 있는 것으로 해석된다. 하지만 원심은 X가 공범들과 공모한 후에 A로부터 풍속가게의 등록명의 대여의 명목 하에 금품을 갈취하고자 계획하여 A를 감금하여 그 때 폭행을 가해 상해를 입혔고, 더욱이 이러한 감금을 위한 폭행 등으로 두려워하고 있는 A를 다시 협박하여 현금 및 자동차 한 대를 갈취하여 감금치상, 공갈의 각 죄에 대해 이것들의 병합죄로써 처단한 제1심판결을 시인하고 있다. 원판결은 이러한 각 죄가 견련범이 된다고 한 상기 대심원 판결과 상반되는 판단을 한 것이라고 할 수 밖에 없다. 하지만 공갈의 수단으로 감금이 행해진 경우라 하더라도 양 죄는 **범죄의 통상의 형태로써 수단 또는 결과의 관계**에 있다고는 인정되지 아니하고 견련범의 관계가 아니라고 해석하는 것이 상당하므로 상기 최고재판소 판례는 그것을 변경하고, 원심을 유지해야 한다」고 했다.

---

1) 형법 제45조(병합죄) 확정재판을 거치지 아니한 2개 이상의 죄를 병합죄로 한다. 어떤 죄에 대하여 금고 이상의 형에 처하는 확정재판이 있는 때에는 그 죄와 그 재판이 확정되기 전에 범한 죄에 한하여 병합죄로 한다.

2) 형법 제54조(1개의 행위가 2개 이상의 죄명에 저촉하는 경우 등의 처리) ① 1개의 행위가 2개 이상의 죄명에 저촉하거나 범죄의 수단 또는 결과인 행위가 서로 다른 죄명에 저촉할 때에는 그 중 가장 중한 형에 의하여 처단한다.

3) 형법 제249조(공갈) ① 사람을 공갈하여 재물을 교부하게 한 자는 10년 이하의 징역에 처한다. ② 전항의 방법에 의하여 재산상 불법의 이익을 얻거나 타인에게 이를 얻게 한 자도 동항과 같다.

4) 견련범은 목적과 수단의 관계로 맺어진 수개의 죄를 말한다. 예를 들어, 방화를 목적으로 사람의 주거에 들어가면 현주건조물방화죄와 주거침입죄가 성립하지만 양자는 목적과 수단의 불가분적 관계에 있다. 따라서 하나로 묶어 과형상 일죄의 형을 선고해야 하는 것이 견련범의 취지이다. 대한민국 구형법(의용형법)에서는 견련범을 인정하여 「그 가장 중한 형으로써 처벌한다」고 규정하였으나 현행법에서는 견련범 개념이 없이 이 경우 수죄로 처리한다.

5) 형법 제47조(유기징역 및 금고의 가중) 병합죄 중 2개 이상의 죄에 대하여 유기의 징역 또는 금고에 처할 때에는 그 중 가장 중한 죄에 정한 형의 장기의 2분의 1을 가중한 것을 장기로 한다. 단 각각의 죄에 관하여 정한 형의 장기의 합계를 초과할 수 없다.

● **해설** ● 1 「범죄의 수단 또는 결과인 행위가 다른 죄명에 저촉될 때」가 견련범이고 그 가장 중한 형에 의해 처단된다. **견련범**이 아니라고 평가되면 **병합죄**가 되어 처단의 방법도 상당히 달라진다. 구체적으로는 가장 중한 형을 가하는가(견련범), 장기의 1.5배까지의 형을 과하는가(병합죄)의 차이이며 소송법적으로는 소송사실의 동일성·재판의 기판력의 범위가 미치는가(견련범), 미치지 않는가(병합죄)가 상이하다.

2 여기서 문제가 되는 것은 어떠한 경우에 수단과 결과의 관계가 인정되는가이다. 과거에는 행위자가 주관적으로 범죄의 수단으로 결과도 고려한 경우를 가리키는 주관설도 존재하였지만 현재는 「범죄의 수단이란 어떤 범죄의 성질상 그 수단으로써 보통 사용되는 행위를 말하는 것이고 또는 범죄의 결과란 어떤 범죄로부터 발생한 당연한 결과를 가리키는 것으로 해석되어야 하므로 견련범이 되기 위해서는 어느 범죄와 수단 또는 결과인 범죄 간에 밀접한 인과관계가 아니면 안 된다」(最判昭24·7·12刑集3-8-1237)고 하는 **객관설**이 통설이다.

3 더욱이 객관적 기준에 의한다고 하여도 「범인이 현실에서 범한 죄가 우연히 수단 결과의 관계인 것만으로는 견련범으로 볼 수 없다」(전게 最判昭24·7·12)는 것이고 「유형적인 수단 결과의 관계인 경우」를 선택할 필요가 있다.

4 물론 구체적 사안에 따라서는 병합죄가 될 수 있는 경우도 생각해볼 수 있지만 실무상 견련범의 관계가 되는 대표적인 범죄유형을 들면 우선 주거침입죄와 절도죄, 강도죄, 강간죄, 상해죄, 살인죄, 방화죄의 각 범죄유형은 견련범 관계에 있다. 나아가 문서위조·유가증권위조죄와 위조문서·위조유가증권행사죄는 견련범이 되고, 위조문서·위조유가증권행사죄와 사기죄도 견련범이 된다.

5 판례상 밀접하게 연관된 범죄유형으로 보여도 견련범으로 인정되지 않은 것으로는 보험금 목적의 방화에서 방화죄와 보험금에 대한 사기죄, 살인죄와 그 직후의 사체유기죄, 낙태와 그것에 의한 모체 밖으로 배출된 「사람」의 살해에 관한 낙태죄와 살인죄, 감금 중에 발생한 상해에 대해 감금죄와 상해죄 등이 있다. 이러한 죄는 각각 병합죄가 된다. 그리고 最決昭和58年9月27日(刑集37-7-1078)도 몸값(身代金)을 받기 위해 약취와 유괴죄·몸값요구죄(身代金要求罪)와 감금죄와는 병합죄의 관계에 있다고 보았다.

6 확실히 **감금죄**와 **공갈죄**와의 죄수관계에 대해서는 본 건에서 변호사측이 주장하는 바와 같이 大判大正15年10月14日 등이 견련범이 된다고 판시해 왔다. 하지만 최고재판소는 체포감금죄와 폭행죄(最判昭43·9·17刑集22-9-853), 감금죄와 강도치상죄(전게 最判昭24·7·12), 감금죄와 살인죄(最判昭63·1·29刑集42-1-38)는 견련범이 되지 않는다고 해 왔다.

7 공갈은 범행의 수단으로써 감금하는 것이 전형적 방법의 하나라 하더라도 그것이 유형적으로 볼 때 일반적이라고는 볼 수 없고, 범죄의 일체성, 처벌의 일회성을 근거지울 정도로 범죄유형으로써의 관련성은 인정하기 어렵다. 이러한 점은 감금죄와 상해죄, 강간죄, 살인죄 등과의 관계와 거의 동일하다고 할 수 있다. 본 판결은 형식상 (대심원의)판례를 변경한 것이지만 감금죄와 다른 죄와의 죄수관계에 대해서 견련범성을 부정해온 일련의 최고재판소 판례의 흐름을 전제로 하면 매우 자연스러운 판단을 한 것으로 볼 수 있다.

● **참고문헌** ● 前田巖·判解平17年度117, 内山良雄·囿総7版206, 只木誠·刑事法ジャーナル3-100

99 상상적 경합의 형

* 最1小決平成19年12月3日 (刑集61卷9号821頁 · 判時2011号159頁)
* 참조조문: 형법 제54조 제1항[1], 제246조[2], 조직적인범죄의처벌및범죄수익의규제등에관한법률 제10조 제1항[3]

> 수죄가 과형상 일죄인 경우에 그 가장 중한 죄의 형은 징역형만이지만 그 외의 죄에 벌금형의 임의적 과형의 규정이 있는 경우 가장 중한 죄의 징역형에 그 외의 죄의 벌금형을 병과하는 것이 가능한가?

● **사실** ● 피고인 X는 자신이 운영하는 성인 사이트에 접속해 온 A 등에게 이용요금이 발생하였다고 속여 자신이 관리하는 예금계좌에 현금을 송금시켜 사취했다. 그리고 송금한 예금 계좌에 대해 다른 사람 명의를 사용하여 사취금원의 취득사실을 가장하였다. 송금을 시켜 사취한 행위가 사기죄에 해당되고 사실을 가장한 행위는 조직적범죄처벌법의 범죄수익 등 은닉에 해당된다.

제1심 판결은 사기행위와 범죄수익 등 은닉행위는 한 개의 행위가 두 개의 죄명에 저촉되는 경우로 형법 제54조 제1항 전단(상상적 경합)에 의해 일죄라고 하여 형 및 범정이 가장 중한 사기죄의 형으로 처단한다고 하면서 정상에 따라 범죄수익등은닉죄에 대해 정해진 벌금형을 병과한다고 하여 X는 징역 2년 및 벌금 100만 엔에 처했다.

X는 법정형이 「10년 이하의 징역」인 사기죄와 법정형이 「5년 이하의 징역 또는 300만 엔 이하의 벌금 또는 그 병과」인 범죄수익등 은닉죄가 상상적 경합의 경우 각 죄의 형의 경중은 법정형 중에서 중한 형종(刑種)만을 비교 · 대조해야 하며, 본 건에서는 징역형만을 비교 · 대조하여 사기죄의 법정형으로 처단해야 하며, 경한 죄인 범죄수익등은닉죄에 벌금의 병과형이 규정되어 있어도 벌금형을 병과할 수 없다고 주장하며 항소하였다. 이에 대해 원심은 형법 제54조 제1항 전단에 의해 「그 가장 중한 형에 의해 처단한다」라는 취지는 다른 법조의 최하선의 형보다 경하게 처단할 수 없다는 취지이기에 벌금형을 병과한 점에 법령적용의 과오는 없다고 하여 그 주장을 배척하였다. X는 항소 시와 같은 주장을 하며 상고했다.

---

1) 형법 제54조(1개의 행위가 2개 이상의 죄명에 저촉하는 경우 등의 처리) ① 1개의 행위가 2개 이상의 죄명에 저촉하거나 범죄의 수단 또는 결과인 행위가 서로 다른 죄명에 저촉할 때에는 **그 중 가장 중한 형에 의하여 처단한다.** ② 제49조 제2항의 규정은 전항의 경우에도 적용한다.

2) 형법 제246조(사기) ① 사람을 속여 재물을 교부하게 한 자는 10년 이하의 징역에 처한다. ② 전항의 방법에 의하여 재산상 불법의 이익을 얻거나 타인에게 이를 얻게 한 자도 동항과 같다.

3) 조직적범죄의처벌및범죄수익의규제등에관한법률 제10조: ① 범죄수익등(공중등협박목적의범죄행위를위한 자금등의제공등의처벌에관한법률제3조제1항 또는 제2항 전단, 제4조 제1항 또는 제5조 제1항의 죄의 미수범의 범죄행위(일본 국외에서 한 행위로 당해 행위가 일본 국내에서 행해진 경우 이러한 죄에 해당하거나 당해 행위지의 법령에 의해 죄가 성립하는 것을 포함. 이하 본 항에 있어서 동일)에 의해 제공하고자 한 재산을 제외. 이하 본 항 및 다음 조에 있어서 동일)의 취득 또는 처분에 대해 사실을 가장하거나 범죄수익 등을 은닉한 자는 5년 이하의 징역 또는 300만 엔 이하의 벌금에 처하거나 이를 병과한다. 범죄수익(동법 제3조 제1항 또는 제2항 전단, 제4조 제1항, 제5조 제1항의 죄의 미수죄의 범죄행위에 의해 제공하고자 한 재산은 제외)의 발생의 원인에 따라 사안을 가장한 자도 이와 같다.

죄수 199

> ● **결정요지** ● 상고기각. 최고재판소는 「소론은 사기와 조직적인 범죄의 처벌 및 범죄수익의 규제 등에 관한 법률 제10조 제1항의 범죄수익등은닉이 형법 제54조 제1항 전단의 상상적 경합의 관계인 경우 사기죄의 법정형은 10년 이하의 징역이고, 범죄수익등은닉죄는 5년 이하의 징역 또는 300만 엔 이하의 벌금 또는 그것을 병과하므로 이른바 중점적 대조주의에 의하면 X에 대한 처단은 중한 형이 규정 되어 있는 사기죄의 법정형에 의하고 경한 죄인 범죄수익등은닉죄의 벌금형을 병과할 수 없다고 한다. 하지만 **수죄가 과형상 일죄의 관계인 경우에 그 가장 중한 형은 징역에 한하지만 그 외의 죄에 벌금형의 임의적 병과가 규정되어 있는 경우에는 형법 제54조 제1항의 규정의 취지 등에 비추어 가장 중한 죄의 징역형에 그 외의 죄의 벌금형을 병과할 수 있다고 해석하는 것이 상당**하다」고 하여 원판결의 결론은 정당하다고 보았다.

● **해설** ● 1 형법 제54조 제1항이 과형상 일죄에 대해 「그 가장 중한 형에 의해 처단한다」고 규정한 것은 이러한 행위가 사회적 사실로써 일체성이 있고, 그렇지 않은 경우와 비교하여 위법성이나 책임이 적기 때문에 처벌의 일회성에 의해 병합죄의 경우 보다 이를 가볍게 취급하는 것이 합리적이라는 취지이다.

2 그리고 판례는 「중한 형」을 정하는 방법에 대해서 징역형과 벌금형 등의 병과형 또는 선택형이 정해진 죄의 비교는 중한 형종인 징역형에 착목하여 행한다(**중점적 대조주의**: 最判昭23·4·8刑集2-4-307 참조). 단지 종래의 판례에서는 경한 죄와의 관계에서 하한을 정하는 방법이나 병과형의 취급에 대해서까지 태도가 확정되어 있는 것은 아니다.

3 하급심 판례에서는 본 건과 같이 경한 죄의 벌금형의 임의적 병과의 규정이 있고 중한 죄의 법정형에는 없는 경우에 벌금형의 임의적 병과가 가능하다고 한 것이며(東京高判平16·10·1判時1887-161), 중한 죄에서는 징역형과 벌금형의 선택형, 경한죄에서는 징역형 및 벌금형의 필요적 병과형의 규정이 있는 사안에서 벌금형을 필요적으로 병과해야 한다고 판시한 바가 있다(東京高判平13·12·28判時1792-159).

4 이러한 정황에서 본 결정은 「가장 중한 죄의 징역형에 그 외의 죄의 벌금형을 병과할 수 있다」는 것을 명확히 밝혔다. 그 근거에 관하여 「형법 제54조 제1항의 규정의 취지 등에 비추어 보아」라고만 하고 있다. 이 점에 관해서는 담당조사관의 설명이 참고가 된다(J1402-127). ① 형법 제54조 제1항은 「가장 중한 죄의 형」이 아니라 「가장 중한 형」이라고만 규정되어 있고, 동 조항 자체는 주형에 관한 「형의 하한」이나 「벌금형의 병과」라는 점에 관하여 그 하한을 제한하고 벌금형을 병과하는 등 가장 중한 형에 의해 처단하는 취지를 포함하도록 해석하는 것(따라서 경한 죄에서 임의적 병과라고 되어 있는 벌금형을 중한 죄의 징역형에 병과할 수 있도록 하는 것이 규정의 취지나 문언에 합치한다고 해석되는 것)과 ② 일반적으로 벌금의 임의적 병과의 취지는 이욕적 범죄자에 대해 그런 류의 범죄가 경제적으로 수지가 맞지 않다는 것을 형벌로써 강하게 인식시켜 재범의 방지에 기여하는 점에 있다고 되어 있지만 별도의 취지로부터 벌금을 병과하는 경우도 포함하여 벌금을 병과할 수 있게 하는 것이 징역형에 특별히 벌금형을 병과할 수 있도록 규정한 그 취지에 합치하는 것이며, 경한 죄만을 범한 경우라면 벌금형도 병과되므로 중한 죄를 범하였지만 벌금병과를 면하는 것과 같이 불합리한 사태를 회피할 수 있다는 점이다.

● **참고문헌** ● 入江猛·判解平19年度463, 大久保隆志·刑事法ジャーナル12-89

100 1개의 행위 – 상상적 경합의 성부

* 最大判昭和49年5月29日 (刑集28卷4号114頁 · 判時739号36頁)
* 참조조문: 형법 제54조,[1] 제211조 전단,[2] 도로교통법 제117조의2 제1호[3]

상상적 경합에 있어 「1개의 행위」의 의의

●**사실**● 피고인 X는 위스키 1병과 청주 4합을 마시고, 승용차를 시속 약 70km로 운행하던 중, 술로 인해 전방 주시가 곤란한 상태에 빠졌지만 그대로 운전을 계속하다 차도의 우측 끝에서 보행하던 A와 충돌하여 전신타박상으로 사망하게 했다.

제1심은 음주운전죄(도로교통법 제117조의2 제1호)와 업무상과실치사죄(형법 제211조 전단)의 병합죄로 처단하였고, 원심판결도 양 죄를 병합죄로 판단했다. 이에 X는 양 죄는 상상적 경합의 관계에 있다고 주장하며, 원판결은 졸음운전죄와 업무상과실치사상죄의 상상적 경합을 인정한 最決昭和33年4月10日(刑集12-5-877)에 위배된다며 상고했다.

●**판지**● 상고기각.「형법 제54조 제1항 전단의 규정은 1개의 행위가 동시에 수개의 범죄구성요건에 해당하여 수개의 범죄가 경합할 경우에 있어, 이를 처단 상 1죄로 형을 부과하고자 하는데 그 취지가 있는 바, 위 규정에서 말하는 1개의 행위란 **법적 평가를 벗어나 구성요건적 관점을 사상(捨象)한 자연적 관찰 하에서, 행위자의 동태가 사회적 견해 상 1개인 것으로 평가 받을 경우**를 지칭하는 것으로 해석하여야 한다.

하지만 본 건과 같이 술에 취한 상태로 자동차를 운전하던 중 실수로 인신사고를 발생시켰을 경우에 대해서 보면, 원래 자동차를 운전하는 행위는 그 형태가 통상, 시간적 계속과 장소적 이동을 수반하는 것임에 대해, 그 과정에서 인신사고를 발생시킨 행위는 운전 계속 중의 한 시점 한 장소에서의 사상(事象)이며, 전기한 자연적 관찰로부터 보면, 양자는 술에 취한 상태에서 운전한 것이 사고를 야기한 과실의 내용을 이루는 것인지 여부에 관계없이 사회적 견해 상 별개의 것으로 평가해야 하며, 이를 1개의 것으로 볼 수는 없다. 따라서 본 건에서의 음주운전죄와 그 운전 중에 행하여진 업무상과실치사죄는 병합죄 관계에 있는 것으로 해석하는 것이 상당하기에 원판결의 이 점에 관한 결론은 정당한 것으로 생각된다. 이상의 이유에 의해 당 재판소는 소론 인용의 **최고재판소의 판례를 변경**하고, 원판결의 판단을 유지하는 것이 상당하다고 인정한다」.

---

1) 형법 제54조(1개의 행위가 2개 이상의 죄명에 저촉하는 경우 등의 처리) ① 1개의 행위가 2개 이상의 죄명에 저촉하거나 범죄의 수단 또는 결과인 행위가 서로 다른 죄명에 저촉할 때에는 그 중 가장 중한 형에 의하여 처단한다. ② 제49조 제2항의 규정은 전항의 경우에도 적용한다.

2) 형법 제211조(업무상과실치사상 등) ① 업무상 필요한 주의를 게을리하여 사람을 사망 또는 상해에 이르게 한 자는 5년 이하의 징역이나 금고 또는 50만 엔 이하의 벌금에 처한다. 중대한 과실에 의하여 사람을 사망 또는 상해에 이르게 한 자도 같다.

3) 도로교통법 제117조의2 다음 각 호 어느 것에 해당하는 자는 2년 이하의 징역 또는 50만 엔 이하의 벌금에 처한다. 제1호 제65조 제1항의 규정에 위반한 차량 등을 운전한 자로 그 운전을 한 경우 술에 취한 상태인 자.

● **해설** ● 1 **상상적 경합,** 즉 1개의 행위가 수개의 죄명에 저촉될 경우에 있어서 해석론상의 쟁점은 **1개의 행위**의 의의에 있다. 1개의 행위가 아니라고 평가되면 병합죄가 된다(또한 상상적 경합에는 1개의 행위가 다른 복수의 구성요건에 해당되는 것 같이 보일 경우 이외에 1개의 행위가 동일한 구성요건에 수회 해당되는 것 같이 보일 경우도 포함한다. 예를 들면, 1개의 행위로 다수의 사람을 살해하거나 1개의 문서로 다수의 사람에 대해 허위 고소한 경우이다. 이러한 사례는 상상적 경합인가 병합죄인가라는 문제보다 상상적 경합인가 평가상 1죄인가가 다투어지게 된다).

2 행하여진 행위가 그 이상 세분할 수 없이 1개의 행위로 평가해야 하는 경우에 그 행위가 구성요건해당 행위일 경우는 상상적 경합이라 하지 않을 수 없다. 한편, 일응 나누어 생각할 수 있을 경우에는 양자가 사실상 어느 정도 겹치는지 여부로 판정하게 된다. 상호간의 행위 전부가 완전히 겹칠 필요는 없다. 예를 들면, 직무집행 중의 공무원에게 폭행을 가해서 부상을 입힌 경우에는 상해죄와 공무집행방해죄의 상상적 경합이 되고, 범죄 은폐의 목적으로 방화해서 사체를 손괴한 경우에는 방화죄와 사체손괴죄의 상상적 경합이 된다.

3 1개 행위의 의의와 관련하여 최고재판소는 본 판결에서 법적 평가를 벗어나 구성요건적 관점을 사상(捨象)한 자연적 관찰 하에서, 행위자의 동태가 사회적 견해 상 1개의 것으로 평가를 받을 경우라는 일반적 기준을 제시한다.

그런데 **음주운전죄와 업무상과실치사상죄**는 1개의 행위로는 볼 수 없고, 졸음운전도 업무상과실치사상죄와는 병합죄의 관계에 있다고 하였다. 그때까지는 음주운전(졸음운전)행위 자체가 업무상과실치사상죄의 실행행위로 생각되어 상상적 경합으로 여겨져 왔었다. 이에 반해 무면허운전과 음주운전은 1개의 행위이며 상상적 경합으로 보았다(最判昭49·5·29刑集28-4-151).

4 **最大判昭和51年9月22日**(刑集30-8-1640)은 도로교통법 상의 구호의무위반과 보고의무위반에 대해서도 양 의무를 무시하고 떠난 동태는 1개의 것으로 평가될 수 있고, 「뺑소니」라는 사회유형적 행위로 정리할 수 있어 상상적 경합으로 보았다. 일응 나누어서 생각할 수 있는 행위가 존재할 경우에는 양자가 사실상 얼마만큼 겹쳐지고 있는지를 법적 평가가 아니라 자연적·사실적으로 검토하여야 한다.

최고재판소는 「양 교통사고에서 『즉시』 이행되어야 할 것으로 운전자가 위 2가지 의무를 위반하여 도망친 경우는 사회 생활상 종종 뺑소니라는 하나의 사회적 사건으로서 인정된다. 最大判昭和49年5月29日[본판결]의 소위 자연적 관찰, 사회적 견해 하에서는 이러한 경우에 있어서 위 각각의 의무위반의 부작위를 별개의 행위로 보는 것은 각별한 사정이 없는 한 시인하기가 어렵다」고 한 것이다. 더욱이 영리목적으로 각성제를 국내에 가지고 들어와 세관을 통과하려고 한 경우 각성제단속법의 각성제수입죄와 관세법상의 무허가수입죄는 상상적 경합이며(最判昭58·9·29刑集37-7-1110), 부정한 전기기기를 전화기에 달아 신호의 송출을 방해하는 행위와 전화요금산정의 기초가 되는 회수계의 작동을 불능케 한 행위에 대해, 유선전기통신방해죄와 위계업무방해죄의 상상적 경합을 인정하였다(最決昭61·2·3刑集40-1-1).

● **참고문헌** ● 本吉邦夫·判解昭49年度107, 佐伯和也·固総7版208, 中山善房·刑法雑誌21-2

101 아동포르노와 음란물과 걸쇠이론[1]

* 最1小決平成21年7月7日(刑集63卷6号507頁 · 判時2062号160頁)
* 참조조문: 형법 제45조,[2] 제54조 제1항[3], 제175조[4], 아동매춘법 제7조 제4항 · 제5항[5]

음란 도화인 아동포르노 DVD 등의 판매(제공)행위와 판매(제공)목적으로 소지한 행위의 죄수관계

● **사실** ● 피고인 X는 (1) 전후 16회에 걸쳐 4명에게 아동포르노이자 음란도화인 DVD-R 합계 21장 및 음란도화인 DVD-R 합계 67장을 불특정 또는 다수인에게 판매 · 제공하였고, (2) 자택에서 아동포르노이며 음란도화이기도 한 DVD-R 합계 20장 및 음란도화인 DVD-R 합계 136장을 불특정 혹은 다수인에 제공 또는 판매할 목적으로 소지한 사안이다.

원심은 복수의 음란도화판매와 소지는 포괄일죄이며, 아동포르노이며 음란도화이기도 한 DVD를 판매했을 때는 아동포르노제공죄와 음란도화판매죄의 상상적 경합으로, 동일한 DVD를 소지한 경우에는 아동포르노소지죄와 음란도화소지죄의 상상적 경합이라고 보아, 아동포르노이며 음란도화이기도 한 DVD의 제공(판매)과 그 소지가 수회 행하여진 경우를 포괄일죄로 보았다. 이에 변호인은 실질적으로 그 죄수 처리 등을 다투며 상고했다.

● **결정요지** ● 상고기각. 최고재판소는 「아동매춘, 아동포르노에 관한 행위 등의 처벌 및 아동 보호 등에 관한 법률 제2조 제3항에서 말하는 아동포르노를, 불특정 또는 다수인에게 제공함과 동시에, 불특정 또는 다수인에 제공할 목적으로 소지한 경우에는 **아동의 권리를 옹호하는 동법의 입법취지**에 비추어 보아, 동법 제7조 제4항의 아동포르노제공죄와 동조 제5항의 **동 제공목적소지죄는 병합죄 관계**에 있다고 해석된다.

하지만 아동포르노이며 또한 형법175조의 음란물인 것을, 다른 음란물인 것도 포함하여 불

---

1) 걸쇠이론(かすがい理論)이란 본래 병합죄(경합범)가 되는 죄수가 각각 어떤 죄와 상상적 경합 또는 견련범의 관계에 있기 때문에 죄수 전체가 과형상일죄로 처단되는 것을 의미한다.

2) 형법 제45조(병합죄) 확정재판을 거치지 아니한 2개 이상의 죄를 병합죄로 한다. 어떤 죄에 대하여 금고 이상의 형에 처하는 확정재판이 있는 때에는 그 죄와 그 재판이 확정되기 전에 범한 죄에 한하여 병합죄로 한다.

3) 형법 제54조(1개의 행위가 2개 이상의 죄명에 저촉하는 경우 등의 처리) ① 1개의 행위가 2개 이상의 죄명에 저촉하거나 범죄의 수단 또는 결과인 행위가 서로 다른 죄명에 저촉할 때에는 그 중 가장 중한 형에 의하여 처단한다. ② 제49조 제2항의 규정은 전항의 경우에도 적용한다.

4) 형법 제175조(음란물 반포 등) 음란한 문서, 도화 그 밖의 물건을 반포 또는 판매하거나 공연히 진열한 자는 2년 이하의 징역 또는 250만 엔 이하의 벌금이나 과료에 처한다. 판매의 목적으로 이들의 물건을 소지한 자도 같다.

5) 아동매춘법 제7조 제4항 전항에서 규정하는 것 외에 아동에게 제2조 제3항 각호 어느 것에 해당되는 자태를 취하게 하여 그것을 사진, 전자적기록과 관련된 기록매체 그 외의 것에 묘사하는 것에 의해 당해 아동과 관련된 아동포르노를 제조한 자도 제2항과 같다.
제5항 전2항에 규정된 것 외에 몰래 제2조 제3항 각호 어느 것에 개제되어 있는 아동의 자태를 사진, 전파적기록에 관련된 기록매체 그 의의 것에 묘사하는 것에 의해 당해 아동과 관련된 아동포르노를 제조한 자도 제2항과 같다.

특정 또는 다수인에게 판매해서 제공하는 동시에 불특정 또는 다수인에 판매하고 제공할 목적으로 소지한 본 건과 같은 경우는 **음란물판매와 동판매목적 소지가 포괄해서 일죄를 구성하는** 것이 인정되는 바, 그 일부인 **음란물판매와 아동포르노제공, 동일하게 음란물판매목적 소지와 아동포르노제공목적소지는** 각각 사회적, 자연적 사상(事象)으로서는 동일한 행위로 **상상적 경합**의 관계에 있기 때문에, 결국 이상의 **전체가 일죄가 되는 것으로 해석하는 것이 상당**하다」고 하였다.

● **해설** ● 1 형법 제175조의 구성요건에 해당하는 음란도화의 판매와 판매목적소지는 성풍속 질서를 보호법익으로 하는 것으로 모두 계속·반복이 예상되기 때문에 동일한 의사 하에 수 개의 행위가 행하여지더라도 포괄일죄이다.

2 아동매춘법 제7조의 죄를 음란도화죄와 동일한 것이라 생각하면 제공행위와 제공목적의 소지행위는 포괄일죄로 해석할 수 있을 것이다. 단지, 아동매춘법은 아동의 권리보호도 목적으로 하고 있고 제공죄 등의 보호법익은 형법 제175조와는 다르다. 이 점을 중시하면 병합죄가 된다. 본 결정의 제1의 의의는 아동의 권리를 옹호하려고 하는 아동매춘법의 입법취지를 근거로 하여 병합죄설을 채택한 것을 명시한 것에 있다.

3 그리고 최고재판소는 ① 음란도화판매죄와 판매목적소지죄는 포괄일죄이며, ② 아동포르노제공죄와 제공목적소지죄는 병합죄이지만, ③ 아동포르노이면서 음란도화의 판매행위는 자연적·사회적으로 동일한 행위가 다른 시점에서 볼 때 아동포르노제공죄와 음란도화판매죄에 해당하므로 상상적 경합의 관계에 있고, 판매(제공)목적소지에 대해서도 같은 관계에 있으며, ④ 이른바 **결쇠이론**에 의해 전체가 일죄가 된다고 하였다. 적어도 본 건과 같이, 아동포르노죄와 음란도화죄가 그 대상물의 성질의 관점에 따라 다른 범죄로 평가될 수 있다고 하면, 이러한 결론은 합리적이다.

4 또한 **最決平成21年10月21日**(刑集63-8-1070)은 아동에게 음행을 시키는 행위를 함과 동시에 성교 자세를 취하게 한 후 촬영하고, 전자적 기록매체로 아동포르노를 제조한 사안에 관하여 아동에게 성교 등을 시킨 뒤 촬영하여 「아동포르노를 제조한 경우에 있어서는 피고인의 아동복지법 제34조 제1항 제6호에 저촉되는 행위와 아동포르노법 제7조 제3항에 저촉되는 행위는 일부 겹치는 점은 있지만, 양 행위가 통상 수반되는 관계에 있다고는 말할 수 없는 점이나 양 행위의 성질 등에 비추어 보면, 각각 행위자의 동태는 사회적 견해 상 별개인 것으로 볼 수 있기 때문에, 양 죄는 상상적 경합의 관계가 아니라 병합죄의 관계에 있다」고 했다.

5 한편, **東京高判平成24年11月1日**(判時2196-136)은 공중화장실에서 아동의 음부를 만지는 등의 음란행위를 한 사안에 관하여, 감금죄와 강제추행죄는 상상적 경합의 관계에 있으며, 음란행위 시에 이 모습을 촬영하여 아동포르노를 제조한 경우에 있어서는 강제추행죄와 아동매춘·아동포르노 등 처벌법 제7조 제3항의 아동포르노제조죄는 **병합죄** 관계에 있는 것으로 보고 있다.

● **참고문헌** ● 鹿野伸二·判解平21年度186, 三浦透·判解平21年度463, 小名木明宏·平25年度重判168

102 병합죄 가중에 의한 처단형

* 最1小判平成15年7月10日(刑集57卷7号903頁·判時1836号40頁)
* 참조조문: 형법 제47조[1], 제220조[2], 제235조[3]

> 병합죄 가중은 가중한 처단형을 만들어 그 범위 내에서 1개의 형을 양정하는 것인가 아니면 우선 각 죄에 대해 형을 양정하여 그것을 종합하여 가중된 1개의 형을 선고하는 것인가?

● **사실** ● 하교 중인 여자 초등학생을 약취한 후에 약 9년 동안 피고인 X의 집에 감금하고 상해를 입힘과 동시에(약취, 체포감금치상) 그 기간 동안 피해자에게 입히기 위한 속옷(시가 합계 2,464엔)을 절도한 사안이다.

제1심은 체포감금치상죄와 절도죄의 병합죄 가중에 의해 처단형의 상한이 징역 15년(당시)이 되어 X에 대해 징역 14년의 형을 선고했다. 그 판단은「범정에 비추어 죄형의 균형을 고려하면 X에 대해서는 체포감금치상죄의 법정형의 범위 내에서는 도저히 그 적정 타당한 양형을 찾을 수 없음을 사료하여 동죄의 형에 법정의 병합죄 가중을 한 형기의 범위 내에서 X를 주문게기(揭記)한 형에 처한다」는 고려가 들어 있다.

이에 대해 원심은 형법 제47조의 취지로부터 병합죄 중에서 가장 중한 죄에 정한 법정형의 장기를 1.5배 한도에서 넘는 것이 가능하지만 병합죄를 구성하는 개별의 죄에 대해 그 법정형을 넘는 것은 허용되지 않는다고 하여 체포감금치상죄와 절도죄의 병합죄 전체에 대한 형을 확정하는데 있어서는 예를 들어 체포감금치상죄에 대해 징역 9년, 절도죄에 대해 징역 7년으로 평가하고 전체에 대해 징역 15년에 처하는 것은 가능하지만 체포감금치상죄에 대해 징역 14년, 절도죄에 대해 징역 2년으로 평가하여 전체로써 징역 15년에 처하는 것은 허용되지 않고 체포감금치상죄에 대해서는 최장 10년의 한도에서 평가하지 않으면 안 된다고 하여 제1심 판결을 파기하고 X에 대해 징역 11년을 선고했다. 이에 대해 검찰 측이 상고했다.

● **판지** ● 최고재판소는「형법 제47조는 병합죄 중 2개 이상의 죄에 대해 유기의 징역 또는 금고에 처할 때는 동조가 정하는 바에 따라 **병합죄를 구성하는 각 죄 전체에 대한 통일형을 처단형으로 형성하고 수정된 법정형이라고 해야 하는 그 처단형의 범위 내에서 병합죄를 구성하는 각 죄 전체에 대한 구체적인 형을 정한다**는 규정이며, 처단형의 범위 내에서 구체적인 형을 정함에 있어 **병합죄의 구성단위인 각 죄에 대해 미리 개별적인 양형처단을 행한 후에 그것을 합산하는 것은 법률상 예정되어 있지 않은 것**이라고 해석하는 것이 상당하다. 또한 동조가 이른바 병과주의에 따른 가혹한 결과의 회피라는 취지를 가진 규정인 것은 명백

---

1) 형법 제47조(유기징역 및 금고의 가중) 병합죄 중 2개 이상의 죄에 대하여 유기의 징역 또는 금고에 처할 때에는 그 중 가장 중한 죄에 정한 형의 장기의 2분의 1을 가중한 것을 장기로 한다. 단, 각각의 죄에 관하여 정한 형의 장기의 합계를 초과할 수 없다.

2) 형법 제220조(체포 및 감금) 불법으로 사람을 체포하거나 감금한 자는 3월 이상 7년 이하의 징역에 처한다.

3) 형법 제235조(절도) 타인의 재물을 절취한 자는 절도의 죄로서 10년 이하의 징역 또는 50만 엔 이하의 벌금에 처한다.

하지만 그러한 관점에서 문제가 되는 것은 법에 의해 형성된 제도로서의 형의 범위, 특히 그 상한이라고 생각된다. 동조가 불문의 법규범으로 병합죄를 구성하는 각 죄에 대해 미리 개별적으로 형을 양정하는 것을 전제로 그 개별적인 형의 양정에 관한 일정한 제약을 하고 있다고 해석하는 것은 상당하지 않다고 하지 않을 수 없다.

이것을 본 건에 의거해 보면 형법 제45조[4] 전단의 병합죄의 관계인 제1심판결의 판시 제1의 죄(미성년자약취죄와 체포감금치상죄가 상상적 경합의 관계인 후자의 형으로 처단되는 것)와 동 제2의 죄(절도죄)에 대해서 동법 제47조에 따라 병합죄 가중을 하는 경우에는 동 제1, 제2의 양 죄 전체에 대한 처단형의 범위는 징역 3월 이상 15년 이하가 되는 것으로 양형의 당부라는 문제를 별개로 한다면 상기의 처단형의 범위 내에서 형을 정하는 것에 대해 법률상 특단의 제약은 존재하지 않는다고 보아야 할 것이다」라고 하여 원판결에서는 형법 제47조의 해석적용을 바르지 못하게 한 법령위반이 있다고 하여 원판결을 파기한 후에 제1심 판결은 양형 판단을 포함하여 수긍할 수 있는 것으로 인정되어 이것을 유지하는 것이 상당하다고 자판했다.

● **해설** ● 1 본 건 범행 당시의 체포감금치사상죄의 법정형은 징역 3월 이상 10년 이하이고(제221조, 제220조, 제204조) 약취죄의 법정형은 징역 3월 이상 5년 이하이지만 양 죄는 상상적 경합의 관계이기 때문에 중한 체포감금치상죄의 형에 의해 처단된다. 절도죄의 법정형은 10년 이하의 징역이다(제235조). 선고형은 양 죄가 병합죄이기 때문에 제47조에 따라 정한 처단형의 범위 내에서 결정하게 된다.

문제는 제47조가 원심의 주장과 같이 「병합죄를 구성하는 개별의 죄에 대해 그 법정형을 넘는 것은 허용되지 않는다」는 취지인지 여부이다.

2 제47조 본문은 「**병합죄** 중에서 2개 이상의 죄에 대해 유기의 징역 또는 금고에 처할 때는 그 가장 중한 죄에 대해 정해진 형의 장기의 2분의 1을 더한 것을 장기로 한다」고 규정하고 있고 본 건에 입각하여 보면 **처단형**의 상한을 징역 15년으로 한 것에 대해 문리상의 제약은 존재하지 않는다.

또한 동조의 단서에는 「단 각각의 죄에 대해 정해진 형의 장기의 합계를 넘을 수 없다」라고 규정되어 있지만 원심과 같이 병합죄를 구성한 각 죄에 대해 우선 개별적으로 형을 시산한 후에 합산하는 방법을 채용하면 단서의 「각각의 죄에 대해 정해진 형의 장기의 합계를 넘는 것」은 논리상 발생할 수 없는 것이 된다. 이러한 의미에서 원심의 해석에는 무리가 있다.

3 원심은 처단형의 범위를 확장하기 위해 약취 및 체포감금치상죄에 경미한 절도죄를 추가하여 병합죄 가중에 의해 형의 상한을 징역 15년까지 인상하는 것이 정의에 반한다고 생각하고 있는 것 같다. 하지만 속옷 절도가 피해 여성의 감금을 계속하기 위한 수단으로써 행해진 것이며 통상의 절도 사안과 같다고는 볼 수 없는 점, 상습성이 현저하게 인정되는 점 등의 사정을 감안하면 본 건 절도죄의 양형 상 상당히 중대한 사안으로 평가하는 것도 가능하다고 생각된다.

● **참고문헌** ● 永井敏雄・判解平15年度383, 只木誠・平15年度重判162, 曽根威彦・現代刑事法5-10-44

---

4) 형법 제45조(병합죄) 확정재판을 거치지 아니한 2개 이상의 죄를 병합죄로 한다. 어떤 죄에 대하여 금고 이상의 형에 처하는 확정재판이 있는 때에는 그 죄와 그 재판이 확정되기 전에 범한 죄에 한하여 병합죄로 한다.

103 병합죄와 사형·무기의 선택

* 最2小決平成19年3月22日(刑集61卷2号81頁·判時1966号159頁)
* 참조조문: 형법 제45조[1], 제46조[2]

> 병합죄 관계에 있는 복수의 죄 중 1개의 죄만으로는 사형이나 무기형이 상당하지 않을 경우, 그 죄에 대해 사형 또는 무기형을 선택하는 것이 가능한가?

● **사실** ● 본 건은 주거침입, 강도치상, 강제추행, 강도강간, 강도, 절도 등 다수의 범죄행위가 문제된 사안이었지만, 다툼이 된 것은 각 죄의 구성요건해당성 판단이 아니라 죄수관계이었다.

피고인 X에 대해서는 ① 공범과 공모한 뒤 10채의 주거에 침입해 강도강간 5건, 강도치상·강제추행 1건, 강도·강제추행 3건 등을 실행했으며 ② 단독으로 2채의 주거에 침입해 강도치상 1건, 절도 1건을 행한 사실이 인정된다.

제1심 판결은 이들 중 강도강간 5건에 대해 각각 무기징역형을 선택한 뒤, 이 중 1건의 무기징역형으로 X를 처단했다. 이에 X는 양형부당 등을 주장하며 항소했지만 원심은 본 사안 전체에 비춰 제1심 판결에 양형부당이 없다는 판단을 제시하며 항소를 기각했다. 다시 X는 상고하였으나 그중 「유죄판결의 법령의 적용에 있어서 병합죄 관계에 있는 수죄 중 한 개의 죄에 대하여 무기징역형을 선택할 수 있는 것은 그 죄만으로 무기징역형에 처하는 것이 상당한 경우에 한하며, 형법 제46조 제2항은 그 취지를 나타내는 것이다」는 취지의 주장에 대하여 최고재판소는 직권으로 판단했다.

● **결정요지** ● 상고기각. 「형법 제46조는 병합죄 관계에 있는 복수의 죄 중 1개의 죄에 대해 사형 또는 무기형으로 처할 때에는 일정한 경한 형을 제외하고, 다른 형을 과하지 않는 다는 취지를 규정하고 있는바, 이는 1개의 죄에 대하여 사형이나 무기형으로 처할 때에 그 결과 부과되지 않게 되는 형과 관련된 죄를 불문에 부치겠다는 취지가 아니라, 그 형을 사형 또는 무기형에 흡수시키고, 이것으로 그 죄도 처벌한다는 취지로 해석된다. 따라서 **병합죄 관계에 있는 복수의 죄 중 1개의 죄에 대하여 사형 또는 무기형을 선택할 때에는 그 결과 부과되지 않게 되는 형과 관련된 죄를 포함하여 처벌한다는 취지로 고려할 수 있어야 하며, 당해 1개의 죄만으로 사형 또는 무기형이 상당하다고 보는 경우가 아니면 그러한 형을 선택할 수 없다는 것은 아니다.** 또한 형의 종류에 대한 선택은 양형의 일부이므로 다른 범죄사실의 존재나 내용을 그 양형사정의 하나로 고려하는 것이 허용되는 것은 당연하다.」

---

1) 형법 제45조(병합죄) 확정재판을 거치지 아니한 2개 이상의 죄를 병합죄로 한다. 어떤 죄에 대하여 금고 이상의 형에 처하는 확정재판이 있는 때에는 그 죄와 그 재판이 확정되기 전에 범한 죄에 한하여 병합죄로 한다.
2) 형법 제46조(병과의 제한) ① 병합죄 중 1개의 죄에 대하여 사형에 처할 때에는 다른 형을 과하지 아니 한다 단, 몰수는 예외로 한다. ② 병합죄 중 1개의 죄에 대하여 무기의 징역이나 금고에 처하는 때에도 다른 형을 과하지 아니 한다. 단, 벌금, 과료 및 몰수는 예외로 한다.

● **해설** ● 1 본 건에서의 실질적 쟁점은 「유죄판결의 법령의 적용에 있어서 병합죄 관계에 있는 수죄 중 1개의 죄에 대하여 무기징역형을 선택할 수 있는 것은 그 죄만으로 무기징역형으로 처벌하는 것이 상당한 경우에 한정되는가」라는 점이다.

2 선고형을 도출하는 순서는 ① 구성요건 및 법정형의 근거규정의 적용, ② 과형상 1죄의 처리 ③ 형종(刑種)의 선택, ④ 누범가중, ⑤ 법률상 감경, ⑥ 병합죄처리(병합죄 가중이나 사형, 무기형 선택의 경우에 다른 형을 과하지 않는다는 등의 처리), ⑦ 작량감경, ⑧ 선고형의 결정의 순서에 따른다.

3 상고의 취지는 이 중 ⑤까지는 병합죄 관계에 있는 복수의 죄에 대하여 각각 독립하여 죄별로 벌조(罰条)의 적용, 과형상 1죄의 처리 등을 하고, 형종의 선택을 거친 후에도 여전히 죄별로 누범가중, 법률상의 감경을 하기 위하여 형종의 선택은 당해 1개의 죄만을 판단대상으로 하여야 한다고 한다.

그리고 형법 제46조는 병합죄 관계에 있는 여러 죄 중 한 개의 죄에 대해 사형 또는 무기형을 선택하는 경우에는 일정한 경한 형을 제외한 다른 형을 과하지 않는다는 취지를 규정하고 있다. 이것은 일반적으로 병합죄 처리방법에 있어서 **흡수주의**라 불리는 것이지만, 이 흡수주의에 의해 다른 형이 「부과되지 않는다」라는 의미는 처벌받지 않는다는 취지이다. 따라서 이 관점에서도 무기형을 선택할지는 당해 1개의 죄만을 대상으로 하여, 그것이 무기형에 상당한 경우이어야 한다고 주장한 것이다.

4 실무상으로는 복수의 죄에 대하여 그 전체를 고려하여 무기형이나 사형을 선택하는 양형판단을 하고 있다. 이는 상고 취지가 전제하는 「부과되지 않게 되는 형과 관련된 죄는 처벌하지 않는다」는 사고와는 모순된다. 형종의 선택 시점에서도 최종적으로 부과되지 않게 되는 형과 관련된 죄를 처벌하는 취지로 고려할 수는 없게 되기 때문이다.

그런 의미에서 판례는 부과되지 않게 되는 형과 관련된 죄이더라도 선택된 사형 또는 무기형에 포함시켜 처벌한다는 취지인 것으로 해석할 수 있다. 형종의 선택에 있어서는 부과되지 않는 형을 포함한 사건 전체를 고려하여 판단하는 것이 합리적이라고 생각해 온 것이다.

5 또한 흡수주의의 의의를 「처벌되지 않는다」는 취지로 한정하는 논리적 필연성이나 입법취지가 존재하는 것도 아니다. 최고재판소는 본 결정에 따라 형법 제46조의 「병합죄 관계에 있는 복수의 죄 중 1개의 죄에 대하여 사형 또는 무기형으로 처할 때에는 일정한 경한 형을 제외하고 다른 형을 과하지 아니한다」는 규정에 대하여 이는 1개의 죄에 대하여 사형 또는 무기형에 처할 때에 그 결과 과하지 아니하게 되는 형과 관련된 죄를 불문에 부친다는 취지가 아니라 그 형을 사형 또는 무기형에 흡수시키고, 이에 따라 그 죄도 처벌한다는 취지의 것임을 명시하여 논의의 혼란을 막은 것이라 할 수 있다.

● **참고문헌** ● 芦澤政治·判解平19年度51, 山火正則·判評602-37, 小池信太郎·判例セレクト07年30, 只木誠·法セ増刊3-175

104 허위를 포함한 신고와 자수의 성부

* 最3小決平成13年2月9日(刑集55卷1号76頁·判時1742号155頁)
* 참조조문: 형법 제42조 제1항[1] 총포도검류소지등단속법 제31조의5[2]

> 허위가 포함되어 있는 수사기관에의 신고는 자수의 성립요건인 「자기의 범죄사실의 자발적인 신고」에 해당되는 것인가?

● **사실** ● 피고인 X는 법에서 정한 제외사유가 없음에도 권총 1정과 실탄 4발을 소지하였고, 이것을 이용하여 상대 폭력단 조직사무소의 출입구를 향해 4발을 발사하였다. 그리고 약 1개월 후에 다른 권총 1정에 발사를 가장한 위장 공작을 한 뒤에 이것을 사법경찰관에 제출하며 발포한 이는 자신이고, 사용한 권총을 가지고 온 취지를 신고했다.

제1심은 후단의 경찰서에서의 권총소지에 대해서는 불법소지죄가 성립하나 자수가 성립한다고 보았지만, 전단의 사실에 대해서는 가중소지죄 및 불법발사죄가 성립한다고 한 뒤 「수사 등을 용이하게 하는 점이 그 이유에 포함되는 …… 자수제도의 취지나 목적 등에 비추면 …… 피고인이 자신의 범죄사실을 신고한 것이라고 인정할 수」 없다고 하여 형법상의 자수의 성립을 부정했다. 원심도 이 판단을 지지하였기에 변호인이 상고했다.

● **결정요지** ● 상고기각. 「X는 전기 각 범행에 대해서, **수사기관에 발각되기 전에 자신의 범죄사실을 수사기관에 신고**한 것이기 때문에 그 당시에 사용한 권총에 대해서 허위사실을 진술 한 것 등이 인정된다 하더라도 형법 제42조 제1항의 자수의 성립을 방해하는 것은 아니고, 그 성립을 부정한 원판결의 판단은 동조항의 해석을 잘못한 것으로 보지 않으면 안 된다」고 판시하였다. 단지, 형의 감경해야 할 경우에는 해당되지 않고, 그 법령위반은 판결에 영향을 미치지 않는다고 했다.

● **해설** ● 1 형법 제42조 제1항의 자수요건은 수사기관에 발각되기 전에 자신의 범죄사실을 자발적으로 신고하는 것이지만 「범죄사실」이 어느 정도까지 정확하여야 하는지가 문제된다. X는 권총을 실탄과 함께 소지하고 있었던 것(가중소지죄)과 발사한 것을 신고한 이상, 사용한 권총을 제시하지 않았다고 하더라도 양 죄에 대한 자백을 한 것이 된다. 그 의미에서 대법원의 판단은 당연한 것이라고도 말할 수 있을 것이다.

다만, 동 사안을 형사절차에 있어 해명하기 위해서는 「사용권총」이 중요한 사실인 점도 의심할 여지가 없다. 그리고 허위의 권총이 제출되면 진실한 발견이 곤란해지는 측면이 있다.

2 형법상 자수를 형의 임의적 감경사유로 하는 것은 일반적으로 ① 범인의 회개에 따른 책임비난의 감소와 ② 범죄수사 및 범인의 처벌을 용이하게 하여 소송절차의 원활한 운용에 기

---

1) 형법 제42조(자수 등) ① 죄를 범한 자가 수사기관에 발각되기 전에 자수한 때에는 그 형을 감경할 수 있다.
2) 총포도검류소지등단속법 제31조의5: 제3조 제1항의 규정에 위반하여 권총 등을 소지한 자가 해당 권총 등을 제출하여 자수한 때는 당해 권총 등의 소지에 대해 제31조의 제3의 죄 및 해당 권총 등의 소지에 관한 양수 또는 빌린 것에 대한 전 조 제1항 또는 제2항의 죄의 형을 감경하거나 면제한다.

여한다는 형사정책적 이유를 들 수 있다. 제1심과 원심은 ②의 측면을 중시하여 자수의 성립을 부정하였다.

그러나 最決昭和60年2月8日(刑集39-1-1)은 무면허운전 중에 전락사고를 일으켜 동승자를 부상시킨 Y가 일단은 「동승자가 운전했다」고 허위신고를 했지만, 이후에 전면적으로 진실을 진술한 사안에 대해 자수의 성립을 인정하였다. ②의 측면을 중시하면 **허위신고**로 수사에 혼선을 일으킨 이상, 이후에 진실된 범죄사실을 고지하더라도 전체로서는 수사를 쉽게 했다고는 보기 어려워 자수를 인정해서는 안 될 것이라 생각된다. 그렇다면 최고재판소는 ②의 측면을 반드시 중시하지 않은 것으로 생각된다.

3 물론 最決昭和60年2月8日과 본 건은 사안이 같지 않다. 허위의 「내용」이 수사를 혼란시키는 정도에 차이가 있을 뿐만 아니라, 수사기관에 일단은 허위가 포함된 신고를 했지만 이후에 전면적으로 진실을 말한 경우(最決昭60·2·8)와 처음부터 일관되게 허위신고를 한 본 건의 경우와는 자수의 성부의 평가의 포인트에 차이가 있다.

전자에서는 이미 수사관과 접촉한 후에 진실을 신고한 이상, 선행하는 수사관과의 접촉과 자수와의 관계가 문제가 된다. 다시 말해, **자발적인 신고**의 유무의 문제로서 해석되는 측면이 강하다. 그리고 이 점은 자수의 입법취지 중 「책임감소의 유무」와 결부되기 쉽다.

한편, 본 건의 경우에는 「신고내용이 『범죄사실의 신고』로 볼 수 있는가」라는 해석의 문제가 된다. 이 판단은 허위정보가 야기하는 수사 혼란의 정도와 관련된다 할 것이다. 단지 「전부 진실을 진술하지 않는 이상, 반성이 충분하지 않다」고 하는 것도 가능하다(처음부터 전자에 대해서도 당초의 허위수사에서의 중대함이 자수의 성부에 영향을 주는 것은 말할 필요도 없다).

4 본 건의 경우 「범죄구성요건사실」의 신고 자체에는 허위가 포함되어 있지 않고, 결정적 증거인 권총이 수사기관에 양도된 이상, 그 허위성은 감정 등을 통해 용이하게 밝혀질 수 있는 것으로 수사혼란의 정도가 중대하다고는 볼 수 없을 것이다. 그 의미에서 자수의 성립을 인정한 대법원의 결론은 타당하다. 본 건 X의 신고는 전체로서 「자신의 범죄사실의 신고」에 해당된다.

자수제도를 어느 정도 완화하여 운용하는 것이 타당한가는 재판소의 정책판단에 따르지만, 범죄검거율의 저하가 현저한 요즘 본 건에 자수를 인정한 최고재판소의 판단은 수긍할 수 있다.

● **참고문헌** ● 稗田雅洋·判解平13年度26, 杉山治樹·警論54-11-200, 伊東研祐·現代刑事法4-1-75, 奥村正雄·同支社法学56-5-415

105 범죄공용물의 몰수

* 最1小決平成30年6月26日(刑集72卷2号209頁)
* 참조조문: 형법 제19조 제1항 제2호[3]

> 성범죄의 실행자가 범행을 몰래 촬영한 데이터를 장치한 디지털 비디오 세트는 형법 제19조 제1항 제2호에서 말하는 「범죄행위에 제공한 물건」으로서 몰수가 가능한가?

● **사실** ● 마사지 업소를 경영하는 피고인 X가 마사지를 받으러 온 여성 3명에게 강제추행을 하고, 또한 여성 1명을 강간하였고 그리고 자신에게 아로마교육을 받는 여성을 강제로 간음하고자 하였으나 그 목적을 달성하지 못하여 강간미수, 강간, 강제추행 피고사건에 대하여 제1심은 각 죄의 성립을 모두 인정하여 X를 징역 11년에 처했다.

그리고 제1심은 범죄행위를 촬영한 영상을 장치한 디지털 비디오 세트는 X의 범행을 심리적으로 용이하게 하고, 실행에 적극적으로 작용한 것으로 「범행을 촉진한 것」으로 형법 제19조 제1항 제2호 소정의 「범죄행위에 제공한 물건」에 해당한다고 하여 몰수하였다.

X의 항소에 대해 원심은 그 결론을 유지하고 비디오 세트의 몰수에 관해서도 몰래 찍어 피해자에게 그것을 알려 수사나 형사소추를 면하고자 한 행위는 「본 건 각 실행행위와 밀접하게 관련된 행위로 볼 수 있다」고 하여 「실행행위와 밀접하게 관련된 행위에 제공되거나 제공하고자 하는 물건으로 인정되므로 형법 제19조 제1항 제2호 소정의 범행제공물건에 해당한다」고 판시하였다.

● **결정요지** ● X의 상고에 대한 상고취의는 형사소송법 제405조의 상고이유에 해당하지 않는다고 한 후에 아래와 같이 직권으로 판단하였다. 「X는 본 건 강간 1건 및 강제추행 3건의 범행 모습을 피해자가 눈치채지 않도록 촬영하여 디지털 비디오 세트 4개에 녹화하였으나 X가 그렇게 몰래 촬영한 것은 피해자에게 각각의 그 범행 모습을 촬영·녹화한 것을 알려 **수사기관에게 X의 처벌을 구하는 것을 단념케 하고, 형사책임의 소추를 면하고자 하기 위한 것**으로 인정된다. 이상의 사실관계에 의하면 본 건 디지털 비디오 세트는 형법 제19조 제1항 제2호에서 말하는 『**범죄행위에 제공한 물건**』에 해당하고 이것을 몰수할 수 있다고 해석하는 것이 상당하다」.

● **해설** ● 1 형법 제19조 제1항 제2호에서 말하는 「범죄행위에 제공된 물건」이란 **범죄행위를 위하여 사용되는 물건으로 범죄행위의 실행에 불가결한 요소가 될 물건일 필요는 없다.** 본

---

3) 형법 제19조(몰수) ① 다음에 정한 물건은 몰수할 수 있다.
　1. 범죄행위를 조성한 물건
　2. 범죄행위에 제공하였거나 또는 제공하려고 한 물건
　3. 범죄행위로 인하여 생겼거나, 이에 의하여 얻은 물건 또는 범죄행위의 보수로서 얻은 물건
　4. 전호에 정한 물건의 대가로서 얻은 물건
　② 몰수는 범인 이외의 자에게 속하지 아니하는 물건에 한하여 할 수 있다. 단, 범인 이외의 자에게 속한 물건이라도 범죄 후에 그 자가 정을 알고 취득한 것일 때에는 이를 몰수할 수 있다.

건 원심이 판시한 「실행행위와 밀접하게 관련한 행위」라고 하기 위한 것이라면 「제공했다」고 할 수 있다.

2 실행행위 종료 후에 실행행위나 도주를 용이하게 하는 등 **범죄의 성과를 확보할 목적으로 행해진 행위**에 사용된 물건도 범죄행위에 제공된 물건으로 해석되어 왔다. 예를 들어 닭을 절취한 후에 그것을 운반하기 쉽도록 닭의 머리를 자르기 위하여 사용한 칼도 절도의 결과를 확보하기 위하여 제공된 것이라고 하여 이것을 몰수할 수 있다고 인정하였다(東京高判昭28·6·18高刑6-7-848).

3 본 건 결정요지와 같이 몰래 촬영한 목적이 「피해자에게 각각 그 범행의 모습을 촬영·녹화한 것을 알려 수시기관에게 X의 처벌을 구하는 것을 단념하게 하여 형사책임의 소추를 면하고자 하기 위할 것」이라고 인정될 수 있다면 「범죄행위에 제공된 물건」으로 볼 수 있다.

4 단 X는 몰래 촬영한 목적이 「나중에 이용객과의 사이에서 분쟁이 발생할 경우를 대비하여 방위하기 위해 촬영한 것」이라고 주장하고 있다. 현재 범죄나 분쟁 방지를 위하여 여러 점포 등에서 이른바 「방범카메라」가 많은 장소에 설치되어 있는 것으로부터 X의 주장에도 일정 부분 설득력이 있는 것처럼 보인다.

5 하지만 원심에 의하면 「본 건 디지털 비디오 세트의 영상을 법정에서 재생하게 하고 싶지 않으면 시담(示談)금 제로로 공소 취하를 하라고 요구받았다」는 취지의 피해자 진술이 인정되며 「X가 말하는 이용객과의 사이에서 분쟁이 발생한 경우를 대비한 방위라 함은 단순히 자기에게 유리한 증거로서 원용하기 위하여 자신이 가지고 있던 것에 그치지 아니하고 피해자가 피해를 호소하는 경우에 피해자에게 전기 영상을 소지하고 있는 사실을 알림으로써 피해자의 명예나 프라이버시가 침해될 가능성이 있는 것을 알려 수사기관에의 피해 신고나 고소를 단념하게 하거나 고소를 취하시키기 위한 교섭재료로서 이용하는 것도 포함된 취지라고 인정된다」고 판시하고 있다.

6 이 인정을 토대로 하면 원심은 범행을 몰래 촬영하고 실행행위 종료 후에 피해자에게 그 사실을 알려 수사나 형사소추를 면하게 하는 행위는 「각 범행에 의한 **성적 만족이라는 범죄의 성과를 확보하고 향수하기 위한 행위**임과 동시에 수사나 형사소추를 면할 수단을 확보함으로써 **범죄의 실행행위를 심리적으로 용이하게 하기 위한 것**이라고 할 수 있으므로 본 건 각 실행행위와 밀접하게 관련된 행위라고 볼 수 있다」고 한 것이다.

7 또한 변호측은 「범행제공물건에 해당하기 위해서는 촬영자에게 범죄를 실행하고 있다는 위법성의 인식이 필요하」지만 「위법성의 인식을 지니고 있는 인물이라면 범행을 촉진하여 용이하게 하기 위하여 일부러 범행을 입증할 증거를 남기지 않는다」고 하여 영상 데이터는 범행을 입증하는 증거로 X에게 불리하게 사용될 가능성이 있다고 주장하였다. 하지만 원심은 「범행을 촉진하여 용이하게 하는 측면을 지니고 있는 것은 명확하다」고 하여 배척하고 있다. 본래 범행 제공 물건 해당성의 주관적 요건으로 「행위자에게 당해 범죄행위에 해당하는 사실을 인식하고 실행행위 내지 이것에 밀접하게 관련한 행위에 이용할 목적을 가지고 있으면 족하고, 당해 범죄행위가 위법한 것까지 인식할 필요는 없다」고 할 수 있다.

● **참고문헌** ● 河原雄介·研修844-27, 安田拓人·法教457-134

106 추징

* 最3小決平成16年11月8日(刑集58巻8号905頁·判時1881号47頁)
* 참조조문: 형법 제197조 제1항[1], 제197조의5(1995년 개정전)[2]

복수의 수뢰자(공동정범자)에 대한 추징은 어떻게 행하여지는가?

● **사실** ● 당시 이바라키(茨城)현의 북쪽 이바라키시장이었던 피고인 X는 그의 지원자인 Y(비공무원)와 공모한 뒤, Y는 시장 X의 직무와 관련된 골프장 개설업자로부터 현금 약 1억 5,000만 엔의 뇌물을 수수하였으나 X와 Y 양자 간에 그 분배, 보유 및 소비 현황은 불분명하였다.

● **결정요지** ● 상고기각. 「형법 제197조의5의 규정에 따라 몰수와 추징은 필요적으로 행해져야 하지만, 본 건과 같이 **수뢰의 공동정범자가 공동하여 수수한 뇌물에 대해서는 그것이 현존하는 경우에는 공범자 각자에 대해 각각 전부의 몰수를 선고할 수 있으므로, 몰수가 불가능한 경우의 추징도 그것이 몰수의 환형처분이라는 점에 비추어보면 공범자 각자에 대해 각각 수수한 뇌물의 가액 전부의 추징을 명할 수 있다고 해석하는 것이 상당**하며, 뇌물을 공동수수한 자 중에 공무원 신분이 아닌 자가 포함된 경우라 하더라도 이를 달리 취급을 할 이유는 없다.

더욱이 수수받은 뇌물을 범인으로부터 필요적으로 몰수, 추징하는 취지는 수뢰범인에게 부정한 이익의 보유를 허용하지 않고 이를 박탈하여 국고에 귀속시키고자 하는 점에 있는 것이다. 또한 뇌물을 받은 공범자들 각자로부터 각각 그 가액의 전부를 추징할 수 있다고 하더라도 추징이 몰수를 대신하는 처분인 이상 그 전원에 대해 중복하여 전부에 대해 집행하는 것이 허용되는 것이 아니라 공범자 중 1인이나 수인에게 전부집행이 행해지면 다른 사람에 대해서는 집행할 수 없는 것은 당연하다(最決昭30·12·8刑集9-13-2608, 最決昭33·4·15刑集12-5-916 참조).

이러한 점에 비추어 보면 수뢰범인 등에게 부정한 이익의 보유를 용납하지 않겠다는 요청이 충족되는 한 필요적 추징이라 하더라도 뇌물을 공동 수수한 공범자 전원 각각에 대해 그 가액 전부의 추징을 언제나 명해야 하는 것은 아니라고 할 수 있으며(最大判昭33·3·5刑集12-3-84 참조), 재판소는 공범자들에게 추징을 명함에 있어서 공범자 간에 뇌물의 부정한 이익의 귀속과 분배가 분명한 경우에 그 분배 등의 액수에 따라 각자에게 추징을 명하는 등 상당하다고 인정되는 경우에는 재량에 의해 각자에게 각각 일부 금액의 추징을 명하거나 일부의 자에 한해서 추징을 과하는 것도 허용된다고 해석함이 상당하다」고 하여 원판결은 「공동수수한 뇌물에 대해 공범자 간에 있어서 그 분배와 보유 및 소비의 현황이 불분명한 경우에는 뇌물의 총액을 균분한 금액을 각자에게 추징해야 할 것으로 해석되어 X·Y 두 사람에 대해 상기 수수한 뇌물의 총액을 2등분한 금액인 7,500만 엔을 각자로부터 각각 추징할 것을

---

1) 형법 제197조(수뢰, 수탁수뢰 및 사전수뢰) ① 공무원이 그 직무에 관하여 뇌물을 수수, 요구 또는 약속한 때에는 5년 이하의 징역에 처한다. 이 경우 청탁을 받은 때에는 7년 이하의 징역에 처한다. ② 공무원으로 될 자가 그 담당할 직무에 관하여 청탁을 받고 뇌물을 수수, 요구 또는 약속한 때에는 공무원이 된 경우에 5년 이하의 징역에 처한다.
2) 형법 제197조의5(몰수 및 추징) 범인 또는 정을 아는 제3자가 수수한 뇌물은 몰수한다. 그 전부 또는 일부를 몰수할 수 없는 때는 그 가액을 추징한다.

선고한 제1심 판결을 시인한 것이므로, 수수한 뇌물의 총액을 균분한 금액을 X·Y로부터 추징하도록 한 것은 상응한 합리성이 인정되고 또한 각 추징의 금액을 합산하면 수수된 뇌물의 총액을 충족시키므로 필요적 추징의 취지를 훼손하는 것도 아니다.」

●**해설**● 1 **추징**은 ① 범죄시에 몰수 가능한 일정한 물건이 ② 사후적으로 법률상·사실상 몰수 불가능하게 된 경우에 인정되는 재량적 처분으로서, 몰수의 대상을 대신할 수 있을 정도의 금액을 국고에 납부하도록 명하는 처분이다(제19조의2).3) 따라서 몰수할 수 없는 비유체물이나 범인 이외의 소유에 속하는 것은 추징할 수 없다.

2 뇌물죄에 대해서는 특별규정을 두고 있다(기타 특별형법 중에서 제19조4)의 몰수 대상물건 이외에 대해서도 몰수를 인정하고 있고(무기단속법(銃刀法) 제36조), 제3자 몰수를 상당히 넓게 인정하는 경우도 있다(주세법(酒税法) 제54조 등)). 그리고 특히 주목해야 할 것은 마약신조약(麻薬新条約)에 대응하기 위해 입법된 마약특례법의 몰수·추징규정이다.

뇌물을 몰수할 수 없는 경우에는 그 가액에 대하여 추징한다. 몰수가 불가능한 경우란 ① 향응이나 예기(기생)의 연예(演芸)와 같이 본래적으로 몰수하기 어려운 경우나 ② 수수받은 뒤에 소비하거나 멸실한 경우, 더욱이 ③ 다른 물건과 섞여있거나 정을 모르는 제3자의 소유로 넘어간 경우 등이다. 추징해야 할 가액의 산정은 뇌물이 수수된 시점을 기준으로 한다(最大判昭43·9·25刑集22-9-871).

3 본 결정은 수뢰의 공동정범자가 **공동하여 수수한 뇌물**에 대해서는 공범자 각자에 대해 공무원 신분의 유무에 상관없이 각각 그 가액 전부의 추징을 명할 수 있고, 또한 뇌물범인 등에게 부정한 이익의 보유를 용납하지 않겠다는 요청이 충족되는 경우에 한하여 상당하다고 인정될 때 재량에 의해 각자 각각 일부의 액의 추징을 명하거나 일부의 자에게만 추징을 과하는 것도 허용됨을 명확히 했다.

4 약물의 추징과 관련하여 **最判平成15年4月11日**(刑集57-4-403)은 약물범죄를 수행하는 과정에서 소비·사용되는 것으로써 범인이 다른 공범자로부터 교부받은 재산은 마약및향정신약물단속법등의특례법 제2조 제3항에서 말하는 **약물범죄의 범죄행위에 의해 얻은 재산**에 해당하지 않는다고 하고, 또한 **最判平成17年7月22日**(刑集59-6-646)은 규제약물의 양도를 범죄행위로 하는 경우에 「약물범죄의 범죄행위에 의해 얻은 재산」은 규제약물의 대가로서 얻은 재산을 의미한다고 해석해야 하므로 동법 제11조 제1항 제1호에 의한 몰수나 동법 제13조 제1항 전단에 의한 추징에 있어서는 당해 재산을 얻기 위해 범인이 지출한 비용 등을 공제해야 하는 것은 아니라고 했다.

● **참고문헌** ● 前田巌·判解平16年度521, 丸山雅夫·平16年度重判159, 川端博·判評574-42, 和田俊憲·J1355- 126

---

3) 형법 제19조의2(추징) 전조(몰수) 제1항 제3호 또는 제4호에 정한 물건의 전부 또는 일부를 몰수할 수 없는 때에는 그 가액을 추징할 수 있다.

4) 형법 제19조(몰수) ① 다음에 정한 물건은 몰수할 수 있다. 1. 범죄행위를 조성한 물건 2. 범죄행위에 제공하였거나 또는 제공하려고 한 물건 3. 범죄행위로 인하여 생겼거나 이에 의하여 얻은 물건 또는 범죄행위의 보수로서 얻은 물건 4. 전호에 정한 물건의 대가로서 얻은 물건 ② 몰수는 범인 이외의 자에게 속하지 아니하는 물건에 한하여 할 수 있다. 단, 범인 이외의 자에게 속한 물건이라도 범죄 후에 그 자가 정을 알고 취득한 것일 때에는 이를 몰수할 수 있다.

107 방조범으로부터의 추징

* 最3小判平成20年4月22日 (刑集62卷5号1528頁·判時2005号149頁)
* 참조조문: 마약특례법 제11조 제1항[1], 제13조 제1항[2], 형법 제62조 제1항[3].

> 방조범으로부터 마약특례법 제11조 제1항, 제13조 제1항에 의해 몰수·추징할 수 있는 것은 방조범이 약물범죄의 방조행위에 의해 얻은 재산 등에 한정되는가?

● **사실** ● 피고인 X는 각성제 밀매조직의 「판매담당」으로, 업으로 행하는 각성제 등의 영리목적양도행위를 방조하여 기소되었다. 사실관계에 대해서는 다툼이 없고, 제1심은 징역 및 벌금형을 선고함과 동시에 정범들이 약물의 양도대금으로 얻은 약물범죄수익을 마약특별법의 추징규정에 따라 방조범 X로부터 전액 몰수·추징하였다. 이에 X는 양형부당을 이유로 항소했다.

원심은 마약특별법의 몰수·추징과 관련하여 약물범죄로 수익 등을 얻지 못한 자로부터 그 몰수·추징하는 것은 불가능하다고 해석한 후에 본 건 약물의 판매금인 약물범죄수익은 정범이 얻은 것이지 방조범 X가 얻은 것이 아니므로, 1심이 X에 대해 선고한 몰수와 추징은 위법하다고 보아 직권으로 제1심 판결을 파기하였다. 이에 검찰이 판례위반 등을 근거로 상고했다.

● **판지** ● 상고기각. 「마약특별법 제11조 제1항(제2조 제3항), 제13조 제1항은 그 문리 및 취지에 비추어 보아 약물 범죄행위를 통해 얻은 약물범죄수익 등을 그것을 얻은 자로부터 몰수·추징함을 정한 규정으로 해석된다. 이를 방조범에 대해 적용·검토해 보면 그 범죄행위는 정범의 범죄행위를 방조하는 행위이므로 약물범죄의 정범(공동정범을 포함)이 그 정범으로서의 범죄행위에 의해 약물범죄 수익 등을 얻었다고 하더라도 방조범은 이것을 용이하게 한 것일 뿐이며 스스로 그 약물범죄수익 등을 얻었다고 볼 수 없고, **방조한 것만을 이유로 방조범으로부터 그 약물범죄 수익 등을 정범과 같이 몰수·추징할 수는 없다**고 해석된다. 그리고 상기 각 조문의 해석에 의하면 **방조범으로부터 몰수·추징할 수 있는 것은 방조범이 약물범죄의 방조행위로 인해 얻은 재산 등에 한정된다**고 해석하는 것이 상당하다. 따라서 이것과 다른 상기 오사카고등재판소 및 동경고등재판소의 각 판례는 모두 이를 변경하고, 원판결은 그 판단이 상당한 것으로서 유지해야 한다」.

---

1) 마약특례법 제11조 제1항 : 다음에 게재된 재산은 그것을 몰수한다. 단 제6조 제1항 또는 제7조의 죄가 약물범죄수익 또는 약물범죄 수익에 유래한 재산과 이러한 재산 이외의 재산과 혼화(混和)한 재산에 관한 경우 이러한 죄에 대해 제3호에서 제5호까지 게재된 재산의 전부를 몰수하는 것이 상당하지 않다고 인정되는 경우 그 일부를 몰수할 수 있다. 1. 약물범죄 수익(제2조 제2항 제6호 또는 제7호에 게재된 죄에 관한 것을 제외). 2. 약물범죄수익에서 기인한 재산(제2조 제2항 제6호 또는 제7호에 게재된 죄에 관한 약물범죄수익의 보호 또는 처분을 토대로 얻은 것을 제외). 3. 제6조 제1항, 제2항 또는 제7조의 죄에 관한 약물범죄 수익 등. 4. 제6조제1항, 제2항 또는 제7조의 범죄행위에 의해 발생하거나 당해 범죄행위에 의해 얻은 재산 또는 당해범죄행위의 보수로 얻은 재산. 5. 제2호의 재산의 과실(果実)로서 얻은 재산, 제2호의 재산의 대가로 얻은 재산, 이러한 재산의 대가로 얻은 재산 기타 전2호 재산의 보유 또는 처분을 토대로 얻은 재산.
2) 마약특례법 제13조 제1항 : 제11조 제1항의 규정에 의해 몰수해야 하는 재산을 몰수할 수 없을 때 또는 동조 제2항의 규정에 의해 이를 몰수하지 아니한 때에는 그 가액을 범인으로부터 추징한다.
3) 형법 제62조(방조) ① 정범을 방조한 자는 종범으로 한다. ② 종범을 교사한 자에게는 종범의 형을 과한다.

● 해설 ● **1** **추징**은 ① 범죄시에 몰수 가능한 일정한 물건이 ② 사후적으로 법률상·사실상 몰수가 불가능하게 된 경우에 인정되는 재량적 처분으로, 몰수해야 할 물건을 대신하는 금액을 국고에 납부하도록 명하는 처분이다(제19조의2). 따라서 애초에 몰수할 수 없는 비유체물이나 범인이외의 소유에 속하는 물건은 추징할 수 없다.

2 마약특례법에 의한 방조범으로부터의 몰수·추징에 관한 최고재판소의 판례는 없지만 大阪高判平成9年3月26日(判時1618-150), 東京高判平成17年6月3日(高刑58-2-1)은 마약특례법의 몰수·추징에 대하여 공동정범, 교사범, 방조범 등의 공범을 포함한 범인 전원으로부터 몰수·추징해야 하는 것이고 방조범이 얻지 못한 약물범죄 수익 등에 대해서도 방조범으로부터 몰수·추징해야 한다고 하였다. 하지만 본 건 원심은 이와 다른 판단을 내린 것이다.

3 마약특례법은 몰수에 대해서는 이것을 선고해야 할 대상자를 특정하지 아니하고 단순히「몰수한다」라고만 규정되어 있으며, 추징에 관해서는「그 가액을 범인으로부터 추징한다」고 규정되어 있다. 몰수의 일반규정인 형법 제19조 제2항에서는「범인 이외의 자에게 속하지 아니하는 물건에 한하여」몰수할 수 있다고 규정하고,「범인」에게는 협의의 공범도 포함된다고 해석하고 있다. 그리고 약물범죄의 근절을 위해 자금원을 차단하고자 몰수·추징을 넓게 인정해야 한다는 정책판단으로부터 실무에서는 방조범에 대해서도 정범과 같이 몰수·추징할 수 있다는 해석을 채용해 온 것이라 생각된다.

4 이에 대해 본 판결은 이러한 실무 주류의 취급에 따른 오사카고등재판소 및 동경고등재판소의 각 판결을 변경한 것이다.

확실히 마약특례법에 있어 몰수의 대상이 되는「약물범죄수익」은「약물범죄의 범죄행위에 의해 얻은 재산」이므로 방조범이 그 범죄행위로 인해「얻은」것이라 볼 수 없으면 그 재산 등은 몰수할 수 없고 추징도 할 수 없다는 최고재판소의 해석은 자연스럽다. 단 실질적 쟁점은 약물범죄의 근절을 위해 어떠한 제재까지 사용해야 하는가라는 고려와 방조범인 X의 이익을 빼앗는「불합리성」과의 고량(考量)이다.

5 약물의 추징에 관하여 **最判平成15年4月11日**(刑集57-4-403)은 약물범죄를 수행하는 과정에서 소비·사용되는 것으로써 범인이 다른 공범자로부터 교부받은 재산은 약물및향정신약취급법등의특례법 제2조 제3항에서 말하는 **약물범죄의 범죄행위로 얻은 재산**에 해당하지 않는다고 하였고, 또한 **最決平成17年7月22日**(刑集59-6-646)은 규제약물의 양도를 범죄행위로 하는 경우에 있어「약물범죄의 범죄행위로 얻은 재산」이라 함은 규제약물의 대가로써 얻은 재산 그것을 의미한다고 해석해야 하므로 동법 제11조 제1항 제1호에 의한 몰수나 동법 제13조 제1항 전단에 의한 추징은 당해 재물을 얻기 위하여 범인이 지출한 비용 등을 공제해야 하는 것은 아니라고 하고 있다.

6 또한 뇌물죄에 대해 추징의 특별규정이 있지만 **最決平成16年11月8日**(【106】)은 수뢰의 공동정범자가 **공동으로 수수한 뇌물**에 대해서는 공범자 각자에 대해 공무원 신분의 유무에 관계없이 각각의 가액 전부의 추징을 명할 수 있고, 또한 수뢰범의 부정한 이익 보유를 허용하지 않겠다는 요청이 충족되는 한 상당하다고 인정되는 경우에는 재량에 의해 각자에게 각각 일부 가액의 추징을 명하거나 일부의 자에 대해서만 추징을 과하는 것도 허용됨을 명확히 하고 있다.

● 참고문헌 ● 鹿野伸二·判解平20年度323, 前田巖·J1301-81

부 록

일본형법조문

일본형법

일본 형법(明治40年法律第45号)은 1907년 공포되어 다음 해 시행되었다. 이후 일본 형법은 30회 이상 개정되었는데 그중에서도 1995년 형법의 현대용어화에 의한 표기의 평이화를 위한 개정이나 2017년 성범죄 관련 개정이 대표적이다. 특히 후자의 경우 110년 만에 이루어진 성범죄 법규 관련 대폭 개정으로 눈여겨볼 만하다. 아래는 2020년 4월 1일 시행「민법 및 가사사건절차법의 일부를 개정하는 법률(平成30年法律第72号)」에 따른 개정판으로 가장 최신의 형법조문이다.

목차

제1편 총칙

제1장 통칙

(국내범)

제1조 ① 이 법률은 일본국내에서 죄를 범한 모든 자에게 적용한다.

② 일본국외에 있는 일본선박 또는 일본 항공기내에서 죄를 범한 자에 대하여도 전항과 같다.

(모든 자의 국외범)

제2조 이 법률은 일본국외에서 다음에 정한 죄를 범한 모든 자에게 적용한다.

1. 삭제

2. 제77조 내지 제79조(내란, 예비 및 음모, 내란 등 방조)의 죄

3. 제81조(외환유치), 제82조(외환원조), 제87조(미수죄) 및 제88조(예비 및 음모)의 죄

4. 제148조(통화위조 및 행사 등)의 죄 및 그 미수죄

5. 제154조(조서(詔書)위조 등), 제155조(공문서위조 등), 제157조(공정증서원본불실기재 등), 제158조(위조공문서행사 등) 및 공무소 또는 공무원에 의하여 작성되어야 할 전자적 기록에 관한 제161조의2(전자적 기록 부정작출 및 공용)의 죄

6. 제162조(유가증권위조 등) 및 제163조(위조유가증권행사 등)의 죄

7. 제163조의 2부터 제163조의 5(지불용 카드, 전자적기록 부정작출 등, 부정전자적 기록 카드 소지, 지불용 카드 전자적기록 부정작출 준비, 미수죄)의 죄

8. 제164조 내지 제166조(옥새 위조 및 부정사용 등, 공인 위조 및 부정사용 등, 공기호 위조 및 부정사용 등)의 죄 및 제164조 제2항, 제165조 제2항 및 제166조 제2항의 죄의 미수죄

(국민의 국외범)

제3조 이 법률은 일본국외에서 다음에 정한 죄를 범한 일본국민에게 적용한다.

1. 제108조(현주건조물방화) 및 제109조 제1항(비현주건조물 등 방화)의 죄, 이들의 규정의 예에 의하여 처단하여야 할 죄 및 이들 죄의 미수죄

2. 제119조(현주건조물 등 침해)의 죄

3. 제159조 내지 제161조(사문서 위조 등, 허위진단서 등 작성, 위조사 문서 등 행사) 및 전조 제5호에 규정하는 전자적 기록 이외의 전자적 기록에 관한 제161조의2의 죄

4. 제167조(사인위조 및 부정사용 등)의 죄 및 동조

제2항의 죄의 미수죄

5. 제176조 내지 제181조(강제추행, 강제성교등, 준강제추행 및 준강제성교등, 감호자추행 및 감호자성교등, 미수죄, 강제추행등치사상) 및 제184조(중혼)의 죄

6. 제198조(도박)의 죄

7. 제199조(살인)의 죄 및 그 미수죄

8. 제204조(상해) 및 제205조(상해치사)의 죄

9. 제214조 내지 제216조(업무상낙태 및 동 치사상, 부동의낙태, 부동의낙태치사상)의 죄

10. 제218조(보호책임자유기 등)의 죄 및 동조의 죄에 관한 제219조(유기등치사상)의 죄

11. 제220조(체포 및 감금) 및 제221조(체포등치사상)의 죄

12. 제224조 내지 제228조(미성년자약취 및 유괴, 영리목적 등 약취 및 유괴, 몸값목적 약취 등, 조재국외 이송목적 약취 및 유괴, 인신매매, 피약취자 등 국외이송, 피약취자 인도 등, 미수죄)의 죄

13. 제230조(명예훼손)의 죄

14. 제235조 내지 제236조(절도, 부동산침탈, 강도), 제238조 내지 제241조(사후강도, 혼취강도, 강도치사상), 제241조 제1항 및 제3항(강도·강제성교등 및 동치상), 제243조(미수죄)의 죄

15. 제246조 내지 제250조(사기, 전자계산기사용사기, 배임, 준사기, 공갈, 미수죄)의 죄

16. 제253조(업무상횡령)의 죄

17. 제256조 제2항(도품양수 등)의 죄

(국민 이외의 자의 국외범)

제3조의2 이 법률은 일본 외에서 일본국민에 대하여 다음에 정하는 죄를 범한 일본국민 이외의 자에게 적용한다.

1. 제176조 내지 제181조(강제추행, 강제성교등, 준강제추행 및 준강제성교등, 감호자추행 및 감호자성교등, 미수범, 강제추행등치사상)의 죄

2. 제199조(살인)의 죄 및 그 미수죄

3. 제204조(상해) 및 제205조(상해치사)의 죄

4. 제220조(체포 및 감금) 및 제221조(체포등치사상)의 죄

5. 제224조 내지 제228조(미성년자 약취 및 유괴, 영리목적 등 약취 및 유괴, 몸값목적약취 등, 소재국외 이송목적약취 및 유괴, 인신매매, 피약취자등소재국외이송, 피약취자인도등, 미수죄)의 죄)의 죄

6. 제236조(강도) 및 제238조 내지 제240조(사후강도, 혼취강도, 강도치사상), 제241조 제1항 및 제3항

(강도·강제성교등 및 동치사)의 죄, 이러한 죄(동조 제1항 제외)의 미수죄

(공무원의 국외범)
제4조 이 법률은 일본국외에서 다음에 정한 죄를 범한 일본국의 공무원에게 적용한다.
1. 제101조(간수자 등에 의한 도주원조)의 죄 및 그 미수죄
2. 제156조(허위공문서작성 등)의 죄
3. 제193조(공무원직권남용), 제195조 제2항(특별공무원 폭행·능학(陵虐))및 제197조 내지 제197조의4(수뢰, 수탁수뢰 및 사전수뢰, 제3자뇌물공여, 가중수뢰 및 사후수뢰, 알선수뢰)의 죄 및 제195조 제2항의 죄에 관한 제196조(특별공무원직권남용 등 치사상)의 죄

(조약에 의한 국외범)
제4조의2 제2조 내지 전조에 규정하는 것 외에 이 법률은 일본국외에서 제2편의 죄로서, 조약에 의하여 일본국외에서 범한 때에 벌하여야 할 것으로 되어 있는 죄를 범한 모든 자에게 적용한다.

(외국판결의 효력)
제5조 외국에서 확정재판을 받은 자라도 동일한 행위에 대하여 다시 처벌하여도 무방하다. 단, 범인이 이미 외국에서 선고된 형의 전부 또는 일부의 집행을 받은 때에는 형의 집행을 감경 또는 면제한다.

(형의 변경)
제6조 범죄 후의 법률에 의하여 형의 변경이 있는 때에는 그 중 경한 것에 의한다.

(정의)
제7조 ① 이 법률에서 '공무원'이라 함은 국가 또는 지방공공단체의 직원, 그 밖의 법령에 의하여 공무에 종사하는 의원, 위원 그 밖의 직원을 말한다.
② 이 법률에서 '공무소'라 함은 관공청서 그 밖의 공무원이 직무를 행하는 곳을 말한다.
제7조의2 이 법률에서 '전자적 기록'이라 함은 전자적 방식, 자기적 방식 기타 사람의 지각에 의해서는 인식할 수 없는 방식으로 만들어지는 기록으로 전자계산기에 의한 정보처리용으로 제공되는 것을 말한다.

(다른 법령의 죄에 대한 적용)
제8조 이 편의 규정은 다른 법령의 죄에 대하여도 적용한다. 단, 그 법령에 특별한 규정이 있는 때에는 그러하지 아니하다.

제2장 형

(형의 종류)
제9조 사형, 징역, 금고, 벌금, 구류 및 과료를 주형으로 하고, 몰수를 부가형으로 한다.

(형의 경중)
제10조 ① 주형의 경중은 전조에 규정한 순서에 의한다. 단, 무기금고와 유기징역은 금고를 중한 형으로 하고, 유기금고의 장기가 유기징역의 장기의 2배를 초과하는 때에도 금고를 중한 형으로 한다.
② 동종의 형은 장기가 긴 것 또는 다액이 많은 것을 중한 형으로 하고, 장기 또는 다액이 동일할 때에는 단기가 긴 것 또는 소액이 많은 것을 중한 형으로 한다.
③ 2개 이상의 사형, 장기 또는 다액 및 단기 또는 소액이 동일한 동종의 형은 범정에 의하여 그 경중을 정한다.

(사형)
제11조 ① 사형은 형사시설 내에서 교수하여 집행한다.
② 사형의 선고를 받은 자는 그 집행에 이르기까지 형사시설에 구치한다.

(징역)
제12조 ① 징역은 무기 및 유기로 하고, 유기징역은 1월 이상 20년 이하로 한다.
② 징역은 형사시설에 구치하여 소정의 작업을 하게 한다.

(금고)
제13조 ① 금고는 무기 및 유기로 하고, 유기금고는 1월 이상 20년 이하로 한다.
② 금고는 형사시설에 구치한다.

(유기징역 및 금고의 가감의 한도)
제14조 ① 사형, 무기징역 또는 금고를 감경하여 유기징역 또는 금고로 하는 경우에는 그 장기를 30년으로 한다.
② 유기징역 또는 금고를 가중하는 경우에는 30년까지 높일 수 있고, 이를 감경하는 경우에는 1월 미만으로 낮출 수 있다.

(벌금)

제15조 벌금은 1만 엔 이상으로 한다. 단, 이를 감경하는 경우에는 1만 엔 미만으로 낮출 수 있다.

(구류)

제16조 구류는 1일 이상 30일 미만으로 하고, 형사시설에 구치한다.

(과료)

제17조 과료는 천엔 이상 1만 엔 미만으로 한다.

(노역장유치)

제18조 ① 벌금을 완납 할 수 없는 자는 1일 이상 2년 이하의 기간 노역장에 유치한다.

② 과료를 완납 할 수 없는 자는 1일 이상 30일 이하의 기간 노역장에 유치한다.

③ 벌금을 병과하는 경우 또는 벌금과 과료를 병과하는 경우의 유치기간은 3년을 초과할 수 없다. 과료와 과료를 병과하는 경우의 유치의 기간은 60일을 초과할 수 없다.

④ 벌금 또는 과료의 선고를 하는 때에는 그 선고와 함께 벌금 또는 과료를 완납할 수 없는 경우의 유치기간을 정하여 선고하여야 한다.

⑤ 벌금에 관하여는 재판이 확정된 후 30일 이내, 과료에 관하여는 재판이 확정된 후 10일 이내에는 본인의 승낙이 없으면 유치의 집행을 할 수 없다.

⑥ 벌금 또는 과료의 일부를 납부한 자의 유치일수는 그 잔액을 유치 1일의 비율에 상당한 금액으로 나눠 얻은 일수(그 일수에 1일 미만의 단수가 생긴 경우에는 이를 1일로 한다)로 한다.

(몰수)

제19조 ① 다음에 정한 물건은 몰수할 수 있다.

1. 범죄행위를 조성한 물건

2. 범죄행위에 제공하였거나 또는 제공하려고 한 물건

3. 범죄행위로 인하여 생겼거나, 이에 의하여 얻은 물건 또는 범죄행위의 보수로서 얻은 물건

4. 전호에 정한 물건의 대가로서 얻은 물건

② 몰수는 범인 이외의 자에게 속하지 아니하는 물건에 한하여 할 수 있다. 단, 범인 이외의 자에게 속한 물건이라도 범죄 후에 그 자가 정을 알고 취득한 것일 때에는 이를 몰수할 수 있다.

(추징)

제19조의2 전조 제1항 제3호 또는 제4호에 정한 물건의 전부 또는 일부를 몰수 할 수 없을 때에는 그 가액을 추징할 수 있다.

(몰수의 제한)

제20조 구류 또는 과료만에 해당하는 죄에 관하여는 특별한 규정이 없으면 몰수를 부과할 수 없다. 단, 제19조 제1항 제1호에 정한 물건의 몰수에 관하여는 그러하지 아니하다.

(미결구류일수의 본형산입)

제21조 미결구류의 일수는 그 전부 또는 일부를 본형에 산입할 수 있다.

제3장 기간계산

(기간의 계산)

제22조 월 또는 년에 의하여 기간을 정한 때에는 달력에 따라 계산한다.

(형기의 계산)

제23조 ① 형기는 재판이 확정된 날로부터 기산한다.

② 구금되지 아니한 일수는 재판이 확정된 후라도 형기에 이를 산입하지 아니한다.

(수형 등의 초일 및 석방)

제24조 ① 수형의 초일은 시간에 관계없이 1일로 계산한다. 시효기간의 초일에 관하여도 같다.

② 형기가 종료된 경우에 석방은 그 종료일의 다음 날에 행한다.

제4장 형의 집행유예

(형의 전부 집행유예)

제25조 ① 다음에 정한 자가 3년 이하의 징역이나 금고 또는 50만 엔 이하의 벌금의 선고를 받은 때에는 정상에 따라 재판이 확정된 날로부터 1년 이상 5년 이하의 기간 그 형의 전부의 집행을 유예할 수 있다.

1. 전에 금고 이상의 형에 처하여진 적이 없는 자

2. 전에 금고 이상의 형에 처하여진 적이 있어도 그 집행을 종료한 날 또는 그 집행의 면제를 받은 날부터 5년 이내에 금고 이상의 형에 처하여진 적이 없는 자

② 전에 금고 이상의 형에 처하여진 적이 있어도 그 형의 전부의 집행이 유예된 자가 1년 이하의 징역 또는 금고의 선고를 받고 정상에 특히 참작할 바가 있는 경우에도 전항과 같다. 단, 다음 조 제1항의 규정

에 의하여 보호관찰이 부과되고, 그 기간 내에 다시 죄를 범한 자에 대하여는 그러하지 아니하다.

(형의 전부의 집행유예 중의 보호관찰)
제25조의2 전조 제1항의 경우 유예의 기간 중 보호관찰을 부과할 수 있고, 동조 제2항의 경우에는 유예의 기간 중 보호관찰을 부과한다.
② 전항의 규정에 의해 부과된 보호관찰은 행정관처의 처분에 의해 잠정적으로 해제할 수 있다.
③ 전항의 규정에 의해 보호관찰이 잠정적으로 해제된 때에는 전조 제2항 단서 및 제26조의2 제2호의 규정의 적용에 관하여 그 처분이 취소되기까지의 기간은 보호관찰을 부과할 수 없었던 것으로 간주한다.

(형의 전부의 집행유예의 필요적 취소)
제26조 다음에 정하는 경우에 형의 전부 집행유예의 선고를 취소하지 않으면 안 된다. 단 제3호의 경우 유예의 선고를 받은 자가 제24조 제1항 제2호에서 정한 자인 때, 또는 다음 조 제3호에 해당하는 때에는 그러하지 아니하다.
1. 유예의 기간 내에 다시 죄를 범하여 금고 이상의 형에 처하여지고 그 형의 전부에 관하여 집행유예의 선고가 없을 때
2. 유예의 선고 전에 범한 다른 죄에 대하여 금고 이상의 형에 처하여지고, 그 형의 전부에 대해 집행유예의 선고가 없을 때
3. 유예의 선고 전에 다른 죄에 대하여 금고 이상의 형에 처하여진 것이 발각되었을 때

(형의 전부의 집행유예의 재량적 취소)
제26조의2 다음에 정하는 경우 형의 전부의 집행유예 선고를 취소할 수 있다.
1. 유예의 기간 내에 다시 죄를 범하여 벌금에 처해진 때
2. 제25조의2 제1항의 규정에 의해 보호관찰이 부과된 자가 엄수해야할 사항을 엄수하지 아니하고 그 정상이 무거운 때
3. 유예의 선고 전에 다른 죄에 대하여 금고 이상의 형에 처하여지고 그 형의 전부의 집행이 유예된 것이 발각된 때

(형의 전부의 집행유예의 취소의 경우에 있어서 다른 형의 집행유예의 취소)
제26조의3 전2조의 규정에 의해 금고 이상의 형의 전부의 집행유예의 선고를 취소한 때에는 집행유예

중의 다른 금고 이상의 형에 대해서도 그 집행의 선고를 취소하지 않으면 안 된다.

(형의 전부의 집행유예의 유예기간 경과의 효과)
제27조 형의 전부의 집행유예의 선고가 취소되지 아니하고 그 유예의 기간이 경과한 때는 형의 선고는 효력을 잃는다.

(형의 일부의 집행유예)
제27조의2 ① 다음에 정하는 자가 3년 이하의 징역 또는 금고의 선고를 받은 경우 범정의 경정 및 범인의 경우 그 밖의 정상을 고려하여 다시 범죄를 저지르는 것을 방지하기 위해 필요하고 또한 상당하다고 인정되는 때에는 1년 이상 5년 이하의 기간 그 형의 일부의 집행을 유예할 수 있다.
1. 전에 금고 이상의 형에 처하여진 적이 없는 자
2. 전에 금고 이상의 형해 처하여진 적이 있으나 그 형의 전의 집행을 유예받은 자
3. 전에 금고 이사의 형에 처하여진 적이 있으나 그 집행을 종료한 날 또는 그 집행의 면제를 받은 날로부터 5년 이내에 금고 이상의 형에 처하여진 적이 없는 자
② 전항의 규정에 의해 그 일부의 집행을 유예받은 형에 대해 그 중 집행이 유예되지 않은 부분의 기간을 집행하고 해당 부분의 기간의 집행을 종료한 날 또는 그 집행을 받지 않게 된 날로부터 그 유예의 기간을 기산한다.
③ 전항의 규정과 관계없이 그 형 중 집행이 유예되지 않은 부분의 기간의 집행을 종료하거나 그 집행을 받지 않게 된 경우에 다른 집행해야할 징역 또는 금고가 있는 때에는 제1항의 규정에 의한 유예의 기간은 그 집행을 해야 하는 징역 혹은 금고의 집행을 종료한 날 또는 그 집행을 받지 않게 된 날로부터 기산한다.

(형의 일부의 집행유예 중의 보호관찰)
제27조의 3 ① 전조 제1항의 경우 유예 기간 중 보호관찰을 부과할 수 있다.
② 전항의 규정에 의해 부과된 보호관찰은 행정관청의 처분에 의해 잠정적으로 해제할 수 있다.
③ 전항의 규정에 의해 보호관찰이 잠정적으로 해제된 때에는 제27조의5 제2호의 규정의 적용에 관하여 그 처분이 취소될 때까지 보호관찰을 부과되지 않는 것으로 간주한다.

(형의 일부 집행유예의 필요적 취소)

제27조의 4 다음에 정하는 경우에는 형의 일부의 집행유예의 선언을 취소하지 않으면 안 된다. 단, 제3호의 경우에 있어서 유예의 선고를 받은 자가 제27조의2 제1항 제3호에서 정하는 자인 경우는 그러하지 아니한다.

1. 유예의 선고를 받은 후에 다시 죄를 범하여, 금고 이상의 형에 처해진 때

2. 유예의 선고 전에 범한 다른 죄에 대하여 금고 이상의 형에 처해진 때

3. 유예의 선고 전에 다른 죄에 대해 금고이상의 형에 처해져, 그 형의 전부에 대해 집행유예의 선고 밖에 없는 것이 발각된 때

(형의 일부의 집행유예의 재량적 취소)

제27조의5 다음에 정하는 경우에는 형의 일부집행유예의 선고를 취소할 수 있다.

1. 유예의 선고를 받은 후 다시 죄를 범하고 벌금에 처하여진 때

2. 제27조의3 제1항의 규정에 의해 보호관찰에 처하여진 자가 준수하여야 할 사항을 준수하지 아니한 때

(형의 일부의 집행유예의 취소의 경우 다른 형의 집행유예의 취소)

제27조의6 전2조의 규정에 의해 형의 일부집행유예의 선고를 취소한 경우 집행유예 중의 다른 금고 이상의 형에 대해서도 그 유예의 선고를 취소하여야 한다.

(형의 일부의 집행유예의 유예기간 경과의 효과)

제27조의7 형의 일부집행유예의 선고가 취소되지 아니하고 그 유예의 기간이 경과된 경우 그 징역 또는 금고의 집행이 유예되지 아니한 부분의 기간을 형기로 하는 징역 또는 금고로 감경한다. 이 경우 당해 부분의 기간의 집행을 종료한 날 또는 그 집행을 받지 않게 된 날에 형의 집행을 종료한 것으로 본다.

제5장 가석방

(가석방)

제28조 징역 또는 금고에 처하여진 자에게 개전의 정이 있는 때에는 유기형에 대하여는 그 형기의 3분의 1을, 무기형에 대하여는 10년을 경과한 후 행정관청의 처분에 의하여 가석방할 수 있다.

(가석방의 취소)

제29조 ① 다음에 정한 경우에는 가석방 처분을 취소할 수 있다.

1. 가석방 중에 다시 죄를 범하여 벌금 이상의 형에 처하여진 때

2. 가석방 전에 범한 다른 죄에 대하여 벌금 이상의 형에 처하여진 때

3. 가석방 전의 다른 죄에 대하여 벌금 이상의 형에 처하여진 자에 대하여 그 형의 집행을 하여야 할 때

4. 가석방 중에 준수하여야 할 사항을 준수하지 아니한 때

② 형의 일부의 집행유예의 선고를 받아 그 형에 대해 가석방의 처분을 받은 경우 해당 가석방 중에 해당 집행유예의 선고가 취소된 때에 그 처분은 효력을 잃는다.

③ 가석방의 처분을 취소한 때에 또는 전항의 규정에 의해 가석방의 처분이 효력을 잃은 때에 가석방 중의 일수는 형기에 이를 산입하지 아니한다.

(가출장)

제30조 ① 구류에 처하여진 자는 정상에 따라 언제라도 행정관청의 처분에 의하여 임시로 출장을 허용할 수 있다.

② 벌금 또는 과료를 완납할 수 없기 때문에 유치된 자도 전항과 같다.

제6장 형의 시효 및 형의 소멸

(형의 시효)

제31조 형(사형을 제외함)의 선고를 받은 자는 시효에 의하여 그 집행이 면제된다.

(시효의 기간)

제32조 시효는 형의 선고가 확정된 후 다음의 기간 그 집행을 받지 아니함으로써 완성된다.

1. 무기징역 또는 금고에 대하여는 30년

2. 10년 이상의 유기징역 또는 금고에 대하여는 20년

3. 3년 이상 10년 미만의 징역 또는 금고에 대하여는 10년

4. 3년 미만의 징역 또는 금고에 대하여는 5년

5. 벌금에 대하여는 3년

6. 구류, 과료 및 몰수에 대하여는 1년

(시효의 정지)

제33조 시효는 법령에 의하여 집행을 유예하거나 또는 정지한 기간 내에는 진행되지 아니한다.

(시효의 중단)

제34조 ① 징역, 금고 및 구류의 시효는 형의 선고를 받은 자를 그 집행을 위하여 구속함으로써 중단된다.

② 벌금, 과료 및 몰수의 시효는 집행행위를 함으로써 중단된다.

(형의 소멸)

제34조의2 ① 금고 이상의 형의 집행을 종료하거나 그 집행의 면제를 받은 자가 벌금 이상의 형에 처하여지지 아니하고 10년을 경과한 때에 형의 선고는 효력을 잃는다. 벌금 이하의 형의 집행을 종료하거나 그 집행이 면제된 자가 벌금 이상의 형에 처하여지지 아니하고 5년을 경과한 때에도 같다.

② 형의 면제의 선고를 받은 자가 그 선고가 확정된 후 벌금 이상의 형에 처하여지지 아니하고 2년을 경과한 때에는 형의 면제의 선고는 효력을 잃는다.

제7장 범죄의 불성립 및 형의 감면

(정당행위)

제35조 법령 또는 정당한 업무에 의한 행위는 벌하지 아니한다.

(정당방위)

제36조 ① 급박부정(不正)한 침해에 대하여 자기 또는 타인의 권리를 방위하기 위하여 부득이하게 행한 행위는 벌하지 아니한다.

② 방위의 정도를 초과한 행위는 정상에 따라 그 형을 감경 또는 면제할 수 있다.

(긴급피난)

제37조 ① 자기 또는 타인의 생명, 신체, 자유 또는 재산에 대한 현재의 위난을 피하기 위하여 부득이하게 행한 행위는, 이로 인하여 발생한 해가 피하려고 한 해의 정도를 초과하지 아니한 경우에 한하여 벌하지 아니한다. 단, 그 정도를 초과한 행위는 정상에 따라 그 형을 감경 또는 면제할 수 있다.

② 전항의 규정은 업무상 특별한 의무가 있는 자에게는 적용하지 아니한다.

(고의)

제38조 ① 죄를 범할 의사가 없는 행위는 벌하지 아니한다. 단, 법률에 특별한 규정이 있는 경우에는 그러하지 아니하다.

② 중한 죄에 해당하는 행위를 하였지만 행위 당시 그 중한 죄에 해당하게 된다는 사실을 알지 못하였던 자는 그 중한 죄에 의하여 처단할 수 없다.

③ 법률을 알지 못하였을지라도 그에 의하여 죄를 범할 의사가 없었다고 할 수 없다. 단, 정상에 의하여 그 형을 감경할 수 있다.

(심신상실 및 심신미약)

제39조 ① 심신상실자의 행위는 벌하지 아니한다.

② 심신미약자의 행위는 그 형을 감경한다.

제40조 삭제

(책임연령)

제41조 14세 미만의 자의 행위는 벌하지 아니한다.

(자수 등)

제42조 ① 죄를 범한 자가 수사기관에 발각되기 전에 자수한 때에는 그 형을 감경할 수 있다.

② 고소가 없으면 공소를 제기할 수 없는 죄에 관하여, 고소를 할 수 있는 자에 대하여 자기의 범죄사실을 알리고 그 조치에 맡긴 때에도 전항과 같다.

제8장 미수죄

(미수 감면)

제43조 범죄의 실행에 착수하여 이를 완수하지 못한 자는 그 형을 감경할 수 있다. 단, 자기의 의사에 의하여 범죄를 중지한 때에는 그 형을 감경 또는 면제한다.

(미수죄)

제44조 미수를 벌하는 경우는 각 본조에서 정한다.

제9장 병합죄(경합범)

(병합죄)

제45조 확정재판을 거치지 아니한 2개 이상의 죄를 병합죄로 한다. 어떤 죄에 대하여 금고 이상의 형에 처하는 확정재판이 있는 때에는 그 죄와 그 재판이 확정되기 전에 범한 죄에 한하여 병합죄로 한다.

(병과의 제한)

제46조 ① 병합죄 중 1개의 죄에 대하여 사형에 처할 때에는 다른 형을 과하지 아니한다. 단, 몰수는 그러지 아니하다.

② 병합죄 중 1개의 죄에 대하여 무기의 징역 또는 금고에 처할 때에도 다른 형을 과하지 아니한다. 단, 벌금, 과료 및 몰수는 그러하지 아니하다.

(유기징역 및 금고의 가중)

제47조 병합죄 중 2개 이상의 죄에 대하여 유기의 징역 또는 금고에 처할 때에는 그 중 가장 중한 죄에 정한 형의 장기의 2분의 1을 가중한 것을 장기로 한다. 단, 각각의 죄에 관하여 정한 형의 장기의 합계를 초과할 수 없다.

(벌금의 병과 등)

제48조 ① 벌금과 다른 형은 병과한다. 단, 제46조 제1항의 경우에는 그러하지 아니하다.

② 병합죄 중 2개 이상의 죄에 대하여 벌금에 처할 때에는 각각의 죄에 대하여 정한 벌금의 다액의 합계 이하로 처단한다.

(몰수의 부가)

제49조 ① 병합죄 중 중한 죄에 대하여 몰수를 과하지 아니하는 경우라도 다른 죄에 대하여 몰수의 사유가 있는 때에는 이를 부가할 수 있다.

② 2개 이상의 몰수는 병과한다.

(여죄의 처리)

제50조 병합죄 중 이미 확정재판을 거친 죄와 아직 확정재판을 거치지 아니한 죄가 있을 때에는 확정재판을 거치지 아니한 죄에 대하여 다시 처단한다.

(병합죄에 관련된 2개 이상의 형의 집행)

제51조 ① 병합죄에 대하여 2개 이상의 재판이 있는 때에는 그 형을 합하여 집행한다. 단, 사형을 집행하여야 할 때에는 몰수를 제외하고는 다른 형을 집행하지 아니하며, 무기의 징역 또는 금고를 집행하여야 할 때에는 벌금, 과료 및 몰수를 제외하고 다른 형을 집행하지 아니한다.

② 전항의 경우에 유기의 징역 또는 금고의 집행은 그 중 가장 중한 죄에 정한 형의 장기의 2분의 1을 가중한 것을 초과할 수 없다.

(일부에 일반사면(大赦)이 있는 경우의 조치)

제52조 병합죄로 처단된 자가 그 일부의 죄에 대하여 일반사면을 받은 때에는 다른 죄에 관하여 다시 형을 정한다.

(구류 및 과료의 병과)

제53조 ① 구류 또는 과료와 다른 형은 병과한다. 단, 제46조의 경우에는 그러하지 아니하다.

② 2개 이상의 구류 또는 과료는 병과한다.

(1개의 행위가 2개 이상의 죄명에 저촉하는 경우 등의 처리)

제54조 ① 1개의 행위가 2개 이상의 죄명에 저촉하거나 범죄의 수단 또는 결과인 행위가 다른 죄명에 저촉할 때에는 그 중 가장 중한 형에 의하여 처단한다.

② 제49조 제2항의 규정은 전항의 경우에도 적용한다.

제55조 삭제

제10장 누범

(재범)

제56조 ① 징역에 처하여진 자가 그 집행을 종료한 날 또는 그 집행의 면제를 받은 날부터 5년 이내에 다시 죄를 범한 경우, 그 자를 유기징역에 처할 때에는 재범으로 한다.

② 징역에 해당하는 죄와 동질의 죄에 의하여 사형에 처하여질 자가 그 집행의 면제를 받은 날, 감형에 의하여 징역으로 감경되어 그 집행을 종료한 날 또는 그 집행의 면제를 받은 날부터 5년 이내에 다시 죄를 범한 경우, 그 자를 유기징역에 처할 때에도 전항과 같다.

③ 병합죄로 처단된 자가 그 병합죄 중 징역에 처하여야 할 죄가 있어도 그 죄가 가장 중한 죄가 아니었기 때문에 징역에 처하여지지 아니하였을 때에는 재범에 관한 규정의 적용에 있어서는 징역에 처하여진 것으로 본다.

(재범 가중)

제57조 재범의 형은 그 죄에 대하여 정한 징역의 장기의 2배 이하로 한다.

제58조 삭제

(3범 이상의 누범)

제59조 3범 이상의 자에 대하여도 재범의 예에 의한다.

제11장 공범

(공동정범)

제60조 2인 이상 공동하여 범죄를 실행한 자는 전부 정범으로 한다.

(교사)

제61조 ① 사람을 교사하여 범죄를 실행하게 한 자에게는 정범의 형을 과한다.

② 교사자를 교사한 자에 대하여도 전항과 같다.

(방조)
제62조 ① 정범을 방조한 자는 종범으로 한다.
② 종범을 교사한 자에게는 종범의 형을 과한다.

(종범 감경)
제63조 종범의 형은 정범의 형을 감경한다.

(교사 및 방조의 처벌의 제한)
제64조 구류 또는 과료 만에 처하여야 할 죄의 교사자 및 종범은 특별한 규정이 없으면 벌하지 아니한다.

(신분범의 공범)
제65조 ① 범인의 신분에 의하여 구성될 범죄행위에 가공한 때에는 신분이 없는 자라도 공범으로 한다.
② 신분에 의하여 특히 형의 경중이 있는 때에는 신분이 없는 자에게는 통상의 형을 과한다.

제12장 작량감경

(작량감경)
제66조 범죄의 정상에 참작하여야 할 사유가 있는 때에는 그 형을 감경할 수 있다.

(법률상의 가감과 작량감경)
제67조 법률상 형을 가중 또는 감경하는 경우라도 작량감경을 할 수 있다.

제13장 가중감경의 방법

(법률상 감경의 방법)
제68조 법률상 형을 감경하여야 할 1개 또는 2개 이상의 사유가 있는 때에는 다음 예에 의한다.
1. 사형을 감경할 때에는 무기의 징역, 금고 또는 10년 이상의 징역, 금고로 한다.
2. 무기의 징역 또는 금고를 감경할 때에는 7년 이상의 유기의 징역 또는 금고로 한다.
3. 유기의 징역 또는 금고를 감경할 때에는 그 장기 및 단기의 2분의 1을 줄인다.
4. 벌금을 감경할 때에는 그 다액 및 소액의 2분의 1을 줄인다.
5. 구류를 감경할 때에는 그 장기의 2분의 1을 줄인다.
6. 과료를 감경할 때에는 그 다액의 2분의 1을 줄인다.

(법률상 감경과 형의 선택)
제69조 법률상 형을 감경하여야 할 경우에 각 본조에 2개 이상의 형명(刑名)이 있는 때에는 먼저 적용할 형을 정하고 그 형을 감경한다.

(단수(端數)의 절사(切捨))
제70조 징역, 금고 또는 구류를 감경함으로써 1일에 미치지 못하는 단수가 생긴 때에는 이를 절사한다.

(작량감경의 방법)
제71조 작량감경을 할 때에도 제68조 및 전조의 예에 의한다.

(가중·감경의 순서)
제72조 동시에 형을 가중 또는 감경할 때에는 다음 순서에 의한다.
1. 재범 가중
2. 법률상의 감경
3. 병합죄의 가중
4. 작량감경

제2편 죄

제1장 삭제

제73조 삭제

제74조 삭제

제75조 삭제

제76조 삭제

제2장 내란에 관한 죄

(내란)
제77조 ① 국가의 통치기구를 파괴하거나 또는 그 영토에서 국권을 배제하여 권력을 행사하거나 그 밖에 헌법이 정하는 통치의 기본질서를 괴란(壞亂)할 목적으로 폭동을 한 자는 내란의 죄로 다음의 구별에 따라 처단한다.
1. 주모자는 사형 또는 무기금고에 처한다.
2. 모의에 참여하거나 군중을 지휘한 자는 무기 또는 3년 이상의 금고에 처하고 그 밖의 제반 직무에 종사한 자는 1년 이상 10년 이하의 금고에 처한다.

3. 부화수행(付和隨行)하거나 그 밖에 단순히 폭동에 참가한 자는 3년 이하의 금고에 처한다.
② 전항의 죄의 미수는 벌한다. 단, 동항 제3호에 규정하는 자에 대하여는 그러하지 아니하다.

(예비 및 음모)
제78조 내란의 예비 또는 음모를 한 자는 1년 이상 10년 이하의 금고에 처한다.

(내란 등 방조)
제79조 병기, 자금 혹은 식량을 공급하거나 또는 그 밖의 행위에 의하여 전 2조의 죄를 방조한 자는 7년 이하의 금고에 처한다.

(자수에 의한 형의 면제)
제80조 전 2조의 죄를 범한 자라도 폭동에 이르기 전에 자수한 때에는 그 형을 면제한다.

제3장 외환에 관한 죄

(외환유치)
제81조 외국과 통모하여 일본국에 대하여 무력을 행사하게 한 자는 사형에 처한다.

(외환원조)
제82조 일본국에 대하여 외국으로부터 무력행사가 있는 때에 이에 가담하여 그 군무에 종사하거나 그 밖의 군사상의 이익을 준 자는 사형, 무기 또는 2년 이상의 징역에 처한다.

제83조 삭제

제84조 삭제

제85조 삭제

제86조 삭제

(미수죄)
제87조 제81조 및 제82조의 죄의 미수는 벌한다.

(예비 및 음모)
제88조 제81조 또는 제82조의 죄의 예비 또는 음모를 한 자는 1년 이상 10년 이하의 징역에 처한다.

제89조 삭제

제4장 국교에 관한 죄

제90조 삭제

제91조 삭제

(외국국장(國章) 손괴 등)
제92조 ① 외국에 대하여 모욕을 가할 목적으로 그 국가의 국기 그 밖의 국장을 손괴, 제거 또는 오손한 자는 2년 이하의 징역 또는 20만 엔 이하의 벌금에 처한다.
② 전항의 죄는 외국정부의 청구가 없으면 공소를 제기할 수 없다.

(사전(私戰)예비 및 음모)
제93조 외국에 대하여 사적으로 전투행위를 할 목적으로 그 예비 또는 음모를 한 자는 3월 이상 5년 이하의 금고에 처한다. 단, 자수한 자는 그 형을 면제한다.

(중립명령위반)
제94조 외국이 교전하고 있을 때에 국외중립에 관한 명령을 위반한 자는 3년 이하의 금고 또는 50만 엔 이하의 벌금에 처한다.

제5장 공무의 집행을 방해하는 죄

(공무집행방해 및 직무강요)
제95조 ① 직무를 집행하는 공무원에 대하여 폭행 또는 협박을 가한 자는 3년 이하의 징역이나 금고 또는 50만 엔 이하의 벌금에 처한다.
② 공무원에게 어떤 처분을 하게 하거나 하지 아니하게 하기 위하여 또는 그 직을 사퇴하게 하기 위하여 폭행 또는 협박을 가한 자도 전항과 같다.

(봉인 등 파기)
제96조 공무원이 실시한 봉인 또는 압류의 표시를 손괴하거나 그 밖의 방법으로 그 봉인 또는 압류의 표시에 관한 명령, 처분을 무효가 되게 한 자는 3년 이하의 징역 또는 250만 엔 이하의 벌금에 처하거나 이를 병과한다.

(강제집행방해 목적 재산 손괴 등)
제96조의2 강제집행을 면할 목적으로 다음 각호 어느 것에 해당하는 행위를 한 자는 3년 이하의 징역 또는 250만 엔 이하의 벌금에 처하거나 이를 병과한다. 정을 알고 제3호에 규정하는 양도 또는 권리의

설정의 상대방이 된 자도 이와 같다.
1. 강제집행을 받거나 받아야할 재산을 은닉하고, 손괴하거나 그 양도를 가장하고 또는 채무의 부담을 가장한 행위
2. 강제집행을 받거나 받아야할 재산에 대해 그 현상을 개변하고, 가격을 감손시키거나 강제집행의 비용을 증가시킨 행위
3. 금전집행을 받아야할 재산에 대해 무상 그 밖의 불이익적인 조건으로 양도를 하거나 권리를 설정한 행위

(강제집행행위 방해 등)
제96조의3 ① 위계 또는 위력으로써 출입, 점유자의 확인 그 밖의 강제집행의 행위를 방해한 자는 3년 이하의 징역 또는 250만 엔 이하의 벌금에 처하거나 이를 병과한다.
② 강제집행의 신청을 시키지 아니하거나 그 신청을 취소시킬 목적으로 신청권자 또는 그 대리인에게 폭력 또는 협박을 한 자도 전항과 같다.

(강제집행관계 매각방해)
제96조의4 위계 또는 위력으로써 강제집행에서 행해지거나 행해져야 할 매각의 공정을 해하는 행위를 한 자는 3년 이하의 징역 또는 250만 엔 이하의 벌금에 처하거나 이를 병과한다.

(가중봉인 등 파괴죄)
제96의5 보수를 얻거나 얻게할 목적으로 사람의 책무에 관하여 제96조에서 전조까지의 죄를 범한 자는 5년이하의 징역 또는 500만 엔 이하의 벌금에 처하거나 이를 병과한다.

(공계약관계 경매 등 방해)
제96조의6 위계 또는 위력으로써 공의 경매 또는 입찰로 계약을 체결하기 위한 것의 공정을 해하는 행위를 한 자는 3년 이하의 징역 또는 250만 엔 이하의 벌금에 처하거나 이를 병과한다.
② 공정한 가격을 해하거나 부정한 이익을 얻을 목적으로 담합한 자도 전항과 같다.

제6장 도주의 죄
(도주)
제97조 재판의 집행에 의하여 구금된 기결 또는 미결의 자가 도주한 때에는 1년 이하의 징역에 처한다.

(가중도주)
제98조 전조에 규정하는 자 또는 구인장의 집행을 받은 자가 구금장(拘禁場)이나 구속을 위한 기구를 손괴, 폭행 또는 협박을 하거나 2인 이상이 통모하여 도주한 때에는 3월 이상 5년 이하의 징역에 처한다.

(피구금자 탈취)
제99조 법령에 의하여 구금된 자를 탈취한 자는 3월 이상 5년 이하의 징역에 처한다.

(도주원조)
제100조 ① 법령에 의하여 구금된 자를 도주시킬 목적으로 기구를 제공하거나 그 밖에 도주를 용이하게 하는 행위를 한 자는 3년 이하의 징역에 처한다.
② 전항의 목적으로 폭행 또는 협박을 한 자는 3월 이상 5년 이하의 징역에 처한다.

(간수자 등에 의한 도주 원조)
제101조 법령에 의하여 구금된 자를 간수하거나 호송하는 자가 그 구금된 자를 도주하게 한 때에는 1년 이상 10년 이하의 징역에 처한다.

(미수죄)
제102조 이 장의 죄의 미수는 벌한다.

제7장 범인은닉 및 증거인멸의 죄
(범인은닉 등)
제103조 벌금 이상의 형에 해당하는 죄를 범한 자 또는 구금 중에 도주한자를 은닉하거나 도피하게 한 자는 3년 이하의 징역 또는 30만 엔 이하의 벌금에 처한다.

(증거인멸 등)
제104조 타인의 형사사건에 관한 증거를 인멸, 위조, 변조하거나 위조 또는 변조된 증거를 사용한 자는 3년 이하의 징역 또는 30만 엔 이하의 벌금에 처한다.

(친족에 의한 범죄에 관한 특례)
제105조 전 2조의 죄에 대하여는 범인 또는 도주한 자의 친족이 이들의 이익을 위하여 범한 때에는 그 형을 면제할 수 있다.

(증인 등 협박)
제105조의2 자기나 타인의 형사사건의 수사 또는 심판에 필요한 지식을 가진 것으로 인정되는 자나 그의

친족에 대하여 당해 사건에 관하여 정당한 이유가 없음에도 면회를 강청(强請)하거나 강담(强談), 위박(威迫)의 행위를 한 자는 2년 이하의 징역 또는 30만 엔 이하의 벌금에 처한다.

제8장 소란의 죄

(소란)
제106조 다중으로 집합하여 폭행 또는 협박을 한 자는 소란의 죄로서 다음 구별에 따라 처단한다.
1. 주모자는 1년 이상 10년 이하의 징역 또는 금고에 처한다.
2. 타인을 지휘하거나 타인에게 솔선하여 기세를 도운 자는 6월 이상 7년 이하의 징역 또는 금고에 처한다.
3. 부화수행(付和隨行)한 자는 10만 엔 이하의 벌금에 처한다.

(다중불해산)
제107조 폭행 또는 협박을 하기 위하여 다중이 집합한 경우에 권한 있는공무원으로부터 해산명령을 3회 이상 받았음에도 불구하고 여전히 해산하지 아니한 때에는 주모자는 3년 이하의 징역 또는 금고에 처하고, 그밖의 자는 10만 엔 이하의 벌금에 처한다.

제9장 방화 및 실화의 죄

(현주건조물방화)
제108조 불을 놓아 현재 사람이 주거로 사용하거나 현재 사람이 있는 건조물, 기차, 전차, 함선 또는 광갱을 불태운 자는 사형, 무기 또는 5년 이상의 징역에 처한다.

(비현주건조물 등 방화)
제109조 ① 불을 놓아 현재 사람이 주거로 사용하지 아니하고 또한 현재 사람이 없는 건조물, 함선 또는 광갱을 불태운 자는 2년 이상의 유기징역에 처한다.
② 전항의 물건이 자기의 소유에 속하는 때에는 6월 이상 7년 이하의 징역에 처한다. 단, 공공의 위험이 발생하지 아니하였을 때에는 벌하지 아니한다.

(건축물 등 이외 방화)
제110조 ① 불을 놓아 전 2조에 규정하는 물건 이외의 물건을 소훼하여 공공의 위험을 발생하게 한 자는 1년 이상 10년 이하의 징역에 처한다.
② 전항의 물건이 자기의 소유에 속하는 때에는 1년 이하의 징역 또는 10만 엔 이하의 벌금에 처한다.

(연소(延燒))
제111조 ① 제109조 제2항 또는 전조 제2항의 죄를 범하여 제108조 또는 제109조 제1항에 규정하는 물건에 연소시킨 때에는 3월 이상 10년 이하의 징역에 처한다.
② 전조 제2항의 죄를 범하고 이로 인하여 동조 제1항에 규정하는 물건에 연소시킨 때에는 3년 이하의 징역에 처한다.

(미수죄)
제112조 제108조 및 제109조 제1항의 죄의 미수는 벌한다.

(예비)
제113조 제108조 또는 제109조 제1항의 죄를 범할 목적으로 그 예비를 한 자는 2년 이하의 징역에 처한다. 단, 정상에 의하여 그 형을 면제할 수 있다.

(소화방해)
제114조 화재 시에 진화용 물건을 은닉 또는 파괴하거나 그 밖의 방법에 의하여 진화를 방해한 자는 1년 이상 10년 이하의 징역에 처한다.

(압류 등에 관련된 자기의 물건에 관한 특례)
제115조 제109조 제1항 및 제110조 제1항에 규정하는 물건이 자기의 소유에 속하는 것이어도 압류를 받거나 물권을 부담하거나 임대하거나 배우자 거주권이 설정되거나 또는 보험에 든 경우에 이를 소훼한 때에는 타인의 물건을 소훼한 자의 예에 의한다.

(실화)
제116조 ① 실화에 의하여 제108조에 규정하는 물건 또는 타인의 소유에 속하는 제109조에 규정하는 물건을 소훼한 자는 50만 엔 이하의 벌금에 처한다.
② 실화에 의하여 제109조에 규정하는 물건으로서 자기의 소유에 속하는 것 또는 제110조에 규정하는 물건을 소훼하고 이로 인하여 공공의 위험을 발생하게 한 자도 전항과 같다.

(격발물(激發物)파열)
제117조 ① 화약, 보일러 그 밖의 격발물을 파열시켜 제108조에 규정하는 물건 또는 타인의 소유에 속하는 제109조에 규정하는 물건을 손괴한 자는 방화의 예에 의한다. 제109조에 규정하는 물건으로서 자기의 소유에 속하는 것 또는 제110조에 규정하는 물

건을 손괴하여 공공의 위험을 발생하게 한 자도 같다.

② 전항의 행위가 과실에 의한 때에는 실화의 예에 의한다.

(업무상실화 등)

제117조의2 제116조 또는 전조 제1항의 행위가 업무상 필요한 주의를 태만함으로 인한 때 또는 중대한 과실에 의한 때에는 3년 이하의 금고 또는 150만 엔 이하의 벌금에 처한다.

(가스누출 등 및 동 치사상)

제118조 ① 가스, 전기 또는 증기를 누출, 유출시키거나 차단하여 사람의 생명, 신체 또는 재산에 위험을 발생하게 한 자는 3년 이하의 징역 또는 10만 엔 이하의 벌금에 처한다.

② 가스, 전기 또는 증기를 누출, 유출시키거나 차단하여 사람을 사망 또는 상해에 이르게 한 자는 상해의 죄와 비교하여 중한 형으로 처단한다.

제10장 출수(出水) 및 수리에 관한 죄

(현주건조물 등 침해)

제119조 물을 넘겨 현재 사람이 주거에 사용하거나 또는 현재 사람이 있는 건조물, 기차, 전차 또는 광갱을 침해한 자는 사형, 무기 또는 3년 이상의 징역에 처한다.

(비현주건조물 등 침해)

제120조 ① 물을 넘겨 전조에 규정하는 물건 이외의 물건을 침해하여 공공의 위험을 발생하게 한 자는 1년 이상 10년 이하의 징역에 처한다.

② 침해한 물건이 자기의 소유에 속하는 때에는 그 물건이 압류되거나 물권을 부담, 임대, 배우자 거주권이 설정되거나 보험에 든 경우에 한하여 전항의 예에 의한다.

(수해방지방해)

제121조 수해 시에 수방용의 물건을 은닉 또는 손괴하거나 그 밖의 방법으로 방수를 방해한 자는 1년 이상 10년 이하의 징역에 처한다.

(과실 건축물 등 침해)

제122조 과실로 인하여 물을 넘겨 제119조에 규정하는 물건을 침해한 자 또는 제120조에 규정하는 물건을 침해하여 공공의 위험을 발생하게 한 자는 20만 엔 이하의 벌금에 처한다.

(수리방해 및 출수(出水)위험)

제123조 제방을 무너뜨리거나 수문을 파괴하거나 기타 수리의 방해가 될 행위 또는 물을 넘길 행위를 한 자는 2년 이하의 징역이나 금고 또는 20만 엔 이하의 벌금에 처한다.

제11장 왕래를 방해하는 죄

(왕래방해 및 동 치사상)

제124조 ① 육로, 수로 또는 다리를 손괴하거나 불통케 하여 왕래의 방해를 발생하게 한 자는 2년 이하의 징역 또는 20만 엔 이하의 벌금에 처한다.

② 전항의 죄를 범하여 사람을 사망 또는 상해에 이르게 한 자는 상해의 죄와 비교하여 중한 형으로 처단한다.

(왕래위험)

제125조 ① 철도 또는 그 표지를 손괴하거나 그 밖의 방법에 의하여 기차 또는 전차의 왕래에 위험을 발생하게 한 자는 2년 이상의 유기징역에 처한다.

② 등대 또는 부표를 손괴하거나 그 밖의 방법에 의하여 함선의 왕래에 위험을 발생하게 한 자도 전항과 같다.

(기차전복 등 및 동 치사)

제126조 ① 현재 사람이 있는 기차 또는 전차를 전복시키거나 파괴한 자는 무기 또는 3년 이상의 징역에 처한다.

② 현재 사람이 있는 함선을 전복, 침몰시키거나 파괴한 자도 전항과 같다.

③ 전 2항의 죄를 범하여 사람을 사망에 이르게 한 자는 사형 또는 무기징역에 처한다.

(왕래위험에 의한 기차전복 등)

제127조 제125조의 죄를 범하여 기차나 전차를 전복, 파괴하거나 또는 함선을 전복, 침몰시키거나 파괴한 자도 전조의 예에 의한다.

(미수죄)

제128조 제124조 제1항, 제125조 및 제126조 제1항 및 제2항의 죄의 미수는 벌한다.

(과실 왕래위험)

제129조 ① 과실로 인하여 기차, 전차, 함선의 왕래

에 위험을 발생하게하거나 기차, 전차를 전복, 파괴하거나 함선을 전복, 침몰, 파괴한 자는 30만 엔 이하의 벌금에 처한다.

② 그 업무에 종사하는 자가 전항의 죄를 범한 때에는 3년 이하의 금고 또는 50만 엔 이하의 벌금에 처한다.

제12장 주거를 침범하는 죄

(주거침입 등)

제130조 정당한 이유 없이 사람의 주거 또는 사람이 간수하는 저택, 건조물이나 함선에 침입하거나 또는 요구를 받았음에도 불구하고 이러한 장소에서 퇴거하지 아니한 자는 3년 이하의 징역 또는 10만 엔 이하의 벌금에 처한다.

제131조 삭제

(미수죄)

제132조 제130조의 죄의 미수는 벌한다.

제13장 비밀을 침해하는 죄

(신서(信書)개봉)

제133조 정당한 이유 없이 봉함한 신서를 개봉한 자는 1년 이하의 징역 또는 20만 엔 이하의 벌금에 처한다.

(비밀누설)

제134조 ① 의사, 약사, 의약품판매업자, 조산사, 변호사, 변호인, 공증인 또는 이러한 직에 있던 자가 정당한 이유 없이 그 업무상 취급하였던 것에 관하여 지득한 타인의 비밀을 누설한 때에는 6월 이하의 징역 또는 10만 엔 이하의 벌금에 처한다.

② 종교, 기도 또는 제사의 직에 있는 자 또는 이러한 직에 있던 자가 정당한 이유 없이 그 업무상 취급하였던 것에 관하여 지득한 타인의 비밀을 누설한 때에도 전항과 같다.

(친고죄)

제135조 이 장의 죄는 고소가 없으면 공소를 제기할 수 없다.

제14장 아편에 관한 죄

(아편 수입 등)

제136조 아편을 수입하거나 제조, 판매하거나 판매의 목적으로 소지한 자는 6월 이상 7년 이하의 징역에 처한다.

(아편흡식기구 수입 등)

제137조 아편을 흡식하는 기구를 수입, 제조, 판매하거나 판매의 목적으로 소지한 자는 3월 이상 5년 이하의 징역에 처한다.

(세관직원에 의한 아편 수입 등)

제138조 세관직원이 아편 또는 아편을 흡식하기 위한 기구를 수입하거나 이들의 수입을 허용한 때에는 1년 이상 10년 이하의 징역에 처한다.

(아편흡식 및 장소제공)

제139조 ① 아편을 흡식한 자는 3년 이하의 징역에 처한다.

② 아편의 흡식을 위한 건물 또는 방을 제공하여 이익을 도모한 자는 6월 이상 7년 이하의 징역에 처한다.

(아편 등 소지)

제140조 아편 또는 아편을 흡식하기 위한 기구를 소지한 자는 1년 이하의 징역에 처한다.

(미수죄)

제141조 이 장의 죄의 미수는 벌한다.

제15장 음료수에 관한 죄

(정수 오염)

제142조 사람의 음료에 제공하는 정수를 오염시켜 사용할 수 없게 한 자는 6월 이하의 징역 또는 10만 엔 이하의 벌금에 처한다.

(수도 오염)

제143조 수도에 의하여 공중에 공급하는 음료의 정수 또는 그 수원을 오염시켜 사용할 수 없게 한 자는 6월 이상 7년 이하의 징역에 처한다.

(정수 독물 등 혼입)

제144조 사람의 음료로 제공되는 정수에 독물 그 밖의 사람의 건강을 해할 물건을 혼입한 자는 3년 이하의 징역에 처한다.

(정수 오염 등 치사상)

제145조 전 3조의 죄를 범하여 사람을 사망 또는 상해에 이르게 한 자는 상해의 죄와 비교하여 중한 형으로 처단한다.

(수도 독물 등 혼입 및 동 치사)
제146조 수도에 의하여 공중에 공급되는 음료의 정수 또는 그 수원에 독물 그 밖의 사람의 건강을 해할 물건을 혼입한 자는 2년 이상의 유기징역에 처한다. 이로 인하여 사람을 사망에 이르게 한 자는 사형, 무기 또는 5년 이상의 징역에 처한다.

(수도 손괴 및 불통)
제147조 공중의 음료로 제공되는 정수의 수도를 손괴하거나 불통하게 한자는 1년 이상 10년 이하의 징역에 처한다.

제16장 통화 위조의 죄

(통화 위조 및 행사 등)
제148조 ① 행사할 목적으로 통용되는 화폐, 지폐 또는 은행권을 위조 또는 변조한 자는 무기 또는 3년 이상의 징역에 처한다.
② 위조 또는 변조된 화폐, 지폐 또는 은행권을 행사하거나 행사할 목적으로 사람에게 교부 또는 수입한 자도 전항과 같다.

(외국통화 위조 및 행사 등)
제149조 ① 행사할 목적으로 일본국내에 유통하고 있는 외국의 화폐, 지폐 또는 은행권을 위조하거나 변조한 자는 2년 이상의 유기징역에 처한다.
② 위조 또는 변조된 외국의 화폐, 지폐 또는 은행권을 행사하거나 행사할 목적으로 사람에게 교부 또는 수입한 자도 전항과 같다.

(위조 통화 등 취득)
제150조 행사할 목적으로 위조 또는 변조된 화폐, 지폐 또는 은행권을 취득한 자는 3년 이하의 징역에 처한다.

(미수죄)
제151조 전 3조의 죄의 미수는 벌한다.

(취득 후 지정(知情) 행사 등)
제152조 화폐, 지폐 또는 은행권을 취득한 후에 그것이 위조 또는 변조된 것인 줄 알고 이를 행사하거나 행사할 목적으로 사람에게 교부한 자는 그 액면가격의 3배 이하의 벌금 또는 과료에 처한다. 단, 2천엔 이하로 할 수 없다.

(통화 위조 등 준비)
제153조 화폐, 지폐 또는 은행권의 위조 또는 변조용으로 사용할 목적으로 기계 또는 원료를 준비한 자는 3월 이상 5년 이하의 징역에 처한다.

제17장 문서위조의 죄

(조서(詔書) 위조 등)
제154조 ① 행사할 목적으로 옥새, 국새나 어명을 사용하여 조서 그 밖의 문서를 위조하거나 또는 위조한 옥새, 국새나 어명을 사용하여 조서 그 밖의 문서를 위조한 자는 무기 또는 3년 이상의 징역에 처한다.
② 옥새 또는 국새를 날인하거나 어명을 서명한 조서 그 밖의 문서를 변조한 자도 전항과 같다.

(공문서 위조 등)
제155조 ① 행사할 목적으로 공무소나 공무원의 인장 또는 서명을 사용하여 공무소나 공무원이 작성하여야 할 문서 또는 도화를 위조하거나, 위조한 공무소나 공무원의 인장 또는 서명을 사용하여 공무소나 공무원이 작성하여야 할 문서 또는 도화를 위조한 자는 1년 이상 10년 이하의 징역에 처한다.
② 공무소 또는 공무원이 날인하거나 서명한 문서 또는 도화를 변조한 자도 전항과 같다.
③ 전 2항에 규정한 것 이외에 공무소나 공무원이 작성하여야 할 문서 또는 도화를 위조하거나 공무소나 공무원이 작성한 문서 또는 도화를 변조한 자는 3년 이하의 징역 또는 20만 엔 이하의 벌금에 처한다.

(허위공문서작성 등)
제156조 공무원이 그 직무에 관하여 행사할 목적으로 허위의 문서 또는 도화를 작성하거나 문서 또는 도화를 변조한 때에는 인장 또는 서명의 유무로 구별하여 전 2조의 예에 의한다.

(공정증서원본 불실기재 등)
제157조 ① 공무원에 대하여 허위의 신고를 하여 등기부, 호적부 그 밖의 권리, 의무에 관한 공정증서의 원본에 부실한 기재를 하게 하거나 또는 권리, 의무에 관한 공정증서의 원본으로 사용되는 전자적 기록에 부실한 기록을 하게 한 자는 5년 이하의 징역 또는 50만 엔 이하의 벌금에 처한다.
② 공무원에 대하여 허위의 신고를 하여 면허장, 감찰 또는 여권에 부실한 기재를 하게 한 자는 1년 이하의 징역 또는 20만 엔 이하의 벌금에 처한다.
③ 전 2항의 죄의 미수는 벌한다.

(위조공문서 행사 등)

제158조 ① 제154조 내지 전조의 문서 또는 도화를 행사하거나 전조 제1항의 전자적 기록을 공정증서의 원본으로 사용한 자는, 그 문서 또는 도화를 위조하거나 변조하여 허위의 문서 또는 도화를 작성하거나 부실한 기재 또는 기록을 하게 한 자와 동일한 형에 처한다.

② 전항의 죄의 미수는 벌한다.

(사문서 위조 등)

제159조 ① 행사할 목적으로 타인의 인장 또는 서명을 사용하여 권리의 무나 사실증명에 관한 문서 또는 도화를 위조하거나 위조한 타인의 인장 또는 서명을 사용하여 권리의무나 사실증명에 관한 문서 또는 도화를 위조한 자는 3월 이상 5년 이하의 징역에 처한다.

② 타인이 날인하거나 서명한 권리의무 또는 사실증명에 관한 문서 또는 도화를 변조한 자도 전항과 같다.

③ 전 2항에 규정한 것 외에 권리의무 또는 사실증명에 관한 문서 또는 도화를 위조하거나 변조한 자는 1년 이하의 징역 또는 10만 엔 이하의 벌금에 처한다.

(허위진단서 등 작성)

제160조 의사가 공무소에 제출하여야 할 진단서, 검안서 또는 사망증서에 허위의 기재를 한 때에는 3년 이하의 금고 또는 30만 엔 이하의 벌금에 처한다.

(위조사문서 등 행사)

제161조 ① 전 2조의 문서 또는 도화를 행사한 자는 그 문서 또는 도화를 위조 또는 변조하거나 허위의 기재를 한 자와 동일한 형에 처한다.

② 전항의 죄의 미수는 벌한다.

(전자적 기록 부정작출 및 공용)

제161조의2 ① 타인의 사무처리를 그르치게 할 목적으로 그 사무처리에 제공되는 권리의무 또는 사실증명에 관한 전자적 기록을 부정하게 작성한 자는 5년 이하의 징역 또는 50만 엔 이하의 벌금에 처한다.

② 전항의 죄가 공무소 또는 공무원에 의하여 작성되어야 할 전자적 기록에 관계되는 때에는 10년 이하의 징역 또는 100만 엔 이하의 벌금에 처한다.

③ 부정하게 작성된 권리의무 또는 사실증명에 관한 전자적 기록을 제1항의 목적으로 타인의 사무처리용으로 제공한 자는 그 전자적 기록을 부정하게 작성한 자와 동일한 형에 처한다.

④ 전항의 죄의 미수는 벌한다.

제18장 유가증권위조의 죄

(유가증권위조 등)

제162조 ① 행사할 목적으로 공채증서, 관청의 증권, 회사의 주권 그 밖의 유가증권을 위조 또는 변조한 자는 3월 이상 10년 이하의 징역에 처한다.

② 행사의 목적으로 유가증권에 허위의 기입을 한 자도 전항과 같다.

(위조유가증권 행사 등)

제163조 ① 위조, 변조의 유가증권 또는 허위의 기입이 있는 유가증권을 행사하거나 행사할 목적으로 타인에게 교부 또는 수입한 자는 3월 이상 10년 이하의 징역에 처한다.

② 전항의 죄의 미수는 벌한다.

제18장의2 지불용 카드 · 전자적 기록에 관한 죄

(지불용 카드 · 전자적 기록 부정작출 등)

제163조의2 ① 타인의 재산상의 사무처리를 그르치게 할 목적으로 그 사무처리용으로 제공한 전자적 기록으로서 신용카드 그 밖의 대금 또는 요금의 지불용카드를 구성하는 것을 부정하게 만든 자는 10년 이하의 징역 또는 100만 엔 이하의 벌금에 처한다. 예금과 저금의 인출용 카드를 구성하는 전자적 기록을 부정하게 만든 자도 같다.

② 부정하게 만들어진 전항의 전자적 기록을 동항의 목적으로 타인의 재산상의 사무처리용으로 제공한 자도 동항과 같다.

③ 부정하게 만들어진 제1항의 전자적 기록을 그 구성부분으로 하는 카드를 동항의 목적으로 양도, 대여 또는 수입한 자도 동항과 같다.

(부정 전자적기록 카드 소지)

제163조의3 전조 제1항의 목적으로 동조 제3항의 카드를 소지한 자는 5년 이하의 징역 또는 50만 엔 이하의 벌금에 처한다.

(지불용 카드 · 전자적 기록 부정작출 준비)

제163조의4 ① 제163조의2 제1항의 범죄행위에 제공할 목적으로 동항의 전자적 기록의 정보를 취득한 자는 3년 이하의 징역 또는 50만 엔 이하의 벌금에 처한다. 정을 알고 그 정보를 제공한 자도 같다.

② 부정하게 취득한 제163조의2 제1항의 전자적 기록

의 정보를 전항의 목적으로 보관한 자도 동항과 같다.
③ 제1항의 목적으로 기계 또는 원료를 준비한 자도
동항과 같다.

(미수죄)
제163조의5 제163조의2 및 전조 제1항의 죄의 미수
는 벌한다.

제19장 인장위조의 죄

(옥새 위조 및 부정사용 등)
제164조 ① 행사할 목적으로 옥새, 국새 또는 어명
을 위조한 자는 2년 이상의 유기징역에 처한다.
② 옥새, 국새 또는 어명을 부정하게 사용하거나 위조
한 옥새, 국새 또는 어명을 사용한 자도 전항과 같다.

(공인 위조 및 부정사용 등)
제165조 ① 행사할 목적으로 공무소나 공무원의 인
장 또는 서명을 위조한 자는 3월 이상 5년 이하의 징
역에 처한다.
② 공무소나 공무원의 인장 또는 서명을 부정하게
사용하거나 위조한공무소나 공무원의 인장 또는 서
명을 사용한 자도 전항과 같다.

(공기호 위조 및 부정사용 등)
제166조 ① 행사할 목적으로 공무소의 기호를 위조
한 자는 3년 이하의 징역에 처한다.
② 공무소의 기호를 부정하게 사용하거나 위조한 공
무소의 기호를 사용한 자도 전항과 같다.

(사인 위조 및 부정사용 등)
제167조 ① 행사할 목적으로 타인의 인장 또는 서명
을 위조한 자는 3년 이하의 징역에 처한다.
② 타인의 인장 또는 서명을 부정하게 사용하거나
위조한 인장 또는 서명을 사용한 자도 전항과 같다.

(미수죄)
제168조 제164조 제2항, 제165조 제2항, 제166조
제2항 및 전조 제2항의 죄의 미수는 벌한다.

제19장의2 부정지령 전자적 기록에 관한 죄

(부정지령전자적기록작성 등)
제168조의2 정당한 이유가 없음에도 사람의 전자계
산기의 실행에 제공될 목적으로 다음의 전자적 기록
그 밖의 기록을 작성하거나 제공한 자는 3년 이하의
징역 또는 50만 엔 이하의 벌금에 처한다.

1. 사람이 전자계산기를 사용함에 있어 그 의도에 따
라야 할 동작을 하게 하지 아니하거나 그 의도에 반
하는 동작을 하게 하는 부정한 지령을 부여한 전자적
기록
2. 전호에서 게재한 것 외에 동호의 부정한 지령을
기술한 전자적 기록 그 밖의 기록
② 정당한 이유가 없음에도 전항 제1호에서 규정하
는 전자적 기록을 사람의 전자계산기의 실행을 위하
여 제공하는 자도 동항과 같다.
③ 전항의 죄의 미수는 벌한다.

(부정지령 전자적 기록 취득 등)
제168조의3 정당한 이유가 없음에도 전조 제1항의
목적으로 동항 각호에서 규정하는 전자적 기록 그 밖
의 기록을 취득하거나 보관한 자는 2년 이하의 징역
또는 30만 엔 이하의 벌금에 처한다.

제20장 위증의 죄

(위증)
제169조 법률에 의해 선서한 증인이 허위의 진술을
한 때에는 3월 이상 10년 이하의 징역에 처한다.

(자백에 의한 형의 감면)
제170조 전조의 죄를 범한 자가 그 증언을 한 사건
에 대하여 그 재판이 확정되기 전 또는 징계처분이
행하여지기 전에 자백한 때에는 그 형을 감경 또는
면제할 수 있다.

(허위감정 등)
제171조 법률에 의해 선서한 감정인, 통역인 또는 번
역인이 허위의 감정, 통역 또는 번역을 한 때에는 전
2조의 예에 의한다.

제21장 허위고소의 죄

(허위고소 등)
제172조 타인에게 형사 또는 징계의 처분을 받게 할
목적으로 허위의 고소, 고발 그 밖의 신고를 한 자는
3월 이상 10년 이하의 징역에 처한다.

(자백에 의한 형의 감면)
제173조 전조의 죄를 범한 자가 그 신고를 한 사건
에 대하여 그 재판이 확정되기 전 또는 징계처분이
행하여지기 전에 자백한 때에는 그 형을 감경 또는
면제할 수 있다.

제22장 음란, 간음 및 중혼의 죄

(공연음란)
제174조 공연히 음란한 행위를 한 자는 6월 이하의 징역이나 30만 엔 이하의 벌금, 구류 또는 과료에 처한다.

(음란물 반포 등)
제175조 음란한 문서, 도화 그 밖의 물건을 반포 또는 판매하거나 공연히 진열한 자는 2년 이하의 징역 또는 250만 엔 이하의 벌금이나 과료에 처한다. 판매의 목적으로 이들의 물건을 소지한 자도 같다.

(강제음란)
제176조 13세 이상의 자에 대하여 폭행 또는 협박으로 음란한 행위를 한 자는 6월 이상 10년 이하의 징역에 처한다. 13세 미만의 자에 대하여 음란한 행위를 한 자도 같다.

(강제성교등)
제177조 13세 이상의 자에 대해 폭행 또는 협박으로 성교, 항문성교 또는 구강성교(이하 '성교등'으로 함)을 한 자는 강제성교등의 죄로서 5년 이상의 유기징역에 처한다. 13세 미만의 자에 대해 성교등을 한 자도 이와 같다.

(준강제음란 및 준강제성교등)
제178조 ① 사람의 심신상실 또는 항거불능을 이용하여 또는 심신을 상실시키거나 항거불능으로 만들어 음란한 행위를 한 자는 제176조의 예에 의한다.
② 사람의 심신상실 또는 항거불능을 이용하여 또는 심신을 상실시키거나 항거불능으로 만들어 성교등을 한 자는 전조의 예에 의한다.

(감호자 음란 및 감호자 성교등)
제179조 18세 미만의 자에 대해 그 자를 현재 감호하는 자인 것에 의한 영향력을 이용하여 음란한 행위를 한 자는 제176조의 예에 의한다.
② 18세 미만의 자에 대해 그 자를 현재 감호하는 자인 것에 의한 영향력을 이용하여 성교등을 한 자는 제177조의 예에 의한다.

(미수죄)
제180조 제176조 내지 전조의 죄의 미수는 벌한다.

(강제음란 등 치사상)
제181조 ① 제176조, 제178조 제1항, 제179조 제1항의 죄 또는 이들 죄의 미수죄를 범하여 사람을 사망 또는 상해에 이르게 한 자는 무기 또는 3년 이상의 징역에 처한다.
② 제177조 또는 제178조 제2항의 죄 또는 이들 죄의 미수죄를 범하여 사람을 사망 또는 상해에 이르게 한 자는 무기 또는 6년 이상의 징역에 처한다.
③ 제178조의2의 죄 또는 그 미수죄를 범하여 여자를 사망 또는 상해에 이르게 한 자는 무기 또는 6년 이상의 징역에 처한다.

(음행권유)
제182조 영리의 목적으로 음행의 상습이 없는 여자를 권유하여 간음하게 한 자는 3년 이하의 징역 또는 30만 엔 이하의 벌금에 처한다.

제183조 삭제

(중혼)
제184조 배우자가 있는 자가 다시 혼인을 한 때에는 2년 이하의 징역에 처한다. 그 상대방이 되어 혼인을 한 자도 같다.

제23장 도박 및 복권에 관한 죄

(도박)
제185조 도박을 한 자는 50만 엔 이하의 벌금 또는 과료에 처한다. 단, 일시오락에 공(供)하는 물건을 건 것에 불과한 때에는 그러하지 아니하다.

(상습도박 및 도박장 개장 등 이익도모)
제186조 ① 상습으로 도박을 한 자는 3년 이하의 징역에 처한다.
② 도박장을 개장하거나 도박꾼을 결합하여 이익을 도모한 자는 3월 이상 5년 이하의 징역에 처한다.

(복권 발매 등)
제187조 ① 복권을 발매한 자는 2년 이하의 징역 또는 150만 엔 이하의 벌금에 처한다.
② 복권 발매의 중개를 한 자는 1년 이하의 징역 또는 100만 엔 이하의 벌금에 처한다.
③ 전 2항에 규정한 것 외에 복권을 수수한 자는 20만 엔 이하의 벌금 또는 과료에 처한다.

제24장 예배소 및 분묘에 관한 죄

(예배소 불경(不敬) 및 설교 등 방해)
제188조 ① 신사, 불당, 묘소 그 밖의 예배소에 대하여 공연히 불경한 행위를 한 자는 6월 이하의 징역이나 금고 또는 10만 엔 이하의 벌금에 처한다.
② 설교, 예배 또는 장례식을 방해한 자는 1년 이하의 징역이나 금고 또는 10만 엔 이하의 벌금에 처한다.

(분묘발굴)
제189조 분묘를 발굴한 자는 2년 이하의 징역에 처한다.

(사체손괴 등)
제190조 사체, 유골, 유발(遺髮) 또는 관에 넣어둔 물건을 손괴, 유기 또는 영득한 자는 3년 이하의 징역에 처한다.

(분묘발굴 사체손괴 등)
제191조 제189조의 죄를 범하고 사체, 유골, 유발 또는 관에 넣어둔 물건을 손괴, 유기 또는 영득한 자는 3월 이상 5년 이하의 징역에 처한다.

(변사자 밀장(密葬))
제192조 검시를 거치지 아니하고 변사자를 매장한 자는 10만 엔 이하의 벌금 또는 과료에 처한다.

제25장 오직의 죄

(공무원 직권남용)
제193조 공무원이 그 직권을 남용하여 사람에게 의무 없는 일을 하게 하거나 권리의 행사를 방해한 때에는 2년 이하의 징역 또는 금고에 처한다.

(특별공무원 직권남용)
제194조 재판, 검찰, 경찰의 직무를 행하는 자 또는 이들의 직무를 보조하는 자가 그 직권을 남용하여 사람을 체포하거나 감금한 때에는 6월 이상 10년 이하의 징역 또는 금고에 처한다.

(특별공무원 폭행·능학(陵虐))
제195조 ① 재판, 검찰, 경찰의 직무를 행하는 자 또는 이들의 직무를 보조하는 자가 그 직무를 행함에 있어서 피고인, 피의자 그 밖의 자에 대하여 폭행, 능욕 또는 가학 행위를 한 때에는 7년 이하의 징역 또는 금고에 처한다.
② 법령에 의하여 구금된 자를 간수 또는 호송하는 자가 그 구금된 자에 대하여 폭행, 능욕 또는 가학 행위를 한 때에도 전항과 같다.

(특별공무원 직권남용 등 치사상)
제196조 전 2조의 죄를 범하여 사람을 사망 또는 상해에 이르게 한 자는 상해의 죄와 비교하여 중한 형으로 처단한다.

(수뢰, 수탁수뢰 및 사전수뢰)
제197조 ① 공무원이 그 직무에 관하여 뇌물을 수수, 요구 또는 약속한 때에는 5년 이하의 징역에 처한다. 이 경우에 청탁을 받은 때에는 7년 이하의 징역에 처한다.
② 공무원으로 될 자가 그 담당할 직무에 관하여 청탁을 받고 뇌물을 수수, 요구 또는 약속한 때에는 공무원이 된 경우에 5년 이하의 징역에 처한다.

(제3자 뇌물공여)
제197조의2 공무원이 그 직무에 관하여 청탁을 받고 제3자에게 뇌물을 공여하게 하거나 그 공여의 요구 또는 약속한 때에는 5년 이하의 징역에 처한다.

(가중수뢰 및 사후수뢰)
제197조의3 ① 공무원이 전 2조의 죄를 범하여 부정한 행위를 하거나 상당한 행위를 하지 아니한 때에는 1년 이상의 유기징역에 처한다.
② 공무원이 그 직무상 부정한 행위를 하거나 상당한 행위를 하지 아니한 것에 관하여 뇌물을 수수, 요구 또는 약속하거나 제3자에게 이를 공여하게 하거나 그 공여의 요구 또는 약속한 때에도 전항과 같다.
③ 공무원이었던 자가 그 재직 중에 청탁을 받아 직무상 부정한 행위를 하거나 상당한 행위를 하지 아니한 것에 관하여 뇌물을 수수, 요구 또는 약속한 때에는 5년 이하의 징역에 처한다.

(알선수뢰)
제197조의4 공무원이 청탁을 받고 다른 공무원에게 직무상 부정한 행위를 하게 하거나 상당한 행위를 하지 아니하도록 알선하거나 한 것의 보수로서 뇌물을 수수, 요구 또는 약속을 한 때에는 5년 이하의 징역에 처한다.

(몰수 및 추징)
제197조의5 범인 또는 정을 아는 제3자가 수수한 뇌물은 몰수한다. 그 전부 또는 일부를 몰수할 수 없는

때에는 그 가액을 추징한다.

(증뢰)
제198조 제197조 내지 제197조의4에 규정하는 뇌물을 공여, 신청 또는 약속한 자는 3년 이하의 징역 또는 250만 엔 이하의 벌금에 처한다.

제26장 살인의 죄

(살인)
제199조 사람을 살해한 자는 사형, 무기 또는 5년 이상의 징역에 처한다.

제200조 삭제

(예비)
제201조 제199조의 죄를 범할 목적으로 그 예비를 한 자는 2년 이하의 징역에 처한다. 단, 정상에 따라 그 형을 면제할 수 있다.

(자살관여 및 동의살인)
제202조 사람을 교사 또는 방조하여 자살하게 하거나, 사람을 그 촉탁을 받거나 승낙을 얻어 살해한 자는 6월 이상 7년 이하의 징역 또는 금고에 처한다.

(미수죄)
제203조 제199조 및 전조의 죄의 미수는 벌한다.

제27장 상해의 죄

(상해)
제204조 사람의 신체를 상해한 자는 15년 이하의 징역 또는 50만 엔 이하의 벌금에 처한다.

(상해치사)
제205조 신체를 상해하여 사람을 사망에 이르게 한 자는 3년 이상의 유기징역에 처한다.

(현장조세(助勢))
제206조 전 2조의 범죄가 행하여진 경우에 현장에서 가세한 자는 스스로 사람을 상해하지 아니하여도 1년 이하의 징역 또는 10만 엔 이하의 벌금이나 과료에 처한다.

(동시상해의 특례)
제207조 2인 이상으로 폭행을 가하여 사람을 상해한 경우에 각자의 폭행에 의한 상해의 경중을 알 수 없

거나 그 상해를 일으킨 자를 알 수 없는 때에는 공동하여 실행한 자가 아니라도 공범의 예에 의한다.

(폭행)
제208조 폭행을 가한 자가 사람을 상해에 이르지 아니한 때에는 2년 이하의 징역이나 30만 엔 이하의 벌금, 구류 또는 과료에 처한다.

(흉기준비 집합 및 결집)
제208조의2 ① 2인 이상의 자가 타인의 생명, 신체 또는 재산에 대해서 공동하여 해를 가할 목적으로 집합한 경우에 흉기를 준비하거나 그 준비가 있는 것을 알고 집합한 자는 2년 이하의 징역 또는 30만 엔 이하의 벌금에 처한다.
② 전항의 경우에 흉기를 준비하거나 그 준비가 있는 것을 알고 사람을 집합하게 한 자는 3년 이하의 징역에 처한다.

제28장 과실상해의 죄

(과실상해)
제209조 ① 과실로 인하여 사람을 상해한 자는 30만 엔 이하의 벌금 또는 과료에 처한다.
② 전항의 죄는 고소가 없으면 공소를 제기할 수 없다.

(과실치사)
제210조 과실로 인하여 사람을 사망에 이르게 한 자는 50만 엔 이하의 벌금에 처한다.

(업무상과실치사상 등)
제211조 업무상 필요한 주의를 게을리하여 사람을 사망 또는 상해에 이르게 한 자는 5년 이하의 징역이나 금고 또는 50만 엔 이하의 벌금에 처한다. 중대한 과실에 의하여 사람을 사망 또는 상해에 이르게 한 자도 같다.

제29장 낙태의 죄

(낙태)
제212조 임신 중의 여자가 약물을 사용하거나 그 밖의 방법에 의하여 낙태한 때에는 1년 이하의 징역에 처한다.

(동의낙태 및 동 치사상)
제213조 여자의 촉탁을 받거나 그 승낙을 얻고 낙태하게 한 자는 2년 이하의 징역에 처한다. 이로 인하여 여자를 사망 또는 상해에 이르게 한 자는 3월 이

상 5년 이하의 징역에 처한다.

(업무상낙태 및 동 치사상)
제214조 의사, 조산사, 약사 또는 의약품판매업자가 여자의 촉탁을 받거나 그 승낙을 얻고 낙태하게 한 때에는 3월 이상 5년 이하의 징역에 처한다. 이로 인하여 여자를 사망 또는 상해에 이르게 한 때에는 6월 이상 7년 이하의 징역에 처한다.

(부동의 낙태)
제215조 ① 여자의 촉탁을 받지 아니하거나 그 승낙을 얻지 아니하고 낙태하게 한 자는 6월 이상 7년 이하의 징역에 처한다.
② 전항의 죄의 미수는 벌한다.

(부동의 낙태치사상)
제216조 전조의 죄를 범하여 여자를 사망 또는 상해에 이르게 한 자는 상해의 죄와 비교하여 중한 형으로 처단한다.

제30장 유기의 죄

(유기)
제217조 노년, 유년, 신체장애 또는 질병으로 인하여 부조를 필요로 하는 자를 유기한 자는 1년 이하의 징역에 처한다.

(보호책임자유기 등)
제218조 노년자, 유년자, 신체장애자 또는 병자를 보호할 책임이 있는 자가 이들을 유기하거나 그 생존에 필요한 보호를 하지 아니한 때에는 3월 이상 5년 이하의 징역에 처한다.

(유기 등 치사상)
제219조 전 2조의 죄를 범하여 사람을 사망 또는 상해에 이르게 한 자는 상해의 죄와 비교하여 중한 형으로 처단한다.

제31장 체포 및 감금의 죄

(체포 및 감금)
제220조 불법으로 사람을 체포하거나 감금한 자는 3월 이상 7년 이하의 징역에 처한다.

(체포 등 치사상)
제221조 전조의 죄를 범하여 사람을 사상시킨 한 자는 상해의 죄와 비교하여 중한 형으로 처단한다.

제32장 협박의 죄

(협박)
제222조 ① 생명, 신체, 자유, 명예 또는 재산에 대하여 해를 가한다는 취지를 고지하여 사람을 협박한 자는 2년 이하의 징역 또는 30만 엔 이하의 벌금에 처한다.
② 친족의 생명, 신체, 자유, 명예 또는 재산에 대하여 해를 가한다는 취지를 고지하여 사람을 협박한 자도 전항과 같다.

(강요)
제223조 ① 생명, 신체, 자유, 명예 또는 재산에 대하여 해를 가한다는 취지를 고지하여 협박하거나 폭행하여 사람에게 의무 없는 일을 하게 하거나 권리의 행사를 방해한 자는 3년 이하의 징역에 처한다.
② 친족의 생명, 신체, 자유, 명예 또는 재산에 대하여 해를 가한다는 취지를 고지하여 협박하고 사람에게 의무가 없는 일을 하게 하거나 권리의 행사를 방해한 자도 전항과 같다.
③ 전 2항의 죄의 미수는 벌한다.

제33장 약취, 유괴 및 인신매매의 죄

(미성년자 약취 및 유괴)
제224조 미성년자를 약취하거나 유괴한 자는 3월 이상 7년 이하의 징역에 처한다.

(영리목적 등 약취 및 유괴)
제225조 영리, 음란, 결혼 또는 생명이나 신체에 대한 가해의 목적으로 사람을 약취하거나 유괴한 자는 1년 이상 10년 이하의 징역에 처한다.

(몸값 목적 약취 등)
제225조의2 ① 근친자 기타 약취 또는 유괴된 자의 안부를 우려하는 자의 우려를 이용하여 그 재물을 교부받을 목적으로 사람을 약취 또는 유괴한 자는 무기 또는 3년 이상의 징역에 처한다.
② 사람을 약취 또는 유괴한 자가 근친자 기타 약취 또는 유괴된 자의 안부를 우려하는 자의 우려를 이용하여 그 재물을 교부받거나 이를 요구하는 행위를 한 때에도 전항과 같다.

(소재국외 이송목적 약취 및 유괴)
제226조 소재국 외로 이송할 목적으로 사람을 약취 또는 유괴한 자는 2년 이상의 유기징역에 처한다.

(인신매매)
제226조의2 ① 사람을 매수한 자는 3월 이상 5년 이하의 징역에 처한다.
② 미성년자를 매수한 자는 3월 이상 7년 이하의 징역에 처한다.
③ 영리, 음란, 결혼 또는 생명이나 신체에 대한 가해의 목적으로 사람을 매수한 자는 1년 이상 10년 이하의 징역에 처한다.
④ 사람을 매도한 자도 전항과 같다.
⑤ 소재국 외로 이송할 목적으로 사람을 매매한 자는 2년 이상의 유기징역에 처한다.

(피약취자 등 소재국외 이송)
제226조의3 약취, 유괴 또는 매매된 자를 소재국 외로 이송한 자는 2년 이상의 유기징역에 처한다.

(피약취자 인도 등)
제227조 ① 제224조, 제225조 또는 전 3조의 죄를 범한 자를 방조할 목적으로 약취, 유괴 또는 매매된 자를 인도, 수수, 수송, 장닉(藏匿) 또는 은피(隱避)시킨 자는 3월 이상 5년 이하의 징역에 처한다.
② 제225조의2 제1항의 죄를 범한 자를 방조할 목적으로 약취 또는 유괴된 자를 인도, 수수, 수송, 장닉(藏匿) 또는 은피(隱避)시킨 자는 1년 이상 10년 이하의 징역에 처한다.
③ 영리, 음란 또는 생명이나 신체에 대한 가해의 목적으로 약취, 유괴 또는 매매된 자를 인도, 수수, 수송 또는 장닉(藏匿)한 자는 6월 이상 7년 이하의 징역에 처한다.
④ 제225조의2 제1항의 목적으로 약취 또는 유괴된 자를 수수한 자는 2년 이상의 유기징역에 처한다. 약취 또는 유괴된 자를 수수한 자가 근친자 기타 약취 또는 유괴된 자의 안부를 우려하는 자의 우려를 이용하여 재물을 교부하게 하거나 이를 요구하는 행위를 한 때에도 같다.

(미수죄)
제228조 제224조, 제225조, 제225조의2 제1항, 제226조 내지 제226조의3, 전조 제1항 내지 제3항 및 제4항 전단의 죄의 미수는 벌한다.

(해방에 의한 형의 감경)
제228조의2 제225조의2, 제227조 제2항 또는 제4항의 죄를 범한 자가 공소가 제기되기 전에 약취 또는 유괴된 자를 안전한 장소에 해방한 때에는 그 형을 감경한다.

(몸값 목적 약취 등 예비)
제228조의3 제225조의2 제1항의 죄를 범할 목적으로 그 예비를 한 자는 2년 이하의 징역에 처한다. 단, 실행에 착수하기 전에 자수한 자는 그 형을 감경 또는 면제한다.

(친고죄)
제229조 제224조의 죄, 제225조의 죄 및 이들 죄를 방조할 목적으로 범한 제227조 제1항의 죄, 동조 제3항의 죄 및 이들 죄의 미수죄는 영리 또는 생명이나 신체에 대한 가해의 목적에 의한 경우를 제외하고는 고소가 없으면 공소를 제기할 수 없다.

제34장 명예에 대한 죄

(명예훼손)
제230조 ① 공연히 사실을 적시하여 사람의 명예를 훼손한 자는 그 사실의 유무에 관계없이 3년 이하의 징역이나 금고 또는 50만 엔 이하의 벌금에 처한다.
② 사자의 명예를 훼손한 자는 허위의 사실을 적시하여 한 경우가 아니면 벌하지 아니한다.

(공공의 이해에 관한 경우의 특례)
제230조의2 ① 전조 제1항의 행위가 공공의 이해에 관한 사실에 관계되고 또한 그 목적이 오로지 공익을 위함에 있었다고 인정되는 경우에는 사실의 진실 여부를 판단하여 진실이라는 증명이 있는 때에는 이를 벌하지 아니한다.
② 전항의 규정의 적용에 관하여는 아직 공소가 제기되지 아니한 사람의 범죄행위에 관한 사실은 공공의 이해에 관한 사실로 간주한다.
③ 전조 제1항의 행위가 공무원 또는 공선(公選)에 의한 공무원의 후보자에 관한 사실에 관계되는 경우에는 사실의 진실 여부를 판단하여 진실하다는 증명이 있을 때에는 이를 벌하지 아니한다.

(모욕)
제231조 사실을 적시하지 아니하여도 공연히 사람을 모욕한 자는 구류 또는 과료에 처한다.

(친고죄)
제232조 ① 이 장의 죄는 고소가 없으면 공소를 제기할 수 없다.
② 고소를 할 수 있는 자가 천황, 황후, 태황태후, 황

태후 또는 황태자인 때에는 내각총리대신이, 외국의 군주 또는 대통령인 때에는 그 나라의 대표자가 각각 대신하여 고소한다.

제35장 신용 및 업무에 대한 죄

(신용훼손 및 업무방해)
제233조 허위의 풍설을 유포하거나 위계로써 사람의 신용을 훼손하거나 그 업무를 방해한 자는 3년 이하의 징역 또는 50만 엔 이하의 벌금에 처한다.

(위력업무방해)
제234조 위력으로써 사람의 업무를 방해한 자도 전조의 예에 의한다.

(전자계산기손괴 등 업무방해)
제234조의2 사람의 업무에 사용하는 전자계산기 또는 그 용도로 제공되는 전자적 기록을 손괴하거나 사람의 업무에 사용하는 전자계산기에 허위의 정보 또는 부정한 지령을 부여하거나 기타의 방법으로 전자계산기가 사용목적에 따라 이루어져야 할 동작을 못하게 하거나 사용목적에 반하는 동작을 하게 하여 사람의 업무를 방해한 자는 5년 이하의 징역 또는 100만 엔 이하의 벌금에 처한다.
② 전항의 죄의 미수는 벌한다.

제36장 절도 및 강도의 죄

(절도)
제235조 타인의 재물을 절취한 자는 절도의 죄로서 10년 이하의 징역 또는 50만 엔 이하의 벌금에 처한다.

(부동산침탈)
제235조의2 타인의 부동산을 침탈한 자는 10년 이하의 징역에 처한다.

(강도)
제236조 ① 폭행 또는 협박으로 타인의 재물을 강취한 자는 강도의 죄로서 5년 이상의 유기징역에 처한다.
② 전항의 방법에 의하여 재산상 불법의 이익을 얻거나 타인에게 이를 얻게 한 자도 동항과 같다.

(강도 예비)
제237조 강도의 죄를 범할 목적으로 그 예비를 한 자는 2년 이하의 징역에 처한다.

(사후강도)
제238조 절도가 얻은 재물의 탈환을 막거나 체포를 면하거나 죄적을 인멸하기 위하여 폭행 또는 협박을 한 때에는 강도로서 논한다.

(혼취(昏醉)강도)
제239조 사람을 혼취시키고 그 재물을 절취한 자는 강도로서 논한다.

(강도치사상)
제240조 강도가 사람을 상해에 이르게 한 때에는 무기 또는 6년 이상의 징역에 처하고, 사망에 이르게 한 때에는 사형 또는 무기징역에 처한다.

(강도·강제성교등 및 동 치사)
제241조 강도의 죄 또는 그 미수죄를 범한 자가 강제성교등의 죄(제179조 제2항의 죄 제외. 이하 이 항에서 동일) 혹은 그 미수죄를 범한 때, 강제성교등의 죄 또는 그 미수죄를 범한 자가 강도의 죄 혹은 그 미수죄를 범한 때는 무기 또는 7년 이상의 징역에 처한다.
② 전항의 경우 중 그 범한 죄가 모두 미수죄인 때에는 사람을 사상시킨 때를 제외하고 그 형을 감경할 수 있다. 단 자기의 의사에 의해 어느 범죄를 중지한 때에는 그 형을 감경하거나 면제한다.
③ 제1항의 죄에 해당하는 행위에 의해 사람을 사망시킨 자는 사형 또는 무기징역에 처한다.

(타인의 점유 등에 관계된 자기의 재물)
제242조 자기의 재물이라도 타인이 점유하거나 공무소의 명령에 의하여 타인이 간수하는 것인 때에는 이 장의 죄에 관하여는 타인의 재물로 본다.

(미수죄)
제243조 제235조 내지 제236조, 제238조 내지 제240조, 제241조 제3항의 죄의 미수는 벌한다.

(친족간의 범죄에 관한 특례)
제244조 ① 배우자, 직계혈족 또는 동거친족 간에 제235조의 죄, 제235조의2의 죄 또는 이들 죄의 미수죄를 범한 자는 그 형을 면제한다.
② 전항에 규정하는 친족 이외의 친족 간에 범한 동항에서 규정하는 죄는 고소가 없으면 공소를 제기할 수 없다.
③ 전 2항의 규정은 친족이 아닌 공범에 대하여는

적용하지 아니한다.

(전기)
제245조 이 장의 죄에 관하여는 전기는 재물로 간주한다.

제37장 사기 및 공갈의 죄

(사기)
제246조 ① 사람을 속여 재물을 교부하게 한 자는 10년 이하의 징역에 처한다.
② 전항의 방법에 의하여 재산상 불법의 이익을 얻거나 타인에게 이를 얻게 한 자도 동항과 같다.

(전자계산기 사용 사기)
제246조의2 전조에 규정한 것 이외에 사람의 사무처리에 사용되는 전자계산기에 허위의 정보 또는 부정한 지령을 부여하여 재산권의 취득상실 또는 변경에 관계되는 부실한 전자적 기록을 만들거나 또는 재산권의 취득상실 또는 변경에 관계되는 허위의 전자적 기록을 사람의 사무처리용으로 제공하여 재산상 불법의 이익을 얻거나 타인에게 이를 얻게 한 자는 10년 이하의 징역에 처한다.

(배임)
제247조 타인을 위하여 그 사무를 처리하는 자가 자기 또는 제3자의 이익을 도모하거나 본인에게 손해를 가할 목적으로 그 임무에 위배되는 행위를 하여 본인에게 재산상의 손해를 가한 때에는 5년 이하의 징역 또는 50만 엔 이하의 벌금에 처한다.

(준사기)
제248조 미성년자의 지려천박 또는 사람의 심신미약을 이용하여 그 재물을 교부하게 하거나 재산상 불법의 이익을 얻거나 또는 타인에게 이를 얻게 한 자는 10년 이하의 징역에 처한다.

(공갈)
제249조 ① 사람을 공갈하여 재물을 교부하게 한 자는 10년 이하의 징역에 처한다.
② 전항의 방법에 의하여 재산상 불법의 이익을 얻거나 타인에게 이를 얻게 한 자도 동항과 같다.

(미수죄)
제250조 이 장의 죄의 미수는 벌한다.

(준용)
제251조 제242조, 제244조 및 제245조의 규정은 이 장의 죄에 관하여 이를 준용한다.

제38장 횡령의 죄

(횡령)
제252조 ① 자기가 점유하는 타인의 물건을 횡령한 자는 5년 이하의 징역에 처한다.
② 자기의 물건이라도 공무소로부터 보관을 명령받은 경우에 이를 횡령한 자도 전항과 같다.

(업무상 횡령)
제253조 업무상 자기가 점유하는 타인의 물건을 횡령한 자는 10년 이하의 징역에 처한다.

(유실물 등 횡령)
제254조 유실물, 표류물 기타 점유를 떠난 타인의 물건을 횡령한 자는 1년 이하의 징역 또는 10만 엔 이하의 벌금이나 과료에 처한다.

(준용)
제255조 제244조의 규정은 이 장의 죄에 관하여 준용한다.

제39장 도품 등에 관한 죄

(도품 양수 등)
제256조 ① 도품, 기타 재산에 대한 죄에 해당하는 행위에 의하여 영득된 물건을 무상으로 양수한 자는 3년 이하의 징역에 처한다.
② 전항에 규정하는 물건을 운반, 보관, 유상양수하거나 그 유상처분을 알선한 자는 10년 이하의 징역 및 50만 엔 이하의 벌금에 처한다.

(친족 등의 사이의 범죄에 관한 특례)
제257조 ① 배우자간 또는 직계혈족, 동거친족 또는 이들의 배우자 간에 전조의 죄를 범한 자는 그 형을 면제한다.
② 전항의 규정은 친족이 아닌 공범에 대하여는 적용하지 아니한다.

제40장 훼기 및 은닉의 죄

(공용문서 등 훼기)
제258조 공무소에서 사용하는 문서 또는 전자적 기록을 훼기한 자는 3월 이상 7년 이하의 징역에 처한다.

(사용문서 등 훼기)

제259조 권리 또는 의무에 관한 타인의 문서 또는 전자적 기록을 훼기한 자는 5년 이하의 징역에 처한다.

(건조물 등 손괴 및 동 치사상)

제260조 타인의 건조물 또는 함선을 손괴한 자는 5년 이하의 징역에 처한다. 이로 인하여 사람을 사망 또는 상해에 이르게 한 자는 상해의 죄와 비교하여 중한 형으로 처단한다.

(기물손괴 등)

제261조 전 3조에 규정하는 것 이외에 타인의 물건을 손괴하거나 상해한 자는 3년 이하의 징역 또는 30만 엔 이하의 벌금이나 과료에 처한다.

(자기 물건의 손괴 등)

제262조 자기의 물건이라도 압류되거나 물권을 부담하거나 임대하거나 또는 배우자 거주권이 설정된 것을 손괴하거나 상해한 때에는 전 3조의 예에 의한다.

(경계 손괴)

제262조의2 경계표를 손괴, 이동 또는 제거하거나 그 밖의 방법에 의하여 토지의 경계를 인식할 수 없게 한 자는 5년 이하의 징역 또는 50만 엔 이하의 벌금에 처한다.

(신서(信書) 은닉)

제263조 타인의 신서를 은닉한 자는 6월 이하의 징역이나 금고 또는 10만 엔 이하의 벌금이나 과료에 처한다.

(친고죄)

제264조 제259조, 제261조 및 전조의 죄는 고소가 없으면 공소를 제기할 수 없다.

판례색인

공저자 약력

前田 雅英

1949년   동경도 출생
1975년   동경도립대학 법학부 조교수
         동경도립대학 법학부 교수를 거쳐
현   재   동경도립대학 법과대학원 겸임교수

星 周一郎

1969년   애지현(愛知県) 출생
2000년   신주대학 경제학부 경제시스템법학과 조교수
         신주대학 법과대학원 조교수 등을 거쳐
현   재   동경도립대학 법학부 교수·법학부장

공역자 약력

박상진

중앙대학교 법학박사
현   재   건국대학교 경찰학과 교수

김잔디

일본 오사카대학 법학박사
현   재   건국대학교 교수

최신중요 일본형법판례 250선 -총론편-

초판발행	2021년 7월 30일
초판2쇄발행	2021년 10월 20일
지은이	前田 雅英·星 周一郎
옮긴이	박상진·김잔디
펴낸이	안종만·안상준
편 집	한두희
기획/마케팅	김한유
표지디자인	박현정
제 작	고철민·조영환
펴낸곳	(주) **박영사**
	서울특별시 금천구 가산디지털2로 53, 210호(가산동, 한라시그마밸리)
	등록 1959. 3. 11. 제300-1959-1호(倫)
전 화	02)733-6771
f a x	02)736-4818
e-mail	pys@pybook.co.kr
homepage	www.pybook.co.kr
ISBN	979-11-303-3867-5 93360

* 파본은 구입하신 곳에서 교환해 드립니다. 본서의 무단복제행위를 금합니다.
* 역자와 협의하여 인지첩부를 생략합니다.

정 가	17,000원